戰後臺灣
政治史

中華民國臺灣化的歷程

臺灣研究叢書 02

若林正丈　著

薛化元　審訂

洪郁如、陳培豐等　譯

中文版序[*]

若林正丈

《戰後臺灣政治史——中華民國臺灣化的歷程》是繼《臺灣——分裂國家與民主化》後，我第二本臺灣政治研究專書在臺灣以中文出版。我在覺得高興也感到光榮之餘，也衷心感謝臺灣知識界的關心，特別感謝擔任翻譯與編輯工作的學術界以及出版界朋友的付出與辛勞。

第一本《臺灣——分裂國家與民主化》在臺灣獲得了當初預想不到的多數讀者之青睞，並且享受了相對的「長壽」，這算是個幸運。我想其原因大概是 1990 年代在臺灣出版界似乎缺少類似的書（當時在日本的情形，也差不多）——雖然臺灣學術界已經有不少優秀的研究論文發表。聽臺灣出版界的朋友講，很多大學老師把它當作戰後臺灣政治史之概論性或入門性的參考書推薦給學生，而我也在好幾個意想不到的地方碰到以「老師，我看過您的書」來打招呼的年輕人。

不過，如今面對《戰後臺灣政治史》的中文版刊行此一即將到來的事實，心中難免湧現些許的不安。不安主要來自三個方面。

第一個應該是很常見的個人因素。如今，我已經不再是「不知何物該懼怕」的小伙子了。撰寫第一本書的那些年，臺灣政治正在巨大變動當中，我這個臺灣北鄰國家的年輕學子被那大時代

[*] 譯者：陳桂蘭（日本筑波大學國際政治經濟學研究科博士課程修了）。

的巨流所感召，也被它沖著走。因此自己只要對面前開展的洶湧
波浪之來龍去脈，能夠提出個學術性的交代，就已經心滿意足了，
除此之外沒有太多的事情需要煩惱。

　　第二個是時間的因素。當代史的書寫本來就包含著險惡冒險
的一面。一般來講，在書寫者面前展開的變動，經常還沒出現明
顯的歷史歸著點，其實歷史還在波動當中。但是，書寫者還是要
或硬是要在面前乍看之下非常雜亂的千變萬化當中理出個脈絡，
給當代歷史編個有頭有尾的故事。本書理出來的脈絡，我給它的
總稱叫「中華民國臺灣化」。問題是：光陰似箭，本書日文版出
版後很快地過了五年多的時間，逝去的時間愈久愈容易令人懷疑：
我這個叫作「中華民國臺灣化」的故事講對了嗎？眾所周知，這
五年的變化著實不可謂不大：ECFA 簽了，馬英九總統也連任了；
美國換了新總統，中共也換了總書記；日中、日韓因領土問題交
惡了；陳水扁前總統還在坐牢，患了很嚴重的憂鬱病……。如果
本書理出來的脈絡還算耐用，那麼這個「中華民國臺灣化」在這
五年當中又「化了」或「化回了」多少？將「化到」或「化回到」
哪裡去呢？如果「中華民國臺灣化」已經開始成為是老黃曆了，
或當代史已經開始展現出讓「中華民國臺灣化」只是另外一個更
深一層脈絡之一部分的過程，那麼這個更深一層的脈絡到底是什
麼？在哪裡可以找得到理出它的線索呢？當然，在五年後刊行的
中文版裡頭，最好筆者能夠就這些疑問有所交代。不過，這顯然
是個比登天還難的課題。至少對目前的我來講，是如此。

　　本書日本版出版之後，有四位日本學者撰寫了書評，他們在
對本書有所肯定之餘，也指出了它的缺點 *。令人不安的是，他們
的批評在學術上是很中肯的，無法等閒視之。那麼，既然日本學
界已經是這樣了，何況臺灣或中文讀書界當然更應該會有值得筆

者傾聽的指教。這是最後，也是最大的不安的原因。日語有一句話說「洗好脖子等待著（首を洗って待つ）」，本書是否能夠得到讀者的青睞，將受到如何、多大的批評，現在還不可得知。筆者只能「洗好脖子」惴惴不安但卻虛心地「等待著」吧。

2013 年 6 月 於日本相模原市

* 四位學者的書評當中，松田康博的討論批評（刊載於《國家學會雜誌》2011年2月號）最為全面，值得介紹給中文版讀者。

（1）關於文獻根據（documentation）的問題。本書對既存研究的倚賴性比較重：在事實論證方面使用既存研究而進行的居多；諸多論點如分別去看其獨特性（originality）該歸諸於先行研究的也居多。因此，雖然本書的獨特性在於綜合先行研究，提出透過「巨視性架構」來檢視臺灣政治變動的看法，後來的研究者再驗證本書的個別論點以及它所根據的細節時，還是需要針對作者所根據的先行研究進行驗證。

（2）關於章節結構之邏輯一貫性的問題。本書作者在討論「中華民國臺灣化」的「展開過程」時，以「憲政改革」為主軸而論述。這或許是分析1980年代末期以降的結構變動時所必須的途徑之一，但同時損害了全書的邏輯一貫性。比如說，本書在第壹部討論「初期條件」時提起具體數字談及政治菁英的族群結構，但討論「展開過程」時國民黨政治菁英發生了如何的變化，也就是體制的核心有過如何的變化，本書卻沒有具體明確的交代。從理想來看，本書作者應該從「初期條件」的討論中提出的幾個因素出發，追蹤這些因素在「展開過程」當中展示了如何的因果關係而展現出「中華民國臺灣化」的具體面貌。

（3）關於本書所提示的分析認同政治架構的有效性或時效性問題。在書

評者看來，臺灣的認同政治之所以被強化，是因為國際上存在著這樣的局面：中國加強對臺武力威脅，同時美國加強對臺支援。如今這種局面因中國方面的政策轉彎而不再，那麼臺灣的認同政治就會出現不同的面貌。要麼因「中華民國臺灣化」即臺灣認同普遍化，在此過程中曾經「族群化」的人們卻會因此而「去族群化」，於是認同政治在臺灣逐漸失去它相對的重要性；要麼因中國因素愈來愈大，加上因選舉這一政治機制繼續存在，認同政治在臺灣的重要性不會消失。雖然回答這些問題已超出本書的課題範圍，書評者認為本書讀者理應期待作者有所交代。

前言[*]

在日本的南鄰島國臺灣，政治體制經歷了超過四分之一個世紀的民主化歷程。這個歷程開啟並帶動了涵蓋政治、經濟、社會、文化上的整體巨變。

四分之一個世紀以來，出現巨變的，當然不只臺灣。僅僅放眼我國周邊的亞太地區，腦海中就會浮現東西冷戰的終結與美國之影響力（presence）的擴大（其影響力之強大，讓我們在美國總統大選時也想投下一票），以及看似有意與美國互別苗頭的中國之急速竄起、俄羅斯威權主義的復活、還有北韓想要成為核武國家之（赤裸裸的）危險欲望。最大的變動，則屬全球化潮流。全球化浪潮透過資訊技術上的革命，持續擴大、滲透。如今，我們每個人每天都生活在全球化的直接衝擊當中。這些變動都是四分之一個世紀以前無法想像的。

臺灣的巨變，也在這個世界潮流中進行。特別是從鄧小平的「改革與開放」出發而逐漸竄起的中國，正從政治、經濟、甚至安全保障方面對臺灣產生前所未有的直接衝擊。筆者關注臺灣所出現的變化，自 1980 年代起以政治為焦點持續進行觀察與研究。本書就是筆者在這段期間聚焦臺灣政治結構之變化所做的觀察與研究成果之整理。書中，將此一結構變動統稱為「中華民國臺灣化」，並首先針對其歷史前提以及戰後政治的起始條件進行檢討。接著針對 70 年代初期因為美中關係的轉變，而開啟的一連串可稱

---

[*] 譯者：陳桂蘭。

之為中華民國臺灣化之變動的啟動（第壹部）以及其展開過程（第貳部），依時序進行論述。

　　儘管本書探觸了歷史性前提，並按照時間序列依次對初期條件、啟動與展開過程進行論述，但從學術上的嚴格定義而言，若要將本書定位為歷史研究，有其勉強之處，畢竟對於資料的處理並未符合歷史研究的要求。如果真要打破砂鍋問到底，筆者也只能回答，本書畢竟是一本有關現代臺灣政治論的書。儘管如此，本書作為一本放眼臺灣開始見諸歷史紀錄的十七世紀以來之歷史，以及關注最近之變動的研究，或許將之稱為研究當代史的一種嘗試也並不為過。這也是本書副標所以題為「中華民國臺灣化之戰後史」（編註：本書日文版書名副標題為「中華民国台湾化の戦後史」）的理由。以中華民國臺灣化這一概念為依歸的現代臺灣政治論，有關其內容和實際過程，請參考序章以下的總論部分。筆者在此想要釐清的是，如果本書獲允被稱為當代史研究的一種嘗試，那麼，從此一當代史之中，究竟可以照見出何種歷史向量（vector）？針對此，筆者以下將簡單說明，用以邀請讀者進入本書的閱讀之旅。

　　此類探索當代史歷史向量的工作，如果可以等到約二十年後的未來才進行，會是比較理想的。比方現在手持本書的讀者未來將成為一位研究亞洲的學者，約莫二十年後，在想必他／她已經成為當時學界之中流砥柱之時，當他／她立足於這段期間學界所累積的研究成果之上，關注與本書相同的研究對象，若是他／她那個時候的眼光能夠被筆者此時的眼光所同化，將會無比美好。不過，這種事情當然無法如願。因此，筆者能做的，也只是小心翼翼地把在當代觀察中能夠看出的變動曲線之曲率測定出來，並勾勒出一些切線。

　　基於此，筆者大膽地將切線勾勒出來，而從中所照見的臺灣當代史之向量，或許可以用一句話來概括，就是臺灣的地區性政治主體性格之抬頭。在東亞的政治結構中，所謂中華民國臺灣化的政治結構變動，不正是在衍生這樣的歷史向量嗎？進一步說，臺灣當代史的向量，與包含中國大陸在內的東亞地區，因經濟上日益深化的相互依賴關係所衍生出的變化向量，兩者處於某種相互矛盾的關係之中。如果提前借用序章中的說法，那麼，面對此一歷史向量，臺灣可說是「既期待又怕受傷害」。

　　至於此處所謂的「地區性」，意思有別於因受到中國內戰與東西冷戰的影響，相對於自 1950 年代起至 1980 年代為止在中國國民黨一黨支配體制下所堅持的意識形態上（「反共」）、政治上（「自由中國」）、以及軍事上（「反攻大陸」）的政治主體性，而是一種根植於臺灣地區之社會與歷史之上的主體性。前者，很明顯源自於在中國大陸所展開的近代革命史；後者，原因究竟何在？用現代臺灣政治論的角度來看，筆者的回答則如正文部分所述，是由「戰後臺灣國家之初期條件」所造成。對於在當代史變動上所畫出的切線，如果認同該切線的起點應該從歷史中去尋求，那麼或許應該認為，此地區性政治主體性格的歷史向量，是由於臺灣史與東亞史在經過下述三項因素之交互重疊後造成。

　　其一，可說是地緣政治學上的必然。請大家想一想亞洲地圖：從南北向看，臺灣位於從日本列島開始往東南亞群島延伸的西太平洋島嶼鏈之中央；從東西向看，臺灣隔著臺灣海峽，位於中國大陸之東端。臺灣正處於中華世界之海洋的周邊。居此位置的島嶼，不難想像勢必受到中國大陸內部勢力與海洋勢力之興衰的強烈影響。由此觀之，臺灣的歷史，就像筆者在另一本拙著（《台湾　変容し躊躇するアイデンティティー》）中所比喻的，也是「海洋亞洲」與「陸地亞洲」之「氣壓峽谷」在臺灣更迭的歷史。

　　在「陸地亞洲」之霸者清朝領臺以前，早已進駐亞洲的西歐重商主義勢力（荷蘭東印度公司），以及後來將此勢力驅逐之中國海上武裝交易集團（鄭氏勢力），都曾在臺灣設置交易據點，對一定領域進行統治。隨後，經過清朝將近兩世紀的統治，十九世紀後半，西歐勢力的再度入侵加速了清朝的衰敗，而中日甲午戰爭的結果，更使得新興的日本統治了臺灣。對日本而言，雖然為時稍晚，此一戰役幫助日本實現了進入殖民帝國行列的進程，但是半個世紀後，卻因對外戰爭的失敗，帝國體系為之潰散。

　　之後，又因為韓戰開始，臺灣（以及日本）受到美國的影響，被圈入在東亞扎根的冷戰體系之中。不過，正如外界對其稱呼一般，美國作為一個「無殖民地的帝國」，對於受到拉攏而進入其帝國體系的主權國家，所採取的控制方式（「基地式帝國」），是透過對該國家體制的尊重以獲取當地政權的協助，並藉由在該地區所配置的軍事基地網絡來展現美國的勢力。也因為如此，1945年自日本手中接收臺灣的中華民國，其所謂國家的架構就被原汁原味地保留下來。但是，由於在國共內戰中敗北，中華民國實際上所統治的領域縮小到只剩臺灣與對岸的一小部分島嶼。臺灣史上這種「海洋亞洲」與「陸地亞洲」之「氣壓峽谷」的更迭，應可稱之地緣政治學上的必然吧！

　　只不過，隨著此種「氣壓峽谷」的更迭而不斷交替的臺灣統治者面貌及其先來後到、以及臺灣從脫離日本的支配一直到被圈入美國帝國體系之周邊為止，中間夾雜著一段從1945到1949年的歷史間歇期，期間發生了一樁對後來的政治史產生巨大影響的二二八事件，凡此種種，與其說是某種必然，不如說是一種歷史的機緣與偶然吧！在這種地緣政治學上的必然加上歷史偶然之交會下所擦撞出的統治者之改朝換代過程中，除了前述的「歷史之

中場休息」是個異例之外，臺灣社會在進入近代以後，有超過一個世紀以上的時間和中國大陸是在不同的歷史軌道上行進的。此一事實是筆者想要指出的第二項因素。

十七世紀以後，統治者接二連三地變換，每發生一次就帶給臺灣住民極大的痛苦，自是無須贅言。日本統治初期，伴隨著對鎮壓的抵抗所導致的犧牲，然後是對殖民地的差別壓迫，接著是戰後 1947 年的二二八事件等等，都是其中的顯例。這也是李登輝那一句既膾炙人口又惹人非議的發言——「生為臺灣人的悲哀」的由來。只不過，我們從臺灣史中所探索的，不應該僅止於此。從現在的臺灣社會背後，我們應該看到的，除了臺灣社會如何面對因為統治者的轉換所帶來的犧牲，以及所付出的代價之歷史外，也應該釐清在這些困境當中漢族移民社會如何不斷找出生存與發展機會的適應能力之展現過程。這也是筆者想要指出的第三項因素。

面對這些犧牲與代價，以及對於生活與人生的設計被迫必須重來的徒勞感，如果臺灣人不過是一群只會不斷感慨的人民，那麼，我們應該沒有機會目睹今日在臺灣所展現的樣貌——發達的經濟、充滿活力的公民社會、以及那有時候精力有點過度旺盛的政治社會。

這些事實都顯示，過度看待外部因素對臺灣動向之影響的觀點有欠妥當。包括所謂：「臺灣怎麼走完全要看美中關係臉色」、或者「日臺關係完全取決於日中關係」、甚至「臺灣遲早要被中國併吞」等等的觀點。筆者持續觀察臺灣當代的動向，過程中對於這種傾向的看法始終無法認同。要理解臺灣的動向，外部因素的重要性本就無可置疑。只是，對於外部因素與臺灣社會動向兩者之間的相關性，應該要有平衡且具結構性的掌握。無論我們觀

察的是哪一個社會，要求都一樣，沒有必要在觀察臺灣時戴上特別的眼鏡。就算臺灣處於美中兩大強權的夾縫之間，因此就忽視其主體性的存在，這樣的觀點畢竟有所偏頗。當然，發自這個「主體」的聲音並非單一，也是我們應該銘記在心的。

　　本書準備了一些論述的工具，包括在序章中介紹並在第壹部的各章分別進行具體論述的「多重族群社會」、「遷占者國家」、「七二年體制」、「民族主義政黨制」等，希望藉此試著提示這種平衡與結構性掌握的內涵。究竟能有多大的成功或失敗，筆者要將評價委之於即將展讀本書的諸位讀者，並在此擱筆，結束前言的說明。

目　次

目次 xvii

圖表目錄

序章　觀察現代臺灣政治的角度[*]

　　本書是一本雙重觀點的現代臺灣政治論。政治結構變動論的角度所要論述的，是「中華民國臺灣化」這種政治共同體層次的政治結構變動、以及因此所牽動的社會文化之改觀與國際政治傾軋的過程。另外要輔以歷史的觀點，遠眺那些把臺灣當作邊陲的各個帝國之興衰。

　　臺灣歷經過三個性格迥異的帝國（作為古典之世界帝國的清朝、作為近代殖民帝國的日本、作為第二次世界大戰後「非正式帝國」的美國）體系之邊陲地位，其中或被編入或被庇護，刻畫出一段獨特的發展歷程。如今，竄起的中國正燃燒著炙熱的欲望，企圖把這個擁有複雜歷史的邊陲再次收編旗下。第二次世界大戰後，在世界性的中心—邊陲結構（美國帝國體系）中，臺灣造就出經濟發展與民主化。立足此一成果之上，面對東西冷戰結束後的全球化浪潮所導致的中心—邊陲結構之變動的新趨勢，臺灣顯得半推半就。要論述中華民國臺灣化的原動力，也等於是把現代臺灣政治史放在此一脈絡中來檢視。

一、民主化、認同政治、臺灣海峽的和平

　　臺灣[1]，是一個土地大小和位於日本列島南方的九州相似，人口約 2,300 萬（2007 年）的島國。戰後長期受到忽視，近年來，政治開始受到日本以及國際社會的注意。

---

[*] 本章譯者：陳桂蘭。

　　理由之一，無疑是政治體制的民主化。在經歷戰後三十餘年的中國國民黨一黨統治之後，二十世紀最後四分之一個世紀所發生的世界性民主化浪潮，終究也席捲了這個島嶼。臺灣的民主化，就在斷然實施政治自由化、導致國民黨的一黨統治遭到破壞當中，開啟了進程，接著著手改革政治參與體制。1986 年，在野的民主進步黨（民進黨：The Democratic Progressive Party, the DPP）獲得組黨許可；隔年，終於解除了長久以來束縛政治自由的戒嚴。隨後，1988 年 1 月，斷然實施這項自由化的總統兼中國國民黨主席蔣經國去世，國民黨內部隨即掀起一波慘烈的權力鬥爭。

　　最後，在壓制局面的李登輝（總統兼黨主席）之主導下，向來被譏為「萬年國會」的畸形國會，在 1991 至 1992 年之間完成了正常化；再經過 1994 年分別實施的臺灣省、臺北市、高雄市等大型行政區的首長民選過程；最後藉由 1996 年實施總統直接民選，完成了民主化工程。就在韓國的民主化與民主體制持續存在的同時，臺灣也成立了民主主義政治體制，這些體制雖帶有種種缺陷，卻也不斷發揮功能持續運作，已經構成了東亞政治秩序的一部分。

　　不過，事情並未就此結束。隨著民主化的進展，臺灣政治中所具有的強烈認同政治色彩也逐漸浮現。民主化雖可藉著政治體制之包容力的提升而減輕甚至解決有關認同的爭議，相反的，認同的爭議也有可能因為民主化所導致的政治競爭之擴大與激化而受到挑撥與刺激。在自由所拓展的政治空間裡，臺灣民族主義躍出檯面，開始對抗中國國民黨政權用來作為國民統合之用的意識形態，也就是官方中國民族主義[2]教條。自 1980 年代末期開始，所謂「統獨問題」（應該與中國統一或者臺灣自己獨立）、以及臺灣住民「究竟是臺灣人或是中國人？」之類的問題，隨著對於具體的對中政策究竟是對是錯的追究過程，變成了爭議性的發燒議題。

那個存在於臺灣並自稱為「中華民國」的政治體、以及構成這個
政治體之內涵的住民，兩者對於政治共同體的認同出現了爭議；
此外，那些在公共舞臺上露臉的各個政黨以及不同的政治家、意
見領袖等公眾人物的國族認同（national identity）立場，也被不斷
地嚴格追問。

　　戰後臺灣最深刻的社會裂痕就是存在於「本省人」與「外省
人」之間的矛盾，民主化也促成了這種「省籍矛盾」的改觀。所
謂本省人，是戰前以來就住在臺灣的人民，人口上居多數，他們
因為民主化而掌握了權力。相對於此，外省人是隨著戰後國民黨
政權渡臺者，他們在黨、政、軍、文化機構方面占據要職，在人
口上雖居少數，相對於本省人，卻在戰後臺灣國家占據著結構上
的優勢地位。民主化，也可以說是這批占據支配地位的少數人口
在「政治—意識形態—文化」等各方面逐漸失去其結構性優勢地
位的過程。

　　另外，因為民主化而擴大的政治自由，也影響到在本省人中
居少數地位的「客家人」、以及在人口上居壓倒性少數地位的原
住民族，他們開始展開族群上的自我主張運動。這些運動的主張
逐漸被社會接受，中央政府行政院層級也設立了專職機構（行政
院原住民族委員會與行政院客家委員會），顯示國家開始把回應少數
族群要求的責任，化為行政上的制度化工作。受到臺灣民族主義
對於國民黨政權依據官方中國民族主義所建構的一元性文化支配
所發動的批判之影響，企圖以臺灣社會之各「族群」（後述）的
文化相互尊重為原則，讓臺灣文化朝多元文化方向重組的理念、
以及企圖實現此一理念的社會、文化上的實踐也應運而生。

　　就這樣，民主化所掀起的臺灣認同政治（identity politics），在
循著臺灣「多重族群社會」（詳細請參照第一章）的雙重族群界限

所形構的複合式族群政治（ethno politics），與國族認同或民族認同（national identity）政治的相互重疊中，展開了一段複雜的政治過程。認同政治的此種樣貌，在民主體制的建置完成後，力道反而變得更加強勁。

臺灣的選民自 1990 年代以來，透過幾乎是年年舉行的中央層級選舉，即總統選舉（四年一次）、國會（立法院）選舉（三年一次，2008 年以後四年一次）、臺北市長、高雄市長選舉（四年一次，實質上具有選出未來的總統以及行政院長候選人的意義），一方面定期確認自己歸屬於臺灣這個政治共同體的意識，一方面也在政黨之間的競爭、特別是在選舉期間的競爭中所展開的複雜之認同政治中，經歷分化與統合向量之間無法避免相互糾纏的政治過程。

另要附加說明的是，此種認同政治並非僅出現在臺灣內部的政治中。眾所周知，中華人民共和國主張「中國只有一個，臺灣是中國的一部分」（「一個中國」原則）。他們過去高喊「解放臺灣」，1970 年代末期，國家方針修正為「改革開放」，從此以後，除了號召「祖國的和平統一」以外，一方面也不斷重申絕不放棄武力作為行使統一的手段。臺灣的認同政治，理所當然地跨越了臺灣海峽，把強烈主張「一個中國」、「反對臺灣獨立」的中華人民共和國之各號政治人物也捲入其中。對於這些相互糾纏的動向，美國或日本往往被迫必須對其中一些做出回應，也因此，強化了臺灣認同政治與國際政治之間的牽扯，甚至對於臺海的和平、以及以亞洲安全保障問題為主的國際政治，也都產生了強烈的影響。

何以致此？——若從臺灣政治這一方面探求其因，則本書所做的觀察認為，此乃因為臺灣政治民主化這一結構性變動，啟動了另一個與此結構性變動重疊、卻又與民主化有著迥然不同之內

容與意義的政治結構上的變動；而這個政治結構上的變動所造成的影響，在臺灣民主化之後不但繼續存在，更隨著中國因為「改革開放」的成功而在政治、經濟、軍事方面的勢力快速增強，導致戰後在「非正式的帝國」美國，或者「美國帝國體系」（請參照第二章第一節）所建構的世界秩序之下所定形的維繫臺海現狀之體制（「七二年體制」）出現傾軋所造成。

　　本書擬將此所謂另一個政治結構上的變動稱之為「中華民國（的）臺灣化」。本書則是一本站在「中華民國臺灣化」的角度，描寫臺灣以及關於臺灣政治之衝擊的現代臺灣政治論。

　　作為進入本論的一種預備性考察，以下首先將針對中華民國臺灣化之所以會出現的最初條件與啟動契機進行檢討，並從政治經濟學的角度來做一些補充論述。接著，把作為政治結構變動概念的中華民國臺灣化之內容就其與民主化的相關部分進行考察，並指出變動過程中四個可被確認的面向。

二、為什麼中華民國臺灣化？

1. 中華民國臺灣化的起步條件與啟動契機

　　臺灣在 2000 年政黨輪替，由民進黨取得政權之後，政府自稱的國號雖仍維持為「中華民國」，但是，外國通常幾乎僅稱其為「臺灣」。這是因為與中華人民共和國有邦交的國家之政府，因為顧慮對方所聲稱的「一個中國」原則，以致當他們在提及存在於臺灣之事實上的國家之際，往往避免使用具有國家含意的用語，而這些國家的大眾媒體也採取和政府同一步調的態度所致。最顯著的例子就是日本的新聞媒體，他們對於臺灣的總統不使用其自稱的「中華民國總統」稱呼，而以「臺灣總統」稱之。

　　如果採取上述的修辭法，那麼，「中華民國（的）臺灣化」就會變成「臺灣的臺灣化」，這在語言上是沒有意義的。但是，「臺灣的臺灣化」並非毫無意義，相反地，卻是意義重大！因為從這裡正可以看出戰後臺灣所處的固有歷史脈絡。關於「固有歷史脈絡」之具體內容，將在第二章論述，在此簡單說明，就是戰後在臺灣的國家（或者是對整體社會進行有效且排他性統治的組織），是由以下幾個條件所形成的，（一）以「正統中國國家」（在廣義的中國國家之內的，或者是在近代中國民族主義事業〔project〕中的定位）自居，對抗在中國大陸成立的中華人民共和國；（二）這個國家，換言之就是一個由在中國內戰中敗逃的「武裝政治移民」集團移住臺灣後，由外省人占據結構上之優勢地位的「遷占者國家」（其與臺灣社會之關係上的性格。遷占者國家的概念請參照第二章第三節）；（三）這個遷占者國家受到在東西冷戰中作戰的美國之庇護，被組編入美國帝國體系[3]的周邊（在國際上的地位），成為影響遍及亞洲之東西冷戰體制下的前哨基地。

　　檢視這一段形成的過程，會發現這個「固有歷史脈絡」，是整個 1950 年代在外部上透過美國在軍事、經濟上對臺灣撐腰，並同時對共軍「解放臺灣」[4]以及國府軍隊的「反攻大陸」雙雙阻止成功，加上內部經過國民黨一黨支配體制的確立與「遷占者優位」的結構化所形成。中華民國臺灣化的原動力，就是在這個被組編入美國帝國體系、受到庇護、並且自命為正統中國國家的遷占者國家所具有之矛盾下開始啟動。

　　以國民黨的一黨支配進行統治的正統中國國家，對於其國家體制或政治制度上的顢頇、或者利用政治警察與長期戒嚴所進行的苛刻壓制和迫害、以及遷占者集團（外省人）與本土集團（本省人）在政治上與文化上的不公平（「省籍矛盾」）等等，一概藉由

包含軍事手段在內的所謂推翻共產政權——光復大陸（藉由「反攻大陸」達到「反共復國」）之類的目標，將其正當化。

如果蔣介石能夠帶著他的軍、民以及那一部「還原封不動的中華民國憲法」成功光復了大陸（或者相反地共產黨實現了「解放臺灣」），那麼這些蠻橫的行徑也將隨之雲消霧散。問題是，美國在阻止共產黨「解放臺灣」的同時，也採取了阻止「反攻大陸」的政策，導致所謂「反共復國」這一項國家目標事實上不可能達成。

理論上，蔣介石和國民黨亦可順應此一現實，選擇斷然實行政治改革（結果將使國家再生，成為新的臺灣國家）的措施，然而，蔣介石卻未做此選擇，反而更加獨裁，「反共復國」的神話也因此被維持[5]。也因為這樣，許許多多無理的蠻橫行徑，就這樣殘存下來。其中包括一個只統治臺灣的國家竟然維持著一個正統中國的國家態勢，而且這個國家的政府竟然在國際社會上一直代表著「中國」；然後是一個根本不可能「反攻大陸」的國家，卻以「反攻大陸」為名，讓政治壓迫與遷占者集團和本土集團之間的不公平關係持續存在；還有，雖然臺灣海峽一直維持著「美國的和平」，中國內戰的戰時態勢卻成為政治制度上的一種常態。

凡此種種蠻橫行徑與矛盾，儼然是在戰後的臺灣社會中形成的隱形彈簧。蓄積在這個彈簧上的能量正是中華民國臺灣化的動能來源。當國民黨政權已經無法壓抑從這個動能來源所釋出的壓力時，中華民國臺灣化的進程就此展開。

此一不可逆的變化之最初推手，來自國民黨政權所無法控制的外部國際社會。1970 年代初期，美國基於世界戰略上的考量，開始謀求與國民黨政權的敵人中華人民共和國改善關係，也就是「美中靠攏」（1972 年 3 月尼克森總統訪中、《上海公報》）。此一導火線使得臺灣的中華民國與從日本開始冷戰西側陣營的主要國

家陸續斷絕邦交（1972 年 9 月中日建交、日臺斷交），並被聯合國及其附屬的國際機構一個個掃地出門。

　　東亞各國在戰後的東西冷戰中被編入西方陣營，這些國家的國家機構都以某種形式將美利堅帝國的勢力植入其中〔白石，2000：134〕。戰後的臺灣國家也反映了這項事實。這股勢力不僅是支持國家的實力，對於臺灣的政治體制更具有重大的意義。在1950 年的時空下，面對正準備「解放」的共產黨軍，唯一能守住臺灣、並具備能力與資源可以支持敗逃到臺灣來的國民黨政權的，只有美國。國民黨政權藉由在美國的冷戰戰略中擔負起「協力者」的角色，不但獲得美國在經濟、軍事上的援助，更可以在國際社會上成為「一個中國」原則的受益者。對國民黨政權而言，這是一個重要的政治正統性來源。這種鋪陳在內部也可以轉化成統治的正統性（legitimacy），就此意義而言，這種鋪陳也成為政權正統性的一部分，也就是所謂的「外部正統性」。因此，隨著「美中靠攏」的出現，外部正統性即應聲潰堤。

　　實際上，美國與中華人民共和國的建交一直拖到 1979 年，以及美國藉由《臺灣關係法》繼續承諾對臺灣提供安全保障，使得臺灣得以保持事實上的獨立地位（實效統治區域＝在臺灣、澎湖群島、金門島、馬祖島上行使具排他性的行政權力以及與少數國家維持外交關係）。結果，作為一個「非正式帝國」的美國，對於國民黨政權之外部正統性的喪失雖然袖手旁觀，卻也未把臺灣從其帝國體系中踢出。美國持續把臺灣組編在其周邊。儘管如此，對於這個在外部上身分曖昧模糊的臺灣，美國亦未成功地賦予其新的、在國際社會上比較安定的地位 [6]。如果仿效藤原歸一的說法〔藤原，1992：360〕，則戰後臺灣國家，在冷戰結構之「縱向結構」[7]中，首先是以一個封鎖共產中國之前哨基地的戰略性協力者角色

被組編；1970 年代以後，隨著美國之「橫向結構」上的戰略轉換
（對蘇和解與對中靠攏），其作為國家所受到的承認逐漸被美國與
其同盟國取消，卻又同時受到保護，使其「曖昧周邊」的地位逐
漸明確。

　　這種喪失外部正統性的打擊，對國民黨政權而言非同小可。
此時，代替衰老的蔣介石在實質上掌握政權的蔣介石長子蔣經國，
面對這個作為虛構之中國國家的遷占者國家所具有的蠻橫與矛
盾，不得不採取一些內部上的緩和措施（有限的民主化與臺灣化）。
關於蔣經國此時所採取的對策，如果用一個假設來說明會比較容
易理解。也就是說，假設前述意義上的外部正統性與內部正統性
之總和具有一定的閾值（臨界值），為避免閾值過度減少，當一
邊減少時另一邊就必須被強化，政治正統性的總和具有一種維持
閾值的運作機制。當外部正統性的缺陷無法利用其他的外部正統
性來填補時，就只有依靠內部正統性來彌補[8]。

　　蔣經國的對策奏效。但是，他的成功卻也逐漸培育出一股挑
戰勢力，這股勢力開始挑戰中國國家的對內虛構性以及遷占者國
家所造成的結構性不公平。如果用事後諸葛的眼光來看，會發現，
這些緩和矛盾的措施實際上減緩了戰後在臺灣社會內部所蓄積的
壓抑彈簧的力量。比如說在接下來的部分將會提到的「中華民國
自由地區動員戡亂時期增額中央民意代表選舉」，從 1972 年開始
到 1989 年為止，總共舉行了十次。第一次選舉時，反對勢力的規
模尚只停留在好不容易才推出數名反國民黨人士參選的程度（「黨
外」勢力，也就是國民黨以外的勢力），到了倒數第二次選舉時，其
規模已經成長到具有民進黨之名的政黨，而最後一次選舉時，作
為政治壓制之靠山的長期戒嚴（1949 年 5 月至 1987 年 7 月）也已經
被解除，這些過程如實說明了蔣經國之對策的影響。

2. 戰後固有歷史脈絡與黨國資本主義

換個角度，若站在政治經濟學的觀點來看，威權政體時期的臺灣國家，與同時期的韓國等國家一樣，都是在東西冷戰之下成功發展經濟的發展主義國家（developmental state）。本書視之為中華民國臺灣化啟動之時點的 1970 年代初期，由於政府採取的出口導向發展戰略奏效，臺灣的工業化已經完成了「起飛」階段，在政府主導下除進一步充實基礎建設之外，為促進新的出口，對於作為中間財的重化學工業製品，也開始實施進口替代政策。雖然受到當時石油危機的影響，政策仍屬成功。

到了中華民國臺灣化正式展開的 1980 年代末期，作為一個被稱為亞洲新興工業經濟體的新興工業國家（Newly Industrializing Countries, NICs），臺灣在世界經濟上的地位不僅獲得提升，新臺幣也在 1985 年的《廣場協定》（Plaza Accord）後所造成的匯率變動中升值。伴隨這些地位上的提升，面對東南亞與「改革與開放」的中國，臺灣開始變成資本與技術上的輸出者。在這段期間內，臺灣成功地培育了高科技產業的基本架構，這些架構並延續到今天。這種促成經濟成功發展的戰後臺灣之發展主義國家特質，也是本書之所以將中華民國臺灣化擺在現代臺灣政治結構變動之核心地位的原因。

這種特質就是，國民黨政權採取所謂的「黨國資本主義」型態，以其從殖民國家日本手中接收的經濟資產為基礎，由公營部門（國營企業、〔臺灣〕省營企業、〔國民黨〕黨營企業）掌握金融、能源、交通運輸等經濟上的「管制高地」[9]。此一黨國體制，在東西冷戰之下，一方面扮演前述之美國帝國體系的前哨基地角色，一方面在以美國為中心而急速擴大的貿易體系中成就其發展戰略。

　　與此並進，臺灣的社會結構也必然隨之改觀。例如都市化的進行、產業勞動人口占總人口比例的增加、都市中產階級的擴大等等。十九世紀的西歐、二十世紀的日本，面對工業化所導致的社會裂痕，這些國家在政治上所進行的回應（階級政治或再分配的政治），對於形塑民主化時期的政治以及民主化後的政黨政治或者議會政治，都發揮了極大的作用。但是在臺灣，就算民主化實現、從上而下的政治壓抑獲得解放，臺灣仍無法像上述的國家一般，面對戰後臺灣固有的歷史脈絡所導致的裂痕（族群間的裂痕、國族認同的裂痕），政治上的回應卻反向大幅地規範了政治變動。

　　在此雖無法對於上述各項問題的相互關係進行充分論述，仍可舉出幾個導致此種結果的成因。

　　第一，國民黨政權對於階級裂痕的政治化，事先採取了徹底的防堵措施。為了防止政權被中國共產黨滲透顛覆，國民黨政權對於政治異議者（共產主義者、社會主義者、批判性的自由主義者、臺獨思想者等等）採取激烈的揭發行動（「白色恐怖」，請參照第二章），築起了一張又一張的綿密的政治警察網。戰後臺灣國家在東西冷戰中所獲得的所謂封鎖中國之前哨基地的地位，正好為國民黨的這種做法提供了絕佳藉口。此外，對於勞工階級，從極早時期開始就針對公營企業的勞工提供極為優渥的福利政策（請參照第二章第三節），並以公營企業的勞工為中心，在國民黨的主導下組織了金字塔式的勞工團體，藉以控制公營企業的勞工，防止其走向政治化（〈排除的・脱動員のコーポラティズム〉〔若林，1992：110-116〕）。

　　第二，就經濟發展實態而言，快速的經濟成長，曾經一度被稱為「臺灣的奇蹟」。到 80 年代初為止，經濟成長一直在國民所得差距並未大幅增加之狀態下進行。比如說，將家庭所得區分為

五個階層，其最高所得與最低所得之間的比率，直到1980年為止，呈現持續下降局面[10]。這項成因與第一項成因相互結合的結果，應是直接促使階級問題在民主化時期並未演變成政治問題，反而是一系列以認同議題為核心的鬥爭、競爭與民主化課題同時成為臺灣政治之主流的原因。在1987年長期戒嚴解除後的二、三年間，雖然有一些諸如「工黨」、「勞動黨」等標榜勞工政黨的小政黨出現，然而不論是作為政治勢力或者是社會運動勢力，都無法在臺灣政治中成為舉足輕重的勢力。

　　第三，國民黨政治菁英依靠侍從主義（clientelism）方式從臺灣社會贏取政治支持的手法，也為階級政治之所以沒有在臺灣發生提供了間接的貢獻。國民黨政治菁英藉由對黨國資本主義體制所控制、汲取的獨占性經濟資源進行策略性運用，構築出一套筆者稱之為「二重侍從主義」的機制，藉以從臺灣社會贏取政治支持。這種機制是將政權的政治性恩庇與經濟資源，在全國各地選擇性地分配給外省資本家和被稱為「本省世家」的家族資本；在地方層次則分配給經由地方選舉所形成的派系勢力──「地方派系」，藉以交換對於政權的政治忠誠〔同前：125-142〕。這些政治經濟上的恩庇關係最後都和位居「黨國體制」之頂點、掌握恩庇關係之分配的「最高領袖」（蔣介石，接著是蔣經國）形成個別的連結。可以想像，這種由上而下（地方政治）之個別主義式政治關係的繁衍，對於社會階級的橫向團結以及鍛造這些團結的言論與運動之成長構成了阻礙。

　　最後一點，由於這種結構使然，導致挑戰威權政體的反對勢力──「黨外」，只能在黨國體制之外或者其縫隙間尋求政治資源（意識形態上的資源、運動資金、支持基礎）。意識形態方面，正統化的理念性資源，大部分依靠海外臺灣獨立運動或者留學歸國

的知識分子提供；運動資金、各種人脈關係，以及一部分的人才，則必須從在黨國資本主義體制之資源分配上相對被排斥的本省中小企業群中獲取；而其街頭政治（參加示威抗議、集會）或者選舉政治（投票）中的支持基礎，也是來自於相對上較未得到黨國資本主義體制眷顧的中下層住民。不管怎麼說，面對「遷占者優位體制」下所出現的政治文化上之不平等，本省人心中所產生之族群上的不滿，其實才是最重要的能量來源。再者，國民黨政權在外部方面由於庇護者美國與中國靠攏的關係，導致其作為正統中國國家之對外正統性遭到否定，也為反對勢力對體制的挑戰提供了意識形態上的空間。

就這樣，在民主化時期，導因於戰後臺灣之「固有歷史脈絡」而引發的議題，不但在政治過程中陸續登場，也形塑了民主體制之下的政治結構。這就是中華民國臺灣化的展開。諷刺的是，此一過程竟與臺灣經濟體制朝新自由主義方向改革的過程重疊在一起。由於國際貨幣情勢的變動（廣場協議）、中國之「改革開放」政策的深化、東西冷戰之崩潰等情勢的影響，加速了全球化浪潮所帶來的衝擊。

臺灣經濟受到這股浪潮的影響，牽動了公營企業的民營化、法規鬆綁、市場開放等經濟體制朝新自由主義方向改革的進程。就像其他受到全球化與新自由主義影響的地區一樣，臺灣的社會所得差距持續擴大。若將家庭所得區分為五個階層，其最高所得與最低所得之間的比率，從 1991 年的 5.0 到十年後的 2001 年時，已經上升到 6.4〔行政院主計處，2007：101〕。然而儘管如此，同期間內，黨國資本主義的主要受益者並未在全球化與新自由主義的改革中遭到淘汰，大部分反而在法規鬆綁所帶來的金融及證券、電信及媒體、石油銷售、甚至是機場建設等大型公共工程的參與

中獲得了新的利益與地位，政治家與資本家之間的恩庇關係如今換成另一種形式而繼續存在。它的表現就是新的政治腐敗——金權政治之登場。

就這樣，臺灣的新興民主體制在其形成過程中，被賦予了兩項課題。那就是如何處理因為新自由主義經濟改革而導致的所得差距擴大問題，以及如何克服在黨國資本體制的重組過程中所產生的金權政治問題〔張鐵志，2007：149-159〕。然而，中華民國臺灣化的政治過程，卻被戰後臺灣「固有歷史脈絡」所引起的議題逐一占據，政治過程上的這種議題結構，非常不利於政治對於上述課題的完善處理。

就第一項課題而言，直到李登輝執政的 1995 年，全民健康保險制度才終於實現，而國民年金制度也一直到陳水扁政權末期的 2007 年才完成立法（2008 年 10 月起實施）。但此時臺灣政府的財政赤字已陷入極端嚴重的程度。2000 年，民進黨陳水扁揭櫫「清流共治」而在總統選舉中獲勝，此一勝利所帶來的政權交替，或可說是新興民主體制對於克服金權政治之課題的一種回應，然而，進入第二屆任期的陳水扁政權本身，明顯染上了比國民黨還不成熟且粗糙的金權政治色彩，導致對於政權的向心力嚴重降低（第五章第三節）。

中華民國臺灣化在政治共同體層次的變動及其所引發的政治問題，以及政權如何回應新興民主體制所面臨的課題及其所引發的政治問題，從這些問題的相互交錯中，或許可以找到今後臺灣政治開展的方向。

三、中華民國臺灣化的展開

1. 民主化與中華民國臺灣化

在前述的因緣際會下所啟動的中華民國臺灣化，擋不住的氣勢與 1980 年代後半開始的政治體制民主化並進，過程全面展開。本書將從其展開過程中所展現的四個面向加以論述。不過，在進入概述之前，有必要對截至目前為止在無定義狀態下所使用的措辭賦予大致上的定義，並確認其與比較政治學定義下的民主化概念之關聯性。

再度重申，筆者所謂「戰後臺灣固有的歷史脈絡」，意指戰後的臺灣國家透過堅持作為一個被組編入美國帝國體系之正統中國國家的外表，確立其作為遷占者國家的地位。因此，如果說中華民國臺灣化是在戰後臺灣固有的歷史脈絡下所導致的彆扭與矛盾中啟動，則所謂中華民國臺灣化，或許可以被定義如下，即 1949 年以後出現的、所謂「正統中國國家之政治結構（國家體制、政治體制、國民統合意識形態）只統治著臺灣」的事實發生變化的過程。換言之，就是構成正統中國國家之實體的各項制度、意識形態、以及維持這些制度與意識形態存續的各項政策，也就是那些被「量身訂做」的政策與戰後國家在現實上所統治的領域、人民和歷史逐漸相符的一種政治變動過程。有關中華民國臺灣化的內容，扼要說明其概念，則有如下四種內容：（a）政權菁英的臺灣化；（b）政治權力正統性的臺灣化；（c）國民統合意識形態的臺灣化；（d）國家體制的臺灣化 [11]。

關於民主化的概念，本書採用了民主化比較論中經常使用的程序性民主化概念。換言之，所謂民主化，就是從某種威權政體過渡到「最小綱領（最基本要求）式民主體制」的過程，即「定期

舉行自由且公正的公職選舉，以及因此所必需的結社、表現、資訊的自由及選舉與選舉之間的義務責任（accountability）都受到保障的政治體制」〔恒川，2006：1-2〕。相關具體內容將在本文中敘述，不過，關於臺灣的政治體制，若按照實際上已實現的順序來說明，內容大致如下：①因長期戒嚴的解除與各種禁令的廢止所帶來的言論與結社自由之保障（1987-1990 年）；②缺乏代表性之「萬年國會」的正常化（1991 年國民大會、92 年立法院）；③不完善之地方公職選舉的改進（1994）；④確立中央行政首長（總統以及行政院長）對民意應負起責任（1996 年實施第一次總統直接民選制度，並由民選總統任命行政院長，對此，立法院則握有不信任投票的權力）。

那麼，民主化與臺灣化究竟存在何種關係？首先，兩者雖然皆屬政治結構變動的概念，卻各自處理不同層次的政治變動。前者當然是政治體制的層次，後者則聚焦在政治共同體層次。將此和前述之中華民國臺灣化的（a）項到（d）項之內容、以及民主化的（a）項到（d）項的內容相互對照，或許就可一目瞭然。

其次，若以戰後臺灣固有的歷史脈絡作為前提，那麼，從比較政治學的角度來看，可被稱為民主化的變動內容也將同時具有臺灣化之意義。因為，除了民主化所帶來的政治參與之擴大將會使長久以來存在的政治權利分配不公平之現象（（a））得以消除之外，在臺灣，民主化是在臺灣與中國大陸之間依然存在著嚴重之政治軍事鴻溝的情況下啟動的，因此，各種民主化措施都必須以「中華民國」的實效統治領域，也就是僅限於臺灣的公民才可參加作為前提（（b））。

例如，面對 1970 年代初期因為美中靠攏所導致的外交危機，蔣經國下定決心實施了前述之「中華民國自由地區動員戡亂時期

增額中央民意代表選舉」制度。這項制度把 1940 年代內戰期間
在中國大陸選出且從未進行過改選的中央民意代表維持不變，僅
以居住在「中華民國」政府有效統治領域之內的公民作為選民，
增加中央民意代表名額，並只對這些增額部分進行定期改選。由
於資深中央民意代表占大多數，以致於此項選舉經常只是國會的
部分改選，就算國民黨候選人全數落選，在遊戲規則上也無法帶
來政權的交替。

　　這樣的選舉，與其說是民主選舉，不如說是「威權主義的選
舉」，不能因為這種選舉的實施就認為政治體制已經開始轉變。
話說回來，這種形式的選舉雖然有些走樣，但是，選舉這種政治
競爭制度，從原本一向只開放到地方公職層次，一下子連中央層
級也開放，亦可算具備了有限的民主化之意義。同時，由於這個
制度對本省人的當選席次並未設限（堅持長期戒嚴，以便維持一種
對國民黨提名之候選人有利的環境），所以，就結果來看，本省政治
菁英參與國家政治的制度性管道也因此有限地敞開。在這一層意
義上，此項制度不但具有上述（a）項意涵上的臺灣化意義，同時，
就實效統治領域的層面來看，這項選舉具有「總選舉」的意味（雖
然就國會的法定名額而言算是局部選舉），也因此具備了（b）項
意涵上的臺灣化意義。儘管如此，對於正統中國國家的架構不但
依舊絲毫不敢碰觸，相反的，整個臺灣化是在嚴格排除與（c）及
（d）之連結的情況下進行的。

　　另一項不可忽視的重點是，民主化具有國民形成的意義。如
前所述，由於民主化藉著民主政治將住民高度地涵攝其中，以致
結果上具有將住民塑造成國民（nation）的意義。1996 年實施總統
直接民選之前，主事者李登輝強調「主權在民」，此舉可謂對於
因總統選舉而四年行使一次政治權利的中華民國政府實效統治區

域內的公民，也就是選舉共同體，賦予一種位居臺灣的主權性政治共同體意涵、也就是「臺灣國民」之意義[12]。此後，從每四年舉行一次投票之前一年的春節過後開始，各政黨開始推舉候選人，以及從此展開的為期將近一年之臺灣總統選舉，就變成了以過去不同時期從中國大陸渡海來臺的移民後代為大多數之臺灣住民，對於本身與中國大陸不同，或至少在民主政治之參與方面明顯與中國屬於不同之政治共同體的認知，進行四年一次之確認的漫長吵鬧慶典。

　　與此並行的是，面對採用中國國家體制之遷占者國家及其意識形態，作為一種批判與抵抗的意識形態，在臺灣內部政治舞臺上登場的臺灣民族主義，被迫必須變身為新的國民統合意識形態，其實效性也成為被檢驗的焦點。進入 1980 年代，臺灣民族主義意識形態在威權主義選舉的局限性政治競爭當中，被反對勢力當作一種理念，投入選舉之中，隨後並作為中華民國臺灣化已完成的政治體制之準官方意識形態，逐漸滲透到各種政策之中，並在民主選舉的政治競爭過程中開始爭取其正當性及有效性。

　　第三，反向而言，臺灣化也未必具有民主化的意涵。因為臺灣化與民主化是分別聚焦於不同層次的結構變動概念，導致此種結論係屬必然。比如說，假設本省人的革命組織發動革命，並以非和平手段成功地打倒國民黨政權，這個革命黨隨後鋪陳一黨獨裁體制，致力於本身之「革命」歷史的「傳統之創造」，並以任何形式的臺灣民族主義作為官方意識形態，採取從上而下之激烈的同化政策，此時，或許利用任何形式之制度的創設來限制外省人就任公職的範圍、或者限制外省人的公民權等等做法，在理論上是可能的。然而很明顯，這些情況實際上都未發生。

　　70 年代初開始，蔣經國啟動拔擢本省菁英的政策，可以說是

一個與民主化並未產生直接連結的臺灣化之典型例子。也就是說，這是獨裁者為了縫補國民黨一黨體制所出現的破綻，在政權人事上所展開之有限度——漸進式的臺灣化。在前述「增額選舉」開始的同時，蔣經國開始拔擢本省地方政治菁英與技術官僚進入中央。拔擢的規模是歷年來最大比例，方式雖屬漸進，但其後持續擴大，並未走回頭路。因此，這確實是在（a）項意義的臺灣化之外，再利用本省菁英之進入政權來強化內部正統性，藉此彌補同一時期在外部正統性上所遭受的打擊之做法，可以說也具有（b）項意涵上的臺灣化意義。儘管如此，由於這種人才的拔擢是透過蔣經國據以培養權力基礎的組織，即中國青年反共救國團（通稱「救國團」）之類的途徑，或者蔣經國的親信，把受到蔣經國青睞的人物個別拔擢進入中央的黨以及政府部門。因此，這個方針本身並未具有任何民主化意涵，也無法具有（c）、（d）項的臺灣化意義。不過，此種在國民黨體制內一步一步少量增加臺灣人菁英的做法，使得國民黨對於黨外所升高之對民主化與臺灣化之要求的過敏反應有所減輕，就這層意義而言，或可說與民主化有關。

如果臺灣化未必是民主化，那麼，臺灣化在民主化之後持續存在也就不足為奇。例如李登輝政權後期之「凍省」以及擴充臺灣教科書中的臺灣歷史記述、陳水扁執政後高漲的「臺灣正名」運動（包括國號在內，要求把具有「中國」意涵之公共機關或團體的名稱變更為具有臺灣意涵的名稱），就是最好的例子。

那麼，中華民國臺灣化的極致，也就是最終結果究竟是什麼？比如說，因為威權政體之轉換所產生的政治變動究竟算不算民主化？這種事唯有等到民主體制的建置完成之結果出現後，才能進行事後的確認。與此相同，中華民國臺灣化的最後結果，也是一種只能在事後才可確認的開放性程序概念。假設，中華民國臺灣

化開始啟動並發展到某種程度。屆時，它將可能與臺灣民族主義的事業（project）所期待的變動重疊在一起，那就是讓所謂中華民國這個正統中國國家進入一個「臺灣國民國家化」（Nation state）的進程。但是，中華民國臺灣化是否會出現臺灣民族主義事業所期待的結局？結果恐怕未必如此。比如說，如果中臺之間出現武力衝突，後果將變得極難預測。如果堅持情勢變化的過程一定要是和平的，則另一種結果也有可能發生，亦即中華民國臺灣化將成為一種轉變過程，使臺灣在未來變成一個包含中華人民共和國在內之任何形式的中國國家主權之下的自治性政治實體。如果站在從這個觀點出發所將到達的結果來看，所謂中華民國臺灣化，可以說是將二十世紀由中國內戰與東西冷戰在臺灣海峽結合所製造出來的歷史性結構物去除的政治結構變動。

2. 中華民國臺灣化展開的四個面向

　　依據前述觀點，本書擬將中華民國臺灣化這一個政治結構變動的過程，分為啟動過程與展開過程的二階段動能，進行論述。本書為二部構成，第壹部將論述中華民國臺灣化的歷史性前提與起步條件、啟動過程。第貳部則針對正式的展開過程進行論述。

　　第一章將處理本書整體的歷史性前提。在這裡要確認的歷史性前提是，臺灣在歷史上分別扮演過三個性格迥異的帝國之邊陲的角色，並在這些角色上形成多重族群社會，也經歷了社會的重組。接下來第二章，要檢討的是初期條件。1949 年以來的戰後臺灣國家具有兩種性格，一個是在國際社會中的地位（「東西冷戰的前哨基地」）、以及作為對抗中華人民共和國而存在之另一個正統中國國家的性格；另一個則是相對於臺灣社會的遷占者國家性格。本章將從這兩個局面上具體闡明中華民國臺灣化所據以出發的「戰後臺灣固有歷史脈絡」。

　　第三章將論述啟動過程。1970 年代初，由於美中靠攏，導致臺灣的戰後國家在國際社會中的地位出現劇變（「七二年體制」的形成），造就中華民國臺灣化的啟動。為了吸收此一劇變所帶來的衝擊，內政上有限的民主化與臺灣化就此開始，就在政策效應所逐漸擴大的政治空間當中，對抗國民黨的反對陣營（「黨外」勢力）一路壯大變成在野黨；而從正面挑戰國民黨體制的臺灣民族主義更逐漸變成反對勢力在理念上的主要支柱。

　　正如第四章開頭所述，本書把國民黨一黨支配體制的強人、也就是遷占者集團的「最高領袖」蔣經國之死，視為中華民國臺灣化正式全面展開的起點。在蔣經國死後所展開的、稱為中華民國臺灣化的政治結構變動，如下所述，具有在時間上相互重疊並且互相牽動的四個面向。本書將其配置在第貳部的第四章到第八章，總共五個章節將會針對這四個面向的開展進行論述。

　　Ｉ　透過「憲政改革」的中華民國臺灣化──第一個面向是民主體制的建置、以及民主體制建置後之國家體制及其正統性的臺灣化與位居體制頂點的人事和權力動向之間開始相互牽動、開展的面向。

　　政治自由化以後，臺灣的政治制度改革是以「憲政改革」（透過《中華民國憲法》的修正來進行民主體制的建置與國家體制的修正）為主軸進行，這一展現或亦可稱之為透過「憲政改革」的中華民國臺灣化。包含一直到實際的「憲政改革」開始為止的啟動階段在內，此一局面的臺灣化到目前為止總共經過了下述三個階段。其中，啟動階段和第一階段將在第四章敘述，第二階段則在第五章進行檢討。

　　蔣經國過世後，本省人李登輝繼任總統職位、繼之獲得黨主席權位。所謂啟動階段（1988-1990），就是李登輝的權力在實質

化過程中與「憲政改革」連動，終於在困境中跨出第一步的階段。
也就是說，由於李登輝經過與保守派之間的權力鬥爭，獲得了超
越蔣經國之剩餘任期的新任期，掌握了一個與體制保守派和反對
黨雙方都可以交涉的「平衡者」的權力地位，就此獲得了為「憲
政改革」開道的權力均衡條件。

　　「憲政改革」第一階段（1990-1996年），是經過李登輝及國
民黨主流派主導的所謂「一機關兩階段」修憲，亦即由全面改選
前的第一屆國民大會代表（以下稱國大代表）進行第一次修憲、由
全面改選後的第二屆國大代表進行第二次、第三次修憲，除了制
定包括國會全面改選、臺灣省及行政院直轄市（臺北市與高雄市）
的首長民選、總統直選等各項制度以外，亦將這些選舉付諸實行，
完成了最小綱領式民主體制的建置之階段。這段期間，政治上的
自由化也是在經過郝柏村內閣與民進黨、臺灣獨立運動團體及其
他在野勢力之間的激烈鬥爭之後才徹底法制化。經由這個階段的
改革，使得原本存在於國會、主要地方行政首長、以及總統之代
表性上的矛盾獲得解決，政治權力之正統性方面的臺灣化步驟基
本上已經達成。這意味著作為戰後臺灣國家的中華民國之政治正
統性已經從內部獲得更新與變更。同時，遷占者族群在多重族群
社會中所占據的政治優勢也面臨崩潰，而多重族群社會中的族群
關係也跟著重組。

　　「憲政改革」的第二階段，是超越最小綱領式民主化的國
家制度，朝向臺灣化推進的階段。包括在直接民選的總統（李登
輝、陳水扁）之下，進行了第四次到第七次的修憲，內容涵蓋「凍
省」、國民大會的形式化到廢止、修憲案須經公民投票批准的憲
法制度化等等。還有，在第四次修憲時，對於總統、行政院長、
立法院相互之間的權限關係進行了調整，建立了一種堪稱為「臺

灣式半總統制」的政治制度。在第七次修憲當中，則針對國會議員的選舉制度，朝小選舉區與比例代表雙向制的方向進行大幅變更（根據此項制度所舉行的第一次選舉於 2008 年 1 月實施）。在這個階段，經過第一階段的「憲政改革」所建置的民主體制之國家性（stateness）與治理能力（governability），變成了各方爭論焦點。

　　II 民族主義政黨制的形成與展開——第二個面向是構成民主體制運作之實質內容的複數政黨制之形成與展開。此一面向的展開將在第六章論述。

　　在威權政體的最後階段，挑戰體制的反對勢力，把對民主化的要求、以及要求人口上居多數的本省人在政治、文化上的力量必須獲得強化之訴求，成功地連結到臺灣民族主義的論述上（例如「臺灣前途住民自決」等）。導致國民黨也不得不在第二次修憲時將此予以合法化。因此，在民主化過程中所形成的臺灣複數政黨制，就變成了一種以興起的臺灣民族主義與中國民族主義（或者說是中華民國民族主義）之間的對抗作為意識形態之對抗主軸——「民族主義政黨制」。對抗之一方的中國民族主義，傳承了過去官方的中國民族主義，對於本省人在力量上的強化感到不安，也對於臺灣民族主義在臺灣內部與臺灣海峽所引起的緊張感到不安。

　　民族主義政黨制之下的政治動員（主要為選舉動員），是在「族群＝民族的（ethno-national）脈絡」下展開，其使用的民族主義辭令或象徵，在很大的程度上，具有多重族群社會中之族群動員的意義。動員的要角，是那些在「憲政改革」第二階段逐漸失去「遷占者優位」，但是在政界及官界、文化與學術界、傳播媒體中依然擁有優秀人才，依然在政治、文化上占據強勢地位的少數派外省人。外省菁英對於權力之獲得、維持路線的選擇（對於與權力逐

漸穩固的本省人總統兼國民黨主席李登輝之間的關係之選擇），以及與之相呼應之外省選民的高度凝聚性（對於最有希望當選的外省候選人之族群投票），造成了國民黨的分裂，也使得政黨體系出現變動。但是，總統直選的邏輯卻也同時導致臺灣的政治勢力走向兩大勢力對抗的結構。

　　Ⅲ 國民統合理念與多重族群社會的重組──第三個面向是國民統合理念與多重族群社會重組的面向。這個面向將在第七章討論。

　　「遷占者優位」崩潰以及臺灣民族主義的挑戰，不但導致了官方中國民族主義霸權的崩潰，也使得官方中國民族主義在與臺灣民族主義產生對抗的當下，變身成臺灣政治的要素之一。民主化過程中，面對本省人在勢力上的日益強化，除了外省族群在政治上的動向之外，原住民族與客家等少數族群在身分上的自我主張運動也隨之展開，這些動態也可說明，在遷占者國家之下，儘管「中國化」不停地往前推進，但是潛伏在臺灣社會裡的文化多元性卻也逐漸抬頭。

　　在這種狀況下，官方中國民族主義已經失去其作為統合理念的作用，取而代之的是一種多元文化主義的統合理念。這種多元文化主義認為，臺灣社會中的各個文化集團（族群）之文化，扎根的歷史雖有不同，在價值上是平等的，國家或者族群相互之間都必須尊重這種文化的多元性。多元文化主義觀點起初雖由民進黨以及臺獨勢力提出，但是，隨著民進黨在體制內的勢力逐漸擴大，李登輝政權下也在一定程度上將多元文化主義政策化，並加以實施。就此意義而言，臺灣民族主義可謂已經提升到準官方民族主義的地位。很難說那些政策達到了什麼驚人的成果，然而可以肯定的是，這些變化，使得臺灣的多重族群社會在民主化的進展下也進行了一種自由主義式的重組。

　　值得注意的是，前述這種變化是在下述的文化結果相當廣泛且深入扎根的狀況下進行的。戰後，依照官方中國民族主義，由上而下、長期且強力執行以「中國人」為依歸的國民統合政策（也就是同化主義）之下，造成了一種文化結果。這種文化結果包括諸如幾乎完全普及的「國語」（中國共通語言），以及或許有族群、世代之差異，卻是高度滲透的一種身為「中國人」的意識。至目前為止，臺灣民族主義作為一種準官方民族主義，其已獲得的成果，不是將這些結果替換成「臺灣文化」的文化霸權地位之確立，而是透過它的多元文化主義式國民統合政策，來導正過去在國民黨政權的官方中國民族主義霸權之下所造成的不公平與過激的單一化主義。

　　Ⅳ　「一個中國」原則的倒退與「七二年體制」的傾軋──第四個面向，是達成自我變革的臺灣與自 1970 年代以來規範臺灣在國際社會之地位的「七二年體制」之間出現擦撞的過程。這個面向的開展將在第八章檢討。

　　中華民國臺灣化，也是一種「民主化＋臺灣化」的雙重變化。民主化當然會強化內部正統性，這也使得與 1970 年代初期的蔣經國背道而馳之政策對應成為可能。也就是說，在後蔣經國時期掌握主導權的李登輝，一直希望因為民主化而得到強化的內部正統性可以強化臺灣國家的外部正統性。因此，中華民國臺灣化，就與那些希望強化並擴大國際上對於「民主臺灣」之認知的政治菁英之行動緊密連結。結果，對於「七二年體制」的前提，也就是「一個中國」原則的政治上支持，便在臺灣內部逐漸衰退。但是就在同時，「改革與開放」後的中國在政治、經濟、軍事上全面崛起，臺灣也因此直接、持續的受到影響。在這種情況下，向來藉由《臺灣關係法》把臺灣納入其非正式帝國之周邊的美國，為了維持臺灣海峽的和平，也不得不煞費苦心。

　　本書是筆者的第二本現代臺灣政治論專書。前一本是《臺灣
──分裂國家與民主化》（1992 年，本書由播種者文化出版社翻譯出
版），該書中，筆者認為政治系統的三要素，即「政治共同體、
政治體制、政府」之中，以政治體制最受爭議，這個位階的變動
不但會影響政府層次，也會強烈衝擊政治共同體層次，因此，便
聚焦在政治體制的變遷問題上面。不過，正如該書的副標題「分
裂國家與民主化」所明示，筆者當時也開始關注到政治共同體層
次的變動所逐漸牽扯出的政治問題，筆者指出，隨著民主化的進
展，政治菁英與政治權力之正統性的臺灣化也隨之進行，並將之
解讀為「中華民國的臺灣化」。對於這種狀況進行到最後極有可
能出現的國家，筆者將之比喻為「中華民國第二共和制」。接下
來的十多年間，在前一本書時只進行到一半的政治體制變遷問題，
確實在 1996 年時因為總統直接民選的舉行而完成了民主化的進
程，若僅就政治權力的對內正統性而言，「中華民國第二共和制」
已是既成的事實。此外，臺灣化的進展也顯著可見，可以作為中
華民國臺灣化來理解的事實，已經不限於在前一本書中所舉出的
政治菁英與政治權力之正統性的臺灣化問題，民主化之後的臺灣
政治，呈現出一種圍繞著臺灣的濃厚認同政治樣貌。在這種情況
下，本書將中華民國臺灣化重新鍛造成總括政治共同體層次之政
治結構變動的概念，而論述也聚焦在政治共同體層次。

【註釋】

1　「臺灣」一詞所指涉的地區有數個：①臺灣是島嶼的名稱。臺灣島是由臺灣本島與龜山島、蘭嶼、以及綠島等77個附屬島嶼所形成。從地理性格來看，臺灣是一個和中國隔著寬約100至150公里左右的臺灣海峽，位於大陸近傍的島嶼，面積約為3萬5,873平方公里，比中國大陸沿岸的最大島嶼海南島（面積約為3萬5,730平方公里）稍大。②是作為一個地區稱呼的臺灣。由前述的①加上澎湖群島（有66個島嶼，約127平方公里）所形成。十九世紀末期，滿清在這個地區設置福建省臺灣府，1885年改設臺灣省，中日甲午戰爭後，滿清將臺灣割讓給日本，日本將臺灣置於臺灣總督府的管轄之下。在第二次世界大戰後，日本戰敗，中華民國接收臺灣，再設臺灣省。1949年以後，當中華人民共和國在述說「臺灣是中國的一省」或者「中國臺灣省」的時候，所指涉的也是這個地區。③在1949年以後的國際政治脈絡中，當人們在闡述一個與首都設在北京的中華人民共和國對峙、對抗的政治經濟實體，而使用「臺灣」一詞之時，它所指涉的地理範圍，是指臺北的「中華民國」政府所實效統治的範圍。在這個範圍內，除了前述②之外，還加上中華民國政府控制之下的數個中國大陸沿岸島嶼，包括福建省的金門縣（金門島）與連江縣的一部分（馬祖島）等等。在民主化之前，國民黨政權對於這個地區的官方稱呼為「中華民國自由地區」。附帶一提，國民黨政權於1990年申請加入關稅暨貿易總協定（GATT，也就是後來的世界貿易組織〔WTO〕），雖然到了2000年終於成功加入，但是當時使用的名稱，卻是其實效統制範圍內的地理名稱之總合，也就是「臺灣、澎湖、金門、馬祖關稅領域」。另外，分裂國家化之後（1949年以來），由於臺北市與高雄市（南部的工業、港灣都市）分別在1969年與1979年升格為行政院直轄市，與臺灣省同級，因此，中華民國管轄下的臺灣省，行政範圍是縮小的。從此以後，臺灣省的範圍就是從②之中去除臺北市與高雄市，而中華民國就由臺灣省、臺北市、高雄市，以及福建省（金門、馬祖）所構成。不過，民主化實行之後，1997年，國民黨政府獲得最大在野黨民進黨（長年主張廢止臺灣省）的贊同，決定「凍省」。

2　在此，所謂「官方中國民族主義」的說法，無須贅言，是借用B. Anderson的「官方民族主義」為範本。Anderson擴大說明Seton Watson的論述，認為

　　所謂官方民族主義，是「把國民們緊緻無縫的皮膚延展開來企圖包覆帝國之巨大身軀的策略」，他並舉帝政俄羅斯的俄羅斯化以及日本殖民帝國的日本化為例〔Anderson, 1997: 147-162〕。如下一章即將說明的，所謂中華民國，是指繼承滿清疆界，並意圖在此疆界上建立一個近代國民國家之中國民族主義事業（project）下的產物。如果著眼於中心與邊陲的關係，將發現，所謂近代的殖民帝國，形成路徑雖各不同，卻是一種「國民帝國」（請參照第一章注釋2），中國民族主義，就其作為一種由國家權力所形塑出來的統合國民之意識形態的特點來看，它其實也可以被賦予官方民族主義的性格。可以說，戰後臺灣的中華民國，雖然失去了在中國大陸的廣大邊陲地區，卻以「反共復國」為國策，更同時保持住了其意識形態。

3　有關美國帝國的性格及其系統的結構，本書的理解主要來自山本吉宣〔2006〕。山本的論述將在第二章的第一節2-（1）進行介紹。

4　蘇聯因為害怕被捲入與美國的戰爭之中，因此對於中共要求協助的請求消極對待，這樣的態度也間接壓抑了「解放臺灣」的強度（請參照第二章第一節）。

5　由外省人自由主義者雷震所主持的《自由中國》雜誌，早在1957年8月號的社論中就指出，「反攻大陸在相當期間內是困難的」。國民黨認定此為「反攻大陸無望論」，而對此進行強烈的抨擊。另外，當蔣介石藉著《動員戡亂時期臨時條款》的增訂，把憲法束之高閣，強行實施《中華民國憲法》所禁止的總統連選三任之規定時，《自由中國》雜誌也加以批評。當雷震與本省地方政治家聯手，準備組成「中國民主黨」之際，蔣介石即將雷震逮捕，並命令該雜誌停刊，藉此壓抑批判的聲音〔李筱峰，1987：63-78〕。

6　1971年10月，臺灣的「中華民國」終於失去了在聯合國的席次。當時，美國提出了雙重代表制，希望「中華民國」正式放棄其安全理事會常任理事國的地位，以換取留在總會中的席次。但在同一時期，由於美國國務卿季辛吉為了交涉第二年美國總統尼克森的訪中事宜，二次造訪北京，使得美國政府在席次問題上的處理半途而廢，並未成功〔Man, 1999: 62〕。

7　依照藤原的研究，在冷戰結構中，如果說大國之間的戰略性對抗與對峙關係是其「橫向結構」，那麼，美國與冷戰結構的「前哨」或者是「周邊」的

關係（美國會在後者當中尋找「協力者」，但又志不在保有殖民地，從這層意義上來看，美國算是一個「無殖民地的帝國」），就是冷戰結構的「縱向結構」〔藤原，1992：360〕。

8 如果總合無法維持（也就是，當判斷認為以獲取內部正統性為目的之對內讓步可能會導致政權喪失時），或許就必須強化強權體制（例如韓國朴正熙總統的「維新體制」）。此外，民主化是一種藉由把原本被排除在體制外的內部社會構成要素重新納入體制的方式，來贏取認同的一種手法。因此，也算是獲取內部正統性的一種方式。如果外部權勢者是一個強烈偏好民主價值的國家，則民主也具有獲取外部正統性之方法上的意義。這一點，在1979年以來的臺美關係上表現更為明顯。

9 針對臺灣發展主義體制上的這種特性，稱呼它為「黨國資本主義」，並第一個對其實態進行分析的，是陳師孟等人〔1992〕。

10 1964年為5.33，80年為4.17，81年為4.21，長期戒嚴被解除的1987年，則上升成為4.69〔行政院主計處，1989：56〕。

11 首先在此要針對相關用語稍做說明。在臺灣使用的中文裡面，有一個在時間上可以往前廣泛說明1970年代所發生的政治的、文化的變動過程，並且已經在臺灣社會定格下來的用語，叫做「本土化」。「本」是指「這個」的意思，而所謂「本土」，是指「這片土地」。「外省人」的相反用語是「本省人」而非「內省人」，也是源於「本」的這層意義而來。關於本土化，最早從事整體性學術研究的，是J. Makeham以及蕭阿勤等研究者〔Makeham and Hsiau eds., 2005〕。但是，該研究的作者們對於「本土化」的英文翻譯，意見並不一致。大多數都譯成indiginaization，不過，政治研究者J. B. Jacobs並不從字面而從實際意義出發，認為應該譯為Taiwanization〔Jacobs, 2005: 18〕。該書的編者之一J. Makeham認為，所謂「本土化」，如果是指「1970年代以後，本省人在政治上可以要求充分的公民權，為了確保公民權並達成政治上的平等，可以進一步獲得政治權力，並要求賦予臺灣明確的國民國家之地位的政治過程；在文化上，認為必須從臺灣人本身的觀點出發，對臺灣社會、文化、歷史的獨特性提出批判與解釋的想法」，則「本土化」應該被翻譯成Taiwanization比較妥當〔Makeham, 2005: 11〕。

本書中所指的「臺灣化」,所要處理的現象,雖然與上述意義的 Taiwanization重疊,不過,本書在「臺灣化」一詞前面冠上修飾詞「中華民國(的)」,所要表達的,就是本書的「臺灣化」把焦點放在政治結構層次的變動上面。因此,比如說,當本書對於文化面的變化進行說明時,本書的「臺灣化」並不是指「必須從臺灣人本身的觀點出發,對臺灣社會、文化、歷史的獨特性提出批判與解釋的想法」,而是著眼在這個想法作為一種公共言論被提出、推廣的過程,以及結果上對國民統合意識形態所造成的改變,還有相應的政策與制度上的變化。此外,儘管Taiwanization在中文上也可以說成「臺灣化」,但是在臺灣卻多以「本土化」來表現。筆者猜測,可能是因為「本」具有「這個」或者「我們的」之意涵,所以「本土化」可能是一種帶有「我們變成會思考我們應該要有某種樣子」的一種意識到主體性需求與課題的用詞,所以才會被使用。該書的另一位編者蕭阿勤,在相當於該書之結論的篇章中,選用了一個帶有問號的標題,標題如下:「本土化──期待變成國民國家的政治體想讓自己正常化的一種掙扎?」〔Hsiau, 2005〕。這是因為「本土化」在臺灣政治上至今仍然是一種論爭所導致。

12 之後,李登輝在投稿到*Foreign Affairs*的論文中指出,「在全面的民主化實現之後,臺灣靠著投票箱的力量,已經展現了新的國族認同感」〔Lee, Teng-hui, 1999〕。

第壹部
前期・初期條件・啟動
1945-1987 年

第一章　多重族群社會的臺灣——歷史前提[*]

有位老臺灣人曾這樣吟誦：「大正出生者的幸與不幸盡在光復節」（賴天來）。也曾有臺灣詩人如此寫道：「君嚮往陸地，吾嚮往大海，君戰死沙場，吾成異國人」（吳建堂）。「大正出生」的臺灣人，同時也是所謂「戰時派」的臺灣人。這些詩人，都是十七世紀開始從中國大陸移民到臺灣來的漢族後裔。如果是漢族後裔，一般粗糙地，都被當成「中國人」。第二次世界大戰前，在日本的殖民地支配下，不管願不願意，這些「中國人」都受到作為「國語」的日語教育，戰後，又被迫處於新「國語」（中國共通語言）的支配下。

其中，有些人在所謂「用真心說日語的二戰後」（高瘦叟）之自覺下，把日語文學藝術當作自己的資產，生活在臺灣的戰後時代，繁衍子孫，吟唱出所謂「一家三代兩國語，皆起因於光復節」（賴天來）的心聲。所謂「兩國語」，就是日本的「國語」和中華民國的「國語」。然後，戰後在凡事向美看齊的強烈社會風氣下，送子女出國留學的人，會出現諸如「太平洋來去無經年，何處是吾歸處」（顏梅）之類的感慨，也就不足為奇！〔若林，1997；黃智慧，2003〕

歷史一路走來，臺灣始終位居三個性格迥異之帝國的邊陲。首先是作為古典世界帝國之滿清帝國、然後是作為近代殖民帝國

---

[*] 本章譯者：陳桂蘭。

的日本、以及戰後的美國這種「非正式帝國」[1]。每當這些帝國以不同的方式統治、支配臺灣之際，就會有性格迥異的移民進入臺灣社會，使得移民與原本住民之間的關係在臺灣社會內部不斷進行重組。首先，自從中國大陸的漢族開始移居臺灣進行開拓以後，移居的漢族與母語屬南島語系的原住民族之間出現了鴻溝。漢族之間，也隨著出身地以及文化的不同，形成了楚河漢界。接下來的日本殖民統治時期，日本人以支配性的少數者身分登場，與此對抗的「臺灣人」身分認同，首次以具備族群性格的身分認同方式形成。由於戰後的世界帝國──美國，是一個志在透過「殖民地化不徹底的各種手段」〔古矢，2004：61〕，意圖確保其影響力所及範圍的所謂「無殖民地的帝國」，因此，戰後的臺灣就擁有了一個稱為「中華民國」的國家。

更準確地說，這是因為在中國大陸的國共內戰中吃了敗仗，無法確立本身作為繼承滿清帝國領域之「（中華）國民帝國」[2]的地位，而逃到臺灣來的「中華民國」，隨著亞洲冷戰的加劇，被組編入美國這個「無殖民地的帝國」之帝國體系周邊所造成的。這個國家在受到美國庇護的中國國民黨一黨支配時期，外省人以優勢的少數者姿態登場，更使得與此對抗的身分認同逐漸在早期移民集團（group）之內形成。

這本書，希望能夠把中華民國臺灣化這一齣在時間上距離我們最近的政治、社會戲碼，從頭到尾品讀。從這個觀點來看，圍繞著這樣一個臺灣的各個帝國之盛衰，以及隨之展開的原本住民與移民之間的關係之重組的劇碼，或許可以說就是臺灣的歷史戲碼[3]。

本章開頭列舉的戰後臺灣人所創作的日語文藝作品，清楚地向我們訴說著臺灣島上的人們不得不經歷的近現代地緣政治學。

在接續交錯堆疊的帝國支配下所堆砌出來的，正是中華民國臺灣化的歷史性前提。

一、滿清帝國、日本殖民帝國、多重族群社會

1. 臺灣的多重族群社會

　　現今的臺灣社會，雖然是由漢族移民的後裔占壓倒性多數（人口的 97%），若深究其內部結構，會發現其中包含具有不同歷史淵源與性格的集團，他們之間的界線交錯重疊。對於此種從族群構成的面向所觀察到的臺灣社會形構，筆者借用在臺灣被用來指稱民族集團（ethnic group）、且用法已經固定的用詞——「族群」，稱臺灣社會為「多重『族群』社會」。

　　「族群」一詞，是 ethnic group 的譯詞，帶有如下的語意，即「族群相對於其他團體的認同，最獨特之處，在於它是強調成員之間的『共同來源』或『共同祖先』（common descent），作為區分『我群』與『他群』的標準」〔王甫昌，2003：10〕。在臺灣，這個用詞雖出自學界，但隨著社會一般也開始使用，這個詞便逐漸具備了一種自由的語感，不論是用來區分在文化人類學上可以被稱為民族（ethnos, ethnie）的原住民族與漢族；或者是用來區分客家人與福佬人（甚至是福佬人內部的漳州人與泉州人）這種漢族內部的語言或者是出身地集團之不同；以及在殖民地之下的日本人與臺灣人之區別，對一般性歷史敘述中被稱為民族性的界線，都可以適用[4]。當然，連「民族性」這種不管在中、日文的語感上都極難適用的本省人與外省人的界線，族群這個詞也能完美吻合。由於日文和中文都使用漢字，筆者希望利用這項優點，直接借用這個中文詞彙。

　　隨著臺灣政治民主化而展開之強烈的認同政治，與圍繞著國族認同的政治和反映多重族群社會中複雜族群關係的族群政治（ethno politics）重疊交錯進行。由此觀之，所謂中華民國臺灣化的力道強度（dynamism），可謂為在 1949 年前後，因為大量外省移居與遷占者國家之確立而出現的戰後重組之後，在多重族群社會裡最新的重組過程。此所謂重組與再重組過程，雖然受到對外關係的強烈影響，然而就其與「民主化＋臺灣化」這種政治結構上的變動同時展開之意義來看，這是一種有別於過去透過外部人口的進入與外來統治所出現的重組，可以說是臺灣史上第一個自發性或內發性的重組[5]。

　　如前所述，此一重組、再重組過程，具有兩個面向：一個是人口上居多數的本省人因為民主化而獲得權力，導致戰後身為遷占者的外省人，在臺灣這個遷占者國家中，其政治文化上的結構性優勢走向崩潰的過程（因此，這也可以說是一種外省族群政治化，也就是外省人族群化，逐漸參與民主化之選舉政治的過程）；另一個面相，則是同時間展開的客家人（本省人中的少數者）及原住民族（相對於整體漢族移民的少數民族）提出族群上的自我主張與獲得權力的過程。

　　外省人的大量移居與遷占者國家所導致的戰後重組，將在第二章說明；隨著中華民國臺灣化所產生的重組、再重組過程，則留待第七章與第八章敘述；本章，要針對戰後重組開始之前的過程，也就是滿清統治下多重族群社會之基礎結構的形成、以及日本殖民地統治下的所謂近代意義上的形成過程，進行概觀。

2. 滿清帝國與多重族群社會之基礎結構的形成

對岸中國大陸漢人對臺灣持續性移居、開墾的潮流，始於十七世紀[6]。當鄭成功的勢力接連擊退荷蘭東印度公司以及荷蘭，在臺灣南部設置交易據點，並以此為中心，對一定領域進行支配之事實，也助長了中國漢人赴臺的潮流。荷蘭對於來自對岸的移民實施獎勵，加上標榜反清復明的鄭成功，除了帶來一個小規模的中華王朝形態之文武官僚制度，還獎勵一種依照屯田制度所進行的開墾。同一時期的中國大陸，滿清推翻明朝，開始興起。清康熙皇帝時打敗鄭成功，經過一些猶豫後，即將臺灣納入版圖[7]，並在對岸的福建省之下設立臺灣府，由中央派遣官吏，開始了對臺灣的統治。一直到十九世紀後半西歐勢力再度襲臺時為止，清朝統治所著眼的，都為考量如何避免臺灣再度成為類似鄭氏這種反清勢力的溫床，防止臺灣因為其他動亂而變成王朝的麻煩製造者，因此，對於來自對岸的移居，頒布了極嚴格的禁令。

但是，禁令並無成效，把臺灣與大陸放在相同的統治秩序之下，長期來看，對於來自對岸的移居、開墾，毋寧提供了有利條件，在臺灣的肥沃田野上找到新的生存發展機會之對岸居民，就這樣絡繹不絕地渡過臺灣海峽來到臺灣。移民潮一直持續到十九世紀初期，漢人的開墾從臺南開始，往南一直到下淡水溪（譯註：現在的高屏溪）流域；往北，在十九世紀時到達臺北盆地，進一步往東拓展到東北部的宜蘭平原。人口也隨之增加，從鄭氏時代末期所推定的 12-15 萬人，到 1811 年時增加到 194 萬人，到了清朝末期，增加到近 300 萬人。滿清統治時期的機構，也只好隨著移居與開墾潮的擴大而擴充，中（清）法戰爭後的 1885 年，並將臺灣從福建省獨立出來，設置臺灣省。

對於中國大陸沿岸地區，特別是對於福建省、廣東省的人民

而言，臺灣是一個新發現的「新世界」。只不過，當開墾的人們瞄準這一片沃土，開始蜂湧進入時，為了取得土地與水利等資源，緊張關係於焉產生。在這種緊張關係之下，社會性的爭鬥便經常發生。爭鬥不僅發生在移居漢人（對清朝而言屬於「民」）與原住民族（「番」）之間（「民番衝突」），就連移居的漢人之間也經常發生「分類械鬥」，也就是人民分成各「類」，持武器（「械」）爭鬥。這種爭鬥有時候會發展成大規模的反清動亂，有時候，一開始是反清動亂，最後卻發展成「分類械鬥」的也時有所見。飽嘗苦頭的清朝無法處理，經常將參與爭鬥的一方當作「義民」或「義勇」，拉作同夥，使其參與鎮壓，如果這樣還無法恢復治安，就從大陸本土派兵過來。

在中國大陸華南地區，所謂「分類械鬥」的「類」，指的是作為父系血緣組織的宗族集團，至於在這一片新開墾而宗族遲未扎根的臺灣，所謂的「類」，在大部分的情況下指的是出身所在地集團，福建省漳州府出身的（漳州人）和福建省泉州府出身的（泉州人），以及主要來自廣東省北部的客家人，他們是主要的「分類」。其中，漳州人與泉州人的母語同為福佬話，相互之間可以理解，文化差異較小；但是與客家人的母語（客家話）無法互通，而且客家人具有漢族罕見的女性不纏足等種種習慣，雙方之間具有比較明顯的文化差異。「械鬥」以這三者的所有組合方式發生。到了十九世紀後半，當「分類械鬥」的情況減少，而且「分類」已不盡然是出身所在地集團之間的問題時，漳州人與泉州人之間的界線意義銳減；但是，客家人與福佬人之間的界線，被認為在日後依然具有社會性意義，毫無中斷。也就是說，原本存在於漳州人、泉州人以及客家人之間的界線，到了十九世紀後半，變成了福佬人（漳州人與泉州人）與客家人之間的界線。此種界線，在滿清帝國轄下的臺灣漢族之開拓社會的範圍內，可謂具備了一種

準族群（subethnic）界線上的意義[8]。在所謂「分類械鬥」等於叛亂的動亂中，客家人被認為比較常扮演「義民」角色的事實，也是對福佬─客家這種準族群上的界線產生持續性影響的原因〔王昌甫，2003：129〕。

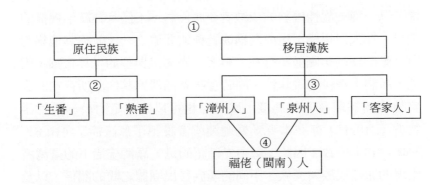

①原住民族或後來的移居者。
②不確定是否為清朝的統治範圍。
③大陸出身地與母語之別，這些人之間以各種不同的組合經常發生「分類械鬥」。
④隨著「分類械鬥」的減少，對於界線的意識也逐漸消失。
出處：筆者製成。

圖 1-1　清朝時期形成的多重族群社會之基礎結構

　　另一方面，在漢族與原住民族之間，漢族的優勢很早就在平地原住民族（「熟番」或者「平埔番」）之間確立，歷經各種因緣際會之後，這些平地原住民族不但接受了漢族的集約式農業型態，也被納入其農業經濟體制內。在文化和習俗方面也走上漢化一途，與漢族之間的界線意義逐漸趨淡。如後所述，日本統治時期，原住民族在人口統計上被列為獨立範疇，但是在行政上，平埔族部落與漢族均被列入同一範疇。對於那些住在中央山脈、東部及離

島,未受到漢化的原住民族(「生番」),則設置不同的行政系統,使得其與漢族之間維持著明確的界線〔清水,2005:108〕。

滿清時期渡臺的清朝官僚及其家族,數量不多,而且與漢族移民社會的接觸面也被認為不大。也就是說,在滿清時期,類似後來殖民地統治時期的日本人或者戰後遷占者國家的外省人那樣,以一種支配性優勢的少數者姿態自居,不僅身為統治機構的要員,在人口規模上也成為構成社會的要素之一,並與其他集團有互動關係的集團並不存在。再者,滿清是典型的世界帝國,因此,所謂「邊緣的曖昧性,同時意味著滿清對其內部所存在的異質性事物採取寬容的態度,反過來也可以說,是對於異質性事物的(引用者)存在本身感覺遲鈍或者說犯了無感症」〔山室,2003:918〕所致。因此,必須先確認的是,滿清統治下的臺灣所出現的原住民族與漢族、不同的漢族移民團體之間的關係、以及他們與國家之間的關係,都與國境明確、在內部以追求貫徹均質的支配為目標之近代以後的國家不同。只不過在這個時期,由於漢族優勢的社會已被確立,而性格迥異的族群(漢族與原住民族)與準族群(漢族內部)之間的界線有時出現有時趨於淡化,因此從這個意義上來看,清朝時期,臺灣的多重族群社會之基礎結構可謂已經形成(如圖1-1所示)。如後所述,在語言上意義完整的多重族群社會,將會在這個基礎上逐漸形成。

3. 日本殖民帝國與多重族群社會的形成

話說,滿清在《馬關條約》中把臺灣割讓給日本。日本因此進入近代殖民帝國的行列。根據山室信一的說法,近代殖民帝國有別於中華王朝這一類古典的世界帝國,它是一種由具有主權國家、國民國家型態的核心政體,統合異民族領域的「國民帝國」。古典的世界帝國,依據儒教、基督教、伊斯蘭教等的世界觀,認

定自我為普遍性的存在，以不斷向外擴張為職志；儘管如此，其邊境卻是流動與不確定的，在邊境，帝國靠著一種以無封閉的開放性系統進行支配、吸收的動力作用，才得以保持生命力〔山室，2003：89〕。滿清時期在臺灣所展開的，包括漢族移居開拓的擴大，以及在漢族開拓範圍內所發生的原住民族之漢化，或者在「民（漢）番衝突」中所出現的漢族之勝利，導致漢族移住地由平地往丘陵擴大，加上為了追認這些事實而被擴張增設的行政區劃與官衙，這些動能，正是作為世界帝國的滿清王朝用以擴張版圖的邊境動能[9]。

　　相對於此，作為近代殖民帝國的「國民帝國」，則是源自於西歐的國民國家在互相謀求自我生存的過程中因為涵納了異民族區域而形成的。那是一種「跨越國境的民族，利用資本與軍事這兩種力量，將其所獲取的空間當作一個異於本身的政治社會，徹底將其置於『外部』，卻又同時把它當作自己的主權領域，逐步將其『內部化』，也就是兩個相反向量交互作用下所形成的跨領域政體（supra-territorial body politic）」〔同前：89〕。山室把這個「相反向量」的前者稱為「差別原理」，把後者稱為「統合原理」。在這個意義下，近代殖民帝國所屬的殖民地，被定位在兩個原理組合下的「國內法上的國外，以及國際法上的國內」之地位上，形成了一個核心政體（殖民地本國）以外的「異法域」。核心政體與「異法域」的殖民地之間的境界，雖非國際法上的界線，卻是一種「顯示其與統治區域之間的差異與階層性的優越線，同時也是一種將本國從抵抗性入侵之恐怖中隔離的防護線」〔同前：124〕。所謂殖民地統治政策，或許可以說就是這種優越線、防護線的管理營運政策。因此，本國社會與殖民地社會的差異，及殖民地社會內部各項要素之間的差異，由行政權依據「科學的方法」，或者由受到行政權支援的學者或者學術組織進行徹底調查，

在反映當地的狀況或是本國統治菁英的喜好下，決定或變更「差別原理」與「統合原理」應有的組合。

日本的殖民地統治特徵，一般被稱為「同化主義」。如果對照以上的論述，從統合原理與差別原理的組合（從殖民者的角度所看到的「差別即平等」之機制）來看，同化主義指出了由本國主動將殖民地住民逐步導向「國民化」的動力較為強烈的面向。吳叡人指出，日本這個「國民帝國」，雖是東亞第一個近代國民國家，卻同時也是一個「遲到的帝國主義」，使得核心政體的國民形成與帝國形成的過程大幅重疊，其統治殖民地的意識形態，則被涵納到統治菁英所保有的日本國民國家所形成的「官方民族主義」（nationalism）意識形態中，因此，殖民地的統合被認為具有一種強烈的傾向，亦即被設計成本國國民統合的延續（「國民形成式的殖民主義」〔nationalizing colonialism〕），並且被付諸實行。因此，他對日本殖民主義中的「差別即平等」之機制，賦予一種「層級差別式吸收」（differential incorporation）的性格。這種性格所展現的做法，是將新取得支配的國民共同體構成要素當作一個整體，將之編入層級統治秩序的底層（法國則是以〔文明化〕的個人之方式），然後依序定位，將其編入日本國民國家之內〔Wu, Rwei-jen, 2003: Chap. 1〕。

這個「層級差別式吸收」機制，對於殖民地統治之下的臺灣，究竟創造出什麼？從本書的觀點來看，重點有二。

第一，殖民地臺灣的社會，在族群構成上存在著「內地人」（日本人）—「本島人」（漢族）—「蕃人（生蕃）」（原住民族）的界線，臺灣社會可以說是在族群界線被刻意凸顯的情況下逐漸組成的[10]。這是一個在滿清帝國統治時期開始的「民（漢族）番」界線之上，再疊上一個殖民者「內地人」的社會所組成，也被認

為具有依據對「文明」的吸收程度來分出上下關係的意涵。針對臺灣近代史的這個面向，至今研究雖不多見，不過，這種界線的形成與持續，事實上是透過以下的幾項政策所鞏固。

首先是「本島人」的政治待遇政策（曖昧的「日本人」＝「二等臣民」之創造）。這個政策是利用以「國語」（日語）為核心的日本文化要素之吸收，一方面追求「同化」，一方面又盡量讓公民權的平等化遲滯。再者是山地特別統治政策（被稱為「理蕃政策」）。這個政策甚至不承認「生蕃」作為一個法律主體的地位，從教育到行政，由警察執行不同於平地系統的統治政策。總督府所編輯的漢族住民用初等教育教科書之中，一直採用「吳鳳傳說」（漢族的「通事」、「通譯」，讓自己的人頭被砍，使「生蕃」改掉了砍人頭的習慣）的教育政策，試圖從意識形態上強化山地特別統治政策。讓「本島人」以及「蕃人」，被定位在一種階級統治性的秩序之中，然後透過因日本支配而傳入的「近代性」霸權，使得他們在霸權之下雖然不情願，有時候又不得不吸收日本文化要素的情況下，逐漸變成「日本人」。

第二個重點，當然就是與此分庭抗禮之抵抗性主體的形成動態。吳叡人把這種從「層級差別式吸收」機制中產生周邊住民之抵抗性主體的機制，稱為「制度化的臨界狀態」（institutional liminality）。被納入日本帝國之周邊區域的住民，依據由核心政體菁英單方面制定的「日本性」（Japaneseness）之基準（殖民地居民的所謂「民度」），在帝國階級統治的下階層部分，被制度性地定位成「外地人」（在臺灣則是「本島人」與「蕃人」），且徹底固定下來。這就是「制度化的臨界狀態」。

在這種曖昧的所謂「不可能是日本人的日本人」之尷尬狀態下，作為一個國民帝國的差別原理與統合原理，矛盾顯露無疑，

而且也會將位於帝國周邊的區域範疇（「沖繩」、「臺灣」、「朝鮮」）政治化。這種政治化，在沖繩被採取的，是一種藉由在帝國內部追求以自治與平等為目標的同化來達成近代化的言論；在臺灣所採取的，則是追求一種要求在所謂日本殖民帝國系統之外的自治與平等之「分離的近代化」言論。作為一種周邊民族主義[11]，抗日臺灣民族主義[12]的言論，已在「本島人」之中出現。吳叡人認為，從以下各種言論，就可以證明抗日臺灣民族主義的存在。包括從 1920 年代起至 1930 年代前半所展開的一種殖民地自治運動，即「臺灣議會設置請願運動」中主張的「臺灣是臺灣人的臺灣」；還有從 1920 年代後半起至 1930 年代初期所展開的左派抗日運動中「作為應得到解放的弱小民族之臺灣人」的概念；以及在同時期所展開的各種文化運動之其中一部分，企圖將在政治上受到此種界定的「臺灣人」本質化的言論〔ibid.: Chap. 3, 4〕都屬之。

　　臺灣的社會學者王甫昌舉出了三個構成「族群意識」的要素。分別是：①不論祖先或起源，我們都與他者不同的差異認知；②相對於他者，我們處在一個不當、不利的位置之不平等認知；③為了去除這種不平等，必須採取集體行動的認知。此外，王甫昌也強調，上列要素中的「不平等認知」，是以「人類皆平等，只有文化或形態上的差異，並無上下之別」的平等觀念為前提，因此，族群意識可以說是相當近代的產物〔王昌甫，2003：141-23〕。如果①、②、③以及作為其前提的近代性是族群意識的要件，則在吳叡人所指出的「層級差別式吸收」機制下的「制度化的臨界狀態」之中所生成的抗日臺灣民族主義，及在其中逐漸被想像、創造出來的所謂「臺灣人」身分認同，可以說滿足了所有的要件。若嚴守王甫昌的論述，可以說，這個「臺灣人」，正是臺灣史上最早的族群意識。另外，③所提及的集體行動，如果是

把透過實際行動而投入政治過程的狀況視為「族群的政治化」，則前述所謂臺灣抗日民族運動，可以說是一種被日方所賦予的「本島人」之身分的政治化過程，以及經過該過程而產生「臺灣人」的一種族群化過程。

臺灣社會在滿清統治下所形成的族群基礎結構，就在以下兩種變化向量的相互角力中被重新組編。這兩種向量，其一就是日本殖民主義壓力。這種壓力，一方面對「內地人」、「本島人」、「蕃人」之間的差異進行階級式的制度化工作，並使其本質化，一方面又逼迫其同化。另一個向量，是族群意識。這是一種在「制度化的臨界狀態」中政治化、並進一步使用不同方式理解「本島人」的身分認同，把本島人想像成與「日本人」不同，並與日本人處於平等地位的「臺灣人」族群意識。如果採取王甫昌的論述，重視「族群意識」的近代性，則當滿清時期所建構的臺灣社會經由這種殖民地的重組之後，嚴謹語意上的多重族群社會已經誕生。換句話說，上述抗日臺灣民族主義運動的展開，正意味著，作為一種族群意識的「臺灣人」意識，已經普及到一些受過某種程度教育的階層之中，也證明了日本殖民地統治時期多重族群社會已經誕生。

這裡必須注意的是，這種作為「臺灣人」的族群意識，是一種泛漢族認同的想像。換言之，是一種（甲）排除原住民族，且（乙）跨越福佬人—客家人之準族群性境界的泛漢族認同。從上述的解讀來看，日本殖民地統治時期之臺灣社會的族群關係，如圖 1-2 所示。

有關抗日臺灣民族主義的各項運動之言論，對於原住民族幾乎都不表關心。就算是以「臺灣民族獨立」、以及建立「臺灣共和國」作為主張的臺灣共產黨（1928 年 4 月在上海的法國租界創立）

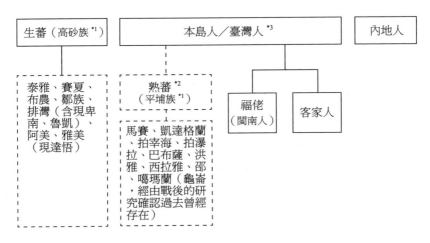

*1）1935 年以後臺灣總督府使用的正式稱呼。
*2）與其他漢族一起編入一般行政區，但是在臺灣總督府所實施的人口調查中，還是被當作一個類別殘留下來。
*3）本島人與臺灣人同樣，都是跨越福佬人、客家人的分類，本島人是從統治者的角度來看的分類，臺灣人則是依據抗日臺灣民族主義的論述所形成的分類。
出處：筆者製成。

圖 1-2　日本殖民地統治時期的族群關係

之「政治大綱」，也只有指出「臺灣最早的住民是生蕃這一類的野蠻人」，但是他們被從中國南部遷徙而來的「漢人」「趕進深山」，「所謂臺灣民族，乃是此等南方移民遷臺之後所組成者」〔臺灣總督府警務局編著，1939：601〕等之類。

　　勉強可以稱得上例外的，是臺灣議會設置請願運動的主要推手之一，也是「臺灣羅馬字普及運動」的提倡者蔡培火。蔡培火在抗日臺灣民族主義的指標性文章〈吾島吾民〉[13]〔《臺灣青年》，第一卷第四號，1920 年 10 月〕中，除了指出「生蕃之詞乃吾人（指臺灣漢族）所造」、「乃吾人過去曾自為人種差別之行而迫害他人，遭天之譴，此乃吾人今亦受人種差別及其迫害之因」之外，並稱

原住民族為「山內人」，而且在以後的文章中也使用此一用語，
表達對原住民族的同情。

身為「臺語羅馬字普及運動」的提倡者，蔡培火對於「山內
人」的注目，被認為是受到他對於十七世紀來臺的荷蘭傳教士將
原住民族語言羅馬字化，用來當作對南部原住民族傳道之用的史
實影響所致〔陳培豐，2001：220〕。蔡培火提倡的運動，希望以
十九世紀長老教會所造的「臺灣話（其實是福佬話）羅馬字」取代
對一般民眾而言難以記憶的日文與漢字，並使其普及化。但就算
是在臺灣知識分子的各項文化改革運動當中，這個運動也是孤立
的。原因被認為是大部分的知識分子在面對來自日本殖民主義的
同化壓力時，無法完全放棄以「漢民族之固有文化」和「漢字」
來作為抵抗方法的執著所致[14]。

另外，在同一時代的越南，越南民族主義者採用了由天主
教傳教士以羅馬字改造越南話所創造出來的 KKOGU，其普及化
後，取代了由漢字、漢文或是漢字所衍生出來的「字喃」（Ch
Nôm），獲得了越南話之標準拼寫方式的地位〔今井，2001〕。如
果追憶這一段原委，可以說，蔡的改革主張所具有的含義，與他
自己被認定的「抗日右派」之政治傾向剛好相反，文化上可能甚
至具有脫離中華文化之含義在內的一種極具邏輯性的內容。

（乙）項，被認為與日本近代殖民帝國對臺灣社會的差異性
管理方法有關。在日本的統治政策中，確實意識到前述從清朝
時期開始出現的平地住民之準族群上的差異（福佬人、客家人、
平埔族），即使是在 1905 年所做的人口調查（「臨時臺灣戶口調
查」），和實際狀況雖有些許差異[15]，在「種族」項目中也設有「福
建人」、「廣東人」、「熟蕃人」等統計項目〔富田，2003：94-
97〕。不過，實際上並未有跡象顯示，臺灣總督府把透過這種方

式掌握到的區分積極且大規模運用在對這些人口所居住的平地及丘陵地之支配上。

這種做法，與前述對「內地人」、「本島人」、「生蕃」非常用心地採取差異式管理，並將依據人類學調查而對「生蕃」內部之文化、社會上的差異所獲得的認知，積極利用在「蕃地」統治上的做法，簡直形成一種對比。換言之，臺灣總督府並未採取透過將漢族內部的文化性差異制度化，並以此為手段促使這些分項範疇本質化的政策[16]。依筆者之見，臺灣總督府在對漢族社會的統治上比較積極注意到的差異利用，並非準族群上的文化差異，而是社會經濟上的差異，也就是階級上的差異。也就是說，臺灣總督府在透過土地調查事業掌握了土地利用與土地持有關係的實際狀態之同時，對於反映整個開拓過程的複雜土地持有關係進行整頓之後，不但讓地主—佃農關係持續存在，在農村統治當中，並輔助性地利用地主的權威，甚至在臺灣整體的統治政策層次，也對筆者所稱的「本土地主資產階級」極盡懷柔之能事〔若林，2001b：416-422〕。

二、中場的悲劇——二二八事件與「省籍矛盾」、臺灣民族主義的歷史起源

1. 國家機構統合的成功與國民統合的受挫

1945 年 8 月 15 日，日本向同盟國投降，不久之後臺灣就被收編為中華民國臺灣省。然後，這個中華民國國民政府（以下稱國府）在 1949 年 12 月，由於在中國大陸發生的與中國共產黨的內戰中敗北，將中央政府轉移到臺灣來。國府的命運被認為已如風中殘燭，沒想到翌年的 1950 年 6 月，隨著韓戰爆發、美國同時介入，東西冷戰亦波及臺灣海峽，此後，國共對峙便隔著臺灣海峽

持續進行。從日本投降到東西冷戰波及臺灣海峽為止的不到五年時間，可說是臺灣從日本殖民帝國的邊陲地位，全新步上戰後美國「非正式帝國」之邊陲地位的現代史之中場時間。

　　被編入中華民國，使得臺灣住民經歷了從十九世紀末以來的第二次國籍變更。然而，就在此變更發生的五年後，這個「國家」的意義竟完全變了樣。這是一個被自己所居住的土地之邊陲性激烈作弄的五年。在這段中場時間裡，悲劇──也就是二二八事件發生了。如下所見，中華民國政府接收了臺灣總督府行政機構以及日本人和日本企業所留下的資產，並將這些資產變成臺灣省政府行政機構和政府的資產。中華民國國家機構對臺灣的統合在短期內算是成功。但是，中場時間所發生的這一樁二二八事件悲劇，卻訴說了其在國民統合方面的挫折。這樁悲劇所帶來的，是刻印在大多數本省人心中對於參與政治的恐怖、「省籍矛盾」的早期形成，以及在逃亡海外者之間所形成的臺灣民族主義論述，使得中華民國臺灣化的「戰後固有歷史脈絡」之一部分，在中國內戰與東西冷戰結合下所造成的分裂國家出現之前就已形成。

2. 臺灣「光復」與日本資產的接收──國家機構的統合

　　1943 年 11 月 27 日，在美、英、中三位同盟國領袖之協議後所發表的《開羅宣言》，倡議對日戰勝後將臺灣與澎湖歸還給中華民國。《開羅宣言》發表後，除了原本已經對日本展開全面作戰，並堅持臺灣為中國之一部分立場的國民黨以外，以此為開端，中國共產黨也明確轉變其立場，中國民族主義主要勢力對於臺灣的恢復主義（irredentist）立場終於確立。臺灣變成了應該被復歸祖國的土地。

　　當時位在重慶的國府，在開羅宣言之後即設置臺灣調查委員會，準備接收臺灣。在日本統治時期曾經到過臺灣視察的政學系

政客陳儀，被任命為臺灣調查委員會的主任委員。1945 年 8 月，
當日本接受了同盟國要求無條件投降的《波茨坦宣言》，同盟國
最高司令官麥克阿瑟旋即對除了東北滿洲地區以外的中國大陸、
北緯 16 度線以北的印度支那以及在臺灣的日軍下令，要求向中國
戰區最高司令官蔣介石投降。蔣介石即刻任命陳儀為臺灣省行政
長官兼臺灣省警備總司令，接受日本在臺灣的投降。

　　陳儀在重慶任命了行政長官公署的要員，編組了接收臺灣的
組織之核心成員，10 月 17 日，國軍第七十軍與長官公署官員抵
達臺灣。登陸的軍隊與官員在基隆港的碼頭、臺北的街頭，在臺
灣住民的歡呼聲中，進駐以臺北為首的臺灣各地。陳儀本身遲至
24 日才抵臺，第二天，也就是 25 日，即在臺北公會堂（現在的中
山堂）舉行臺灣受降典禮。陳儀代表蔣介石，除接受臺灣總督兼
日本第十軍司令官安藤利吉的投降之外，同時宣布臺灣與澎湖編
入中華民國，臺灣省行政長官公署正式運作（本日為臺灣的「光復
節」）。臺灣住民直到翌年 1946 年的 1 月，依據國府行政院訓令，
成為「自 1945 年 10 月 25 日起恢復中華民國國籍」之人〔何義麟，
2003：132〕。

　　依據國府所發布的《臺灣省行政長官公署組織大綱》，在臺
灣不實施與大陸相同的行省制度，採取行政、立法、司法權限由
受中央政府所任命的行政長官一手抓的「特殊制度」，不僅如此，
行政長官對於駐在臺灣的中央政府機關還具有指揮監督權。除此
之外，如前所述，陳儀作為臺灣省警備總司令，對於直屬的特殊
部隊、通訊部隊或者陸軍第七〇軍等駐在臺灣的陸海空軍、憲兵
部隊，也具有指揮權。這些事實從如今變成「本省人」的臺灣人
眼中來看，簡直就是賦予比起日本統治時代前半期的武官總督，
有過之無不及的獨裁權限。不久就對行政長官公署失望，行政長
官公署也被挪揄成「新總督府」〔李筱峰，1999：186〕。

在握有如此強大權限的陳儀之下，第二個月開始，進行軍事、行政、司法、教育，研究、報導機關等各方面的接收與重組。至於國民黨黨組織的滲透，由於既有的派系對立，導致有所延遲。不過，單就行政部門來看，接收從省屬層級（舊總督府層級）開始往地方層級（前州、廳層級）循序進行，到了第二年，也就是 1946 年的 4 月，除了分散在各地的衛生機構之外，接收已經全部完成。接收作業進行極為順利，各地實際所花的時間大約三星期。因此，早在接收尚未正式結束之前的 1945 年 12 月 25 日，就發表了八縣九市的新行政區域劃分，取代了至當時為止在殖民地時期所實施之五州三廳制，並陸續進行縣、市長的任命。

隨著統治機關之接收的進行，產業資產的接收也隨之開始。行政長官公署之下設接收委員會，1945 年 11 月首先進行原臺灣總督府所屬的公有財產之接收，次月終了。次年，即 1946 年 1 月，在接收委員會之下設立了「日產處理委員會」，一直到 1947 年的前半年，持續進行對於日本人的私有財產之接收與處分之作業。直到 1947 年 2 月底為止，接收的財產數字約為 110 億元。

被接收的財產暫被列為「敵產」而全部收歸國有之後，除其中一部分外，主要企業的大部分即被分成國營，國、省合營，省營及縣、市合營等四種型態，劃歸公營。依據劉進慶的研究，除了日本統治期間的菸、酒等專賣原封不動地被繼承之外，銀行、保險公司、信用金庫等金融機關也變成公營。還有，從一向作為臺灣產業支柱的糖業開始，到 1930 年代以後在殖民地的工業化過程中被移植進來的石油、電力、製鋁、肥料、蘇打、機械、造船、水泥、製紙等所有的主要企業，無一遺漏，全被轉變成國營企業。而且，由於陳儀的某種「社會主義」理念，除了交通、運輸部門的日本企業之外，貿易、商業相關的企業也被轉成公營，而由臺

灣省貿易局獨占臺灣與外部的交易管道。就這樣,「將戰前的日本資本以國家資本的型態,更形集中,而這個國家資本就統括了臺灣的產業、金融、貿易之『管制高地』」〔劉進慶,1974:26-30〕。而臺灣人菁英就被排斥在這個「國家資本」的運作之外。原本期望日本人走了以後能夠站在臺灣經濟復甦第一線的本土資本家,期待竟化為泡沫。

3.「劫收」的混亂與二二八事件——國民統合的挫折

臺灣人民歡欣鼓舞地迎接「光復」。但是,他們對於「祖國」所抱持的期待與因為對日戰爭而疲憊的國府的實情實在相差太大。蔣介石所掌握的中央政府認為,在日本殖民地支配下的臺灣,比起東北等地,不但沒有難以統治的地方軍閥等勢力,而且人民既順從又容易統治,因此,中央只派給陳儀一支疲弱的部隊。接收臺灣之際,更貫徹了比東北還徹底的外省人支配〔松田,1999:306〕。

陳儀帶來了一群從他在戰前擔任福建省政府主席時代起就共事的幕僚,他們和陳儀同樣具有社會主義理念,但是整體而言,來臺的官吏、軍人良莠不齊,以致對於比當時的中國大陸還要現代化的臺灣社會、經濟,在運作上無法提出令人滿意的結果,儘管如此,陳儀也不採用本省人。一方面,乘此間隙,「從(中國大陸)各地流竄進來的機會主義者、商人、政治逃亡者、以及一部分的本島人機會主義者、老千、騙子,卻混入其中」〔吳濁流,1972:164-165〕。政府各機關以及公營部門的人員任用,裙帶主義蔓延,外省人取代了日本人。上者,在臺灣籍職員之上,領兩倍的薪水(日本統治時期的日本人官員領的薪水是「六成加給」),擺架子;下者,則靠裙帶關係被錄用,以致外省冗員充斥,本省人的失業卻日益嚴重。

　　面對著急速升高的戰後通膨、緊張的國共對立等等日益險惡的大陸政治及經濟情勢，接收就在這樣的狀況下進行，而這場接收，不單只是戰敗國所殘留下來的政府機構與資產的轉移管理與重組，也成為對於更大的臺灣社會之財富的掠奪。應該作為復興用的工廠機械被拆解下來當作鋼鐵材料賣掉，臺灣總督府在戰爭期間實施經濟統制而得以儲存下來的砂糖，也因為投機的關係，被賣到上海去。

　　雪上加霜的是，通膨的加速與社會秩序的混亂直接衝擊了民眾的生活。行政長官公署為了避免臺灣直接受到戰後大陸經濟混亂的波及，採取了將臺灣元（舊臺幣）和大陸貨幣（法幣）的連動性切斷的措施。這雖是一項聰明的做法，但是行政長官公署的行政支出卻不得不靠臺灣銀行舊臺幣的增印來支付，加上日用品無法再從日本進來，所以靠著和上海之間日益緊密的貿易，只能眼睜睜地看著大陸的嚴重通膨波及臺灣。

　　加上 1946 年 1 月，行政長官公署廢止了戰爭期間以來一直施行的白米配給制度，而同時又封鎖了各地的農業倉庫（臺灣總督府在戰爭期間為了實行糧食配給管制所設置），導致在市面上流通的米量驟減，且因對於灌溉用水的管理紊亂無章，以致對生產造成影響。在這樣的情況下，從清朝時期以來甚至有「一年豐收可吃三年」的臺灣，竟然出現了米糧不足以及米價急漲的現象。到了這個地步，接收開始被稱為「劫收」。

　　腐敗無能的官吏取代了過度嚴苛卻有規律的日本官吏、警官而粉墨登場。在這批毫無規律的士兵、警官，以及靠裙帶關係而受到錄用的腐敗無能官吏之下，社會秩序全面快速惡化。從 1920 年代即已絕跡的霍亂竟再度流行，即可見一般。不但風紀惡化，學生賄賂學校老師的惡習開始蔓延。根據澳洲記者杰克・貝爾登

（Jack Belden）的證言，有一張同時畫著「一隻從臺灣島逃出去的狗（日本人）和一隻跑進來的豬（外省人）」的海報處處可見。據說海報上的文字是這樣寫的：「狗雖吵卻能守護人。豬只管吃和睡」〔Belden, 1965: 124〕。

這種「狗」與「豬」的對比所顯示的是，民眾憤怒的對象已經不限於陳儀政府，而變成將矛頭指向隨陳儀來臺的外省人，是一種帶有族群性格的內容。屬於知識分子之類的領導階層人士，就更有理由變成這樣。前面提到陳儀政府的「祖國化」政策，也就是將臺灣住民併入中華民國的統合政策之實施，將接受了半世紀之日本殖民地統治的臺灣住民統合成為中華民國國民，這項政策目標本身在此時並未成為問題。因為，就算陳儀政府在極短的時間內更換了國歌與國旗等國家的象徵，臺灣人並未表示任何反對〔何義麟，前揭：92〕。問題在於政策的實施方法，即無視實際狀況的躁進與杜撰。其中成為焦點的，就是語言政策。

對於臺灣住民而言，「光復」意味著必須學習取代日語的新「國語」（中國普通話）。國府於 1945 年 10 月正式將臺灣併入後，立刻著手準備普及國語的措施，很快地在 1946 年 4 月即組成「臺灣省國語推行委員會」，同時在各地設置講習所，全力推廣。國語推行委員會雖然誇下海口，說要用三年的時間趕上大陸的國語普及水準，實際上卻因為各地講習所缺少適任的講師而傷腦筋。

但是，重點並不在於這些技術性的事務上面。真正的問題在於沒有學好國語這件事被用來當作政府機關難以任用臺灣人以及地方自治的實施延期的理由。行政長官公署民政處處長周一鶚，就曾以對臺灣人的自治能力表示懷疑的文字發出如下言論：「國語國文的能力，不僅僅是語言的問題，更是國民精神和國家觀念的基礎。」〔同前，轉引自：200-201〕。行政長官陳儀更以在國語

尚未嫻熟的階段若實施由本省人進行的縣、市長直接選舉，將有導致「不是中國的臺灣而是臺灣人的臺灣」之可能性，並在 1946 年表明，在 1949 年之前將不實施上述選舉〔Hsiau, 2000: 55〕。

　　國語普及政策的急切實施所展現的另一面，就是對日語的禁止與打壓。臺灣的漢人族群與國語之間存在著雙重距離。其一是存在於以中國北方話為基礎所創出的中國普通話與南方話、即臺灣住民的母語（福佬話、客家話）之間的距離。雖然同屬漢語，兩者卻是不通的。另一個距離是，對於臺灣住民中受過教育的階層而言，日語雖然是透過殖民地支配而被強迫學習的語言，但是隨著學校教育的普及（初等教育就學率在 1943 年時已超過七成），日語已經成為吸收知識、表達意見的工具，在與臺灣的其他族群溝通意見時，更逐漸具有共同語言的意義。

　　站在陳儀政府的立場看來，日語的這種存在，對於國語的普及簡直就是一種障礙，於是以「光復」後一年為期限，之後即一律禁止在大眾媒體上使用日語。從來臺的外省官僚眼中看來，臺灣人對日語的使用，只不過是一種「日本實施奴隸化教育」的證明罷了。1946 年中，當全面禁止日語的流言開始傳出，就有臺灣人在報紙、雜誌中表達反對過急禁用日語的意見，各縣、市的參議會（後述）也陸續通過反對立即禁用的建議案。但是，陳儀政府僅容許以原住民族為對象的雜誌和收音機廣播，以例外的方式存在〔何義麟，1999 前揭：96-97〕。當時，不僅前述因接收所造成的惡性舞弊與混亂已經相當明顯，報紙與雜誌上的批判聲浪也日益升高。而語言的學成需要時間與有意圖的努力，當新國語的學成還來不及的時候，日語就被禁用和打壓，結果不但導致本省人的發言被封鎖，也傷害了他們的尊嚴。

　　面對這種回歸祖國後想都沒想到的政治上、文化上以及經濟上的價值剝奪，本省菁英所採取的手段，就是展開和以前對抗日本時同樣的自治運動。對日戰爭勝利後，國府在輿論的壓迫下，依照孫文的政治發展論（軍政—訓政—憲政），進入實施憲政的準備階段（制定憲法、設置各級議會）。在臺灣，陳儀政府在實施縣、市制度後，從基層的縣、市甚至是省級的參議會（行政的諮詢機關），都實施了選舉。這些「民意機構」的形成，可謂是陳儀政府的施政中，少數與住民們想要去殖民地化的意願吻合者。

　　選舉雖然舉行了，但是，對於上述這些充其量不過是諮詢機關的民意機構所發出的批判聲浪，「新總督府」完全充耳不聞，結果反而造成本省菁英更加不滿。在這樣的情況下，當國府在1947年1月公布《中華民國憲法》（1946年12月25日由國民大會制定），具有抗日運動經驗的臺灣人，就集結起來，組成臺灣省政治建設協會，開始展開運動，要求早日實施憲法中所規定的省以下之地方自治〔何義麟，2003：第三章第三節〕。但是，如前所述，陳儀拒絕實施縣、市長民選。此時民怨已經接近沸騰，到達「暴動何時發生都不奇怪」的狀態〔《觀察周刊》之報導的標題（1947年3月8日），若林、谷垣、田中編，1995：15-17〕。

　　暴動實際上還是發生了。有關二二八事件的詳細經過，就交給其他的研究去說明[17]，在此僅記述大致經過。2月27日傍晚，在臺北市內有位靠著在街頭賣私菸維持生計的寡婦，被來取締的臺灣省公賣局職員毆打，導致與民眾發生衝突，職員開槍威脅，其中一位民眾被流彈射中而死亡。第二天28日，民眾赴行政長官公署抗議，由於衛兵對著前來的民眾開槍，民眾有的死有的受傷，此舉引爆全臺北市陷入暴動狀態。情緒激昂的民眾，在街頭只要發現對方是外省人就打，這種場面說明了臺灣民眾的不滿甚至已

經變成了對外省人的族群性反感。

　　暴動的民眾進一步占據了位在臺北市新公園（今二二八紀念公園）內的臺北廣播電臺（今二二八紀念館），呼籲全島起義。由於這個緣故，從第二天 3 月 1 日起，在全臺各主要城市就出現了民眾壓制警察、以及與守在駐地裡的駐軍相互對峙的局面。在臺北，則由知識分子以及參議會議員等有分量人士組成二二八事件處理委員會，負責善後處理工作，各地也都仿效這個模式。臺北的處理委員會對陳儀提出幾項要求，包括處罰貪官汙吏、廢止行政長官公署這種「特殊制度」、臺灣省實施自治，以及在行政、司法、軍事各方面採用臺灣人〔二二八事件處理委員會〈二二八事件大綱〉，同前，17-21〕。

　　沒想到，陳儀一方面利用解除先前宣布的戒嚴等方式，做一些表面上的讓步以拖延時間，一方面祕密地向南京的蔣介石要求派遣援軍，等到 3 月 8 日援軍一到達，即刻進行徹底的武力鎮壓，以回應二二八事件處理委員會的要求。中部地區組成的武裝部隊，如「二七部隊」（由原臺灣共產黨員謝雪紅所領導）等，也無法進行有效的抵抗，最後甚至撤退到位於中央山脈入口的埔里盆地而自行解散。本省菁英一直都自以為是在要求自治，蔣介石的軍隊卻將此視為對國家的叛亂而進行鎮壓。就這樣，許多在言論與行動上對陳儀政府提出批判的本省菁英，就在沒有逮捕票的情況下被強行抓走，未經審判即被處刑，下落不明。在國府軍隊的鎮壓下犧牲的正確人數，至今依然無法確定，根據 1990 年代李登輝執政時所進行的調查，推定約為 1 萬 8,000 人至 2 萬 8,000 人 [18]。這個數字相當於 1947 年之本省人口（約 643 萬 7,000 人）〔李棟明，1989：223〕的百分之 0.28% 到 0.43%。

4. 對政治的恐怖、菁英的扼殺、「省籍矛盾」、臺灣民族主義

（1）對政治的恐怖與菁英的扼殺

二二八事件與事後的殘酷鎮壓究竟留下了什麼？

首先，對於本省人而言，這既是一場藉由恐怖手段而進行的政治教育，也是對於社會菁英與可能成為政治菁英者的扼殺。二二八事件後造訪臺灣的大陸記者這樣敘述：「今日的臺灣，所到之處盡是恐怖的沉默」〔轉引自何義麟，2003：259〕。活在那個時代的作家吳濁流觀察指出，本省知識分子或菁英，不是從此不管政治並遠離政治，就是態度一百八十度轉變，轉而對政府卑躬屈膝，有的則逃到海外，其他的則保持沉默。至於一般民眾，則回到和日本時期一樣的態度，對政治不關心、埋首於日常的生活當中〔吳濁流，1989：209〕。

再者，關於事件後的鎮壓，Thomas Gold 指出，由軍隊進行的殺戮，乍見之下似乎無對象的差別，實際上卻有一個明確的模式，即一路扼殺本省人中的知識分子與菁英〔Gold, 1984:51〕。蔣介石所派遣的軍隊，奪走了臺灣社會在日本殖民地統治之下一路儲備下來的領導階層中最優秀的部分。作家葉石濤先生（經歷過二二八事件與 50 年代的「白色恐怖」）如此緬懷：「在我這一代，可以殘活下來的人，都屬二流以下的人材」〔對筆者的直接談話〕。依據對臺灣政治菁英的變遷做過實證研究的吳乃德、陳明通的看法，1945-1946 年（政權從日本移轉給中華民國）之際，參與政治的臺灣地方菁英並未顯現出斷層，但是在 1949-1950（分裂國家化之前後）的時候，則有明顯的斷層存在。

本土領導階層的弱化與對政治的恐懼、加上大眾對政治的不

關心，變成了外來威權主義統治的肥沃土壤。藉著這個事件，蔣介石用可稱之為惡魔的方式先行取得了未來藉以逃入臺灣的政治條件之重要部分。從國府菁英的角度來看，二二八事件的爆發，正好可以用來證明對臺灣居民進行中國化之政策的正確性，因此事件鎮壓之後，躁進的中國化政策，就照常被維持下來。但是，本省人再也沒有辦法維持抗議的氣魄，導致本省人心生怨懟的不平狀態也照樣存在。這種狀態，如後所述，在遷占者國家體制之下進一步形成結構，而多重族群社會的戰後重組已在此體制下持續進行。

（2）「省籍矛盾」的事先性形成

第二，是「省籍矛盾」的事先性形成。「省籍矛盾」是戰後臺灣社會中最大的社會裂痕。在外省人這一項人口要素大量遷居之前，在本土的本省人這一邊，早就已經形成了一種意識到本身作為一個族群，而將外省人視作「他者」的看法。

如前所述，日本投降後，臺灣被以臺灣省之名編入中華民國，接著又依據行政院命令，臺灣住民被視為恢復了中華民國國籍。於是，此時的臺灣住民除了國籍之外也同時被賦予了「省籍」。戰後本省人─外省人的關係從此開始。《戶籍法》（1931 年制定）中，有一項被稱為「籍貫」的規定，這是一種獨特的國民分類方式。《戶籍法》第六條規定：「中華民國人民之本籍，以其所屬之省及縣為依據。」，第十六條規定：「子女，……以其父母之本籍為本籍，父母本籍不同者，以其父之本籍為本籍」。

依此規定，所謂個人的籍貫，是一種顯示個人與其男性祖先所來自的特定省、縣之間的關聯之分類觀念。所謂籍貫，並不一定是個人的出生地，也不一定是指父親的出生地，是一種曖昧的

界定，但是卻記載在個人身分證以及各種政府發行的證照上面。而過去一段時間，不論是中央民意代表（後述）的法定人數或者高等文官考試的法定及格人數，都根據籍貫按各省不同設定人數，不僅關係到個人生活，更關係到重要的政治制度〔王昌甫，2005：64〕。《戶籍法》中的本籍條項，一直持續到1992年《戶籍法》修正時為止。

依照上述行政院的訓令，且依據《戶籍法》的適用而持有所謂臺灣籍之籍貫的人稱為本省人，而不依此訓令，就持有中華民國國籍且具有他省之籍貫並住在臺灣的人，則為外省人。不用說也知道，本省人幾乎都是戰前開始就住在臺灣的人（日本殖民地之下的「本島人」與原住民族），而外省人則是戰後從中國大陸渡海來臺的人。若從其來歷看來，本省人與外省人事實上雖屬「起源不同」的人口範疇，但如果對照上述的《戶籍法》規定，臺灣省籍的人如果去到中國大陸的其他省分，也會變成外省人，因此，從《戶籍法》的觀點來看，臺灣省籍者與來自中國大陸其他省分的外省人，只不過是用來管理在各省之間移動的人口之相對性類別。就算真的有意藉著移動到他省就會變成外省人這種「中華民國人民」的形式，來進行國民統合，籍貫也不是一種被當作在一個整體社會中已經固定的人口分類（「族群」）方式。

儘管如此，如前所見，從「劫收」起到二二八事件爆發為止的過程當中，本省人─外省人的族群化開始出現，接著暴動發生了，流血的鎮壓手段被採用了。二二八事件，是臺灣在去殖民地化的起點上發生的不幸流血事件。藤原帰一對於當國民統合尚未穩固卻發生流血事件後的狀況曾有如下的描述：「流血事件或內戰一旦發生，文化上差異的自覺將會變成決定性的，……在那個『事件』之後，『那群惡棍』和『我們』之間的差異就像自明之

理般地被談論，對於這種差異，也會逐漸產生應該回溯到古代歷史的認知。在民族意識因為流血事件或戰鬥而被強化之後，過去的國民統合變成只是虛構，再也無法回到原點」〔藤原，2001：19〕。

　　對於那些曾參與事件並存活下來的本省人、以及身為犧牲者之遺屬或親朋好友的大多數人而言，二二八事件，可以說正是這樣的事件。正如松永正義所指出的，對於相當多數的本省人而言，二二八事件不但是一個把被暫時當作「祖國」來接受的「中國」外部化的決定性開端〔松永，2002：260〕，也可以說是從本省人─外省人的類別中剝奪掉原本存在於「中華民國人民」之內與區域有關聯的相對性分類，而使其固定化的事件。

　　如果外省人作為「那群惡棍」而變成中國人，那麼，「我們」就是作為一個與「中國人」不同之「臺灣人」，這樣的意識將會隨時間而形成。能夠安住在中國民族（「中華民族」）之想像中的外省人並未將本身視為族群，本省人也並不認為本身形成了一個族群。因為所謂「本省人」，不過是中國民族內部的一個相對性類別而已。但是，經歷過二二八事件的本省人，在外省人隨著國府中央的轉進而開始大量進住之前，就形成了一種將本身與外省人視作族群的看法[19]。

　　治安恢復後，國民黨在政治上採取了幾項懷柔措施，包括將被諷為「新總督府」而受人厭惡的行政長官公署制廢止，設置與大陸各省相同的臺灣省政府，以及延攬一些本省人擔任省政府委員等等。但是，在文化政策方面，事件的爆發讓國民黨認識到在文化上加強「祖國化」的必要性。在這裡面或許含有對本省人將外省人視為「那群惡棍」、「中國人」之看法的強烈警戒感。

（3）臺灣民族主義的歷史起源

　　二二八事件不但是一項藉由恐怖手段所進行的政治教育，而且如後所述，配合中央政府撤退臺灣的腳步而對治安的加強，在臺灣島內的公共場合談論這個事件已經變成不可能，因此，臺灣人的眼光中所充滿的怨憤，也深藏內心。然而，在海外卻不是這麼一回事。二二八事件留下的歷史影響，卻成為臺灣民族主義的歷史起源。

　　藉著事件的血腥鎮壓而被排斥的臺灣人，所採取的對策是儘管面對著「藉由恐怖手段所進行的政治教育」，卻未選擇遠離政治。當他們選擇不遠離政治也不加入國民黨的時候，主要發展出兩個方向的思想與運動。一是對於共產黨對抗國民黨的革命以及革命所展望的「新中國」產生期待；另一個是想要將「臺灣人」想像、創造成一個處於「中國」外部的主權共同體，也就是臺灣民族主義的運動。

　　對於國民黨政權而言，最具威脅感的就是前者。如後所述，隨著在中國大陸的戰況惡化，除了加強在臺灣的治安體制以外，從 1940 年代末到 1950 年代前半，更透過被稱為「白色恐怖」的國家恐怖主義布下了一張獵殺共產黨、左翼分子的周密政治警察網。臺灣民族主義也是這個國家恐怖主義所要對付的對象。和左翼的運動、思想一樣，臺灣民族主義在臺灣島內也被禁錮在監獄之中。在監獄之外，雖然大家心中對於把「臺灣人」當作一個族群來看待都有共識，但是在公共領域，不但不敢表現出作為一個追求平等之主體的角色，更遑論在這些基礎上推動一個形成民族之運動。

　　臺灣民族主義之論述的形成與維持，主要出現在海外的「臺灣獨立運動」活動中。最初的據點被設在日本。除了由於日本與

臺灣曾有過殖民地支配的關係，以致居留日本的臺灣人相對比較多以外，也有可能是第一代的臺灣民族主義者，在世代上屬於經歷過一定程度以上的日本殖民地教育之「戰中派」的緣故。

1950 年 2 月，廖文毅、邱永漢等人組成了「臺灣民主獨立黨」，算是在日本之臺灣獨立運動的濫觴。廖文毅於 1948 年春與二二八事件後逃出臺灣的共產主義者謝雪紅等人組成「臺灣再解放同盟」，因與廖文毅所主張的「臺灣託管論」意見對立，謝雪紅等左翼人士不久就另外組成「臺灣民主自治同盟」，並與廖等人分道揚鑣。廖文毅於是前往日本，並在京都組成了這個運動團體。

隨後，他們在東京組成了「臺灣共和國臨時政府」，由廖文毅就任總統。廖文毅的「臺灣民主獨立黨」在臺灣也曾經設有地下組織從事運動，1960 年代初因遭到鎮壓而毀滅。在東京的「臨時政府」也因為遭到政治警察的臥底滲透而弱化，1965 年，又因廖文毅本人放棄運動回到臺灣，致使臨時政府全面瓦解。儘管如此，隨著留學生人數的增加，新組織也陸續登場，例如王育德等人的「臺灣青年社」（1959 年，之後稱為臺灣青年獨立聯盟）、以及史明所組織的「獨立臺灣會」（1967 年）等。

在日本，臺灣獨立運動家們，除了利用「臺灣青年社」開始發行後來長期成為海外臺灣獨立運動的代表性刊物《臺灣青年》之外，也用日語公開出版了許多臺灣獨立論的著作，例如廖文毅的《臺灣民本主義》〔1957 年〕、王育德《臺灣‧苦悶的歷史》〔1960 年〕、史明《臺灣人四百年史》〔1962 年〕等都是。王育德與史明的著作後來在美國被譯成中文（依據獨立派的說法稱為「漢譯本」），並在 1980 年代解除戒嚴之前被帶入臺灣，對臺灣民族主義論述的形成產生影響。

進入 1970 年代，海外獨立運動的據點轉移到美國。背後的因素除了美國對臺灣的一般性影響力強大之外，隨著美國與中國的靠攏，臺灣的「中華民國」在對外關係上出現危機，開始對於在日本的獨立運動加強壓迫，加上臺灣赴美國的留學生人數顯著增加等等，都是可能因素之一。此外，日本的左翼人士以及所謂「進步的知識分子」，也對臺灣獨立運動態度冷淡。1970 年，美國的獨派團體與日本的臺灣青年獨立聯盟合作組成了臺灣獨立聯盟，以後，這個團體變成海外臺灣獨立運動的代表性團體，運動的據點也轉移到美國。

1976 年，臺灣出身的國際法學者陳隆志（臺獨聯盟組成後擔任副主席）與美國學者拉斯威爾（Harold D. Lasswell）合著了《臺灣、中國與聯合國》（*Formosa, China and the United Nations*）一書，明確主張在聯合國的監視下舉行公民投票完成臺灣獨立，以及臺灣和中華人民共和國共同加入聯合國。1971 年，陳隆志進一步出版《臺灣的獨立與建國》一書，彭明敏則發表了自傳《自由的滋味》（*A Taste of Freedom*）[20]。這些著作對於 1980 年代以後臺灣內部的政治論述開始產生影響，扮演著和王育德等人的著作相同的角色[21]。大致而言，可以說臺灣獨派在美國主要是想在國際法的理論上發展「自決論」，而在日本，則是發展歷史解釋的路線。

三、國民黨政權的撤遷臺灣

1. 內戰戰況的惡化與撤退臺灣的準備

（1）人事上的布局

1946 年 7 月，中國大陸爆發了正式的國共內戰。國府軍隊仗著美國製的最新武器和裝備武裝自己，在軍備、兵力上取得壓倒

性的優勢。因此，戰局最初是在國府軍隊較為優勢的情況下展開。但是第二年，也就是 1947 年，共產黨在東北轉守為攻，1948 年一整年，國府軍隊在遼瀋、淮海、平津的所謂「三大戰役」中，損失了超過 100 萬的兵力。中國國民黨在中國大陸的統治，就這樣在軍事上的敗北與國民黨本身的腐敗和派系鬥爭中逐漸瓦解。1946 年 10 月初，蔣介石在視察過臺灣後，曾經在日記上寫道：「臺灣是一塊尚未被共產黨滲透的淨土，只要臺灣還在，就無所懼怕」〔沈駿主編，1990：27-28〕。到了這個關頭，鞏固這塊「淨土」對蔣介石而言變成了必要的課題。

　　1949 年 1 月，當共產黨軍占領了北京，蔣介石即刻宣布「總統下野」，並由副總統李宗仁代理總統職位，自己則以國民黨總裁的身分，除了依然掌握軍、政的指揮權之外，並正式開始著手將國民黨勢力撤退到臺灣的準備。其中最重要的布局，就是讓自己的心腹、即黃埔系的軍人陳誠掌握臺灣。在下野前的 1948 年 12 月，蔣介石任命當時因病在臺灣療養的陳誠為臺灣省主席，並於次年的 2 月進一步任命陳誠為臺灣警備總司令，次月又命其負責國民黨臺灣省黨部。

　　就這樣，全權掌握臺灣的黨、政、軍權力的陳誠，為迎接蔣介石的到來所採取的措施，就是開始著手規定 1950 年代以後的遷占者國家和臺灣社會之間的關係。包括治安體制的強化、幣制改革與農地改革的實施、及實施地方公職選舉的準備。各個項目的相關問題，有些在時間上屬於次章要說明的範圍，不過，為了行文方便，對於 1949 年 12 月以後的過程與展望，在此先行說明。

（2）治安體制的強化

　　當國府軍隊在中國內戰中狀況不利的消息一傳來，原本沉

浸在二二八事件鎮壓之恐怖中的臺灣社會也出現了動搖,而在二二八事件中完全沒有發揮任何作的共產黨也設立臺灣省工作委員會,開始對學生、青年發動工作。對於蔣介石而言,臺灣漸漸不再是「淨土」。進入1949年,也開始加強對臺灣共產黨的鎮壓。

5月19日,陳誠宣布臺灣省在翌日施行戒嚴,對港都基隆和高雄發出夜間禁止外出的命令。由於南京淪陷而遷移到廣州的立法院,24日決議通過了用以取締反體制運動且後來在臺灣影響深遠的《懲治叛亂條例》。27日,警備司令部配合戒嚴發布了禁止集會、結社、遊行、罷工,以及取締報紙、雜誌、圖書的規定,取締體制更形加強。另外,在臺北市等地開始進行「夜間戶口突擊檢查」,有許多人因此被逮捕。這就是所謂「白色恐怖」的開始。

這個戒嚴令,一直持續到1987年7月14日為止,是世界上少見的長期戒嚴,這些由實施戒嚴機關所制定的規定與其他的法規同時發揮作用,長期束縛著臺灣民眾的政治自由,支撐著遷占者國家的存續。

(3)幣制改革、農地改革的實施

隨著內戰情勢的升高而席捲大陸的惡性通貨膨脹(hyperinflation),同樣也襲擊了臺灣。以臺北市的物價指數來看,從1947年初到1949年6月為止,一共上漲了約69倍。地下高利貸蔓延,而由於高利貸利潤比生產利潤還高,民間企業的生產活動便逐漸陷入停頓狀態〔劉進慶,1987:153-163〕。面對此種狀況,陳誠所採取的對策是幣制改革(denomination)。以1949年6月15日為期,發行新臺幣、廢止舊臺幣,規定新臺幣一元兌換舊臺幣四萬元,並廢止和法幣之後發行的正幣金圓券之間的兌換關係。在這之前,上海已經在5月27日淪陷。在脫離日本支配後才開啟的與上海、南京地區之間的經濟往來(從臺灣出口糧食,從上海、

南京地區進口日常雜貨），僅僅維持了四年就再度斷絕。同時，在美國的建議下臺灣與日本簽訂了貿易付款協定（9月訂定正式貿易協定）。第二年（即1950年）韓戰爆發後，美國重啟對國府的援助，之後，臺灣的經濟就在與美國和日本之間新開啟的往來中逐漸找到活路，促成後來「臺灣奇蹟」之出現。

大家都知道，中國共產黨靠著進行「土地改革」，把農地分配給沒有土地的農民，鞏固了廣大的農村地區，進而把國民黨逼入絕境。在臺灣，日本統治下的土地所有制雖然也走上近代化，事實上卻是地主制被姑息保存了下來，依據1948年的數字，44%的耕地都是租地，而務農人口的57.5%屬於佃農或者半自耕農〔李筱峰，1999：31〕。而後在內戰所造成的惡性通貨膨脹影響之下，佃農的地位變得更加不安定，地主─佃農關係開始出現動搖。站在國民黨的立場，為了安定社會，也為了事前防止共產黨宣傳的滲透，在臺灣實施當初在大陸時想做卻不順利的農地改革，就變成了緊要的課題。

農地改革被分成三個階段實施。第一個階段的「三七五減租」（地租一律減免37.5%）在國府遷臺前的1949年4月到7月之間實施。如前所述，此期間已實施戒嚴。就在已經啟動的「白色恐怖」不容許人民自由選擇的緊迫感當中，地主階級的反抗被壓制下來，改革也因此順利展開。第二階段從1951年6月開始實施，進行的是把從日本人手中接收來而歸公的農地賣給農民（「公地放領」），第三階段從1952年1月開始，實施政府收購地主的農地並將農地賣給農民（「耕者有其田」）的政策，這個政策頗為成功。

農地改革不但大幅度改變了臺灣農村的社會關係，而且建構了日後臺灣經濟發展的基礎。向地主購買農地所需要的資金，其中三成是以四大公營企業（臺灣水泥、臺灣紙業、臺灣農林、臺灣礦

工業）的股票所支付。有一部分地主就此轉為都市的工商業者，有一部分則因為無法適應變化，不久就把股票賣掉並從此沒落了。就這樣，農地改革除了促成日本統治時期以來就具有權勢的地主階級之分化、解體之外，也促成了地主將土地資本轉化成產業資本，變成了日後民間企業真正開始發展的起點。

另外，在此之前，政府從內戰時期開始就建構了一個用來吸收剩餘農作物的「肥料換穀制」。依照這個制度，為了提高生產力所不可或缺的化學肥料之生產與輸入，完全由政府獨占，農民必須用米穀向政府換購肥料。米、肥的交換比例，很明顯是一種對政府有利的不等價交換，而且因為政府藉著農地改革將地主排除在外，因此可以不須經由市場而將剩餘農作物完全吸收。

國民黨政權就靠著這個制度，對「軍公教人員」實施米穀配給制，不但養活了自大陸來臺龐大數量的軍人、士兵、以及各種公務員、教員，而且因為低米價政策的維持，使得資本得以從農業部門轉移到工業部門〔若林，1992：100〕。另一方面，儘管土地面積不大，但是由於獲得土地的農民生產意願提高，加上與利用「美援」推動的農業技術指導並進，使得農業的生產力也跟著提高。這個結果甚至導致農村蓄積了過剩的勞力，加上教育的普及，為 1960 年代以後的勞力密集產業準備了豐富、既廉價又優秀的勞動力。

（4）地方公職選舉的實施

在國民黨的政治發展論中，地方自治被定位為訓練國民在未來實施「憲政」的重要階段。陳誠在就任省主席的同時，就揭櫫以農地改革與地方自治的實施，作為「消滅共匪（共產主義者）之政治鬥爭」的兩大施政目標。1947 年 7 月並組成「臺灣省地方自治研究會」，起草相關的法規。到了年底，雖然相關法規草案全

數完成，然而如後所述，法案僅限於省所管轄的縣、市及其下屬的鄉、鎮層次，憲法所規定之重要的「省自治」相關部分則被排除在外。

　　翌年，即 1950 年 4 月，制定了《臺灣省各縣市實施地方自治綱要》等相關政令，9 月進行地方行政區域的重劃，翌月即依據重劃後的行政區域，舉行第一次的縣、市長以及縣、市議員的選舉。這些都是由成年的男性與女性選民所進行的普通、直接選舉。次年底，舉行第一次臨時省議會選舉，由前一年的選舉所選出的縣、市議員進行間接選舉。不過，從 1954 年所舉行的第二次選舉開始，則變成由成年的男性與女性選民進行普通、直接選舉。之後，儘管有若干的變更，但是這些地方公職選舉都定期舉行，相當大程度地建構了日後臺灣政治的型態。

2. 國府的撤退臺灣

　　就在這些改革開始著手的期間，國府撤退來臺的準備持續進行。陳誠則被授予 1949 年 3 月撤退來臺的中央政府機關之指揮監督權，8 月，又被任命為管轄江蘇、浙江、福建、廣東的東南軍政長官（臺灣省主席改由吳國楨擔任）。期間，南京、上海、以及福建省會福州，分別於 4 月、5 月、8 月淪陷。在陳誠的統治下，除了臺灣與大陸之間的民間往來事實上被禁止之外，一方面則敞開大門，接納前後敗逃到臺灣來的國府軍隊，政府機關也陸續遷移到臺北。8 月，蔣介石在臺北郊外的草山（後來被蔣介石改名為陽明山）設立（國民黨）總裁辦公室，同月，立法院與監察院也在臺北開設了辦公室。

　　國府中央機關在首都南京淪陷後，輾轉遷到廣州、重慶、成都，12 月 8 日，總統府與行政院官員從成都抵達臺灣，行政院並於 9 日開始辦公。蔣介石晚了一天在 10 日抵達，11 日國民黨中

央黨部也全部遷到臺灣。翌年 3 月 1 日，蔣介石在臺灣自行宣布復行視事，號稱要「反攻大陸」。

就在這一波政府機關撤退的前後時間，有超過 100 萬的人口從大陸流入臺灣。這個接納，開啟了戰後臺灣國家與多重族群社會之間的新關係。

【註釋】

1 臺灣向來被認定位處三個帝國之周邊位置上。此一理解獲教於吳叡人
〔Wu, Rwei-Ren, 2004〕。

2 「國民帝國」一詞，由山室信一〔山室，2003〕所創。如後所述，山室使用這
個名詞，主要是想和以發源於西歐的國民國家為核心的近代殖民帝國做對
比，來分析國民帝國的性格。儘管如此，他也承認國民帝國的概念有擴大
的空間。山室曾有如下的論述：「有些政治社會，例如中華人民共和國，雖
然具備了共和制的國民國家型態，由於繼承了清朝的疆界，因此，不管在新
疆、維吾爾或者圖博，都背負著民族問題，卻仍然把與臺灣的統一奉為國
家課題，追求帝國式的國家結構，所以，認定『國民帝國』已經完全消滅的
想法，也許為時尚早」〔同前，88〕。如果說採取國民國家型態的核心政體
以某種形式統合異民族領域是國民帝國的核心概念，那麼，此種概念擴張
應該也算妥當。平野聰的論述指出，滿清帝國「處於多種文化且有多個世
界性宗教交錯的環境中，雖然因為融合了專制政治與相對上『公正』的統
治手法，在前近代的亞洲造就出多民族統合的結果」，在十九世紀卻面臨了
因為西歐列強與新興日本的侵蝕，導致「朝貢國喪失」的窘境，於是選擇了
一種甚至可稱為「近代中華帝國」的自我圖像，把「中華」、「中國」之價值
的優越性滲透到諸如圖博、蒙古等這些原本和中國僅共同擁有局部版圖
的藩部或者是少數民族地區〔平野，2003：51〕；滿清末期所推展的以立憲
君主制、設立民選議院、推動臣民普通教育為主軸的「新政」，被認為最主
要的目的在於形塑單一國民來加強競爭力，讓滿清帝國能夠一躍成為帝國
主義國家〔同前，50〕。希望推翻滿清，藉由繼承滿清的疆域來確立國民
帝國，卻遭到挫敗的，是中華民國。這個中華民國被追趕到臺灣後，在大陸
這一邊，「成功確立（中華）國民帝國」的，可以說是中華人民共和國。儘管
中華民國在建立「（中華）國民帝國」的道路上遭逢挫折，卻高喊「反共復
國」，在「無殖民地的帝國」之庇護下，在臺灣維持著自己的意識形態與制
度。

3 當然，這是站在外部的第三者角度出發的觀點。如果從臺灣民族主義內部
的觀點出發，則唯有在各個帝國的興衰與移居之各族群的互動中一步一腳
印地強化主體性之追求的「臺灣民族」戲劇，才稱得上是臺灣歷史的核心

戲碼。追求主體性的「臺灣民族」，因為民主化的關係，終於摸著了挫敗的「中華國民帝國」之政治權力，但是，等在前面的，卻是一個「無殖民地的帝國」美國以及磨刀霍霍準備挑戰美國的另一個「中華國民帝國」。另一方面，如果從中國民族主義的觀點來看臺灣歷史則是：臺灣原本是理應繼承滿清帝國疆域的中國國家（nation）之當然領域的一部分，十九世紀末期以來，卻因為外來勢力的支配與介入，不得不被分離出去，因此，臺灣歷史的核心戲碼，必須是以回歸中華為目標的鬥爭史。不追求回歸中華的臺灣民族主義，原本就是不該存在的例外。參考〔若林，2004a〕。

4 另外，關於馬來半島的馬來語之中的「半個沙」（bangsa），以及英國在對馬來進行殖民地支配時期所引進的人種（race）概念，針對兩者的關係，吉野耕作認為是前者利用調和當地狀況的方式讓後者「在地化」了〔吉野，2002：90〕。「族群」這個用語具有符合現代臺灣狀況的自在語義，也可以說是ethnic group的概念經過「在地化」後的結果。有關「族群」這個用語在這層意義上的「在地化」過程，王甫昌也有研究〔王甫昌（田上譯），2007〕。

5 由於臺灣經濟的高度發展與全球化的影響，從1990年代起，包括諸如外勞的引進、中國人的非法入境，以及因為農村適婚女性不足造成之「外籍新娘」的娶進，使得臺灣與外部之間的人口互動更加頻繁。特別是「外籍新娘」，在某些地區已經開始具有新的人口要素之意義（將會在第七章第二節說明）。

6 以下，至滿清時期為止的說明，參考〔若林，2001a：第一章〕。

7 正如當時的康熙皇帝所言：「臺灣僅彈丸之地，得之無所加，不得無所損。」當初在滿清朝廷當中，放棄臺灣論處於優勢，但是曾率領水師討伐鄭氏王朝的施琅將軍則認為：「臺灣雖為小島，實堪當大陸數省之壁壘。棄之，若非歸屬番（指原住民族）賊（反清勢力），必淪為荷蘭囊中之物」，說明了臺灣在國防上的必要性，然後決定將臺灣納入版圖〔同前：26〕。

8 H. J. Lamley把上述出身地集團之間的「分類械鬥」，賦予一種subethnic rivalry的性格〔Lamley, 1981: 282-318〕。說這是一種subethnic，當然是因為把漢族與原住民族的關係當作是ethnic來看的關係。

9　柯志明的經典大作，對於這個動能曾做過精緻分析〔柯志明，2001〕。

10　在臺灣總督府的戶口調查或者統計資料中，關於「本島人」的區分，究竟應該如何包含或不包含「生蕃」或者「熟蕃」，並未有一定的標準。在從1905年開始每隔五年進行一次的人口調查報告書中，雖然把「生蕃」歸類為「本島人」，但如果見諸比較貼近行政第一線的《臺灣總督府統計書》，會發現從1903年到1933年為止，「生蕃」與「本島人」分屬不同範疇。從其他各種資料來看，也可以發現在殖民地統治之下，不管是一般的日本人或者是漢族居民，在意識上都把「生蕃」排除在「本島人」之外。關於這一點，受教於淡江大學的富田哲〔富田哲寄給筆者的電子郵件，2005年9月12日〕。謹記，以表謝意。

11　指面對核心（套用山室的說法，就是「國民帝國」核心政體）的國家主義式民族主義，採取對抗並要求高度自治的民族主義〔Wu, Rwei-Ren, 2003: 152〕。

12　抗日臺灣民族主義，是筆者所造之詞。為了和戰後把「中華民國」視為「他者」而出現的臺灣民族主義做區別，所以冠上「抗日」一語。

13　附帶一提，之所以將此視為臺灣民族主義的經典文章，是因為文中明言指出「臺灣乃帝國之臺灣，同時亦為吾等臺灣人之臺灣」所致，也因此，當期雜誌受到總督府警察的處分，禁止發行。

14　有關蔡培火的語言改革運動，請參考〔陳培豐，2001：第六章〕，以及〔Heylen, 2001: Chap. 7〕。

15　「福建人」意指福佬人，「廣東人」意指客家人。不過，臺灣的客家人有些是來自福建省西部的移民。

16　不過，這並不是說臺灣總督府完全沒有把這個分類運用在統治政策上。王甫昌推測，臺灣總督府在劃定地方行政區域的時候，基於治安對策，可能已經意識到這一點〔王甫昌，2005：72〕。另外，在此想要按照吉野耕所做的整理，對於在英領馬來西亞所實施的住民差別管理稍做說明。在馬來西亞，有大量來自中國與印度的移民，英國的殖民政策是分別讓原住的馬來人住在農村、中國來的華人住在都市以及錫礦山、印度人住在橡膠農園。另外，根據英國殖民地當局所實施的人口調查，這三大分類自十九世紀末

期以來逐漸確立，英國殖民當局針對這三大分類，分別以「馬來土地保留法」、「華民護衛司署」、「椰子酒店」（只允許印度人經營）等制度加以保護，促使這些族群分類（ethnic category）制度化並穩固下來。後續的各項制度雖然促使殖民地統治下的住民有目的地接受殖民當局所設定的族群分類，但是，當他們在接受西歐「人種」概念的過程中，馬來知識分子對於「馬來人種」所賦予的社會、文化意義論述卻日漸展現力量。根據吉野的說法，所謂「馬來人」這一個ethnie（ethnic group、族群），可以說是在殖民政策下所做的分類與對殖民地支配的反抗性論述之兩者互動進行中，事後才被賦予意義並形成的。馬來獨立後的十年之中，在殖民地時期形成並已內化成為本質的三個族群之間的紛爭，層出不窮。最後，在「馬來人」的主導之下，針對「族群（ethnic group）之間的交易」，創造出各種制度（包含行政制度、政黨組成、公共機關等等），一直到今天。

17　有李筱峰〔1986〕、行政院研究二二八事件小組〔1992〕、Lai, Myers, and Wei〔1991〕、吳密察〔1993〕、何義麟〔2003〕等多數。

18　此一數字並未被寫入前述行政院研究二二八事件小組的報告書之中，而是以該小組成員之一的人口學者陳寬政的推計結果之方式公諸於世。〔《中國時報》1992年3月18日〕。

19　日本的殖民地支配，在1945年結束，1946年之內，日本人幾乎都離開了臺灣。在二二八事件以及事件發生四十年後的再檢討過程中，發現日本與日本人在事件中並未扮演任何具體角色。但是，臺灣社會的「日本經驗」在二二八事件中似乎並非沒有半點作用。依據何義麟的研究，日本的地位在二二八事件中扮演著如下的角色。何義麟說：「所謂二二八事件，是中國與日本根據國民國家的意識形態分別進行的『創造國民』政策，因為時差，在日本與日本人早已不是當事者的狀況下，在臺灣引起衝突，結果造成臺灣人犧牲的悲劇。從這個角度來看，二二八事件的悲劇或可說是日本殖民地的『遺產』」〔何義麟，前揭：382〕。本省人的「日本經驗」，始終是現代臺灣認同政治中的一個衝突點。

20　以上，與事實相關的問題，參照〔史明，2001〕所編之年表、以及〔柳金財，2001〕一文。

21 以上，有關書籍的影響力問題，出自筆者80年代以來的實際見聞，尚須借助文獻以及採訪來加以佐證。此外，本書寫作上無法充分參考的海外臺灣獨立運動相關研究，有〔Shu, 2005〕以及〔陳佳宏，2006〕等。

第二章　戰後臺灣國家與多重族群社會之重組──初期條件[*]

　　面對中國，1952 年 1 月，蔣介石在最前線的金門島太武山之巨石上，命人刻上「毋忘在莒」四字。這四個字是根據中國古代典故而來。春秋戰國時代，齊國的田單被燕國打敗後逃到莒國，在莒國重新練軍，五年後終於打敗燕國，復興齊國〔小谷，1990：248-249〕。當然，對蔣介石而言，所謂的莒就是金門、馬祖等持續有效支配的福建省沿岸各島，以及其中最重要的臺灣、澎湖群島。蔣介石藉著這個故事，鼓舞了那些與自己一起敗逃到臺灣來的官兵以及黨政幹部們。對蔣介石而言，臺灣是比什麼都重要的「莒」，是收復大陸所必需的「復興基地」。

　　但是，蔣介石畢竟成不了田單。五年過去了，十年過去了，蔣介石與他的將領和黨政幹部們依然「在莒」。第二次世界大戰後，美國在世界上雄霸一方，蔣介石的軍隊與政府如果沒有美國的支持和援助，根本站不起來。美國為了阻止共產黨「解放臺灣」，又同時必須守住臺灣，完全不允許蔣介石採取「反共復國」、「反攻大陸」的軍事行動。美國對共產中國的圍堵，等同對中國內戰的封鎖。蔣介石是玩真的。只可惜「反攻大陸始於堅強的決定，再而變成渴望，隨後變成神話，最終變成禱告文」〔Brain Crozier 的用詞，轉引自 Cheng, Hsiao-shih, 1990: 129〕。

---

[*] 本章譯者：陳桂蘭。

　　就這樣，在實效支配領域被局限於臺灣、澎湖、金門、馬祖的狀態下，「中華民國」持續存活下來。諷刺的是，自稱「中華民國」的這個國家，由於這一場「被封鎖的內戰」，變成了臺灣史上第一個幾乎是僅僅領有臺灣，領土只有臺灣的國家，也就是以事實上的臺灣國家之身分存續下來。因為這場「被封鎖的內戰」所造成的「以臺灣為範圍」（原文為「臺灣大」）的國家，本書稱為「戰後臺灣國家」[1]。

　　臺灣與韓國，就其戰後在美國的世界戰略中同被納入亞洲冷戰體制，並在這個體制下形成國家，之後又體驗到經濟發展的過程而言，位階是相同的。甚至在 1980 年代，由於所謂新興工業經濟體（Newly Industrialized Economics, NIEs）式的產業化政策獲得成功，導致社會變遷，並在這個變遷下促成民主化的進展。在透過民主化而重新建構國民的背景下，國族認同的重組也蠢蠢欲動，凡此各項，都可以並行看待。只不過，臺灣的情形是在國家分裂之前發生了內戰，而且內戰的失敗者把中央政府遷移到位居西太平洋戰略要地邊境的海島上，並一直固守在此。而當這個海島正要踏出去殖民地化的第一步時，這個政府就在國民統合上嘗到了失敗。

　　在此前提下，當我們細思戰後臺灣的國家性格時，有必要就以下三點來思考：（一）是戰後臺灣國家在國際社會中的定位；（二）戰後臺灣國家在對「中國」的關係上所具有的性格；（三）戰後臺灣國家在對臺灣社會的關係上所具備的性格。由此所造成的國家性格之差異，形成了特有的「固有歷史脈絡」，而這個脈絡讓處在臺灣的分裂國家在統治及後續的變化具備了獨特的內涵（中華民國臺灣化）。也就是說，戰後臺灣國家受到進入東西冷戰體制的美國之庇護，一方面以反共前哨基地的地位被編入美國帝

國體系的周邊，一方面又維持著一種與在中國大陸成立的中華人民共和國抗衡的「另一個正統中國」之體制（「中國國家體制」），這個國家也同時確立了結構上由從中國內戰敗逃到臺灣來的外省人占居優勢的「遷占者國家」性格。

一、作為東西冷戰「前哨站」的戰後臺灣國家

1. 美國介入臺海與對中國內戰的封鎖

羅斯福總統從大恐慌時代起到第二次世界大戰為止領導美國。羅斯福的戰後世界秩序構想，其中一環就是強烈要求殖民地與從屬地區應該脫離殖民地的地位。為了這個構想，羅斯福總統在方法上支持託管或住民投票。然而，這個方法的對象並未包含臺灣，因為在 1943 年的《開羅宣言》中，臺灣被約定在戰勝後必須歸還給中華民國。依據曾對臺灣問題涉入頗深的美國前外交官卜睿哲（Richard C. Buch）的研究，這是因為羅斯福希望藉由戰勝的四大國來構思戰後的世界秩序，讓蔣介石的中華民國和美國、英國、蘇聯一起扮演「（世界的）四位警官」的角色，進而擔負起一個大國應有的責任所致〔Bush, 2004: 27-31〕。

但是，在太平洋戰爭結束前夕過世的羅斯福萬萬沒想到，戰後在中國大陸發生的共產黨革命以及國民黨的敗逃臺灣，讓這個期待落了空。這對美國而言等於是「失去中國」。

接續羅斯福總統面對「失去中國」之局面的，是杜魯門政權。杜魯門政權內部從 1948 年 11 月起，開始就臺灣的戰略價值重新檢討〔湯淺，1998：47〕，但是在中華人民共和國成立以後，就採取了以下立場。即美國在西太平洋地區的「防衛圈」（defensive perimeter）並未包含臺灣（以及朝鮮半島）；除了和蘇聯發生戰爭，

否則對臺灣海峽不做軍事性介入。眾所周知，杜魯門總統除了在
1950 年 1 月 5 日表明無意介入中國的現狀或支援國民黨軍隊之外，
次週，國務卿阿契森（Acheson）明白表示美國的「防衛圈」從阿
留申群島、日本、琉球諸島、一直延伸到菲律賓各島〔葛迪斯（John
L. Gaddis），2000：129-143〕。

　　敗逃到臺灣來的蔣介石，在 1950 年 3 月復行視事，高喊「反
攻大陸」，希望藉此鼓舞黨政軍要員的士氣。但是，大家都認為
國府命運的結束只是遲早的問題。5 月，美國中央情報局（CIA）
的報告預測，年底之前，中國共產黨可能會奪取臺灣〔陶涵（Jay
Taylor），2000：212〕。街頭巷尾「○月解放」、「Ｘ月解放」的
流言滿天飛，就連左翼基礎薄弱的臺灣，對於共產黨「解放」的
期待也以學生為中心開始擴散〔若林，1992：68〕。

　　依據冷戰歷史學家葛迪斯（John L. Gaddis）的見解，當時美國
政府內部對於在東亞採取「防衛圈」的戰略意見一致，但是，國
務院、統合參謀本部以及麥克阿瑟（Douglas MacArthur）之間，對
於「防衛圈」的定位，各有各的盤算。原因在於，有一些極有可
能引起強烈紛爭而不適用本戰略的地區，也就是朝鮮半島（南北
對立）、臺灣海峽（中國內戰）、越南（針對去殖民地化的問題，與
重新回鍋的法國殖民帝國之間的鬥爭），有可能會因為這項戰略的適
用而被迫轉換政策，最終導致美國不得不積極介入這些區域〔葛
迪斯，前揭書：139〕。藤原帰一觀察指出，在美國的冷戰體制中，
由於「認為各個區域紛爭的結果將會影響整體戰略體制的信用度，
因此，戰略體制的性格就會隨著區域的紛爭而出現改變」〔藤原，
1992：340〕。隨著朝鮮半島紛爭的爆發，臺灣和朝鮮半島南部同
時被編入藤原所謂的冷戰體制之「縱向結構」中。然後，當美國
想要從另一個紛爭地區，也就是越戰的泥沼中抽身，以致轉換戰

略並向中華人民共和國靠攏時，便遭到巨大的衝擊。

　　1972 年 2 月，面對著赴中進行歷史性訪問的尼克森總統，周恩來總理指出，臺灣問題是「杜魯門前總統的錯誤所導致之結果」〔毛里譯，2001：147〕。是不是「錯誤」另當別論，1950 年美國對臺灣海峽的介入，決定性地塑造了仍在進行中的臺灣現代史之外部環境。以下，就其前因後果進行簡單檢視。

　　韓戰一爆發，杜魯門總統即刻發表了「臺灣海峽中立化聲明」，一方面阻止共產黨軍隊攻擊臺灣，一方面要求蔣介石停止「反攻大陸」的行動，臺灣的地位留待將來討論，並命令美國第七艦隊出動到臺灣海峽，方針轉為確保臺灣（6 月 27 日）。之所以要講「中立化」，就是希望「一方面在中國內戰中保持中立，同時又能阻止臺灣受到共產勢力的支配」，因此，國務院開始著手將臺灣的地位問題提到聯合國的場域來討論。但是，1950 年 10 月底，當共產黨軍隊為了對抗跨越 38 度線北上的聯合國軍隊，而參與韓戰之後，國務院不得不放棄此一行動〔湯淺，前揭書：54-55；葛迪斯，前揭書：148-151〕。

　　美國政府一旦決定介入臺灣海峽，立刻開始積極強化與國民黨政府的關係，除了在聯合國積極保衛國民黨政府的中國代表權以外，還派武官與代理大使赴臺北就任，並重新開始一度被停止的軍事與經濟援助。翌年，即 1951 年 2 月，正式簽定《共同防衛協定》，4 月起公開派遣軍事顧問團，5 月更公開表明不承認北京政府的政策。原本以歐洲為中心對共產勢力所展開的「圍堵」政策，至此也適用於中國大陸，對國府的支援也被定位成此項政策的其中一環〔高木，2001：116-117〕。

　　另一方面，蘇聯不但在 1949 年 10 月中華人民共和國建國的同時，就給予承認，更在聯合國提出中國代表權問題，接著在翌

年 2 月又締結了《中蘇友好同盟條約》。而中華人民共和國，到了 10 月即站在北韓這邊加入韓戰。隨著韓戰的爆發，東西冷戰也波及臺灣海峽，進一步與中國內戰結合，臺灣就此被納入東亞的冷戰體制之下，成為冷戰體制的前哨基地。

美國的軍事援助，直到 1974 年結束時為止，總金額約計 25 億 6,600 萬美元，至於經濟援助部分，是依據《共同安全法》（MSA = Mutual Security Act），以一般經濟援助（也就是「美援」）方式進行，到 1965 年為止，總計約 15 億美元。美國也強迫國民黨政府與日本講和（1952 年簽定《日華和平條約》），更在韓戰停戰協定締結之後，於 1954 年 12 月主動與國民黨政府簽定《中美共同防禦條約》〔若林，前揭書：70-71〕。

逃進臺灣的蔣介石高呼「反攻大陸」，把希望寄託在「第三次世界大戰的爆發」，期待藉著戰爭使「中國內戰國際化」，然後一舉光復大陸。但是，就美國而言，雖然不得不放棄「中立化」政策，實際上也從未支持過蔣介石的「反攻大陸」政策。美國意不在與「共產中國」發生戰爭，最終目的只是圍堵。

在中國軍隊對著國民黨政府占領下的福建省金門島進行砲擊，並對浙江省一江山島發動攻擊的第一次臺灣海峽危機之際（1954-1955），美國與國府締結了《中美共同防禦條約》，美國國會並在總統艾森豪的請求下，通過了「臺灣決議案」，這個決議案賦予總統在防衛臺灣時具有行使軍事力的權限，但是一方面，美國政府也取得蔣介石的切結，約定在未得美國承認的情況下不得對大陸進行攻擊。就算共產黨軍隊猛烈砲擊金門島之際，美國軍隊也以不對中國大陸進行空襲的方式，衝破共產黨軍隊的封鎖，對於金門島上的國府軍隊提供補給（第二次臺灣海峽危機）。國務卿杜勒斯（John Foster Dulles）還飛到臺北，逼蔣介石同意一份主

旨為「光復大陸原則上採用三民主義，而不依靠武力行使」的共同聲明（1958 年 10 月 23 日）。

　　接下來的甘迺迪政府，讓原本計畫趁著毛澤東之「大躍進」政策失敗之際，對大陸發動大規模攻擊的蔣介石打消念頭〔同前，71-174；高木，前揭書：118-122；石川，2007：123-126〕。此外，1964 年 10 月，中國進行第一次核爆實驗，成為擁有核子武器的國家，但是國民黨政府的核武開發卻被美國嚴格牽制，無法進展〔松田，1998：255〕。

　　對於一年比一年困難的聯合國代表權問題，究竟應該如何應對？美國內部針對什麼「形式」的中臺關係對美國最為有利的問題持續進行討論，包括「一個中國、兩個政府」、「國家繼承論」等等都被檢討過〔Bush, op.cit,: Chap. 4〕，卻在毫無進展的情況下進入了 1970 年代初的轉換期。實際上，美國的臺灣政策可以說就是「兩個中國政策」，換言之，美國雖然站在國民黨政府這一邊，承認其「一個中國」立場，卻壓抑其為此所採取的實際行動（「反攻大陸」），可以說，這是一個維持分別自稱「正統中國」的「兩個中國」並存狀態的政策。

　　蘇聯也是一樣，雖然和中華人民共和國之間締結同盟關係，但是對於共產黨軍隊的「解放臺灣」卻採取壓抑態度，原因就是擔心有可能發展成對美國的戰爭。依據下斗米伸夫的研究，1949 年 7 月，劉少奇訪問蘇聯時曾要求史達林提供對臺作戰的潛水艇和飛機，史達林以蘇聯經濟在第二次世界大戰中受到嚴重打擊、以及有可能因此激化美蘇之間的對立為由，予以拒絕。在《中蘇友好同盟條約》交涉之際，蘇聯有意終止對旅順港的租借，毛澤東卻對蘇聯提出要求，希望蘇聯海軍能夠在「解放臺灣」的行動上助一臂之力，結果遭到蘇聯反對〔下斗米，2005：55-56〕。

依據蘇聯前外交部長葛羅米柯（Андрèй Андрèевич ГроМык О）的回憶，第二次臺灣海峽危機之際，毛澤東提議「應該引誘美軍進入中國內陸，利用蘇聯的核武將之一舉殲滅」，而要求蘇聯協助。據說從此以後，蘇聯領導階層對於毛澤東的不信任感開始加深〔同前，111；毛里，1989：61〕。雖然是第一次臺灣海峽危機之際發生的事情，不過根據高木誠一郎的研究，據說美國政府一直在注意中蘇關係的動向，早就看穿了蘇聯並未支持以武力解放臺灣的計畫〔高木，前揭書：119〕。

就這樣，美國對於蔣介石、國民黨政府的「反攻大陸」，採取明確阻止的態度，而蘇聯對於毛澤東、中共的「解放臺灣」，則採取不協助的態度。可以說，不管是蔣介石的「反攻大陸」或者是毛澤東的「解放臺灣」，都分別受到美蘇的牽制，遭到封鎖。隔著臺灣海峽的分裂態勢也就這樣固定了下來。之後，中國才從「大躍進」的失敗打擊中完全恢復過來，就立刻又陷入「文革」的混亂當中，根本無暇注意臺灣。如後所述，在這一段期間，臺灣的經濟成功地轉換成出口導向型政策，經濟成功起飛，進入了一個在美日經濟循環中達成高度成長的軌道。中臺兩國就在持續對峙、互不理睬的情況下進入了 1970 年代。

2. 非正式的帝國美國、「協力者」政權、當地社會

（1）非正式的帝國美國與臺灣的「中華民國」

在此，想要先介紹本書借用作為鋪陳材料的山本宣吉之美國帝國（體系）論的骨幹。根據山本的定義，所謂帝國就是擁有壓倒性的實力（power），依據此一實力，不但可以影響對方國家的外交政策，對於其國內政治更具有不對稱的巨大影響力；在國際體系內則是在經濟、軍事、價值觀上占據壓倒性優越地位，能夠對多數國家發揮影響力的國家。帝國體系，是一種同時具有以帝

國為馬首是瞻之階層性色彩的經濟、軍事和價值觀的下層結構，以及反應這種結構的以帝國為中心之軸心—放射（hub spoke）狀的同盟關係與軍事基地網絡的上層結構，帝國就以這種結構為前提，對於體系內部的政治體（國家）行使壓倒性不對稱的影響力〔山本，2006：360-361〕。美國帝國擁有自由主義的價值體系，內部有以主權平等為核心的主權國家體系以及資本主義經濟體系並存。這是一種志不在擁有殖民地之「無殖民地的帝國」，它的非正式帝國體系是透過帝國在其他主權國家內所租借的土地上建構的軍事基地網絡，以及在東南亞地區典型可見的軸心—放射狀之安保同盟的圈圈來維持的。這是一個「基地的帝國」、「租地的帝國」、也是一個「據點的帝國」〔同前：261〕。

　　儘管如此，帝國的實力並非絕對，而會因為抗衡帝國者的實力、同盟國之經濟力量的提升，以及帝國體系本身因為過度拓展導致成本增加等因素，造成下層結構在實力上的壓倒性不對稱強度減弱。處於這種情況時，只能被迫縮小作為上層結構的軍事基地網絡，或者在行動的層次以一種「普通的大國」之姿態，採取權力平衡（power balance）的外交方式來對應。這稱為帝國體系的縮小〔同前：228〕。

　　1970 年代的臺灣，受到這種帝國縮小之餘波的正面衝擊，啟動了中華民國臺灣化的進程。不過，這還是後話。1950 年代（基本上 60 年代也一樣）之臺灣的「中華民國」，在美國帝國的體系中占有明確的地位。作為美國的同盟國之一，臺灣在帝國體系的軸心—放射狀體系之中被賦予正式的地位（《中美共同防禦條約》與聯合國的中國代表權），軍隊因為獲得大量的軍事援助與美軍顧問的介入，而得以重建、重組；經濟也在巨額的經濟援助下逐步復興，更在美國要求被援助國經濟自立的壓力下讓經濟成功步上

了出口導向型的工業化軌道。國民黨政權將這些當作外部正統性的資源，確立並維持了政權的持續。

（2）「協力者」的兩難

美國帝國對於被視作冷戰前哨的區域並無直接支配的意圖，因此，若想要在該區域實現能夠反映美國之冷戰戰略的政策，在當地就必須有協力者政權。敗逃到臺灣來的國民黨政府，靠著美國對臺灣海峽介入的政策轉趨積極，不但在美國的冷戰體制中獲得此種協力者的地位，也因此得以重生。從這個時候開始，直到美國因為世界戰略的轉換導致帝國體系的上層結構縮編的 1970 年代初為止，所謂的美臺關係，就是美國與作為當地之協力者政權的國民黨政府，以及其統治下之當地臺灣社會之間的關係。這段期間，幾乎與現代臺灣政治史上的蔣介石時代重疊。

在帝國體系內，帝國本身與周邊的協力者政權之間的關係，常會使帝國陷入兩難。如果是一個得不到當地居民支持的政權，則政治不但不穩定，也沒把握能夠實行美國所追求的政策。嚴重一點，如果協力者政權是屬於傀儡政權，就要有這個政權遲早會倒臺的心理準備；對於反美且獲得當地居民強烈支持的政權，如果出手干涉，反而可能導致這個政權和「壞分子們」結合在一起〔藤原，1992：336〕。除此之外，那種既不反美又確實掌握當地情勢的政權，或許就會以「協力」為武器，向美國強求一些美國認為超出必要程度的資源。

「協力者」政權這邊也會面臨兩難。即「透過與美國的合作，雖然獲得了在國內無法得到的巨大權力和資源，但是如果無法向人民展現自己並非僅是美國政策的代理者之角色，其權力將極有可能被『真正代表民眾者』追討回來。」〔同前〕。不僅如此，實際掌握協力者政權之權力的菁英們，面對美國，必須經常阻止

「代替可能性」的發生，否則自己什麼時候會被取代都不知道。還有，美國所揭櫫的「自由」、「民主」、「人權」這些大道理，如果超越了原本只是用來作為反共口號的功能，反過來影響其統治之下的社會，這也會令人傷腦筋。

作為中華民國臺灣化的起步條件，「戰後臺灣固有的歷史脈絡」究竟是什麼？站在探討這個特有歷史背景的觀點上，以下將針對 1950-1960 年代，美臺之間出現的協力者政權之兩難情境進行檢討。

（3）成功的協力者政權與外部正統性的獲得

蔣介石政權是一個極為成功的協力者政權。

幸運的機緣，加上本身的應對，蔣介石全然徹底地壓制了臺灣支配者被取代的可能性。首先，藉著二二八事件有系統地打垮本省菁英之後，對於一般居民實施「藉由恐怖手段所進行的的政治教育」，接著是透過成功的「農地改革」，將本土的地主階級勢力弱化。至此，能夠挑戰蔣介石威權的本土勢力，已經不存在。當國民黨在內戰中的敗勢漸成定局之際，美國國務院為了要研究祕密推動「臺灣自治運動」、把臺灣與國共內戰分開的政策可行性，於 1949 年初派遣美國駐南京大使館參事莫成德（Livington T. Merchant）赴臺。來自莫成德的報告指出，臺灣自治運動薄弱無力，臺灣已經被對蔣介石效忠的「軍隊塞爆」〔葛迪斯，2002：140-141〕。

更諷刺的是，大陸的失敗反而變成蔣介石確立在臺權力的好機會。盤據在中央與地方的派系勢力，以及派系勢力之間的鬥爭，一直讓蔣介石傷透腦筋，也是造成蔣介石在中國內戰中敗北的原因之一。蔣介石藉著逃到臺灣來的機會重整軍隊，不但將被

地方派系當作基礎的地方軍隊之編號取消、降級，更將其編入中央軍隊（國軍的「中央化」），徹底排除了地方派系勢力〔松田，2006b：272-283〕。

　　關於政治上的「中央派系」，如後所述，藉著把向來掌握黨務的「CC派」勢力禁錮在立法院以及行政院內部的手法，成功地將這些勢力單純化並加以排除。結果，當「黨的改造」（後述）工作結束後，放眼一看，以所謂「最高領袖」蔣介石為頂點，在其權力之下，「幕前」（行政院）的權力由心腹陳誠掌管，長子蔣經國除了掌握「幕後」（政治警察、情報）的權力，更從「幕後」對「幕前」進行監控，一種所謂「領袖獨裁」之「黨國體制」已然形成〔若林，1992：92〕。這個體制，作為一個遷占者國家，與臺灣社會之間存在著極大的矛盾。儘管如此，如後所述，藉由對於直接支撐體制的外省移民進行集中管理並給予優渥的保護，使他們團結在「領袖」之下；至於本省人勢力，則鋪設一種巧妙的體制，「一方面將其排除在核心之外以抑制其過度的發展，另一方面則在周圍的領域上對其實施懷柔政策」〔松本，2004：138〕。

　　這個體制一旦鞏固，當初為了維繫美國的支持而勉強任用的軍方以及政府中的親美派要角（陸軍總司令孫立人與臺灣省主席吳國楨）立刻被拉下臺[2]。此外，由於這個獨裁體制的強化以及蔣經國所率領的政治警察之跋扈，引發了體制內自由主義者的反彈，政論雜誌《自由中國》已然擺開了批判的論戰態勢，而當《自由中國》的主要人物雷震等一部分的外省籍自由主義者、和參與地方選舉的本省籍「黨外人士」（所謂「黨外」，意指「國民黨之外」）一起準備組成中國民主黨時，便立刻將雷震等人逮捕並禁止《自由中國》繼續發行，藉此壓制這些運動〔薛化元，1996〕。

也就是說，當外省反對派形成，並剛剛開始打算與本省菁英結合之際，甫冒出頭的新芽就被摘除。1964 年，受到蔣介石的個人偏愛而曾經被拔擢為聯合國代表部成員的本省籍學者臺大教授彭明敏，當他寫好反體制的《臺灣人民自救宣言》，正要開始宣傳時，政治警察立刻發覺，並對彭明敏等相關人士展開逮捕〔若林，前揭：289〕。

蔣介石能夠在短時間內將政權被取代的可能性徹底排除，除了有從抗戰期間以來就在美國的國會與輿論界所培養的強大代言人「中國遊說團」（China Lobby）的存在，加上認同並臣服於美國的戰略之外，著力最深的就是極力強化對華盛頓的交涉能力。對於戰後美臺關係史，唐耐心（Nancy B.Tucker）做過最出色的調查研究，依據唐耐心的形容，蔣介石政權「利用獨特的分割支配（divide and rule）技倆，滲透進入美國政府」〔Tucker, 1994: 4〕，誘出最大限度的資源。例如前述的「美援」（1951-1965），年平均 1 億美元的金額，以人平均額來計算，是同時期美國所提供的援助之中金額最高者〔Tucker, op. cit,: 54〕。

美國政府內部雖然十分清楚，國民黨政府高喊的「自由中國」，只不過是用來進行宣傳的皮囊；同時也充分知道二二八事件後本省人所受的不公平待遇，以及政治警察在戒嚴下所為的跋扈行徑[3]，但除了知名人士遭到逮捕時才透過外交管道「表示關心」之外，別無所為。這種「關心」的表明，對於被逮捕者的刑罰之減輕及抑制逮捕範圍的擴大，或許具有意義〔Bush, 2004: 67〕。不過總體而言，由於這個時期的美國政府「極為重視臺灣的戰略價值，重視的程度到達一種只能藉由在理論上堅持美國國家大義與傳統所要求的自由化內容，而不能冒著任何風險，做出有損雙方互信的行為」〔Tucker, op. cit,: 77〕。

　　由於蔣介石、國民黨的地位已經變成不可取代，因此，美國就算偏好把臺灣從中國內戰中分離出來，在國際場合中也只能支持國民黨政權所主張的「中國正統政府」之立場。美國始終支持國民黨政府在聯合國的中國代表權，就是顯例。確實，國民黨的「分割支配」手腕再利害，也沒有辦法把美國的「事實上兩個中國」的立場往前推進到支持「反攻大陸」的地步。不過，能夠讓美國的支持倒向自己這一邊，對於與當地社會之間存在著緊張關係的國民黨政權而言，無疑是為政權帶來了外部正統性。

（4）經濟發展與社會變貌

　　接下來必須指出的是，在這個成功的協力者政權之下，經濟在穩定的政治環境中順利恢復與發展的事實。有關這部分的問題，已有諸多說明，在此僅簡明敘述。1940 年代的臺灣經濟，是一個飽受中國內戰影響而出現惡性通貨膨脹的苦難經濟。不過，由於前述陳誠所推動的「幣制改革」以及「美援」的到達，惡性通貨膨脹的問題漸被克服。到了 1952 年，農業生產不但恢復到戰前最高時（1938）的水準，後續藉著農地改革提高了農民的生產意願，農產品輸日也重新開始，使得農業在 1953 年到 1973 年為止，達到年平均 4.4% 的高度發展。

　　工業生產方面，從 1950 年代起，一方面由於美國援助機關施加壓力，使得經濟政策成功轉型成出口導向政策，並且頗有成效。1964-1973 年之間的國民生產毛額（GNP），成長達到了年平均 11.1% 的高度成長。之後，雖然兩度遭到石油危機的打擊，在1974-1979 年之間，GNP 也達到年平均 8.4% 的成長〔若林，前揭：146〕。靠著這樣的成長，臺灣經濟得以從被援助經濟轉變成自主經濟，更在 70 年代以新興工業國家（NICs）的姿態，提升了臺灣在世界經濟中的地位。80 年代後半起，更從技術輸入者的地位逐

漸轉變成輸出者的地位。

在這段期間，美國藉著政府援助與直接投資等各種形式提供了資本、技術，同時對於靠著從日本引進、吸收的所謂「二手技術」（second hand）所生產的臺灣紡織品、雜貨、家電產品等等，提供了當時堪稱無限廣大的市場，對臺灣的經濟發展發揮了不可或缺的助力。非常明顯地，對於歐美各國的經濟，整體而言美國扮演了一個通商秩序提供者的角色。

美國所發揮的功能並不僅於此。看看唐耐心所提供的豐富實例就可以知道，美國不僅是安全保障以及經濟資源的提供者，也是社會、文化、學術資源的慷慨提供者〔Tucker, op. cit,: Chap. 5〕。美國的這種強勢展現，使得戰後的臺灣社會從大眾文化到學術界的制度與習慣，都種下了向美看齊的根性。例如在臺灣大學，戰後很長一段時間裡，「來來來來臺大、去去去去美國」這句話經常被拿來自我解嘲，臺灣最有名的大學——臺灣大學簡直就像留美的先修班。

（5）成功的幕後與幕前

然而面對這樣的成功，如果不同時說明成功的幕後與所謂的「幕前」，將有失平衡。具有黨國體制的遷占者國家，在其確立的過程中，幕後累積了諸多不滿與憤慨，包括對於政治壓抑、人權侵害、以及「省籍」不公平等等的負面情緒。在經濟順利發展之下，這些情緒大部分被擴大且多樣化的經濟活動所吸收，一部分則藉由透過政權所進行的「由上而下的中國化」運動，被預防性地剷除了。另外有些部分是透過所謂「政府的主子」美國所提供的「避難所」功能，被集中到黨國體制的「外部」，這也是不容忽視的部分。

　　美國所提供的「避難所」功能，呈現出幾個不同的面貌。第一，如前所述，美國「低姿態」地表示關心，牽制了國府對於政治異議者的政治鎮壓程度與範圍。其次，正如其文字本身所顯示的意義，美國國土變成了遭逢政治迫害者的避難所。逃到美國的，除了具體上遭受迫害疑慮的人；對於國民黨的支配抱持強烈反感、在臺灣卻一籌莫展而自我放逐赴美的人，以及留學後處在美國的自由環境之下變成反體制者，更是所在多有。

　　前述起草《臺灣人民自救宣言》的臺灣大學教授彭明敏，就是在美國的壓力下被保釋，並在海外獨立團體、人權團體的支援下祕密逃出臺灣，經由瑞典而流亡到美國的〔Peng, Ming-min, 1972〕。這是一個結合了「避難所」的第一與第二種樣貌的實例。如前所述，繼 1950 年代與 1960 年代的日本之後，流亡（diaspora）美國的臺灣人社會，逐漸變成海外臺灣民族主義運動的中心。

　　處於國民黨政權之控制的最「外圍」者，就是美國的世界戰略。如前所述，由於外部正統性承受美國的戰略轉變所帶來的打擊，才使得中華民國臺灣化的動能開始啟動。

二、作為另一個「正統中國國家」的戰後臺灣國家

1. 戰後臺灣國家的「中國國家體制」

　　敗逃臺灣，導致中華民國的實效統治領域縮小成臺灣（臺灣本島與附屬島嶼及澎湖群島）與福建省沿岸小島（金門島與馬祖島等）。儘管如此，如前所述，國民黨政權以「反共復國」為基本國策，將臺灣定位為反攻復國的「復興基地」，抱持本身才是「正統中國國家」的立場，並在政治制度與國民統合意識形態方面堅持相關的各項政策。本書把這些政治制度、意識形態和政策所架構出的戰後臺灣國家所具有的樣貌稱為「中國國家體制」。

　　戰後臺灣國家所具有的「中國國家體制」特徵，是靠著以下四種策略而被維持下來的：（一）敗逃臺灣之後仍堅持繼續維持和共產黨之間的內戰態勢。換言之，就是將內戰末期在大陸所採取的內戰態勢恆久化；（二）把臺灣「中央化」；（三）把統治菁英強烈防範的那些高度受到日本殖民地支配影響的本省人「中國人化」。換言之，就是把統治菁英的官方中國民族主義所設定的「中國性」灌輸到本省人身上，並在這樣的前提下展開「祖國化（中國化）政策；（四）彰顯「中華民國」正統性之各種象徵性事物的建置（例如在政府機關、校園內實施的國家禮儀、貨幣圖案、街道名稱等等）。以下將針對上述各項進行概觀，第（四）的部分則在第七章說明。

2.《動員戡亂時期臨時條款》、「萬年國會」、「中國省籍」制度

　　1946 年夏天，國共內戰正式開打，共產黨在其支配區內實施「土地革命」，把地主的土地沒收然後分配給農民，靠著這個方式一路擴大地盤。國民黨從孫文以來，也有一個以重新分配土地權力為目標的「平均地權」理念，政府內部也成立了土地行政「地政」部門，準備因應這部分的問題，但實際上幾乎沒有任何成果。

　　於是，在內戰期間，國民黨將辛亥革命以來令人期盼已久的「憲政」付諸實施，嘗試藉此鞏固統治的正統性。這裡的所謂「憲政」，指的是孫文所規畫的從「軍政」（革命後由軍政府進行革命獨裁）到「訓政」（「黨治」＝國民黨的開明獨裁。在此期間，藉由地方自治的實施，訓練人民朝「憲政」實施的目標邁進），再到「憲政」（解除「黨治」，制定憲法，賦予人民普通選舉權）之國家建設階段論的最後階段。

　　蔣介石與國民黨召開制憲國民大會，1946 年底制定了在國家元首總統之下設有獨特的五院體制（行政院、立法院、監察院、司法院、考試院）之《中華民國憲法》（1947 年 1 月 1 日公布，同年 12 月 25 日實施）。接著從 1947 年一直到 1948 年，連續實施「中央民意代表」（立法委員、監察委員、國民大會代表）選舉（只有監察委員是由省議員進行間接選舉選出），並由新選出的國大代表進行總統與副總統的選舉（蔣介石、李宗仁當選），接著總統任命行政院長，以及立法院對行政院長之任命行使「同意權」等等。這一連串制定憲法並依照憲法組成政府的事實，後來被稱為「法統」，也是國民黨持續主張共產黨政權為非法，自己才是中國唯一合法政權的根據。

　　然而，這個剛剛誕生的「憲政」，際遇是悲慘的。從憲法制定一開始，對內就有國民黨內派系的鬥爭，對外則有共產黨的反對，國共兩黨之外，也遭到第三勢力龍頭中國民主同盟的杯葛。除此之外，「憲政」在實質上也被國民黨架空了。依照憲法規定，總統的權限在相當程度上受到行政院長的牽制（例如法律的公布與命令的發布，必須得到行政院長的副署〔第三十七條〕），因此，蔣介石是在要求國民大會制定《動員戡亂時期臨時條款》，並賦予總統不需經過立法院同意的緊急處分權之後，才投入總統選舉並當選的〔松田，2006b：38〕。此處所謂的「叛亂」，所指的當然是「共匪」＝共產黨的「叛亂」，此一《臨時條款》的制定，以及總統、副總統選舉後依據國民大會的「動員戡亂時期」決議，國家為了鎮壓共產黨的動亂而進入總動員，也就是所謂的「內戰態勢」。

　　國民黨把這個憲法加上《動員戡亂時期臨時條款》，即所謂「內戰態勢」下的「中華民國」之組織架構帶入了臺灣。這個時

期，臺灣已經由被蔣介石託付鞏固臺灣內部之重任的陳誠下令開始實施戒嚴。1954 年，國民大會在臺北召開第一屆第二次大會，決議《動員戡亂時期臨時條款》持續有效，並在蔣介石的第二任任期即將屆滿的 1960 年召開第三次大會，會中以增訂《臨時條款》的方式凍結了禁止總統連任三次的規定，開啟了終身總統之路〔同前：126〕。《臨時條款》實質上可說是把憲法架空的法規。

　　遷到臺灣之後，中央民意代表的任期（國民大會代表與監察委員是六年、立法委員是三年）陸續到期，蔣介石、國民黨高喊「反攻大陸」，以國家正處於「動員戡亂時期」為理由，決定在尚未「回到大陸」之前不進行改選[4]。因為，如果主張在大陸成立的共產黨之中華人民共和國為非法，而要把自己正統化，就必須堅持「法統」，讓大部分在大陸各省選出的「中央民意代表」繼續存在，正可展現法統確實存在。如前所述，這些「中央民意代表」的區域代表性，是由依據《戶籍法》所登記的籍貫表現出來。1931 年制定的《戶籍法》所規定的「中國省籍」制度以及不改選的「中央民意代表機構」，共同撐起了戰後臺灣國家的「中國國家體制」[5]。

　　就這樣，中央民意代表的大部分是從中國大陸各省選舉出來，無法代表幾乎占整個實效統治區域的臺灣之民意。加上不進行定期改選，因此，整個 1950 年代所建立起來的，等於是一個雙重欠缺代表性的國會。如果沒有辦法靠著「反攻大陸」來實現「光復大陸」，延期改選等於是賦予這些民意代表終身任期，事實也是如此。這就是為什麼在進入民主化時期後，這種國會被嘲笑為「萬年國會」，資深中央民意代表被批評為「老賊」、「老法統」的原因。很明顯地，「萬年國會」的形成，除了因為長期戒嚴下政治自由被壓抑之外，還加上國民在中央層級的政治參與管道被封

鎖所造成。「老賊」、「老法統」幾乎都是外省人，是一項不爭的事實[6]。從本省人的角度來看，「反攻大陸」、「反共復國」，只是一種為了維持非民主的不平等體制的藉口。因為這樣，「萬年國會」後來不但被當作戰後臺灣國家之「中國國家體制」的不合理象徵，成為民族主義政治的焦點，更被當作遷占者國家的不合理象徵而變成族群政治的焦點。

3. 臺灣「中央化」的矛盾

在中華民國歷史上，「中央化」指的是「因為中央政府的撤退、遷移，導致具有中央性質的組織、功能集中在某一地方」[7]〔松田，2006b：252〕的意思。抗戰時期，蔣介石也是在日本軍隊攻打中國大陸時把中央政府遷往四川。臺灣的「中央化」是繼四川省「中央化」之後的第二次事例。

1949 年 1 月，蔣介石在「下野」的同時決定，在最壞的情況下將以臺灣作為反攻的根據地。如前所述，他任命陳誠為臺灣省主席，開始進行準備，隨著國民黨軍在各地敗退，把各式各樣的資源集中到臺灣來。然後，「最壞的情況」終於變成了現實，同年 12 月，隨著中央政府遷移到臺北，臺灣就出現了全面性的「中央化」[8]。

臺灣的「中央化」，為戰後臺灣的國家體制與政治制度帶來了有別於內戰態勢，成為恆久化的矛盾。第一就是助長了政治菁英在族群上的二重結構。如前所述，失掉中國大陸的中華民國，事實上是臺灣史上第一個臺灣國家，然而，因為這個國家是由統治領域縮小後的中華民國藉著把臺灣「中央化」的形式呈現，導致「本省菁英只要沒有攀到中央政府的頂端，就沒有辦法立足於臺灣的頂點」〔同前：202〕。而這個現實，前後大約花了四十年

的歲月才得以實現（1988 年 1 月 13 日、當時的總統蔣經國在任期中過世，副總統李登輝依照憲法規定當天即繼任總統職位）。

第二點是憲法所規定的「省自治」被扭曲的問題。如果排除行政劃分上屬於福建省的金門島、馬祖島等離島地區，就結論而言，事實上是一個只有統治臺灣省的中央政府遷移到臺灣來的意思。儘管如此，在中央政府之下，依然設置了省、縣市、鄉鎮等三級地方行政組織，臺灣省也因此被保留下來。為了顧全「法統」的表面形式，這全然是不得已的作為。

根據《中華民國憲法》的規定，由中央政府制定《省縣自治通則》，地方依照此法召開省民大會，制定《省自治法》。依照《省自治法》規定，省議員與省的行政首長（省長）均為民選。憲法制定後，行政院很快便向立法院提出《省縣自治通則》法案，但是因為內戰局勢惡化，導致審議一度停止。1949 年 7 月，當時的臺灣省主席陳誠曾向由省參議員組成的「臺灣省地方自治研究會」提出包含省長民選在內的法案。但是因為時間正處於中央政府遷臺前不久，結果就放棄了省長民選的念頭。除此之外的省議員以下，包含縣、市長民選的地方自治實施法案，則獲得遷移後的行政院之承認，並付諸實施。同年 12 月遷移到臺北的立法院，在 1950 年中再度審理包含省長民選在內的《省自治通則》法案，並進入二讀，由於行政院主張應該慎重其事，使得審議就此告終。此時的行政院長就是陳誠。臺灣省主席陳誠所提出的臺灣省長民選法案，竟被行政院長陳誠所否決。

當政權面臨危急存亡之際，蔣介石為了博得美國的好感，必須擺出民主化的姿態。另一方面，卻又害怕省自治的實施所造成的民主化，會促成美國與本省人勢力的結合，並進一步形成親美的政權。但是，當韓戰爆發，美國對國民黨政府的支援方針轉趨

明確，就不再需要民主化的假象，省長民選也就束諸高閣了〔同前：204-212〕。在這裡，蔣介石也斷然排除了作為一位「協力者」政權的支配者被取代的可能性。

就結果而言，當「中華民國」逃入臺灣的同時，也就是當存在臺灣的這個遷占者國家即將開始之際，省的自治就遭到否決。統治菁英所持的理由，除了「反攻大陸」必須堅持中國國家體制之外，另一個理由就是「臺灣人受到了奴化教育」〔何義麟，2003：294〕。統治菁英對臺灣人的不信任與警戒，在此顯露無疑。

抗戰期間亦有過中央化經驗的四川省，由於地方存在著強大的勢力，就算「中央化」之後，中央也沒有辦法主導省政府以及省黨部的人事，然而臺灣並不具有如此強大的地方勢力。因此，一直都是官派的臺灣省最高官職，便都由外省人占居大多數的中央黨國體制菁英來擔任〔松田，前揭書：201-202〕。臺灣人一直要等到 1970 年代蔣經國開始發動從上而下的有限的「臺灣化」政策後，才能夠擔任臺灣省主席職位。

省自治的完全實施，也就是省長的民選化（還有之後由行政院直轄的臺北市與高雄市市長的民選化），成為後來政治體制民主化（重要公職的民選化）中的課題。首先，省長一旦民選，不但管轄領域幾乎重疊的臺灣省長與中華民國總統的權威關係又會變成問題，與民主化所帶來的國家重組的政治之間也會產生微妙關係。隨著臺灣的「中央化」所引起的臺灣省自治問題，是一個國家體制與政治體制互相矛盾交纏的問題，它的影響甚至延燒到民主化之後的國家體制重組（1997 年的「凍省」）與權力鬥爭（2000 年總統選舉中的「宋楚瑜現象」）之問題上（第五、六章）。

4. 由上而下的「中國化」——制度上的同化政策

如前章所指出，戰後接收臺灣的陳儀政府以躁進的手法（例如太快禁用日語等）實施以「國語」普及政策為核心的臺灣住民之「祖國化」政策，成為在二二八事件前夕造成本省人族群化的原因之一。依據何義麟的研究，由於事件的爆發，使得「祖國化」政策在事件後不但沒有減緩，反而變本加厲，臺灣中央化之後，這個政策更是全面性推動〔何義麟，1999〕。1950-1960 年代，臺灣內部幾乎沒有力量可以挑戰國民黨，是國民黨對臺灣社會推動大規模的「中國化」運動的時期。

這種「中國化」，也就是「學習成為中國人」（learning to be Chinese）的事情本身，對於本省人而言，意味著被統治菁英、也就是被遷占者集團的菁英們賦予主流地位的文化所同化。「同化」的途徑有透過社會性接觸的同化，以及藉由制度途徑的同化（利用學校教育以及大眾傳播媒體進行宣傳）。不過，透過前項路徑的同化非常微弱。因為，作為傳播主流文化的傳人而受到期待的外省人，不但在人口上屬於少數者，在語言方面也不是每個人都會講標準的「國語」。而且這些人之中的大部分，不管是在社會面或空間上，年紀愈大的就愈嚴重地被隔離在本省人社會之外。這種隔離與黨國體制對眷村的滲透（請參照下一節），成為阻止人口居於少數的外省人對本省人進行社會性同化的原因。最後，學校教育變成了同化本省人的主要且最有力途徑，次要的則是以電視為主的大眾傳播媒體。

制度途徑的同化，目標是達成語言的同化（「國語普及」）與身分同化（「中國意識」的注入）。針對前者來看，會發現「國語」理所當然地被當作教學用語，不過在 1940 年代，為了刻意排除日語，「方言」（福佬話、客家話）也被包含在「國語」裡面，在教

授「標準國語」的時候，也採取以「方言」為媒介的方式。但是到了 1951 年 7 月，不但以「方言」進行的教學被省政府禁止，從 1954 年開始，小學的「標準國語」教學一律採取「直接法」，而不再透過「方言」作為媒介，從此以後，排除「方言」的傾向就愈來愈強〔菅野，2006：138-139〕。

1956 年開始，省政府開始推行「說國語運動」，在校園禁止使用「方言」，對於說方言的兒童則訂有處罰規定，種下了讓兒童互相向老師告密有誰使用了方言之惡習〔菅野，2003：2〕[9]。這種狀況，除了向兒童灌輸母語比「國語」劣等的意識之外，在逐漸激烈的升學競爭中，會不會「國語」更成為關鍵。外省子女在這一點上明顯有利。1966 年，外省人在大學生中所占的比例為 34%，就算到了 1987 年也占了 30%，超過外省人口比例的 2 倍以上，顯示了上述狀況的真實性〔Wang, Fu-chang, 1989: 102-103〕。許多在 1950、1960 年代上過學的本省人，都回憶自己在中小學的作文以及口頭發表時間，曾被迫嘗到自己比不上外省同班同學的經驗。

關於後者，首先必須指出教科書的內容。學校教科書是國家制定的統一教科書，文科系的教科書內容全都與中國大陸、中國文化以及國民黨（「國父」孫文、「領袖」蔣介石）有關。歷史教科書的內容，九成以上是「中華四千年」的歷史，現代史只講到「八年抗戰」（對日戰爭）。提及臺灣歷史的部分非常少，對二二八事件完全沒有記載，在公開場合提到二二八事件是一種禁忌。1988 年，當這些禁忌逐漸瓦解時，依據《聯合報》的民調數字顯示，全臺灣 887 名受訪者當中，知道曾發生過二二八事件的人甚至只有 15%〔ibid.: 16-17〕。

至於地理教科書，與只是「全國三十五省」之一省的臺灣

之內容有關的，僅僅不到 5%。此外，為了強調共產黨統治大陸的非法性，對於變成中華人民共和國之後的行政劃分以及名稱上的變更，完全沒有被反應到教科書之中（例如北京一直被稱為「北平」）。

「國語」教科書的教材，使用的是國民黨領導者的文章以及非左翼的中國作家之文章，只有極少數是臺灣作家的文章。這種灌輸「中國意識」的教育，是藉由以下各種方式來補強的，包括與大學入學競爭結合在一起的背誦、填鴨式教育、強調服從的校內禮儀、「人二室」（設在政府機關或大企業之中，擔任人事管理上政治性「安全」的部門）對於教師的監控、高中以上學校的「軍訓」（軍事訓練，1950 年代由救國團負責）或者由「教官」（由軍事部門派遣的軍事訓練、生活輔導官）擔任控制學生的責任〔ibid.: 104-108〕。學校以外，還有「政工體系」進駐文化機關與大眾傳播媒體，在一般國民的政治社會化上扮演重要的角色〔松田，2000：58-59〕。

三、作為遷占者國家的戰後臺灣國家

1. 作為遷占者國家的戰後臺灣國家

對蔣介石而言的「莒」、也就是戰後臺灣國家，是臺灣史上第一個「遷占者國家」。依據研究北愛爾蘭與羅德西亞（現在的辛巴威）事例的羅納・韋哲（Ronald Weitzer）的見解，所謂遷占者國家（settler state）[10]，是指在一個從外部遷入的移居者集團（settler group）被賦予一種比本土集團（native group）地位更優越的社會中，移居者集團自律性地維持著一個不論法律或事實（de jure or facto）上都與出身母國互不隸屬的國家，這裡指的就是這種國家〔Weitzer, 1990: 24〕。也就是說，一個國家成為遷占者國家的基準，必須同

時滿足兩個條件：（一）在某個社會中，相對於本土集團（native group），移居者集團（settler group）被維持著一種優越性的地位；（二）建立在這個社會之上的國家，最起碼在事實上獨立於其出身的母國之外。一旦移居者集團的優越性無法被繼續保持，以及移居者失去了在母國之外的獨立性，或者上述兩種情形同時發生時，遷占者國家就會消滅。

　　遷占者國家不同於殖民地。殖民地符合前述（一）的條件，卻欠缺（二）的條件。不過，如果殖民者集團以某種形式脫離了母國的控制，並維持相對於本土集團之優越性的話，遷占者國家就成立。非洲羅德西亞就是其中一例，它是一個由白人殖民者推動殖民地獨立的例子，而且在獨立過程中，並未出現殖民地內被支配民族的民族解放。另外，由於內亂或內戰的結果，造成某一勢力長期割據一定的領域，對外在某種程度上可以展現獨立國家的態勢，並能在其領域內保持（二）之狀況的話，或許就可被認定為遷占者國家的政治體制，戰後臺灣國家就是屬於這種型態[11]。

　　依據羅納・韋哲的看法，遷占者國家的安定必須靠三種要素：①可以行使獨立於母國之外的政治性權威與強制力，這一點與前述（二）同義；②對於本土居民的穩固統治；③保持遷占者集團的團結與國家組織的一體性〔ibid.: 26-28〕。戰後臺灣國家，作為一個反共基地，由於得到美國的支持而獲得①（第一節），蔣經國所率領的周密且強大的政治警察之確立（第三節2）則確保了②，以蔣介石為最高領袖之黨國體制的確立（第三節3）則保證了③。對於確立遷占者國家的政治體制影響最大的，就是政治菁英的族群二重結構（第三節4）。

2.「人人心中有警總」

李登輝擔任總統期間，曾在 1994 年對日本作家司馬遼太郎說道：「我們這些七十幾歲的人，以前在晚上是無法安心睡覺的。我不希望子孫們還要承受這樣的遭遇」〔司馬，1994：495〕。1940 年代末期被懷疑是共產黨同路人的李登輝，直到 70 年代初被蔣經國拔擢進入中央為止，始終被列為特務監視的對象，李登輝述說的是他個人的感慨。

正如前章末所述，在中央政府遷臺之前，臺灣已經實施戒嚴，對於在青年與學生之間開始展現影響力的共產黨，亦已展開了搜捕的宣傳行動。政府遷臺後，前述特務機構的重組與黨的「改造」並行，搜捕行動更是如火如荼地進行，這就是所謂「白色恐怖」。依據某項推估，從 1949 年到 1960 年為止，曾發生超過 100 件的政治逮捕事件，被處死刑者約 2,000 人，被判重刑者約達 8,000 人，其中實際為共產黨員者不到 900 人〔李筱峰，1999：40〕。依據另一項推估，在長期戒嚴實施期間（1949-1987），被逮捕的政治犯人數約為 2 萬 9,407 人，估計其中恐怕有相當於 15% 左右約 4,500 人被處死刑〔陶涵，2000：231〕[12]。

這些政治整肅，是高呼反共口號的政府為了搜捕共產黨員所為，因此就有所謂「白色恐怖」之稱呼。但是被整肅的並非只有共產黨員及其同路人，還包括了原住民族對自治的要求、黨國體制內的權力鬥爭，以及特務機關同仁之間的爭鬥〔李筱峰，前揭書：40-41〕。進入 1960 年代，與「臺獨」有關的事件開始增加〔《自由時報》2000 年 8 月 28 日〕。

一般認為「白色恐怖」的高峰期一直持續到 1950 年代中期〔陶涵，前揭書：231〕，在這期間，為了能夠有效監視、威嚇並壓制政治異議者，相關系統被建構起來。從執行戒嚴的機關、也就是

臺灣省警備總司令部開始，形成了一張互相重疊、龐大且周密的政治警察網〔若林，1992：108-109〕。「白色恐怖」同時也是緊接著二二八事件之後所施行的「藉由恐怖手段所進行的政治教育」。這項做法比單純只是打壓政治異議者所帶來的「教育效果」更大。它讓臺灣人民不得不學會一種態度，就是把政治視為危險事務，並在認為反抗無用的心情下遠遠地「退出」政治。恐怖與相互的不信任，變成了日常生活中政治關係的基調。這就是後來在民主化運動中必須呼籲人民克服內在的「戒嚴文化」、以及「每個人內心的警總」之原因〔若林，同前：199〕。

　　確立之後的黨國體制團隊，對於任何有可能威脅威權政體並能組織政治反抗勢力的意識形態（社會主義與臺灣獨立思想），一律動用物理性方式將其主力人物一一排除（關監獄、處死、逃亡海外，對於海外的監視也不放鬆，甚至曾經有滲透到海外的臺獨組織內並加以破壞的例子），更成功地讓他們在內心養成一種政治自我約束的態度。

　　政治警察手中既強大又經常纏繞的鞭子，也是黨國體制進行所有政治性和社會性控制的基礎。

3. 以蔣介石為「最高領袖」的黨國體制之確立

　　在中國大陸的敗北雖然重創了蔣介石，卻也提供了強化對黨掌握的好機會。戰敗，不但使得那些忠誠度靠不住且長期讓中央感到棘手的地方勢力就此消滅，老是為了人事和權力鬥個不停的黨內派系勢力也衰弱了。隨著在大陸內戰中的敗象加深，蔣介石把根本原因指向黨員的腐敗與組織的鬆散，以及軍隊士氣的低落和軍閥化，並開始構想如何進行黨的「改造」。1950 年 3 月復行視事之後，因為韓戰爆發以及美國介入臺灣海峽，使得蔣介石得以避開眼前直接的危機。一旦危機解除，蔣介石的威望急速攀升

後，就開始全力推進改造工作。改造所要達到的目標，是希望建立一個能夠解決黨內派系問題並貫徹領導（「領袖獨裁」），同時貫徹黨對軍、政的一條鞭式的領導（「以黨領軍」、「以黨領政」）之政黨。

1950 年 7 月，國民黨中央常務委員會通過了「中國國民黨改造方案」，蔣介石所任命的「中央改造委員」，規定直到黨的第七次全國代表大會即七全大會召開為止的期間為「改造期間」。在這段期間，原來扮演黨之決策機構的中央執行委員會與中央監察委員會的權限，完全由中央改造委員會代為執行，在這個一條鞭式領導體制之下，開始進行黨的整頓。

黨組織的「改造」，以下列順序進行：①現有黨員的重新登記與不良黨員的肅清；②新黨員的吸收；③黨員的編組。1952 年 10 月，召開了國民黨七全大會，通過了包含「本黨為革命民主政黨」這一類具有獨特自我規範的黨規約和黨綱，並選出 40 名中央評議委員和 32 名中央委員，算是「改造」的正式完成。接著 23 日，召開第一次中央執行委員會總會（第七屆一中全會），由蔣介石指名選出 10 位中央常務委員。與中央改造委員會一樣，中央常務委員的排序，第一位陳誠，第二位是蔣經國〔若林，1992：76-79〕。

除此之外，軍方與政治警察的統制和重組，則與其他的國家部門分開進行。軍隊內部的黨組織被稱為「特種黨部」，到中隊規模為止的部隊內部都設有黨部，但是受限於憲法所標榜的主張（禁止政黨派系干涉軍隊，第一三八～一四〇條），只能非公開地進行。對於軍隊的政治統制工作，事實上是由蔣經國擔任國防部總政治部主任，帶領設在軍中的「政治工作」（1963 年以後由「政治作戰」）系統，配合軍令系統和非公開的黨務系統並行來運作〔若林，同前：82-85〕。

　　在中國現代的國民黨政治史中，政治警察被稱為「特務（系統）」（戰後在臺灣，後來也被稱為情（報）治（安）系統）。特務的工作不只是對外蒐集情報，也會對政權內部的政敵或者體制外的反對者進行情報蒐集、監視、逮捕、拘禁的工作，有時候也會變成執行恐怖攻擊的組織，是政治權力的重要支柱之一。在大陸時期，有以黃埔系（由蔣介石擔任校長的黃埔軍校畢業者所組成的派系）為核心的「軍統」（名稱由國民政府軍事委員會調查統計局而來），以及受到執黨務之牛耳的 CC 派強烈影響之「中統」（名稱由國民黨中央委員會調查統計局的簡稱而來）等兩大系統，內戰的失敗也意味著這些特務工作網絡的瓦解。蔣介石讓其長子蔣經國參與特務系統在臺灣的重建工作，最後並賦予統合的任務。

　　初期狀況雖尚有許多不明之處，不過據說蔣介石於 1949 年 8 月在臺北市郊外設立了「政治行動委員會」。這個委員會由國防部保密局（「軍統」的後身，後改為國防部情報局，現為軍事情報局）、內政部調查局（「中統」的後身，後改為司法行政部，現在屬法務部管轄）、憲兵司令部、國防部第二廳、臺灣省警務處、臺灣省保安司令部（實行戒嚴之機關，後改為臺灣警備總司令部，通稱「警總」）等情治單位的最高長官或次長級人員擔任委員，希望能夠將特務工作整合為一條鞭式的指揮。

　　這個委員會屬於非正式，但是為了指揮、聯絡，有發公文的必要，因此自從蔣介石於 1950 年 3 月復行視事之後，就使用「總統府機要室資料組」的名稱。蔣經國以自己身為這個「資料組」主任的身分，利用一些在大陸時期就追隨自己的人鞏固這個組織，以優待軍統壓抑中統的做法，推動在臺灣的特務重建工作，握有可以指揮多個特務組織的實權。1954 年「總統府機要室資料組」以國家安全局之名，被正式歸組到模仿美國的國家安全會議而設

的國防會議（後來從 1967 年起改稱國家安全會議）之下，由蔣經國
擔任國防會議副祕書長，握有實權。儘管蔣經國後來歷任國防部
長、行政院副院長、行政院長，權力一步一步往上攀升，但是他
自始至終都掌握著特務機關的權力，從未改變。因為，在臺灣被
重新整編的特務組織，已經變成「以蔣經國為首、以軍統為核心
勢力，被一條鞭化的統治工具」〔松田，2006b：340-353、367〕。

　　國民黨「改造」的政治過程約略如上所述，究竟帶來什麼結
果？以下根據松田康博的研究進行整理〔2006b〕。

　　首先，蔣介石對於被交付行政系統的陳誠與被交付軍、特務
系統的蔣經國，都容忍他們在中央培植新派系，藉以排除以 CC
派為核心的舊派系。同時把在「改造」過程中的一種「非常大權」
轉移到黨的平時體制中，成功地確立了對於黨的一條鞭式領導地
位。用國民黨的用詞來說，就是「鞏固領導中心」。

　　只不過，作為組織的政黨之活動已經全面形式化。藉由「改
造」，一種從中央到末端、與行政等級相符的金字塔型組織被整
頓完備。但是，當「改造」結束後才發現，原本扮演和社會與黨
外組織、機構間之連接點的「小組」，活動明顯減少，加上蔣經
國所掌握的中國青年反共救國團變成了一個新的升遷管道並逐漸
抬頭，因此，對於非「黨工」（專門從事黨務者）的一般黨員而言，
正規的黨務系統變成了沒有魅力的單位。

　　黨對於國家各部門的控制，也是透過各個機構內的黨組織來
進行。換言之，為了對應各級政府機關所設的「政治小組」、為
了對應各級民意機關（國會以及地方議會）所設立的「黨團」，
以及為了聯繫同等級的「政治小組」與「黨團」所設置的「政
治綜合小組」等等，這些與共產主義國家的黨國體制（party state
system）相似的系統，與其說具有效果，不如說在總統兼任黨總

裁的設計之下，領袖所具有的領導地位，為黨所進行的控制提供了擔保。

關於中央民意代表機構，因為其身分實際上形同終身職，因此無法進行充分的控制，有時雖也無法避免「體制內的小叛亂」之類的事，但是除了蔣介石本身具有的不容挑戰之威信外，在行政系統上，陳誠的領導和忠誠已是可期待的，而在軍隊與政治警察方面，蔣經國的統帥與忠誠也是可期待的。陳誠和蔣經國已經分別變成了全新的、不同於大陸時代之舊派系的中央派系領袖，並且逐漸抬頭。

但是，在政權的最頂端，則採取了以黨領政的明確系統。蔣介石（接著為是蔣經國）所主導的國民黨中央常務委員會，對於重要決策以及政府的人事案，都依照總裁（蔣介石）、接著是主席（蔣經國）的指示來決定，然後由行政院執行。蔣經國時代，中央常務委員會通常在星期三上午召開，次日，也就是在星期四召開的行政院院會（相當於內閣會議）中，經常是把前一天中常委所做的決定當作政府的決定〔徐邦男，1987：118-120〕。

扼要總結以上敘述，可以說經過黨的「改造」，黨對國家各部門的統制並非透過各個分別設置的黨組織之活動來進行，而是透過對領袖效忠的新派系領導人（蔣經國和陳誠）在全國貫徹對各部門的統制，藉此確立黨對國家的領導（「以黨領國」）體制。民主化之前國民黨本身在說明黨與國家之一體性時使用「黨國」兩字，借用國民黨的這個詞彙，本書將這個體制稱為「黨國體制」。

以蔣介石為名的「領導中心」不但獲得「鞏固」，而且，由於陳誠的早逝（1965 年）以及蔣經國對於最高權力的繼承做了最周詳的準備，使得「領導中心」可以在不發生嚴重的黨內派系鬥

爭之情況下轉移〔若林，1997：第四、五章〕，這不但有助於維繫遷占者集團的團結，也讓黨國體制的架構一直被堅守到 1980 年代中期政治的自由化開始時為止。

4. 政治菁英的族群二重結構

戰後臺灣國家是一個自我定位為「正統中國國家」的遷占者國家，這種定位使得因為二二八事件所產生的「省籍矛盾」固定了下來。這種情況最明顯表現在政治菁英的族群二重結構上，即中央層級的菁英為外省人，地方政治菁英為本省人。從 1950 年開始實施的地方公職選舉，造就了一些地方政治菁英，當然，這些人幾乎都是本省人。但是，國會卻是一個直到 1972 年為止完全沒有改選過的「萬年國會」。在黨、政行政系統中，除非獲得中央菁英的青睞而被拔擢，否則晉升到中央的管道非常狹窄。由於臺灣之「中央化」的矛盾，導致國民黨無法容忍擁有以整個臺灣為範圍具權威、聲望的政治菁英存在。前述之臺灣省政府主席的職位，一直到 1970 年代初期為止，一直都是由外省人擔任。

表 2-1 是黨「改造」之後到民主化時期（實施「萬年國會」的全面改選）為止，國民黨中央委員會以及中央常務委員會之中本省人所占比率之變化。國民黨的中央委員會以及中央常務委員會不是政策決定機構，更像是一個藉由網羅黨國體制中各部會之菁英，把最高領導者所做的決定公式化、正統化的機構，因此，在這些單位裡，黨國體制菁英的族群性結構就更加明顯。依照表上面的數字，在中央常務委員會裡，蔣經國死後，李登輝是第一個當上黨主席（1988 年）的本省人，之後臺灣人所占比例才開始超過五成。另外在整個中央委員會之中，一直到「萬年國會」改選，終於在民主化與政權人事的臺灣化上邁出決定性一步時為止，本省人的比例都沒有超過五成。

　　但是，從黨國菁英所立定的「反共復國」目標來看，這種二重結構並非不合理。為了代表全中國，為了將來某一天要統治全中國，不管是在政府的行政部門或者是立法部門，臺灣省籍人員都不構成應該占據多數的理由。如果能夠回歸大陸，臺灣的「中央化」矛盾就可以立刻消除。到時候只要制定「省自治法」，由臺灣人選出臺灣人擔任臺灣省主席就可解決問題。如果想想黨中央回歸大陸後的問題，就會知道，趕緊培養一些可以交付省政大任的本省幹部才是更重要的，怎麼可以這樣就草草了事？

　　儘管如此，蔣介石與他的幹部們，依然只是賴坐在「莒」。從本省人的眼裡看來，把政治菁英的二重結構合理化的理由，漸漸變成了維持政治資源及權力分配不公平的藉口。

表 2-1　本省人在國民黨中央委員、常務委員中所占人數比例

	中央委員			中央常務委員		
	總數	本省人	比率	總數	本省人	比率
第 7 屆（1952.10）	32	1	3.1	10	0	0
第 8 屆（1957.10）	50	3	6.0	16[*1]	1	6.3
第 9 屆（1963.11）	74	4	5.4	16[*1]	2	12.5
第 10 屆（1969.4）	90	6	6.1	21	2	9.5
第 11 屆（1976.11）	130	19	14.6	22	5	22.7
第 12 屆（1981.4）	150	29	19.3	27	9	33.3
第 13 屆（1988.7）	180	62	34.4	31	16	51.6
第 14 屆（1993.8）	210	112	53.3	35[*2]	20	57.1

*1）包含陳誠副總裁。
*2）包含三名副主席。其他數字均不含地位最高者。
出處：林泉中，2005：141。

四、多重族群社會的戰後重組

1.「人口刮颱風」──臺灣人減少、日本人撤退、外省人流入

　　國民黨軍隊在內戰中失敗的結果，到底導致多少外省人跑到臺灣來？有的說 100 萬人，甚至也有說 200 萬人，大多數都像沒有意義的修辭一樣。李棟明從戰後初期臺灣人口之社會增加，來推估這個時期來臺的外省人口的數量，據他的研究，200 萬的數字明顯是過大了。

　　根據李棟明的研究，戰後臺灣的人口統計從 1947 年起就存在，從這一年到 1955 年為止，社會增加總計大約 87 萬 1,000 人（被認為受到內戰影響最大的 1948-1950 年的三年之間，約為 71 萬人）。本省人人口的社會增加，只有戰後從海外回來的 4 萬人左右，因此，正確而言，這一段期間的社會增加可以說幾乎都是外省人的移居所造成。

　　再者，1955 年發生第一次臺灣海峽危機，導致大陸沿岸大陳島的居民移居到臺灣來。因此，1955 年的社會增加之數字，是受到中國內戰影響的最後一批集體移居人數。從 1947 年到 1955 年的社會增加之總數，被認為與受中國內戰影響而移居到臺灣之外省人的總數接近〔李棟明，1969：224-226〕。不過，這些數字並不包含在籍軍人、士兵。李棟明推估，1956 年當時的在籍軍人約有 27 萬人（與兵力規模有出入）〔李棟明，1970：66〕，如果把這些數字和從社會增加所推估出來的人數加總起來，合計約為 110 萬。由於這個數字包含了本省人新加入軍籍者，以及因為和外省男性結婚而入外省籍的本省女性（也包含原住民族），因此，來臺之外省人的總數，最為妥當的估計約為 100 萬再加數萬人的程度。

此外，李棟明推估受到戰爭影響而減少的臺灣人口約為 70 萬人〔李棟明，1969：221〕。其中因為本省人的受害（因為當日本兵而戰、病死，以及戰爭末期因為受到美軍轟炸而死亡者）而減少者估計約為 30 萬人（以 1940 年的數字為基準，按照戰前的自然增加率計算到 1947 年為止的人口數與 1947 年的實際人口數之差）、因為在臺日本人（不含駐紮軍隊）的撤退（1946 年中結束）而減少者約為 40 萬人。日本的戰爭與戰敗後的數年之間，人口約減少了一成，而在接踵而至的中國內戰之數年間，又有超出減少數的人口量流入臺灣。

正如李棟明所形容的，戰後的臺灣簡直就是刮著強烈的「人口颱風」〔同前：217〕。這個多重族群社會在人口的構成上進行了一場激烈（drastic）的重組。這一場重組由來自外部的原因所引起，讓人不得不感慨臺灣這個地區所具有的邊緣性。

2. 外省人的社會樣貌

（1）遷臺外省人的出生地、性別、年齡

李棟明另外還使用 1953 年的中國農村復興聯合會（農復會）的調查數字，以及 1956 年和 1957 年所實施的國勢調查結果，分析外省人的出生地、性別、年齡結構、職業分布、以及居住地等等。在此想要根據李棟明所出示的資料，來描述後來定居在臺灣的外省人之社會容貌。

如果依據 1956 年的國勢調查資料，來看遷臺外省人的出生地（籍貫）分布指標，會發現北起黑龍江省、西到西藏、新疆、蒙古，雖然涵蓋了整個中國，沿海地區畢竟還是超過半數。第一是福建省，占 15.35%，遷臺者以警察為主的公務員占多數（李棟明推測這可能是因為多數的福建人母語與臺灣一樣的關係）。第二是

蔣介石的出生地浙江省，占 12.37%，這裡面包含國民黨軍隊從舟山群島與大陳島撤退時帶到臺灣來的。接下來依次是江蘇省、廣東省、山東省，以上五個省的出生者為 58%，如果加上首都南京、上海、青島、廣州、海南島，就變成 62%〔李棟明，1970：63〕。所謂包括具有邊疆地區籍貫者的闡述，意指包含圖博族、滿族、蒙古族、回族等非漢族在內，不過這些人應該也都是原本就在位於南京市及其周邊的政府和政府相關機構工作的人。從二二八事件後已經族群化的本省人眼中來看，包含遷臺的非漢族在內，都被視為外省人──這裡也顯現出遷占者國家之下的社會分類之族群化現象。

接著來看性別與年齡結構。1950 年代，性別比率（女性 100人所對應的男性人數）非常高；從年齡層來看，呈現中年人口比率偏高之移民人口特有的結構。性別比率在 1956 年的數字是 156（此為不含軍職者，若加上軍職者，則變成 230），以年齡層來看，35-60歲的年齡層之性別比率嚴重偏高，為 239-445。有關這部分的數字，愈早期應該是愈高。到了 1965 年，排除軍職者之後全年齡的平均數降到 134〔同前：66〕。

以 1956 年的數字來看年齡結構，則本省人的分布接近平常的金字塔型（不過，由於戰爭的影響，20-24 歲年齡層的男性呈現凹陷的現象），外省人則以 30-34 年齡層最高，屬於中年層膨大的現象。但是在同一年的數字當中，外省人 9 歲以下，特別是 0-4 歲的人口比 30-40 歲年齡層的人口更多，而且呈現男女平衡的狀態。這可能是因為遷臺以後生活安定，青、中年齡層的外省人能夠結婚、生育所造成。1966 年的國勢調查數字顯示，青少年的比率是增加的〔同前：71-73〕。

從上述生育年齡層的外省人男女比例來看，顯示這是以外省

男性配本省女性（包含原住民族）的組合，省籍之間通婚盛行的結果。但是，從經歷過上述二二八事件的本省人之族群意識來看，可以推測到 1950 年代為止的省籍通婚，和後續逐漸增加的具有高學歷之本省人與其同班的外省女性之間的通婚情況不同，而是大多屬於外省退役軍人、士兵，娶了屬於經濟弱勢階層的本省女性以及原住民族女性的形式。不管怎麼說，在經歷過對日戰爭以及接下來和共產黨的內戰而轉戰、流轉的歲月之後，受到美國全面性防衛的保護，在擁有豐富的農業生產力之臺灣島上，大部分的外省人得到了相當良好的休養生息棲所。

（2）職業結構

　　關於職業結構的資料，依據的是上述 1953 年農復會的調查，以及 1967 年臺灣人口研究中心的調查。這些資料如實反映了隨中華民國中央政府、軍隊一起遷臺的移居歷程。也就是說，外省人的職業結構，以包含公務員在內的第三級產業占最大比例，接著是以接收日本企業而形成的公營企業為主的第二級產業，農業與第一級產業所占比例極少。

　　不過，從遷占者國家論的觀點來看，人口研究中心在 1967 年所做的調查呈現出極為有趣的現象。在外省男性的職業領域中，最大的就是「保安服務業」（軍事、警察、消防），占 31.5%，「公務自由業」次之，占 25.7%，兩者合計占二分之一以上。以在「保安服務業」整體中所占比例來看，外省人占 82%，本省人占 18%。「公務自由業」整體，則外省人占 34%，本省人占 66%〔李棟明，1970：67-72〕。雖然這是 1960 年代的數字，但是在 1950 年代，很難想像外省人在這些領域中所占的比率會低於這些數字。到這個時期為止，本省人生活在外省人的監視管理之下，這種遷占者國家式的族群關係結構，也在此明白地呈現出來。

從另一個角度看。關於外省人在國民黨黨員總數中所占的比例，有龔宜君所提供的資料。表 2-2 顯示，這個時期外省人在國民黨黨員中所占的比例為壓倒性多數，表 2-3 顯示「軍公教人員」占國民黨黨員的比例相當高。支撐戰後臺灣之遷占者國家「核心」之黨國體制的人員，其主要供給來源正是遷臺外省人 [13]。

（3）居住分布及其變遷

反映上述情形，外省人集中居住在都市及其周邊。依據李棟明的統計，1956 年居住在省轄市（臺灣省管轄的都市，此時包含後來成為行政院直轄市的臺北市、高雄市）的外省人口數占外省人口總數的 56.2%，1965 年是 47.6%；居住在設於農村地區之「鄉」級行政單位的人數比例（包含設在原住民族地區的山地鄉），分別只有 10.5% 和 16.5%。針對相同項目，看看本省人的數字，省轄市分別為 15.6% 和 17.9%，鄉的居住者分別為 47.1%、44.9%〔李棟明，1970：79〕。具體來看，1965 年的數字顯示，以臺北市為中心的半徑 30 公里內，約有半數的外省人口（約 80 萬人）居住在這裡，以高雄市為中心的半徑 45 公里內，有五分之一的外省人口居住在這裡。緊接著是臺中市〔同前：84〕。在設有許多軍事設施的桃園縣，如果以 1950 年為 100 的話，外省人口在 1954 年是 469，在 1965 年是 774，增加速度非常快。背後的原因可能包括，制度上軍人、士兵只要結婚就可以設戶籍，戶籍制度因為是採父系單系主義，因此，如果妻子是本省人，結婚後就會變成外省籍，所生的後代也會入外省籍〔同前：76〕。

1950、60 年代的外省人大部分居住在都市，農村地區幾乎都為本省人。這項事實，如果以主要產業別來對照居住區域，資料也是吻合的。居住在第三級產業地區的外省人口比例，在 1956 年時占外省人總數的 65.8%，65 年時為 55%，第二級產業則分別為

表 2-2　國民黨黨員的省籍比例

年　度	1952	1969	1990
總人口	8,128,374	14,334,862	20,352,966
本省人	7,478,544	12,081,690	17,578,228
外省人	649,830*	2,253,172	2,774,738
黨員總數	282,959	950,993	2,546,429
本省人（%）	73,852（26.1）	374,666（39.4）	1,735,223（68.1）
外省人（%）	209,107（73.9）	576,327（60.6）	811,206（31.9）
黨員在本省人中所占比例（%）	1.0	3.1	9.9
黨員在外省人中所占比例（%）	32.2	25.6	29.2

* 此時約有 27 萬現役軍人尚未納入戶籍管理。
出處：龔宜君，1998：222，表 10-1。

表 2-3　國民黨黨員的職業分布

1955	黨員總數	農民	勞工	工商業者	學生	軍人警察	公教人員	自由業	
人數比例（%）	282,081	18,355	26,798	27,080	4,321	158,811	33,568	13,258	
	100	6.5	9.5	9.6	1.5	56.3	11.9	4.7	
1969	黨員總數	農漁業鹽業	工商企業	學生	軍公教	家庭主婦	自由業	其他	
人數比例（%）	950,989	93,193	168,326	84,638	501,173	28,530	30,432	44,697	
	100	9.8	17.7	8.9	52.7	3.0	3.2	4.7	
1987	黨員總數	農林漁牧業	勞工	工商業者	學生	軍公教 *	家庭主婦	專門職	其他
人數比例（%）	2,400,700	258,685	417,789	271,511	219,177	758,664	135,550	104,471	234,853
	100	10.8	17.4	11.3	9.1	31.6	5.6	4.4	9.8

* 含退役軍人。
出處：龔宜君，1998：224，表 10-2。其中一部分數字為筆者補正。

17.6%與22.5%。相對於此，本省人居住在第一級產業地區的人口，以同一年度來看分別是 69.3% 與 65.5%〔同前：79〕。

外省人集中居住在都市的唯一例外，就是在東部的臺東縣以及中部南投縣的山地鄉，兩地也出現外省人集中居住的狀況。這是因為在 1950 年代前半，由於美國的壓力，對於過剩的兵力不得不採取刪減政策，不得已退伍的士兵（被稱為榮民）就被集體移居到這裡。不過，被移居到山地的士兵，其絕對數量並不多〔同前：75-76〕。

表 2-4 是依據 1965 年的資料，將外省人口占 30% 以上的鄉、鎮以及省轄市內的區列舉出來的表格，「備考」是李棟明針對各地區外省人比例之所以偏高的理由所做的推測說明。

這個表的資料不但與到目前為止各種統計資料所顯示的一致，也更具體地呈現出作為戰後臺灣國家之遷占者的外省人在臺灣社會中的面貌。這裡呈現一個構圖，就是君臨遷占者國家頂點的領袖蔣介石，在「臨時首都」臺北市郊外的風景名勝地同時建構了政治警察設施與特別行政區，將自己隔離起來，黨國體制的菁英則居住在臺北市中心的高級住宅區，對領袖提供直接的支持，承擔國家機構之基層的軍人、士兵及其家族，則集中居住在眷村，一方面接受菁英的管理，一方面防守軍事設施以及重要據點。

表 2-4　外省人口占三成以上的鄉鎮、區

鄉鎮、區名	外省人口比例（%）		備考：外省人口比例較多的理由
	1955 年末	1965 年末	
大安區（臺北市）	66.5	66.1	高級住宅居、著名高等學府所在地
永和鎮（臺北縣）	--*1	62.0	鄰接臺北市主要住宅地區
左營區（高雄市）	48.1	56.8	最重要的海軍基地所在地
古亭區（臺北市）	56.2	53.6	高級大樓式住宅多、著名高等學府所在地
信義區（基隆市）	44.9	48.3	新興住宅區
城中區（臺北市）	54.8	47.1	政治、文化、教育、商業中心地區
松山區（臺北市）	33.8	45.6	工業區、新興住宅區
中和鄉（臺北縣）	32.7	43.0	臺北市郊外緊急避難住宅地區
木柵鄉（臺北縣）	20.3	42.7	中央行政機構緊急事務用地、文化教育設施所在地
景美鎮（臺北縣）	23.5	38.7	鄰近臺北市的住宅、工業地區
中正區（基隆市）	37.4	38.5	港灣設施、漁業區、住宅地區
新店鎮（臺北縣）	29.4	37.9	臺北市郊外的風景名勝地區、眷村多
中山區（臺北市）	41.7	36.9	新興住宅地區
前鎮區（高雄市）	41.8	35.0	工業區、漁港
鳳山鎮（高雄縣）	24.2	33.4	陸軍訓練中心及縣政府所在地
東　區（高雄市）	34.0	32.4	新興住宅地區（眷村多）、名校所在地
岡山鎮（高雄縣）	30.2	32.3	空軍訓練中心及空軍基地所在地
北　區（臺中市）	30.4	31.3	新興住宅地區（眷村多）
北　區（臺南市）	21.3	30.4	新興住宅地區（眷村多）及工業區
中山區（基隆市）	31.5	30.0	水陸交通要地
北投鎮（陽明山）	23.3	30.0	臺北市郊外觀光名勝地區及高級住宅地區*2

*1）在這一年尚屬中和鄉編制內。（原註）

*2）陽明山地區是蔣介石官邸及政治警察本部所在地，由名為「陽明山管理局」
　　的組織進行特別的管理。（筆者）

出處：李棟明，〈居臺外省籍人口之組成與分布〉（《臺北文獻》直字第 11-12
　　合刊，1970 年 6 月），83 頁，表 12。

3. 黨國體制的「核心」與「末梢」

（1）黨國體制的「核心」與「末梢」

與國民黨政權一起倉皇逃到臺灣來的外省人，除了後來把資本轉移到臺灣來的資本家以外，在臺灣幾乎都不具有獨立的經濟、社會基礎，除了依附在國民黨體制及其周邊之外，幾乎沒有生存之道。換句話說，這些人靠著大家常掛在嘴邊的「軍公教」，也就是包含軍、政府機關、國民黨組織，以及包含大眾傳播媒體在內的黨營企業、從日本接收來的龐大公營企業，還有以大學為首的公立教育機構，從中獲得維生之道。

相對於此，一直到 1960 年代後半臺灣工業化真正起飛為止，本省人的重心都在農村。在本省人根基深厚的農村地區，外省人無法以生產者的身分進入（曾經是殖民者的日本人也一樣）。在政府的強力推動下才使得少數的「榮民」（後述）移居到山地鄉的事實，反而更真實地說明了這個情形 [14]。另一個原因是，日本統治時期，工業化在某種程度上雖然有所進展，但是，戰後在日本資產的接收過程中，這些企業和金融機關一起全部被變成公營，就算有後述隨農地改革而進行的四大公司（水泥、紙業、農林、工礦）民營化，然而，不僅是金融機構，包括能源、金屬、化學、造船等等重要部門，也都維持公營。

對黨國體制而言，「軍公教」部門是黨國體制直接的支柱，這個部門的忠誠，是不管犧牲任何代價都必須確保的。相對於此，農村部門是一個在獲得「軍公教人員」的支持後必須統治的對象，農村部門對體制也是重要的，但它是汲取體制運作所需財源的對象。在這個意義上，可以把「軍公教」部門定位為黨國體制的「核心」，農村部門則是其「末梢」〔龔宜君，1998：22-24〕。前節

資料也清楚顯示，在遷占者國家的前半期，所謂「核心」是指外省人處於優勢的部門，所謂「末梢」，則是指本省人優勢的部門。

　　黨國體制與在其「核心」處於優勢的外省人和在「末梢」處於優勢的本省人之間的關係，受到歷史經驗的左右而有所不同。外省人與黨國菁英之間除了具有共同經歷對日戰爭，以及接下來對共產黨的戰爭之苦難經驗之外，過去在臺灣為了生存也不得不依存黨國體制。國民黨政權與外省集團之間，由於共同的經驗與利害關係，存在著一種一體感。在這層意義上，蔣介石（後來是蔣經國）可以說是外省人的「大家長」。但是，黨國菁英與本省人之間卻沒有這種共同經驗，不但關係疏遠，而且黨國菁英在經過二二八事件後，對本省人抱持著警戒、不信任的想法。本省人方面，雖然受到了政治警察的監視、壓抑而導致政治上的自我規範和控制增強，但是在不信任對方這一點上，本省人也是相同的。

　　如此，對黨國體制、也就是遷占者菁英而言，「核心」與「末梢」，對黨國體制的意義不同，和他們之間的關係也是明顯不同的。因為這樣的理由，黨國體制對於各個社會部門的滲透（國家菁英在領域內逐漸貫徹其意志的過程）方式也是互異的。由於這種對於不同社會部門的不同滲透方式獲得成效，使得本省人與外省人之間藉著職業選擇以及居住在「眷村」的方式，形成了社會性的分棲配置，可謂造就了一定期間內族群關係安定的原因之一。這一點不但在制度上發揮了造就外省人及本省人的族群境界趨於固定（省籍矛盾的制度化）的功能，更對於後述的對黨國菁英表示顯著忠誠的「鐵票部隊」社群之形成、以及日後民主化時期之「政治的族群化」產生影響。在這個項目內，首先依據龔宜君的傑出研究，確認黨國體制對於「核心」與「末梢」的不同滲透方式及其結果（藉由圖 2-1 進行以下討論）。

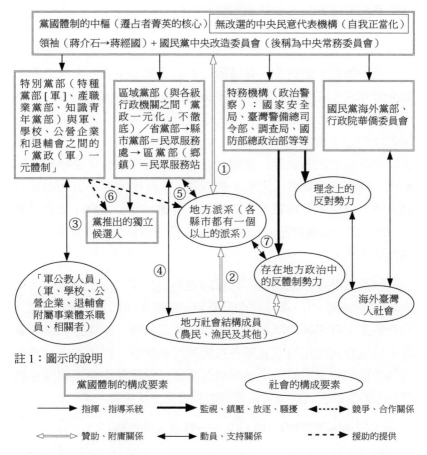

註1：圖示的說明

| 黨國體制的構成要素 | 社會的構成要素 |

→ 指揮、指導系統　　→ 監視、鎮壓、放逐、騷擾　◀····▶ 競爭、合作關係

⟺ 贊助、附庸關係　　◀──▶ 動員、支持關係　　---▶ 援助的提供

註2：箭頭①～⑦的說明

①：利用對地方利益或腐敗、不當行為的包庇，使地方派系獲得特權利益，以此方法來交換政治上的支持。利用黨務系統的得票動員力進行控制。

②：利用對選民的個別「照顧」，與對選區的利益拋撒來交換選票。選舉時透過地方的買票捐客散發金錢、物品。

③：利用國家對生活資源提供優先分配、共有的內戰經驗，而與菁英之間產生連帶感，利用與一般社會的隔離（外省人軍事、士兵等等），方便由黨組織直接吸收，對黨國具有高度忠誠，也就是國民黨的「鐵票部隊」。

④：透過民眾服務站提供服務，與在選舉中支持地方黨部所推薦之候選人。

⑤：地方派系若獲得黨的提名（或者替代性利益）就提供協助，若沒有獲得黨的提名，就以違反黨紀的方式參選，或暗中支持黨外反對派。

⑥：利用鐵票的機動性分配來控制或牽制地方派系。配合第④項的操作，國民黨具有動員三成選民的實力。

⑦：地方派系若未獲得黨的提名（或者替代性利益），就採取對抗關係，如果獲得，就採取某種合作關係。

出處：筆者依據〔龔宜君，1998〕製成。

圖2-1　遷占者菁英透過黨國體制所進行的統治結構

　　依照龔宜君的研究，黨國體制對於「核心」與「末梢」的不同滲透方式，是透過「改造」後的國民黨組織系統來進行的。「特別黨部」與「區域黨部」系統的區別就是答案。「區域黨部」是在省黨部之下設立縣、市黨部，並進一步在其轄下按照鄉、鎮規模設立最基層的區黨部。依照地方行政等級與區分所建構的這項系統，用來進行對於「末梢」的滲透。「特別黨部」方面則有三個系統，分別是管轄軍系統組織的「特種黨部」、擔任公營企業的「產（業）職業黨部」，以及擔任大學、專科學校之宣傳的「知識青年黨部」。

　　除此之外，如前所述，在軍隊裡面設立了「政工系統」（後改為「政戰系統」），高中裡面則有蔣經國所率領的救國團之滲透。特別黨部之各系統的活動統制由中央黨部負責，結構上，區域黨部不可以直接操控特別黨部各系統的同級機關。對於本省人勢必成為多數的省黨部以下之區域黨部系統，黨國菁英並不期待和他們一起遷臺的忠實追隨者集團擴散到裡面去〔同前：54〕。

（2）黨國體制的「核心」——外省人的把持

　　龔宜君的研究指出，「區域黨部」系統對於「末梢」之滲透，受限於前述之黨國體制與本省人社會之間的關係，加上能夠投入的資源不足，因此變得消極，對地方政治變成一種讓多個地方勢力（「地方派系」）相互爭奪的間接性控制。相對於此，「特別黨部」對於系統之「核心」的滲透，是積極且直接的。他們透過將對象人口「集中、隔離、保護」的方式進行滲透，甚至創造出在各項選舉中能夠依照國民黨指揮而投票的選民集團，也就是「鐵票部隊」。接下來就從此點切入觀察。

　　（A）「鐵票部隊」的形成　　在「特別黨部」的系統中，所謂「產職業黨部」與「知識青年黨部」，是以「軍公教」中屬

於「公教」部門的人為對象（「軍公教」的「公」包含行政、司法機關等狹義的公務員，以及公營企業中受公務員待遇的職員）。各個黨部對於不同的對象集團進行滲透，在其中發展黨組織，確保黨員的忠誠，以便在選舉時進行動員。透過這些黨部的滲透，當然會形成一部分的「鐵票部隊」，但是「產職業黨部」與「知識青年黨部」對於黨國體制的最大功能不止於此，更重要的是確保該部門的「反動員」。也就是針對公營企業中的勞工運動，以及大學校園內的學生反體制運動，分別由「產職業黨部」與「知識青年黨部」負責，利用由國民黨預先在其中建構組織，並對於組織的人事與活動資源加以控制的方式進行事前壓制，由此形成一種藉由「排除性、反動員的統合主義（corporatism）」來進行社會控制的一環。〔同前：第四章、第五章，若林，1992：113-116〕。

依據龔宜君的研究，「鐵票部隊」的形成以「特種黨部」系統對於現役官兵、「眷村」（軍人家庭集中住宅區）、以及對「榮民」（退役官兵）的滲透最為顯著。

①現役官兵——由於憲法的明文規定，在軍隊中雖然不能公然組織「特種黨部」，但是對於軍人黨員的吸收卻不餘遺力。「特種黨部」的黨員數從 1951 年的 8 萬 3,000 人，增加到 1954 年的 21 萬 1,000 人〔龔宜君，1998：80-81〕。在這種黨員增加的背景之下，從 1954 年的地方選舉開始，就以「特種黨部」公認候選人的名義，推出退役軍人參選，在這一年的縣、市議員選舉中，推出 20 名公認候選人，有 17 人當選。

之後，隨著後述大陸來臺官兵的退役政策之實施，以及在臺灣的徵兵制度逐漸完備，使得因兵役義務而入伍的士兵增加。在此情況下，可以想見本省人士兵的比例也有所增加，而在部隊中服兵役的狀態，是最適合以「集中、隔離」方式來進行控制的狀

態。雖然從來沒有出現過因為違反憲法、證據確鑿而在法律上被告發的例子，但是對於作為「鐵票」的現役官兵之選舉動員，依照推測是存在的。

②「眷村」──1949年前後，超過100萬外省人流入臺灣的事實，對於當時的臺灣社會也是巨大的負擔（1948年的總人口為680萬人），最明顯的是糧食與住宅。如前章所述，糧食方面，在農地改革實施前後，已經形成了一種由國家直接掌控稻穀，並以固定價格提供給都市各部門的糧食管控系統。對於「軍公教人員」，還特地實施了米穀實物配給制。

住宅則是一大難題。除了外省菁英以外，彷彿難民一般流入臺灣的人民，在鐵道沿線、公園角落，以及日本人所留下的墓地等等臺灣的都市空地上，蓋起了臨時搭建的小屋，就此安居落戶。就連在首都臺北市，直到最近為止，都還可見到這些痕跡。

在大約60萬人的軍隊之中，大半的士兵都是單身居住在軍營裡，問題是士官們所帶來的家人。對於這些軍人的家屬（「軍眷」），軍方很早就提出「集中居住、集中管理」的方針，總之就是先在軍隊駐紮地的周邊，蓋一些木造的臨時簡陋小屋來進行收容。1956年，蔣介石夫人宋美齡的「婦女反共聯合會」呼籲，以民間捐款的方式來「興建軍眷住宅」，就此開始了軍眷住宅建設。換言之，在興建軍眷住宅的同時，發給軍眷一般戶籍，再賦予這種聚落「村」的名義，在行政區分上給予認定。這個婦女反共聯合會所發起的眷村建設，到1967年為止共分十期進行，加上國防部等獨自建造的住宅，一直到1967年，全臺灣的眷村一共有8萬7,258戶家庭居住。如果以一戶平均5人的話，則約有43萬6,000人居住在眷村〔同前：83-84〕。

眷村在形式上雖然被劃入一般行政區，並與其他村落一樣設

有村民大會之類的自治機構，實際上則被隔離在地方行政系統之外，屬於「政工系統」所管理。眷村裡設有「眷村自治委員會」，在國防部的監督下執行村的行政事務，「政工系統」也在眷村裡設有「聯絡人」，保持與軍隊和軍眷之間的交流。軍眷在生活上也一樣，從米穀的配給、水費、電費半價優待、子女的教育費補助、軍隊相關的以及由「榮民」醫院所提供的醫療、國軍墓地的提供等等，簡直是從搖籃到墳墓，極度依靠軍方所提供的資源。

這種來自「政工系統」的滲透，與來自黨的滲透形成一體。國防部總政治作戰部主任不但兼任王師凱黨部（「特種黨部」的別稱）的書記，還要監督並鼓勵黨對眷村的滲透。這種黨國一體的組織，在選舉時透過眷村自治委員會的幹部直接為國民黨的候選人進行選舉動員，眷村的選民幾乎都會把票投給黨幹部所指示的候選人。雖然票數不多，但是由於選票的分配是透過黨部機動性處理，對國民黨的選票之有效分配可謂貢獻良多。由於臺灣各級議會的選舉一直都是中選舉區制，選票的有效分配能夠提高當選率。「鐵票部隊」（陸海空三軍以外的另一個部隊）的稱呼，首先是來自於眷村的這種投票行動所致〔同前：86-87〕。

在這種黨國一體滲透的同時，我們也看見，眷村一方面被隔離於其周邊的一般社會之外，另一方面眷村住民相互之間雖然在出身、語言及文化上有所不同，其內部的一體性卻受到強化。此外，黨國體制的這種「反攻大陸」宣傳的滲透，讓眷村居民產生居住在臺灣只是暫時的所謂「過客心理」，而完全不想學「臺灣話」，限制了眷村居民對於主體社會（host society）的適應。

如果說，來自眷村外部的本省人之族群性睥睨眼神，從外部造就了外省人的形成，而黨國體制集中且深刻的滲透，則是從遷臺集團的內部造就了外省人。同樣的現象也適用在「榮民」身上。

③「榮民」——遷臺後，國民黨政權被迫必須進行軍隊的重組，在重組的過程中，一件深具重大政治意義的事情，就是官兵退役制度的確立。對於那些在臺灣根本沒有經濟基礎的外省官兵，政府必須連他們退役後的生活都要照顧。這其中，提供軍事援助的美國之想法當然也發揮了作用。美軍並不支持蔣介石的「反攻大陸」，對於 1950 年代初期的臺灣軍隊規模，美國認為若用來防衛臺灣，規模顯然過大，因此要求裁減軍隊數量。

1952 年進行部隊編號重組的同時，有 6 萬多名將官退職以及 1 萬 2,000 名士兵退役，「榮民」即由此而來[15]。但此時由於財政的問題，僅能提供極低的待遇，特別是因為年齡、體力、知識、能力（也有一些欠缺識字能力者）、語言（不但「國語」能力低，也不會說臺灣話）等因素，有許多人沒辦法找到像樣的工作（再加上工業化之前的臺灣，就業機會並不多），這時的「榮民」，有許多便沉落到都市的底層。

為了讓退役更有系統地進行，1954 年透過「美援」的經費補助，在行政院設立了「國軍退除役官兵輔導委員會」（簡稱退輔會）（直到 1965 年為止都由蔣經國擔任主任），接著 1955 年，第一批約有 3 萬 3,000 人退役，直到 1970 年為止，總計約有 20 萬 6,000 人退役。

為了照顧（「輔導」）這些退役官兵的生活，在退輔會的管轄之下，相關的事業體連續成立。事業體系數量在 1961 年時為 75 個，在 1970 年時增加到超過 120 個。包括專門承包公共土木工程的「榮民工程隊」（後為榮工處）以及「榮民總醫院」等，都是其中著名的事業體系。這些相關事業體系的數量與規模，隨著日後經濟的發展而急速擴增。這些退除役官兵們，除了具有工作能力而已經被安排到政府機關工作者，以及因為高齡、疾病的關

係而被收容到「榮民之家」等設施者之外，一律被安排到相關事業體系當中。此時，往往以他們習慣了長年軍旅生活為由，而採用「集體交涉」的方式進行工作的安排〔同前：86-87〕。相關的事業體系中，包括在前述的臺東及南投縣未墾區所開設的農場之經營在內，地方的行政組織如果沒有透過農場內的退輔會管理系統，根本沒辦法和農民接觸。榮民也是在「集中、隔離」的情況下接受「輔導」〔同前：95-96〕。

依照龔宜君所算出的數字，1967 年時在退輔會系統的事業體系中受到「輔導」的榮民總數約為 8 萬人〔同前：99〕。這些人口數加上前述推估約為 43 萬 6,000 的眷村人口數，合計為 51 萬 6,000 人，占 1967 年的外省人口數（190 萬 3,000 人）之 27.1%，約占整體人口（約 1,329 萬 7,000 人）的 3.9%。在黨國體制的強力滲透之下，榮民們過著與黨國體制具有強烈一體感的生活（其中當然不包含「軍公教人員」的其他部分）。

對於這些榮民集團所進行的黨國一體滲透，與對眷村所進行的如出一轍。1956 年「國軍退除役就業人員黨部」（別稱黃復興黨部）成立，這是個原汁原味的退輔會黨部，主任由退輔會主任擔任，幹部也是由退輔會幹部 [16] 兼任。或許因為其設立於黨的「改造」之後，黃復興黨部在形式上隸屬於臺灣省黨部，事實上則由黨中央直接指揮；設在各個事業體系當中的區黨部，也獨立在一般的區域黨部系統之外。透過這樣的滲透，在退輔會、黃復興黨部所管轄下的榮民集團，也享有「鐵票部隊」的盛名〔同前：93-95〕。

隨著歲月的流逝，由於在眷村長大的孩子陸續離開，眷村人口逐漸減少。相對於此，上述退輔會的相關事業體系，則在後來的經濟發展中大幅成長（可能有不少眷村子女曾來到退輔會求職）。

黃復興黨部的規模也因此而擴張。1957 年當時，黨部所屬的黨員有 5,609 名，到了 1993 年則為 24 萬 7,000 人，相當於黨細胞的「小組」，數量增加為 1 萬 4,600 個，在當時退輔會的 124 個相關事業體系當中，估計約有 200 萬票是可以動員的〔同前：98〕。此種與黨國體制之間具有濃厚連帶關係的集團之政治性，在民主化時代卻成為新的問題。

（B）國家財政的偏重式投入　　為了實現對於上述這些「核心」部門的積極滲透，國家財政進行了偏重式的投入，這一點從前述內容也可以瞭然於胸。接下來將透過財政支出的分配與社會保障制度，對於財政的偏重式投入做進一步的確認。

關於前者，只要確認國防相關支出的比例屬於高額就已足夠。在包含中央、地方的政府總支出中，「一般行政、國防支出」的比例，在 1950 年為 74.2%，以後雖然逐漸減少，但是在整個 1950 年代，所占比例估計都在六成左右，一直到 1968 年才見到少於五成的數字〔Ku, 1997: 42〕。如劉進慶所指出，這些國防費用基本上用來支付官兵的衣食住所需，武器等軍事物資則依靠美國的軍事援助來供應〔劉進慶，1974：189〕。此外，從上述的官兵退除役事業到「軍公教」部門，也是「美援」的重要受益者。

關於後者，表 2-5 是戰後在臺灣的各種社會保險之實施時間一覽表。如表所示，1950 和 1960 年代，很明顯「軍公教」部門受到的待遇是比較優渥的。在這段期間，政府在社會保障方面的支出不多，1950 年為 2.8%，超過 10% 是 1970 年的事，而這些少額的支出，也是往「軍公教」部門傾斜。

表 2-5　各種社會保險的實施時間與給付範圍

保險的種類	實施時間	給付範圍
勞工保險	1950.3	生育、傷病、身體殘障、老年、死亡、醫療
軍人保險	1950.6	死亡、身體殘障、退役
公教人員保險	1958.9	生育、疾病、傷病、身體殘障、養老、死亡、家屬葬禮
退休公務員保險	1965.8	同上
學生團體保險	1975.8	死亡、身體殘障、醫療
私立學校教職員保險	1980.10	生育、疾病、傷病、身體殘障、養老、死亡、家屬葬禮
公務員家屬疾病保險	1982.7	疾病、殘障
退休公務員疾病保險	1985.7	同上
退休公務員配偶疾病保險	1985.7	同上
私立學校退休教職員疾病保險	1985.7	同上
私立學校退休教職員配偶疾病保險	1985.7	同上
農民健康保險	1985.10	生育、疾病、傷病、葬禮補助、身體殘障
地方議員村里長及鄰長健康保險	1989.9	生育、葬禮、殘障、疾病
公務員家屬疾病保險	1990.1	疾病、殘障、
私立學校教職員家屬疾病保險	1990.1	同上
低收入家庭健康保險	1990.7	生育、殘障、疾病

出處：林成蔚，1999：115，表 1。

（3）黨國體制的「末梢」——對本省人部門的滲透

　　黨國體制的菁英們，對於「末梢」也決意進行直接控制。這種意圖表現在幾個面向。包括把區域黨部系統延伸到地方行政系統末端的鄉、鎮，在這裡設置黨組織，並在組織內配置黨國體制的代理人作為專業黨工；為了堅持黨在各級地方政府中的領導，設置了「政治綜合小組」（前述）；企圖對農村的最大社會團體「農

會」（農業組合）進行滲透，在最基層的（鄉、鎮）層級設置「民眾服務站」（service station），企圖以透過對農村民眾提供服務的方式，直接對社會進行滲透。

這些做法並未收到十足的成效。地方統治是黨國體制的內部體制中最弱的一環，因為在那裡早已形成了臺灣獨特的地方派系政治。關於地方派系政治，筆者在前一本著作中也做過詳述〔若林，1992〕，陳明通也有專著出版〔陳明通（日譯本），1998〕，在此僅據前揭圖2-1，針對「地方派系」與黨國體制的關係略做描述。

二二八事件與「白色恐怖」的鎮壓，加上地主制因為農地改革而遭到解體，使得實力原本就不強的臺灣本土菁英因此受到巨大的政治打擊。在二二八事件後抬頭的所謂「半山」[17]勢力，也立刻在短時間內被黨國菁英壓制下來。經過這些打擊之後，本土勢力根本沒有辦法形成一個以整個臺灣為範圍的權威，但是也沒有就此消滅，而是透過從1950年開始的地方公職選舉，形成了一個在縣、市層級的政治中扎根、被稱為「地方派系」的「準政治團體」。

這裡所謂地方派系的實體，其實是一種「選舉侍從主義（clientelism）網絡」。有意獲取地方公職的地方有力人士，藉由以小農為主體的地方社會之血緣、地緣、職業等本土社會關係為基礎，利用地方政府或農會等機關的職位、以及獲取這些職位的能力，對選民提供「照顧」，以換取選舉時的選票，請求選民投票給派系提名的候選人。為了確認關係，選舉時亦會散發金錢。

黨國體制在努力對農村部門進行滲透時，不是遭到這些地方派系的抵抗，就是在獲得民眾支持方面必須面臨地方派系的競爭（在地方公職選舉中，曾發生過因為黨中央所推出的獨立候選人可能威脅到選舉結果，導致地方派系暗中支持有實力的無黨籍候選人之案例。

圖 2-1 的箭頭⑦）。最後的結果是，黨國體制的菁英無法貫徹對「末梢」的直接滲透，更多時候甚至不得不把這些派系的候選人當作黨所公認的候選人，藉著與社會關係的密切程度超越黨組織的選舉侍從主義之網絡集票能力，在選舉政治中演出一場獲得與更新支持的戲碼[18]。

在這種情況下，黨國菁英與地方派系領袖之間的關係，是一種當後者從地方經濟中獲得維持選舉侍從主義的資源之際，前者利用對權利的公開承認與取締手段的自肅手法來提供協助的恩庇—侍從關係（patron-client）（圖 2-1 的箭頭①）。換句話說，在對「末梢」進行滲透的時候，黨國體制將地方派系當作黨國菁英與地方社會成員之間的媒介，等於是存在著二重侍從主義機制〔若林，1992：第三章第二節〕。但是對地方派系而言，來自黨國體制菁英之中的靠山（patron），只限於那位「最高領袖」（蔣介石，接著是蔣經國）。因為「最高領袖」不允許中央的其他菁英變成地方派系的庇護者，就算地方政治菁英被中央拔擢，中央也不希望他在地方繼續維持勢力〔陳明通，前揭書：182〕，更不允許縣市層級的地方派系之間維持橫向的連繫〔同前：199〕。

在民主化實施以前，選舉的最高公職只開放到省轄的縣、市長。縣、市長選舉的對抗關係，當然會造成多個地方派系出現，然而，黨國菁英卻藉著在縣、市層級不讓單一派系勢力長期處於優勢的刻意安排（例如任期最高兩屆 8 年，不得連選三任，如果縣長是 A 派系的人物，就安排 B 派系的人物擔任縣議會議長等等），企圖維持主導權。此外，在省議會以及 1970 年代以後的國會選舉（前述之「動員戡亂時期增額選舉」）中，更採用了中選舉區制，藉由前述國民黨黨組織的獨特集票能力與「配票」（選票的分配）能力（最主要的就是對於前述之「鐵票部隊」的運用）之運用（圖 2-1 的箭

頭⑥），以及藉著提高黨所公開承認的派系候選人之當選率，來
維持與地方派系之間的相互依存關係。但在同時，卻又極力阻止
地方派系勢力進入黨國中央 [19]。

　　當然，在這種機制中，想要確保地方派系的忠誠，有時候必
須靠著對於後者所具有的鞭策能力（利用政治警察進行監視、威嚇，
或利用司法的選擇性使用來進行處罰）來達成。

【註釋】

1 雖然臺灣學界也使用所謂「戰後」這個區分時代的用語,但是對於這種區分方法,臺灣的、或者說臺灣出身的學者及知識分子,似乎並不認同。除了劉進慶批評指出「在臺灣、朝鮮、中國……戰爭又開始了。(中略)只有日本才有『戰後』。日本人一直做著虧心事,因此,當有人對著亞洲使用「戰後」這個用詞時,我們必須請他們更加謹慎」〔劉進慶,2006:232〕,黃英哲也指出「1945年國府接收臺灣,對『臺灣』而言,這或許可稱為『戰後』,但是對於『臺灣人』來說,必須等到1987年的『戒嚴令』解除,國共內戰在法律上終結,蔣家對於臺灣的強權支配結束,才能算是『戰後』」〔黃英哲,1999:293〕。顧及臺灣知識界、學術界的這種無法認同的看法,本書在使用「戰後」一詞時,意指作為世界戰爭之第二次世界大戰結束之後而言。

2 孫立人(1899-1990),畢業於美國維吉尼亞軍校,於1943年成功救出率領緬甸遠征軍卻被日軍包圍的英國軍隊,因而一舉成名。1950年3月,蔣介石總統復行視事之際,一方面企圖博得美軍支持,任命孫立人為陸軍總司令。後因「政工系統」進入軍隊,孫立人因此與蔣經國形成對立,1954年,被貶為總統府參軍長的閒職,1955年8月,以前部屬計畫叛亂的罪名被拘禁,一直到1988年蔣經國死後為止,長期受到軟禁〔許雪姬總策畫,2004:633〕。吳國楨(1903-1984),美國普林斯頓大學政治學博士,是一位人稱「民主先生」的親美派人士。歷任漢口市長、外交部政務次長、上海市長。同樣是在蔣介石復行視事之際的政權人事變動中,於陳誠轉任行政院長後被任命為臺灣省主席。此亦為顧慮到對美關係的一項人事安排,後因與蔣經國之間的對立逐漸加深,於1953年4月辭職,形同逃亡赴美〔同前:354;若林,1992:69、92〕。

3 R. C. Bush研究指出,1950年的上半,美國駐臺北總領事館對國務院提出的報告中,包含了當時擔任省政府民政廳長的本省人楊肇嘉所言,指出本省人對外省人日益反感;臺灣人因為痛恨國民黨之壓制,以致親日情感日漸擴大;;政府除了檢肅外省籍共產黨員,對於臺灣獨立運動鬥士的逮捕也日益增加等等事項。另外,在雷震事件發生之際,鑑於不久前韓國才因

李承晚總統在政治上的鎮壓，惹來學生革命，報告中也擔心臺灣是否會發生同樣的事情〔Bush, 2004: 52, 66-67〕。

4　說起來，憲法中所規定的「代表全國國民行使政權」的國民大會代表，有一半以上並沒有到臺灣〔松田，2006b：57〕。國大代表的補缺，是以1954年2月的行政決議之形式進行；立法委員與監察委員的補缺，則是以同年1月司法院大法官會議所做成的釋字第三一號憲法解釋為依據來進行〔鄭牧心，1987：113-117〕。另外，關於蔣介石在近乎不可能的情況下確保「法統」的過程，請參閱〔松田，前揭書：56-67〕。

5　事實上，當民主化的最大難題，也就是中央民意代表的全面改選方式之爭以不設「大陸代表名額」的形式做成決議之後，《戶籍法》中的本籍所在地條項立即被廢止（1992年6月23日立法院決議）〔王甫昌，2005：93-96〕。

6　第一屆中央民意代表選出之時，臺灣省籍代表人數及其占總人數的比率，分別如下：國民大會代表（1947年11月選出）在總數2,950人中占11人（0.37%）、立法委員（1948年1月選出）在總數760人中占8人（1.05%）、監察委員總數180人中占5人（2.78%）〔林泉忠，2005：146-149〕。

7　此外，在中華民國史中，所謂中央化，意指在某地方利用對軍閥之政治影響力加以排除，來強化中央政府的影響力，或者是把原本因為地方派系而處於四分五裂的軍隊，變成完全服從國軍中央的領導。不過，松田康博對於此處所謂的中央化，用「中央化」來加以區別〔松田，前揭：252〕，本書從之。

8　政治方面，雖然可以向外國學習如何建立國家機構、充實運作人員以及引進運作的意識形態，但經濟方面卻有所不同。軍事上的對峙，導致與大陸之經濟關係斷絕，這使得臺灣經濟與中國大陸經濟被分離，亦即臺灣經濟因此不得不「愈來愈臺灣經濟」。反映出來的事實是，1949年中央銀行搬遷到臺灣來，「新臺幣」變成事實上的「國幣」，而發行新臺幣的省營臺灣銀行則扮演了「事實上之中央銀行」的角色，這項功能一直持續到最近。中央銀行在1949年之前組織即已發生破綻，1961年好不容易恢復了營運，不過一直到2000年為止，發行通貨的任務仍由省營的臺灣銀行擔任〔松田，前揭：118〕。

9 依據菅野敦志的研究，在校園中對於使用「方言」的人進行處罰的習慣，似乎是仿效在軍中使用並行之有年的一種寫著「我要說國語」的牌子。教師們準備了一張寫著「常用國語」的牌子，如果有學童被發現說方言，就會被處罰而掛上這張牌子，掛上這張牌子的學童必須注意自己四周，如果發現有其他人說「方言」，就可以把這張牌子掛到其他人身上〔菅野，2006：167〕。

10 「遷占者國家」的譯詞，是借用張茂桂〔1993〕的中文翻譯，未做任何修改。

11 以今日的形勢來看，臺灣的例子是這樣的。隨著民主化與臺灣化的進展，如果要問這個遷占者國家是否已完全解體，答案是肯定也是否定的。民主化與臺灣化雖然導致移民族群（外省人）的優勢地位瓦解，現今，卻因為擔心可能會造成「一個中國」原則之受益者中華人民共和國的強烈反對，使得遷占者國家的外殼（所謂「中華民國」的國號與表象）至今仍無法卸下。這也使得外省人目前依然握有與其人口數不成比例的政治優勢。進入2007年，民進黨政府除了明確提到蔣介石在二二八事件中的責任之外，並力行各項措施，包括把蔣介石銅像從軍營中撤除、把位於臺北市中心的中正紀念堂改名，但反對聲浪仍強。

12 劉熙明論述指出，這些案件之中包含了一些與「白色恐怖」的防共保臺理由無關，而是起因於個人恩怨的案子。蔣介石與蔣經國不但放任政治警察捏造這些冤罪，本身也主導性地製造了許多冤罪事件。請參照劉熙明〔1999〕。

13 另外，與此成正相關的，是控制「軍公教」部門的國民黨「特別黨部」（後述）的黨員比例，其中外省籍黨員占壓倒性多數，1952年時占總數的94.4%，57年占87.4%〔龔宜君，1998：69〕。

14 這與日治時期的農業移民遭遇雷同。日本殖民地統治時期，臺灣總督府從日本引進了一批農業移民。但是，這批農業移民在「本島人」早已定居的臺灣西部地區，完全沒有實力，最後以失敗收場。稍有扎根成效的，僅見於農業開發落後的東部地區。

15 「榮民」的正式定義，不限於外省籍，也包含服役五年以上的臺灣省籍軍

人。不過，對於外省籍軍人而言，所謂「榮民」，是「老總統」（蔣介石）賦予他們的尊稱，當他們提到「榮民」的時候，通常不包含臺灣省籍的退役軍人。另一方面，本省人一般民眾對於「榮民」的印象，是指那些被稱為「老芋仔」的退役下級士兵。這個稱呼，起源於本省籍士兵在和因徵兵而入伍的外省下級士兵相處時，以「芋仔」稱呼這些外省下級士兵，進而以「老芋仔」稱呼退役的外省下級士兵而來〔胡台麗，1990：108-109〕。

16 如果和後來因為民主化的開花結果而設立的行政院原住民族委員會與行政院客家委員會相比，退輔會可以說是戰後臺灣史上第一個專轄特定族群的行政機關。在黨國體制之下，退輔會與黃復興黨部形成裡外一體，並接受蔣經國的政治領導，與民主化進展後因納入基層意見而設立的原委會與客委會比較起來，政治上，退輔會是一個具有強大的族群保護力量，以及確保該族群對國民黨表示支持之功能的組織。

17 這是指在日本殖民地統治時期從臺灣渡海前往中國，戰後又回到臺灣的臺灣人而言。起源是因為河洛話把大陸人稱為「阿山」，含有「半個大陸人」的輕蔑語氣在內。

18 依據陳明通研究，從1951年到1985年為止，在總共十屆的省議員選舉中，地方派系推出的候選人之平均當選率，為非派系候選人的10.63倍，平均得票率達到54.3%〔陳明通，1990：193〕。

19 依據陳明通的研究，在1969年國民黨的第十全大會時，地方派系領導人終於進入了國民黨中央委員會，唯人數僅有一人；而蔣經國晚年的十二全大會，在150人中有8人；蔣經國死後的十三全大會，則急增至24人〔陳明通（日譯本），1998：187〕。

第三章　不合理體制的惡化與調整
───啟動過程[*]

　　1970 年代初期，由於美中靠攏以及遭聯合國驅逐而造成國際地位驟降，在臺灣的國民黨政權面臨前所未有的外交危機。在臺灣堅持「中華民國」這個「正統中國國家」立場的遷占者國家，其外部環境隨著美國世界戰略的改變而轉落逆境，而臺灣則在曖昧認同的狀態下，被定位在其帝國體系的邊緣。這就是「七二年體制」形成的背景。

　　蔣介石在 1969 年遭遇交通事故後，身體狀況便急速衰弱，他的長子蔣經國在同年就任行政院副院長一職，又於 1972 年 6 月出任行政院院長。雖然蔣經國正式接下蔣介石過去長期掌握的總統兼國民黨黨魁大位，還要等到 1978 年，但黨國體制核心的「領袖」地位，事實上已在此時由他繼承。爾後，直至 1988 年 1 月蔣經國於任期內逝世為止，皆是臺灣政治的蔣經國時代。

　　即使「反攻大陸」一語已經「成為神話以及祈禱的文句」，但蔣介石仍然堅持第二次世界大戰後在臺灣的諸項國家體制，以呼應該口號。然而，「中華民國」的外交危機、亦即外部正統性之喪失，亦使得明明只統治臺灣、卻堅持「中國規模」的統治機構與其意識形態，以及因此造成政治權力往外省菁英過度集中等諸多不合理現象更加顯著。再過不久，統治當局要壓抑針對上述

---

[*] 本章譯者：周俊宇（東京大學總合文化研究科博士生）、岩口敬子（政治大學臺灣史研究所碩士）。

種種的質疑之聲，將更形困難。而且，若是世界各國不再將「在臺灣的中華民國」承認為中國，那麼這個國家又該是什麼？諸如此類的疑問亦將逐漸浮現。作為父親的蔣介石，早已失去回應能力。而蔣經國時代的臺灣政治，可說是蔣經國、國民黨，以及臺灣社會對於這些問題一一加以回應的過程。

蔣經國的回應，一方面堅持了戰後臺灣國家的「中國國家體制」與「遷占者優位體制」，一方面也進行了局部調整。其回應目的雖然不是在試圖解決戰後臺灣國家的不合理狀態，卻也使其朝緩解的方向發展。此即「中華民國臺灣化」的啟動。並且，一旦開始往緩解的方向調整，便會造成無可停止的持續動能。這個動能具體表現在生長於戰後臺灣的「戰後世代」發出異議，也就是「回歸現實」思潮的擴大，以及新興反對派即「黨外」勢力的成長上。

其後，當外部危機（與美斷交、中國採取新的臺灣政策）再度發生，而國民黨當局對反對勢力的鎮壓（美麗島事件）又以失敗告終，「中華民國臺灣化」動能正式展開的舞臺，就整備完畢了。而蔣經國晚年政治自由化、開放前往大陸，以及死於任內，亦使正式啟動中華民國臺灣化的要角——民進黨、中國、以及李登輝登上舞臺。

一、外部過程——從冷戰前哨基地到曖昧的周緣

1. 美國的戰略轉換及「七二年體制」的形成

（1）《上海公報》、《臺灣關係法》、《八一七公報》

1960 年代末期，美國共和黨尼克森政府一方面為了擺脫越戰的泥沼，另一方面也由於對蘇戰略的考量，而開始向中國靠攏。

當時，與蘇聯關係緊張的中國也給予回應，促成了 1972 年 2 月尼克森總統訪中的歷史性轉折。雖然兩國並未立即建立邦交，雙方政府仍發表共同聲明（《上海公報》），在雙方往關係正常化邁進之改善方向上取得共識。

在《上海公報》中，中國方面有關臺灣問題的主張如下：「中華人民共和國政府是中國的唯一合法政府；臺灣是中國的一個省，早已歸還祖國；解放臺灣是中國內政，別國無權干涉；全部美國武裝力量和軍事設施必須從臺灣撤走。中國政府堅決反對任何旨在製造『一中一臺』、『一個中國、兩個政府』、『兩個中國』、『臺灣獨立』和鼓吹『臺灣地位未定』的活動。」[1]

對此，美國方面表明：「美國認識到在臺灣海峽雙邊的所有中國人都認定只有一個中國，而臺灣是中國的一部分。美國政府對此一立場不提出異議。美國重申對臺灣問題由中國人自行和平解決的關心。考慮到這個前景，美國確認將從臺灣撤出全部武裝力量和軍事設施的最終目標。在此期間，將隨著該區域緊張局勢的和緩（指越南和平的進展——筆者），逐步減少它在臺灣的武裝力量和軍事設施。」

如此，美國方面雖然對中國方面的「一個中國」原則作出大大讓步，卻仍保持曖昧。根據美國方面已經解密的會議記錄，尼克森在北京與周恩來總理會談之初所表明的臺灣問題「五原則」，幾乎全數採納了中國方面的主張。[2] 然而，美國方面考慮到國內反對改善對中關係的各種勢力，因此在臺灣問題上試圖尋求不令人懷疑有「密約」存在「較有彈性的公報用辭」。對此，代表中國政府進行交涉的周恩來總理表示：「拜毛主席領導的威信之賜，我們將可說服人民」予以接受，才終於底定為上述公報字句〔毛里譯，2011：149〕。

　　所謂的「尼克森衝擊」（指 1971 年 7 月尼克森總統的國安顧問季辛吉祕密訪中事件，以及尼克森本人翌年突如其來發表的訪中計畫），給各國的中國政策帶來極大影響。在尼克森訪中前，聯合國大會已於 1971 年 10 月通過阿爾巴尼亞等國有關「邀請中華人民共和國入會，驅逐中華民國」的提案，國府為表抗議遂退出聯合國。其後，國府連遭聯合國相關國際組織放逐。接著，以 10 月的加拿大為開端，一直以來皆未與北京維持外交關係的西方陣營各國，也陸續決定與之建立邦交，並與臺北斷交。1978 年至 1980 年間，與臺北保持外交關係的國家減少到 22 國。[3] 這些國家除卻沙烏地阿拉伯、韓國及南非之外，[4] 悉數為中南美、非洲及南太平洋的小國〔高朗，1994：58-59〕。承認「中華民國」及「中華人民共和國」國家的數量變化，如表 3-1 所示。

　　鄰國日本也在尼克森訪問中國後不久，決定與北京建交，並與臺北斷交（1972 年 9 月）。在宣布復交的《日中共同聲明》中，中華人民共和國政府重申有關臺灣問題的立場：「臺灣是中華人民共和國領土不可分割的一部分。日本政府充分理解和尊重中國政府的這一立場，並堅持遵循《波茨坦宣言》第八條的立場。」[5] 與田中角榮首相一同訪中並參與交涉的外相大平正芳，在《共同聲明》發表後的記者會上，宣告日本與中華民國間《中日和平條約》（日方稱《日華平和條約》）的「結束」。大平外相在與周恩來的交涉中，針對斷交後的日臺關係表明：「在不損害正常日中關係的範圍內」，維持與臺灣的「各種民間交流」，而且「彼此有必要以某種形式設置民間層級的辦事處、對口機關。」〔石井明，2003：70〕根據曾列席會談的外務省中國課課長橋本恕所做筆記，周恩來等人「對於大平的發言，雖然沒有從正面給予贊同，但卻以一副已有所了解，不需擔心的表情，點頭示意。」〔前揭：373〕其後，有關日臺雙方在此處提及的「民間層級的辦事處」，

日本方面設立「財團法人交流協會」，臺灣方面則設立「亞東關係協會」，互設派駐機關處理「民間關係」，直至今日。

表 3-1　中華民國與中華人民共和國邦交國數的變動

	1950	1954	1960	1965	1969	1971	1972	1975	1979	1986	1992
國家總數	87	91	114	132	141	147	147	156	164	171	189
新獨立國數	0	1	17	3	0	4	0	7	3	1	2
與中華民國建交國家	37	39	53	57	68	55	42	27	22	23	29
同上比率（％）	43	43	46	43	48	37	29	17	13	13	15
與中華人民共和國建交國家	18	20	36	48	44	65	86	106	120	133	152
同上比率（％）	21	22	32	36	31	44	59	68	73	78	80
與雙方皆無邦交國家	30	30	24	25	27	26	18	21	20	13	6
同上比率（％）	34	33	21	19	19	18	12	13	12	8	3
備考	美國介入臺灣海峽	締結《中美共同防禦條約》	新獨立國家最多年分	美援終止	邦交國數最多	遭聯合國放逐	《上海公報》／與日斷交		與美斷交／邦交國數最低／《中美共同防禦條約終止》	自由化正式開始／民進黨成立／	國會全面改選結束／重返聯合國運動開始／

出處：筆者依據高朗，《中華民國外交關係之演變（1950-1972）》表 3-1；《中華民國外交關係之演變（1972-1992）》表 3-1 製成。

　　對臺灣而言，1970 年代是外交失落的十年。整個 1970 年代，臺灣經濟與美日經濟的連帶關係愈形加深，並消化了兩次「石油危機」的衝擊，逐漸提高自身在世界經濟中的地位；反觀中國，儘管國際地位上昇，卻無法克服毛澤東極左路線打擊所造成的經濟停滯，與臺灣的經濟差距更形擴大。兩者相較，成為一種諷刺的對比。

　　與美國斷交也是時間早晚的問題。1972 年美國正值總統選舉年，尼克森抱持著再次當選的自信，在季辛吉為尼克森訪中鋪路而祕密訪中以來的一連串會談中，雙方領導階層之間達成了「在尼克森第二任期前半期間完成建交」的默契。然而由於美中雙邊的政治混亂，邦交的建立被迫推遲。儘管尼克森大勝民主黨候選人而再度當選，雙方亦在彼此的首都設立了常設性聯絡辦事處，未料尼克森身陷政治醜聞「水門案」而被迫辭職（1974 年 8 月），中國則發生了所謂「四人幫事件」，「文革」餘波尚未平息。這段期間，與尼克森、季辛吉交手的毛澤東及周恩來都相繼去世。

　　不過在這段期間，美國也履行了停止對臺灣提供直接軍事援助的約定。1973 年 1 月越南達成和平後，在臺美軍實施大規模撤退，1975 年 5 月撤走留在臺灣的最後一支戰鬥機部隊 F-4 中隊，並自 1974 會計年度起停止無償的軍事援助〔若林，1992：177；マン（Mann），1999：109〕。接著，中國「四人幫」事件餘燼已除，共產黨最後一位具領袖特質的領導人鄧小平復出。當美國的卡特政府一登場，兩國政府便開始朝建立外交關係的方向發展，並在歷時一年數個月的交涉之後，於 1978 年 12 月 15 日（美國時間 16日），發表了「自 1979 年元旦起開始雙方將建立外交關係」的聲明。這段期間，美國政府做出停止第七艦隊巡航臺灣海峽、[6] 對臺灣減少武器出口總額等決定〔Tucker, 1994: 147〕。

　　在建立外交關係的共同聲明中，美國政府「承認中華人民共和國政府是中國的唯一合法政府」，同時亦「認知中國的立場，即只有一個中國，而臺灣是中國的一部分」[7]，並宣稱在這個框架下，「美國人民將與臺灣人民保持文化、商務和其他非政府關係。」（上點為筆者所加）美國與臺灣之間仿照日臺關係，美國方面設立「美國在臺協會」（American Institute in Taiwan, AIT），臺灣方面則設立「北美事務協調會」（Coordination Council for North American Affairs, CCNAA），令其負責「非政府關係」的運作。

　　至於在臺美軍的撤退，則是藉由共同生產 F-5 戰鬥機等軍事技術的提供，同步調整雙方的合作態勢，強化臺灣的自主防衛力量，因此在兩國交涉的過程中，中國方面的課題便是要求美國停止對臺灣提供武器。另一方面，就美國而言，最重要的則是中國在臺灣問題的「和平解決」上，採取何種態度。

　　有關前者，卡特政府雖然表明在外交關係建立後，仍希望能對臺灣出售「經過慎重選擇的防禦性武器」，並尋求中國的諒解，卻遭到中國方面強硬反彈。最後雙方的交涉達成妥協，即美國依照《中美共同防禦條約》規定，在停止通告一年後令其失效，配合於此，1979 年中將不對臺出售武器〔高木，2001：128-129〕。中國方面則保留了《中美共同防禦條約》失效後，就此一問題再進行交涉的權利。而美國所採取的解釋，則認為前引共同聲明中所載「與臺灣人民的非政府關係」的「其他」範疇，亦包括提供武器在內〔Bush, 2004: 144〕。在美國政府單獨發表的政府聲明中，表明與中國建立外交關係的同時，將終止對臺灣的外交關係，並在通告一年後結束《中美共同防禦條約》，於四個月內從臺灣遣返餘留的美軍防衛司令部及顧問團等軍事要員。上述聲明皆付諸實行。

　　另一方面，關於後者，卡特政府似乎原本就認為，要從中國方面得到「和平解決」的聲明保證是不可能的〔同前：142〕。[8] 因此，他們只在政府聲明中表明「美國確信臺灣人民將迎向和平及繁榮的未來。美國將持續關注臺灣問題的和平解決，期待臺灣問題將會由中國人自身以和平方式解決」。中國方面則在政府聲明中強調：「有關解決臺灣回歸祖國，完成國家統一的方式，完全屬於中國內政」。在建交後立即召開的記者會中，鄧小平也明白表示拒絕聲明不對臺使用武力〔同前：149〕。不過，詳如後述，中國共產黨於美中建交發表後立即召開的第十一屆中央委員會第三次全體會議（十一屆三中全會）中，已決定轉換「解放臺灣」方針為「祖國和平統一」。

　　然而，美國國會對於僅被告知結果便成定案的這個事態發展，表現出強烈反彈。有關對中外交，卡特政府亦將重點放在尼克森政府以來的安全保障關係上，政府內部戰略家（卡特政府時為總統國家安全顧問布里辛斯基〔Zbigniew Kazimierz Brzezinski〕）亦延續僅由上級部門的少數人士來進行政策決定的做法〔湯淺，2005：209〕。美國國會對於臺灣在美國國內設置的「聯絡辦事處」不被承認具有官方性質，以及沒能強烈向中國要求不對臺灣行使武力的保證等事態發展，均表不滿〔Tucker, op. cit: 132〕，因此在政府為了與臺灣繼續維持「非政府關係」的《臺灣關係法》中，增列了「出乎政府預料且不樂見的條件」〔マン（Mann），前揭：149〕。

　　最終在美國國會通過的法案，將「（與中國）建立外交關係的決定，是基於臺灣未來將會透過和平手段來解決的期待」、「凡是試圖透過和平手段以外來決定臺灣未來的嘗試，包含杯葛、封鎖等任何手段在內，都是對西太平洋區域和平及安全的威脅，應

視為合眾國的重大關心事項」、「合眾國將維持能夠對抗所有妨害臺灣人民安全及社會、經濟制度的武力行使，或其他強制方式的能力」等事項均規定為美國的政策。同時為促進上述事項，美國應該提供臺灣「能夠維持充分自衛能力所需數量的防衛性武器及人力協助」。1979 年 4 月，參眾兩院以足以對抗總統否決權的壓倒性票數將法案通過，儘管此舉激怒了中國的領導人，但卡特仍不得不在上頭署名〔同前〕。

　　當美國政府重啟暫時中斷的對臺提供武器之際，中國便展開反擊。當時，美國的政權已經轉移至共和黨的雷根（Ronald Reagan）手中。政權內部雖然檢討了臺灣方面「要求出售 F-X 戰鬥機以作為 F-5E 後續用機」的問題，但中國方面卻聲明，不僅必須停止出售 F-X，對臺灣出口武器的質與量亦應限制、漸減，最後達於停止，更以降等雙方外交關係來反覆要脅美國。雷根政府雖然放棄出售 F-X，中國仍然要求美國設下武器出售的停止期限。雷根政府內部在有關對中國方面壓力的回應上歧見漸深，主張對中國讓步而與白宮對立的國務院卿海格（Alexander Meigs Haig, Jr.）被迫辭職，雷根拒絕定下停止出售武器的期限。最後，「中美對臺軍售的共同聲明」（《八一七公報》）於 1982 年 8 月 17 日公布，中美外交關係則未降等〔高木，前揭：132-133〕。

　　根據孟捷慕（James Mann）的見解，有關達成此一聲明前的交涉過程，連美國政府內部對中國最有好感的官員都認為是「不能將北京當作交涉對手的典型案例」。〔マン（Mann），前揭：195-196〕在公報中，美國方面感受到自身接二連三地被迫做出對臺灣極端不利的聲明。他們被迫再度確認同意《上海公報》以來中國在臺灣問題上的立場，甚至在表明贊同中國「祖國和平統一」呼籲的同時，也被要求應在軍售問題上聲明「不將對臺軍售作為長

期政策；賣給臺灣的武器在性能及數量上，皆不得超越中美建交後最近幾年的水準；對臺軍售應按階段遞減，對於在一定期間後達到最終解決應有所準備」等等。

但是，雷根在其後立刻開始悄悄地架空這項共識。雷根政府在公報發表前，即透過美國在臺協會臺北辦事處處長李潔明（James R. Lilley）向蔣經國提出所謂「六項保證」〔李潔明（James Lilly），2003：228〕[9]，雷根自己又對國家安全會議亞洲部主任席格爾（Gaston J. Sigur, Jr.）口述了自己對公報的見解。其大意是：「關於美國對臺出售武器的減少，需有中華人民共和國遵守和平解決與臺爭端之約定為條件。這才是美國外交政策的永久規範」、「供給臺灣武器的質與量，乃依中華人民共和國所構成的威脅而定。臺灣對中華人民共和國的防衛能力，在質與量上皆必須維持」，雷根令國務卿舒茲（George Shultz）及國防部長溫伯格（Caspar Weinberger）在這份備忘錄中署名，並保管在國家安全會議的保險櫃裡〔同前：229〕。根據孟捷慕的敘述，往後每當對臺灣武器出售發生問題，當局都會將這份備忘錄從保險櫃中取出，確認這是雷根的解釋〔マン（Mann），前揭：196〕。日後政權官僚們也持續遵守的這份「雷根備忘錄」，顯然就是針對上述公報中未列明條件的補充，也將美國政府立場往《臺灣關係法》拉近。

在對中建立外交關係的同時，美國雖然放棄了防衛臺灣的義務，卻說得上是藉由制定《臺灣關係法》，保留了防衛臺灣的權利〔松田，1998：257〕。要是與中國約定了對臺出售武器的停止期限，等於就是放棄這項權利，對臺灣情勢也會帶來深遠的影響。美國於最後關頭踩住了腳步。在東西冷戰結束前的 1980 年代，中美彼此承認對方的戰略性價值，美國對臺軍售雖然規模不大，但有關尼克森政府以來臺灣政策單方面向中國傾斜的走向，在此可

說是踩了煞車。1992 年，中國自俄羅斯購得先進的蘇鎧 SU-27 戰鬥機後，共和黨老布希政府在決定向臺灣出售 F-16 時，「雷根備忘錄」應該也發揮了效果。其時，有關美國的對臺政策，《臺灣關係法》也被評價優於《八一七公報》。以國內法制定關於其他大國視作自身領土區域的國防安全規範，總統口述的一張備忘錄可以架空政府之間共同聲明的主旨，這果然還是唯「帝國」政府方能為之事。吾人可以說，美國在躊躇之後，還是選擇了將臺灣留在帝國體系之內。

（2）作為曖昧臺灣海峽秩序的「七二年體制」

　　1970 年代末期，中華人民共和國與臺灣「中華民國」的國際地位逆轉了。與北京維持外交關係的國家，對臺灣迴避官方關係只保持「民間關係」（非政府關係），以政府為對象的國際機構亦拒絕臺灣。國際間這種對臺態度，雖然肇端於美、中兩大國的彼此靠攏，但早在美中建交前，聯合國相關的國際機構及日本等西方諸國便已陸續採取。當然，有關這點，並不存在正式書面化的多國共識。

　　不過，各國在表現一定程度動搖的同時（從而，也因此事與中國政府歷經摩擦），仍依此安排來與臺灣接觸，形成一個圍繞著臺灣的國際秩序，從某種層面來看，應該也可稱之為一種國際體制。原本，這個發端是肇於美中靠攏，具體而言則為 1972 年美國總統尼克森的訪中及《上海公報》，因此本文在此將之稱為「七二年體制」。[10] 身為當事者的中國及臺灣，雖各自對這個體制抱有不滿（一方面也促使各國態度轉變到對自己有利的方向上），但總體而言，仍然不得不消極地接受這項安排，此狀況一直持續至今日。

　　如前所述，「七二年體制」正是中華民國臺灣化這個政治結構變動之啟動、進而展開的外部環境。如果把將臺灣定位為冷戰前哨基地的國際體制，依美國介入臺灣海峽之年而稱為「五〇年體制」的話，那麼在此架構下獲致成功的「協力者」，也自然不得不接受帝國變更戰略所導致的，從「五〇年體制」到「七二年體制」的轉換。這個衝擊啟動了中華民國的臺灣化。本章將探討此一過程。此外，1980 年代末以降中華民國臺灣化的正式展開，可以說一方面受限於此一體制所設條件，一方面也成為撼動體制的一個直接因素，促使二十一世紀的臺灣海峽形成新秩序。

　　處於美中兩大國夾縫之間的小國，其政治結構的變動之所以能成為撼動「七二年體制」潛在且直接的因素，乃是因為此一秩序原本就是建立於兩大國間不安定的妥協之上，亦即美國的「和平解決」原則與中國共產黨的「中國內戰」原則之間的妥協。將中華人民共和國視為中國唯一的合法政府而迎入國際社會，並與「中華民國」斷交，為時雖晚，卻也等於是在國際社會中，給與中國共產黨作為中國內戰勝利者的果實。可是，這個果實對中國共產黨而言很難說得上是十分甜美。美國呼籲臺灣問題要「和平解決」，對臺灣繼續提供國防安全的承諾，在共產黨眼中則是干涉內政。中國共產黨的「中國內戰」原則和美國的「和平解決」原則，極端說來是無法並存的。因此，兩者的妥協即便在現實上再怎麼長存，原理上都只是暫定的。

　　或許，對於 1970 年代追求改善對中關係的美國政府內部戰略家們而言，這個矛盾問題並不大。一方面，尼克森總統在交涉之初，即以近乎全盤接受的態度，同意中國方面有關臺灣問題的主張，並以此為前提設想了第二任期後半的建交；同時，以「人權外交」為招牌的卡特政府，在與中國交涉建交時，亦尋求與尼克

森政府相同的祕密外交。從上述交涉過程中，美國並不熱衷於從中國政府主張中得出「和平解決」承諾等事例來看，可以窺知美國戰略家是如何地看輕這些矛盾。[11]當時臺灣雖在經濟方面搭上美日的貿易連結而順利發展，然對美國而言其規模尚不大，且若從對蘇戰略的觀點出發，以將中國拉攏到美國這邊所得之利益為前提，如果臺灣被中國合併一事能夠和平地進行，那麼以此作為代價，應該也沒有什麼大不了的。[12]

只是，若中華人民共和國要求的「臺灣統一」，是要訴諸非和平手段，那麼理當不在此限。一般認為，美國之所以未從中國政府方面得到「和平解決」承諾便進行妥協，其背景乃因為判斷以當時中國的軍事力、戰略環境及內政情況來看，其訴諸非和平手段的或然性極低之故。平松茂雄就這個判斷的直接因素，舉出如下三點：①中國軍隊欠缺跨越臺灣海峽，侵犯臺灣的能力；②由於與蘇對立，中國必須考慮「來自北方的威脅」；③中國為使「改革開放」這個攸關政權正統性的近代化計畫成功，與美國、日本及西歐等國的經濟關係發展不可或缺，武力攻擊臺灣將使得此一關係惡化。筆者在此想再追加一項直接因素，即④《上海公報》中，「美國認識到，在臺灣海峽兩邊的所有中國人都認為只有一個中國，臺灣是中國的一部分。」這段字句的意之所指。也就是說，當時的臺灣由國民黨進行一黨專政，而國民黨也堅持「一個中國」，嚴禁「臺灣獨立」的主張。上述四點，可以說與美國方面妥協的背景同時構成了「七二年體制」安定的要件。

至於，周恩來在當時尚未公諸於世的領袖會談中，與尼克森兩相叫陣時所表示的「我們完成的應該會比現在所約定的更多吧？」〔毛里譯，前揭：198〕期待，最終卻是落空了。若從第一章所述「作為各帝國邊緣的臺灣」這個觀點來看，美國國會對尼

克森以來持續進行的對中祕密外交做出反擊而制定《臺灣關係法》，或是為防止《八一七公報》政策失算之影響的「雷根備忘錄」，皆可說是「無殖民地帝國」美國意志的體現，即使承認中國共產黨的「內戰原則」，終結「圍堵共產中國」的政策，卻仍欲將臺灣編入其邊緣。

按照第二章所介紹之山本吉宣「美國帝國論」的說法，美國雖然由於對越戰過度介入而導致國內政治危機及經濟負擔加大，以致縮小了帝國體系的上層結構（自臺灣撤去軍事設備、終止軍事援助，以及廢除軍事同盟條約）及變更行動方式（為了對蘇聯取得權力平衡而進行的美中靠攏，即「普通大國」外交），但在體系下層結構中，美國所保有的相對於他國力量的非對稱性並未消解，而且其上層結構亦未持續縮小。藉由《臺灣關係法》對於持續軍事保障所做的承諾，以及其中所蘊涵的政治支持之持續和對中國之牽制力，美國繼續讓臺灣留存在帝國體系內。從美國帝國體系變動的觀點來看，所謂「七二年體制」，可以說是 1970 年代結構暫時縮小時形成、並維持於臺灣海峽的秩序吧。不過，這個秩序在原理上充其量只是暫定的。

這樣的變化，讓戰後臺灣國家仍舊持續曖昧認同，孕育出「民主化與臺灣化」的結構變動，也迅速深化美國帝國體系內進退兩難的困境。從這層意義而言，1970 年代初期臺灣的「中華民國」外交危機，也是「五〇年體制」下暫時性的安定後，臺灣對外認同危機的開始。

2. 中國的新臺灣政策與臺灣的因應

（1）從「解放臺灣」到「祖國的和平統一」

中國在 1970 年代初的向美靠攏中，雖成功地扭轉國際地位，

卻無法在預期時間內完成外交關係的建立，再加上本身政治不安定，因此到 1970 年代末為止，在對臺工作上並無值得一提之處。周恩來雖然在與尼克森的祕密會談中，表明將「和平地」「投資時間」致力於「解放臺灣」〔毛里譯，2001：146-147、219〕。但據松田康博的詳細考察指出，有關此一時期中國統治官員有關臺灣政策的發言，在中共領導人公開的言行及媒體報導中，並未出現 1950 年代後半短暫提倡的「和平解放」字眼，「到處可以看到無法徹底回到『和平解放』路線的痕跡」〔松田，1996a：42〕。不消說，在臺灣民眾眼中看來，苦於收拾「文革」餘波的中國是不具任何吸引力的。

　　中國發動新臺灣政策，與美中建交幾乎是在同一時期。新政策之所以可行，是因為鄧小平經歷了毛澤東死後的混亂而復出，共產黨總算得到強而有力且穩定的政治領導人。因為，一般來說，國家若是處於脆弱、不穩定的政治領導下，便只能沿襲既有路線。

　　新政策的內容可以整理如下：①以「一國兩制」來呼籲「祖國統一」；②對臺灣提供經濟利益；③進行擁護「一個中國」原則的外交鬥爭及軍事建設。換言之，中國對臺政策新條件下的基本態度，就是藉由外交鬥爭及軍力的增強，來確保臺灣不會脫離「一個中國」框架。他們在政治上提出帶有一定程度彈性的統一構想；在經濟上，則將臺灣社會捲入中國經濟的發展中並給與利益，牽制、拉攏以國民黨為主的臺灣各股勢力（套用中國共產黨的政治用語來講，就是「統一戰線工作」）。其目標是將臺灣逼入中國設定的「一個中國」框架中，促使臺灣坐上統一協商的談判桌。這個對臺新政策中顯見的基本態度，即使是後述的「第三次國共合作」路線因臺灣的民主化而破滅，也沒有改變。

　　鄧小平在 1980 年 1 月將臺灣「回歸祖國」揭示為 1980 年代「三

個主要任務」之一，1983 年 6 月亦表示「90 年代也必須這麼做」。
即使中國以「一國兩制」的方式，使香港及澳門分別在 1997 年及
1999 年「回歸祖國」，然而與臺灣之間則連協商都尚未展開。不
過，這個新政策逐漸給臺灣帶來更深更複雜的影響，其原因為：
第一、中國與新臺灣政策同一時期轉換且深入施行的「改革開放
政策」，是一具有整合性的政策，並充分發揮了臺灣與中國大陸
間既存的經濟互補性；第二、中國最終獲得了與美國建立外交關
係、令美國放棄對臺的政府間防衛協定，以及牽制臺灣外交行動
等更加有利的條件。此乃本書將中國視為中華民國臺灣化正式展
開之重要角色的原因。

　　有關③所提到的外交鬥爭，前述迫使美國簽下《八一七公報》
的外交即為一例。而國際社會間中臺外交鬥爭的深化，則是在臺
灣內部民主化有一定進展，以及 1980 年代末李登輝看準中國內部
挫折（「天安門事件」）而展開「務實外交」以後的發展；至於中
臺關係中有關軍事方面的問題再次浮上檯面，則是 1990 年代初蘇
聯崩解以後的事。因此，有關上述③的面向，本書將放在第八章
討論，在此僅就①及②概述之。

（2）鄧小平的「祖國和平統一」

　　眾所周知，中國共產黨於 1978 年 12 月召開第十一屆三中全
會，在鄧小平主導下放棄毛澤東時代封閉的發展策略，將國家政
策轉換為「（經濟體制）改革與（對外）開放」。在會議召開前日
的 16 日，亦即政府當局發表將與美國建立外交關係的記者會中，
並未使用「解放臺灣」一詞，而在 22 日的《三中全會公報》裡，
也以「祖國統一」取代了「解放」一詞。接著，在美中外交關係
開始的 1979 年元旦，又以全國人民代表大會（全國人大）常務委
員會名義，發表《告臺灣同胞書》，向「臺灣當局」及「臺灣人民」

呼籲，共同致力於「祖國和平統一」及臺灣與中國大陸間的「三通」（通郵、通航及通商）與「四流」（學術、文化、體育及工藝的交流）。

　　「解放臺灣」一詞，具有在統一之際，強制將臺灣社會經濟「社會主義化」的含意。對此，鄧小平所持有之在不變更臺灣現行制度前提下的統一構想，雖然在 1978 年中，就曾在未載於中國國內媒體的對外非正式發言中表示過，但其正式發表，則要等到 1981 年 6 月，鄧小平就任黨中央軍事委員會主席等黨內領導權的最終確立後，才在同年 9 月 30 日由全國人大常務委員會委員長葉劍英，以談話的形式發表。此即包含了邁向統一之進程及統一後國家體制構想，俗稱「葉九條」的九項方針。[13] 其重點整理如下：

① 為了實現祖國統一，共產黨與國民黨在對等立場下進行第三次國共合作。
② 實施「三通四流」。
③ 統一後臺灣可作為「特別行政區」，享有高度自治權並保有軍隊，中央政府不干涉地方事務。
④ 臺灣現行的社會及經濟制度、生活方式不變，同其他外國的經濟、文化關係不變。私人財產、企業所有權、外國投資不受侵犯。
⑤ 臺灣當局與各界代表，可任全國性指導職位，參與國政。
⑥ 臺灣地方財政困難時，由中央政府酌予補助。
⑦ 保障臺灣住民定居大陸，及和臺灣的自由往來。
⑧ 歡迎臺灣工商界人士到大陸投資、創業，保證合法權益與利潤。
⑨ 歡迎臺灣各界人士有關統一的提案。

這裡提示的統一後國家構想（③與④），不久就以「一國兩制」

的形式定型化，且作為唯一可行的統一方式在國內外宣傳。「特別行政區」制度列入翌年 1982 年 12 月改訂的憲法中。鄧小平雖然如前所述拒絕「承諾不行使武力」，但與「改革開放」國策具有整合性的新臺灣政策，是以「和平統一」為主、「行使武力」為輔的政策〔松田，前揭：27〕。就此而言，可說這乃是一個順應了「七二年體制」的政策方針。如同上述，鄧小平藉此迫使雷根政府對臺灣停止提供武器。

「一國兩制」的方式在當初雖然是以臺灣為構想對象，但如同後述，臺灣的蔣經國、國民黨政權對此不予回應，再者中、英之間不久後便展開有關香港回歸的談判，使得此一方式首先適用於香港。經過 1984 年的中英協定，1997 年 7 月 1 日「中華人民共和國香港特別行政區」於焉實現。至於葡萄牙政府統治下的澳門，也在中國與葡政府的協定下，於 1999 年實現了同樣的結果。

「葉九條」含的新臺灣政策，雖然延續之前的基本態度，但若將之作為 1980 年代初期對臺統一戰線工作的一環來看，可以說它是將焦點集中在蔣經國政權體制下的菁英，乃一要脅「城下之盟」的勸降書。有關香港，共產黨是打著「港人治港」的口號來提出「一國兩制」，但關於臺灣則嚴格禁止同樣的說法（「臺人治臺」）。這是因為香港是英國殖民地，需透過與英協商達成「回歸祖國」，反之，臺灣在中國的考量中則是屬於「中國的一部分」。

不過，松田康博研究鄧小平將臺灣統一視作「80 年代的任務」時，觀察到他是想趁著蔣經國（當時已患有糖尿病）等外省勢力還位居權力主流時，與他們展開對話。在維持著「中國國家體制」的「遷占者優位體制」尚未從根本改革的狀況下，所謂的「臺人治臺」，隱含了本省人藉以打倒現有體制等不利的可能性。如同本章後續討論地，從臺美斷交到 1980 年代前半，國民黨處於內憂

外患的危機中。在此情況下，中國期待蔣經國與其選擇民主化，不如選擇「一國兩制」以繼續維持一黨專政體制。換言之，所謂「一國兩制」政策，是一個以「國民黨一黨專政的獨裁體制為默契前提」的政策〔松田，1996b，127〕。

（3）邁向通商之海——蔣經國的「三不政策」與民間交流的開放

　　1979 年元旦，中國政府在向臺灣呼籲「三通」、「四流」後，開始接二連三地採取相對應的國內措施，這就是所謂「對臺灣統一戰線工作」的活化。作為對「全國人大」《告臺灣同胞書》的呼應，國務院民航總局、郵電部、對外貿易部等機關，均表明希望就「三通」的具體措施和臺灣有關單位協商；至於「四流」，中華體育會亦持續呼籲與臺灣體育界人士就交流措施進行協商。政府的各部門陸續設置臺灣事務部門，而各種「統一戰線組織」也接連設立，[14] 準備與臺灣全面接觸。

　　在經濟面上的誘因亦按階段進行整備。1980 年 4 月，中國將對臺貿易視作「國內貿易」，採取了免除關稅等優待措施，8 月在臺灣對岸的福建省廈門設置經濟特區，期待來自臺灣的投資。1983 年雖然取消了免稅措施，但對於經濟特區的投資則給予減稅等優待〔松田，前揭：129-130；若林，1987：391〕。

　　對於中國的「和平統一攻勢」，臺灣方面是以「不妥協、不接觸、不談判」，即所謂的「三不政策」來應對。蔣經國在美中建交之際的總統聲明中，表示「中華民國政府在任何狀況皆不會與中共政權談判，也絕不放棄光復大陸，解救同胞的神聖使命。此一立場絕不改變。」這段談話，很快地就被稱作「三不政策」〔若林，前揭：393〕。

　　在政治及官方面向上，「三不」勉強算是堅持住了。但經濟面以及民間的「不接觸」則是不可能的。有關其背景，可以指出的是：第一、1979 年元旦（就結果而言，與美中建交同時）起國民出國旅遊自由化。國民經濟水準的提升使此一需求升高；並且，由於和各國間沒有外交關係，所以在政治上有依據民間交流來強化維持「實質關係」的必要，這是其決定性背景。第二、可說是「中華世界內第三地區」的香港，在中、臺直接交流及來往門檻依然很高的情況下，可成為臺灣海峽兩岸間物資、人、資金及資訊的中繼點。第三、由於當時中國輕忽民生用品之產業結構及發展，造成經濟上的落差，使得中臺經濟之間相互貿易或來自臺灣的投資具有其互補性。

　　在中國大陸擁有親屬的臺灣人民，或前往香港或東京等第三地與中國大陸親人取得聯絡，或在當地與親人相會，甚至也出現悄悄回到中國大陸的人，其數量顯著增加。[15] 而且由於「黨外」勢力挑戰所造成的政治自由空間漸次擴大，也出現了退伍老兵們訴求解除返回大陸限制的社會運動，「黨外」勢力由於本身立場也是尋求那些因反對國民黨而不被准許歸國的在美、在日流亡人士自由歸國，於是對於該項訴求亦給予支持。

　　儘管當局有所限制，然而經由香港進行的間接貿易非常熱絡，伴隨著當時中國民生相關製品需要急增，臺灣產業較為擅長的電子計算機及日用雜貨等輕工業製品因而流入大陸。臺灣漁船則是透過設置在福建省沿岸等地的「臺灣漁民接待站」，以貿易方式（從臺灣當局的角度來看是走私貿易），將用計算機交換帶回的中國茶、茶器及中國酒等等，公然在臺北等地販售。

　　形勢所逼，政府不得不採取鬆綁措施，1984 年 3 月解除 157

項「可能由大陸進口的貨物」之進口限制，1985 年 7 月方針轉向默認「間接貿易」。1987 年又如後述解除長期戒嚴和攜出外匯的限制，同時更開放在大陸有三等親以內親屬的人，可以前往探親。這個限制後來又逐漸放寬，此乃蔣經國晚年重大決斷之一，也是中臺關係初期階段中的決定性突破。

彼時，由於《廣場協定》的日圓升值帶動臺幣升值、泡沫經濟帶來的地價高漲、結構性勞動所得增加、環境保護運動高張等國內投資環境惡化，以及先進國家貿易保護主義的登場、以勞力密集產業為主的東南亞國協（ASEAN）的急起直追等因素，作為勞力密集產業推手的中小企業，陸續將工廠遷移到東南亞各國或中國大陸。這樣的投資，又增加來自臺灣的中間材料、半成品等的出口，使得來自臺灣的投資開始擴大貿易的循環〔若林，2001c：252〕。

如此，中國對臺灣採取新政策的數年之間，臺灣海峽就從「分斷之海」轉為物資、人員、金融流通的「通商之海」。「通商之海」拉近了兩者的距離，儘管「第三次國共合作」無疾而終，但中國新政策的基本規畫仍然是有效的。

不過，早在大陸探親解禁前，蔣經國便做了晚年的另一個重大突破，亦即政治的自由化（允許民進黨成立、解除長期戒嚴）。而他在此一決斷後，卻旋即去世。這造成戰後臺灣國家首次出現遷占者菁英的「最高領袖」不在的狀態，中華民國臺灣化從此正式展開。只要中國共產黨拒絕民主化，其官方民族主義又無法包容從臺灣歷史中所生出的一種獨特「中國性」（Chineseness）[16] 的時候，中華民國臺灣化就是使臺灣遠離中國的動因。而所謂中華民國臺灣化的展開，也被「拉離中臺但又難以抗拒地連結，在根本上相互矛盾的衝動」〔Tucker, 2002: 15〕所牽動。

二、內部過程——從體制調整到體制轉型

1. 美中靠攏的衝擊和蔣經國的體制調整

（1）以強化內部正統性彌補外部正統性缺損

　　蔣經國在權力競爭上的對手陳誠於 1965 年去世，1970 年代初期，在「中華民國」面臨前所未有之外交危機、亦即持續至今的臺灣對外認同危機開始之時，蔣在體制內外都沒有足以匹敵的挑戰者，確立了他在日後屢屢被稱為「強人」（strongman）、在黨國體制各環節中威信無所不及的強勢領袖地位。臺灣承受對外認同危機的政治過程，便是「強人」蔣經國對體制內各環節不予保留地行使駕御能力、開始進行體制調整，以繼續維持體制的政治過程。這雖然只是一種不碰觸「中國國家體制」及「遷占者優位體制」骨幹的調整，卻具有利用內部正統性的強化，來彌補體制外部正統性所受打擊的政治意涵。

　　在美國帝國體系邊緣以「協力者」角色獲致成功的國民黨政權，雖然在「圍堵共產中國」的戰略範圍內，對華盛頓有較強影響力，但對於美國朝縮小帝國體制方向轉變的帝國戰略本身，卻是莫可奈何。隨著美國的戰略轉換，其「反攻大陸」的神話亦明顯崩壞，儘管如此，只要不接受共產黨以新臺灣政策作為「城下之盟」的誘惑，那麼遷占者國家就會逐漸被迫必須正面地面對臺灣社會。這也就是中華民國臺灣化之所以在原本單純的體制調整改革中啟動的原因。

　　幸虧，蔣經國和其他同樣直接面對了外交危機的亞洲分裂國家領袖不同，擁有所謂黨國體制這樣一個強而有力的政治工具。由於他的徹底掌握，才能夠採取開放部分遷占者菁英權力、以擴大臺灣社會支持之徵集範圍的政策。1972 年 6 月就任行政院長後，

蔣經國的多面向改革，遍及官吏的風紀整肅、企業徵稅體系的強化、國家主導之大規模交通運輸基礎建設的整備，以及化學、重工業的投資（也就是所謂的「十大建設」）等各層面〔若林，1997：123-128〕，但從本書觀點而言，最重要的無非是①國會部分定期改選制度（「增額中央民意代表選舉」）；②政權人事的臺灣化；以及，晚了數年後實施的③包容臺灣的文化政策。

（2）「增額中央民意代表選舉」的實施

臺灣的國會，也就是「中央民意代表機構」，在當時僅由在中國內戰中選出的民意代表來維持。此一不合理現象，經常為臺灣省議會的非國民黨籍議員所指摘，[17]國民黨本身也了解此一情況。因為，隨著時間流逝，重要的「法統」實體將自然消滅。「增額選舉」的制度，在決定蔣介石總統四連任的 1966 年國民大會中提案，但未獲通過，最後實現的是只補充「第一屆」中央民意代表（不需改選的民意代表）的「增補選」，並於 1969 年實施。

為了實施「增額選舉」而進行的《動員戡亂時期臨時條款》修訂準備，是從國民黨政權對尼克森總統對中政策開始抱有疑慮的 1969 年開始，至 1972 年終於實現。1972 年 3 月，在尼克森訪中的隔月，於確定蔣介石五連任的〔松田，2006a：75〕國民大會中通過此案。在與日本等國陸續斷交的同時，同年 12 月實施了首次選舉。如同後述，在對外認同危機開始時爆發自知識分子的革新主張中，雖然也有「國會全面改選」的聲音，但在國民大會的場合中，卻沒有任何一位可以代為發言。

此一制度的重點，就是①「自由地區」（國民黨政府有效統治地區）及海外僑選中央民意代表名額大幅增加，前者是透過普通選舉，後者則由總統遴選以進行定期改選。②「第一屆中央民意代表」（內戰時期當選的民意代表及「增補選」當選的民意代表）不

改選，繼續行使職權。在「自由地區」舉行的選舉，除了中選區
制的「區域選舉」，還有原住民族的特別名額（山地山胞及平地山
胞）和社團主義的職業團體名額（商業團體、工業團體、勞動團體
等）。此外，監察委員則是透過臺灣省議會及臺北市議會（高雄市
日後升格為行政院直轄市後的市議會亦然）實施的間接選舉。至於中
央民意代表的任期，國民大會代表及監察委員是六年，立法委員
是三年，直到 1989 年最後一次選舉為止，立法委員選舉舉行了六
次，國大代表選舉及監察委員選舉舉行了三次。1978 年的選舉，
則由於選舉期間美中發表建交消息，而在總統緊急處分令下中止，
延到 1980 年實施。

　　這個名為「增額選舉」的制度，一直到 1990 年代初「憲政改
革」開始為止，都持續顯示出反映蔣經國體制調整之窘境的歧義
性（ambiguity）。表 3-2 顯示立法委員及國大代表選舉中「區域」
名額的各黨派選舉結果。如表所示，國民黨在所有選舉中都獲得
近八成的席次，同時得票率在 1970 年代也超過 70%。「增額選舉」
從「中華民國」國會總額來看是部分改選，但自實施地區來看則
是一種大選。只要國民黨在允許一定名額非國民黨候選人參加的
前提上獲得高得票率，「中華民國」有效統治區域中民意對政權
的支持立場，便可以定期地更新。

　　當然，吾人不能將這種選舉和民主體制下的大選等同視之。
整體而言國會中非改選民意代表仍占絕對多數，加上另有總統指
名的「海外華僑」名額，選舉結果無法左右政權走向，此點從一
開始就相當明白；再者，長期戒嚴下政治上的自由限制依舊存在。
由於只有在正式的選舉活動期間，候選人所受的言論限制才能稍
有緩和，這使得選舉期間被稱作「（戒嚴體制下的）民主假期」，
但非國民黨人士是不被允許另組政黨來參與選舉的（即「黨禁」）。

即便如此，從一直以來被封鎖的中央層級上打開政治競爭空間的這層意義來看，這項改變可以說具有有限的民主化意義。

表 3-2 中央民意代表補充／增額選舉「區域」名額中各黨派席次及得票率

實施年分	選舉類別	增額總數（內含總統指定之海外華僑總額）	投票率	國民黨			無黨派／民進黨		
				席次數	席次比率	得票率	席次數	席次比率	得票率
1969 年	立法委員	51(15)	55.00	8	72.7	76.0	3	27.3	24.0
	國民大會代表	15	50.80	15	100.0	79.7	0	0.0	20.3
1972 年	立法委員	51(15)	68.25	22	78.6	70.2	6	21.4	29.8
	國民大會代表	53	67.34	27	75.0	72.0	9	25.0	28.0
1975 年	立法委員	52(15)	76.00	23	79.3	78.7	6	20.7	21.3
1978 年	選舉活動期間由於美中發表建立邦交，因總統發布緊急處分令後中止，於 1980 年重開。								
1980 年	立法委員	97(27)	65.44	41	78.8	72.1	11	21.2	27.9
	國民大會代表	76	65.38	40	78.4	66.4	11	21.6	33.6
1983 年	立法委員	98(27)	63.17	44	83.0	70.7	9	17.0	29.3
1986 年	立法委員	100(27)	65.39	59	83.1	66.3	12	16.9	24.9
	國民大會代表	84	65.08	68	86.1	60.2	11	13.9	22.2
1989 年	立法委員	131(29)	75.39	72	77.4	63.0	21	22.6	27.3

註 1：「區域」為臺灣省、臺北市、高雄市（1980 年前包含在臺灣省內）。

註 2：席次中不含「山地同胞」、「職業團體」、「婦女團體」及「總統指名海外華僑」名額。

註 3：1986 年以後為民進黨方面的數據，至於 1986 年以前的所謂「無黨派」數據，雖然包括該黨前身的「黨外」勢力之數據，但也包含未必可以稱為反對派的「無黨派」數據。根據 1986 年 12 月 7 日的《自立晚報》，1980 年、1983 年立法委員選舉中「黨外後援會」推薦候選的得票率，分別為 13.9%、16.82%。

出處：筆者據〔盛杏湲，1986：12；中央選舉委員會，1984〕，以及投票翌日臺灣各大新聞的資料製成。

　　然而，與此同時，在「自由地區」定期改選、年齡上也較年輕的民意代表出現在國會議場，其中也有少數的反對派。這個以不需定期改選，幾乎無法代表有效統治地區的民意，也無法代表世世代代持續增加之戰後世代的民意代表占絕大多數的「中央民意代表機構」，其畸形性在每次選舉中將更加鮮明地突顯出來。這個畸形性，是採取「中國國家體制」的遷占者國家中不合理的象徵。

（3）擴大起用本省人

　　由於「增額選舉」僅在臺灣實施，單純就人口比例而言，對本省人的當選有利，當選者也大多是本省人。根據林泉忠所蒐集的資料，在舉行三次的國大代表選舉中，當選者中本省人的比率皆為 90% 強，而舉行六次的立法委員選舉中，則為 82-94%〔林泉忠，2005：146-147〕。這個制度的實施雖有其限度，但具有政權人事臺灣化的意義，此外蔣經國還進行了由上而下的直接拔擢，也一定程度推進了政權人事的臺灣化。

　　此一擴大起用本省人的政策，具有兩個面向。其一，是蔣經國主導的「青年才俊」起用政策。具體而言，是在 1971 年 10 月「退出」聯合國三日後召開的國民黨第十屆臨時中全會決議中，採用了這個方針，12 月中常委決定了「人才獲得擴大方案」。負責執行此一方案的是蔣經國黨政工作的心腹李煥，蔣經國令李煥兼任行政院青年輔導委員會主任、中國青年反共救國團主任，以及革命實踐研究院（黨的高級研究機關）主任、國民黨中央黨部組織工作部門等青年相關或組織部門的要職，由他負責執行此方案。透過李煥提拔的人才，也包括一直以來較少起用的中央黨部幹部職員，以及地方黨部主任委員等階級。在政府任用的部分，由於是將部分事務官職位變更為不經公務員考試即可就任、實際上為政

務官職位之形式來進行，而引發較大的反彈，但這項政策仍以「中央」為後盾加以排除〔松田，前揭：78-80〕。

這些「青年才俊」中本省人較多，被揶揄是「吹臺青」。所謂的「吹臺青」，意指「愛吹牛的臺灣省籍青年」，由於國語發音與當時頗受歡迎的女星「崔苔菁」幾乎相同，因而流傳〔若林，1992：186-187〕。此外，在被提拔的人當中，也有被黨中央提名而投入地方公職選舉者（特別是縣市長選舉）。這是蔣經國所主導的地方統治改革，目的是將地方政治由地方派系勢力，導向由黨訓練人才來加以統治，亦即地方派系替代政策的一環。有關此點，將在下一小節中討論。

另一點，則是由蔣經國所主導，在黨及中央政府層級中對本省菁英的起用。有關黨方面的資料已如表 2-1 所示，根據此表，蔣經國在蔣介石死後召集的國民黨十一全大會上被選為主席後，就以增加中央委員及中央常務委員總數的形式，將本省黨員拉進中央。

表 3-3 顯示行政院閣員中本省閣員的人數及比率。自 1972 年的蔣經國內閣開始，本省閣員即呈現倍增。同時在職位上，過去一直以來都僅限於政務委員及內政部長，此時則加上副院長及交通部長，並且臺灣省主席一職，也首次由本省人擔任。不過，這個時期獲得任命的是「半山」謝東閔，從謝的下一任開始，就由非「半山」的本省人獲得任命（首先是林洋港、接著是李登輝、邱創煥、連戰）。眾所周知，李登輝一開始是在 1972 年蔣經國內閣時，以負責農業問題的政務委員身分入閣而進入政界的。1978 年蔣經國就任總統，首次有本省人被任命為副總統。這個任命亦首先由「半山」謝東閔獲得任命，接著蔣經國於 1984 年連任時，李登輝才出線。

　　蔣經國所採取的這項人事政策，被稱作「本土化」，臺灣外部的媒體也稱為「臺灣化」（Taiwanization），但當局者並未肯定這樣的稱法。[18] 不過，上述的「吹臺青」揶揄之所以存在，也顯示自當時起這個政策就是在「省籍政治」脈絡中被認知的。

　　然而，這樣一項起用本省人的政策，是漸進且有限的。一直要到李登輝就任黨主席以後，黨中央常務委員會中本省人的比率才超過五成；閣員中的本省人比率，在李煥任閣揆擔任起用政策推動者時，也沒有超過五成（表3-3）。

表 3-3　閣員中本省人的人數與比率

	行政院長	閣員總數	本省籍閣員數	本省籍閣員比率（％）
1948.7 － 1954.6	陳誠	20	1	5.0
1954.6 － 1958.7	俞鴻鈞	19	1	5.3
1958.7 － 1963.12	陳誠	26	2	7.7
1963.12 － 1972.6	嚴家淦	36	4	11.1
1972.6 － 1978.6	蔣經國	26	8	30.8
1978.6 － 1984.6	孫運璿	29	8	27.6
1984.6 － 1989.5	俞國華	35	12	34.3
1989.5 － 1990.5	李煥	20	9	45.0
1990.5 － 1993.2	郝柏村	21	10	47.6

註：閣員總額中包含臺灣省主席，以及成為行政院直轄市後的臺北市長、高雄市長在內。
出處：林泉忠，2005：143。

　　此外，就算起用本省籍政治家，正如臺灣省主席及副總統等職一開始皆由「半山」擔任所示，乃是考慮黨內資歷來進行的。並且，行政院長、財政部長、國防部長以及教育部長等重要職位，

皆未起用本省人。即使是在往「臺灣化」方向走的蔣經國政權下，本省菁英也僅止於從屬的地位而已。雖說如此，從這些從屬菁英角度來看，一旦獲得起用，不可避免地他們對於體制「忠誠」的報償期待也會增大。蔣經國的體制調整在這個面向上，雖然一面踩著煞車，卻仍無法避免或許促使體制改革變化的一個困局。

　　在軍隊方面，亦如林泉忠之資料所示（表3-4），軍事幹部的「臺灣化」比其他部門要晚得很多。唯自蔣經國正式就任總統、獲得三軍統帥地位後，本省人起用的速度似乎稍有增加。即便如此，本省人首次就職最高軍職參謀總長，仍要等到蔣經國去世十年以上的1999年。

表 3-4　軍將校士官的省籍別比率（％）

	將官級		校官級		尉官級		士官級	
	外省籍	本省籍	外省籍	本省籍	外省籍	本省籍	外省籍	本省籍
1950 年代	98.7	1.3	90.4	9.6	86.2	13.8	47.2	52.8
1965-78 年	92.6	7.4	81.2	18.8	65.3	34.7	31.6	68.4
1978-88 年	84.2	15.8	67.4	32.6	51.7	48.3	21.3	78.7

出處：《自立晚報》1988 年 9 月 29 日〔林泉忠，2005：144〕。

（4）蔣經國的「文化建設」——「包容臺灣」之文化政策的開始

　　1977 年 9 月，蔣經國在立法院的施政報告中表示，即將致力於新的「十二項建設」。這項政策主要是接續「十大建設」，是更進一步的基礎建設整備，該政策最後一項提出了「在各縣市建設具備圖書館、博物館、音樂廳的文化中心」的「文化建設」。

　　在此之前，蔣經國在 1976 年 11 月國民黨第十一屆全國代表
大會中就任黨主席後，就將臺灣大學文學院院長陳奇祿（1923 年
出生於臺南市）拔擢為黨中央副祕書長，接著又在翌年 1 月任命為
行政院政務委員。陳奇祿曾任戰後臺灣大學歷史系助教，隨著考
古人類學系設置而轉任，是以臺灣原住民族研究為中心、從事戰
後臺灣人類學研究的代表性人類學者之一。陳在 1971 年發表題為
〈中華民族在臺灣的拓展〉的論文。此篇論文提到所謂的「中華
民族」雖以漢族為主體，但漢族原來並非同質的族群，而是藉其
文化包容力，融合中國廣大地域內異質要素進而擴大後的結果；
而臺灣的開拓雖然比大陸晚，卻最明白地呈現了這樣一個中華民
族的開拓、發展過程〔陳奇祿，2004（1971）：327〕，簡要地敘述
了戰後外省人來臺前的歷史。

　　這個論點，是基於中國青年反共救國團在 1970 年開始的「臺
灣史蹟源流研討會」「尋根」活動[19] 的宗旨，意在讓參加的青少
年們，意識到臺灣的文化或社會源流在中國大陸。其後陳奇祿頻
繁地受邀參與演講等活動，甚至受聘為救國團顧問之一。從 1952
年創立到 1973 年蔣經國就任行政院長後為止，救國團主任一職均
由蔣經國擔任，而陳奇祿在蔣經國主任任期尾聲時，定期在臺北
市內救國團總部的會議中與蔣經國碰面〔陳怡真，2004：173〕。
蔣經國在活用民間捐款、促使全國第一座文化中心在臺中市落成
後（1976 年 10 月），[20] 立即視察該處〔菅野，2006：252-253〕。因此，
一般推測蔣經國在拔擢陳奇祿為黨副祕書長時，就抱持設立「縣
市層級文化中心」的念頭，讓他負責即將推出的「文化建設」。

　　「文化建設」的方針，在 1978 年 11 月行政院的《縣市文化
中心計畫大綱》及 12 月的《文化活動強化方案》中具體政策化。
如果說前者是在硬體面實現蔣經國政見的計畫，那麼後者即揭示

了充實其內涵的軟體面政策〔陳怡真，前揭：181-82〕。以下根據菅野敦志的研究，概述具體實施的主要政策〔菅野，前揭〕。

　　第一，蔣經國最早列為政見的「文化中心」建設。此建設以五年期計畫來進行，從 1981 年高雄市文化中心落成為始，至 1986 年 10 月新竹市文化中心落成為止，完成了十九縣市的文化中心（剩餘的在 1996 年前完成）。根據菅野的研究，這些文化中心在當初被揶揄是缺乏內涵的「蚊子館」，但逐漸因設置「地方特色展示館」而有所改善，終於獲得戰後臺灣文化施政漸次表現出地方主體性的評價〔同前：294-298〕。

　　第二，行政院文化建設委員會（以下稱文建會）的設置。上述《文化活動強化方案》的第一項中，提及「為了推進文化建設與文化政策，在適當時期於行政院設置文化部乃至於文化建設委員會等專責機構。」要求設置擁有獨立行政權之「文化部」的呼聲很高，結果由於分散各部的權限整合不易，便以尋求協調政府各部門的「委員會」形式來設置。1981 年 11 月文建會開始運作，首任主任委員由陳奇祿擔任，至 1988 為止在任七年。其後，歷任主任委員除了 1993 年到 1994 年的申學庸之外，都任命本省人〔同前：267-271〕。

　　第三，文化資產保存法制及體系的建構，以及藉此執行的臺灣史跡保護。有關史跡及古蹟保護法規，雖有 1930 年制定的《古蹟保存法》，但政府官員的態度是「臺灣哪有古蹟啊，古蹟都在大陸嘛！」〔陳怡真，2004：202〕，因而臺灣的古蹟遭擱置不顧。進入 1970 年代後，由於都市化的進展，古蹟保存問題頻頻浮上檯面，《古蹟保存法》修訂之必要亦重新受到認識。新的法規以《文化資產保存法》（1982 年 5 月公布）與《文化資產保存法施行細則》（1984 年 1 月）的形式實現。在這些法規裡，不僅歷史文物、古蹟、

民族藝術、民俗及其相關文物，甚至是「自然文化景觀」也成為保存、保護的對象〔菅野，前揭：282-285〕。

第四，是臺灣本土民俗技藝的獎勵。上述「文化活動強化方案」，提倡每年舉辦「文藝季」等綜合性大規模文化活動，盼能裨益國民文化生活，在其應辦項目中，增加了「地方戲劇」。陳奇祿讓戲劇研究者邱坤良在 1982 年至 1986 年間，每年都在臺北市舉辦「民間劇場」，表演各式各樣臺灣本土的民俗戲曲，此外也讓南部屏東的歌仔戲劇團——明華園在國父紀念館舉辦公演。如此，過去被視作「不登大雅之堂」之低俗民藝的臺灣本土文藝，被賦與了作為「國家藝術」的正統性〔同前：294-295〕。

蔣經國在父親蔣介石去世後逐漸開始的「文化建設」政策，明顯地調整了過去蔣介石時期以「中華文化復興運動」為代表的文化政策一元主義傾向。1966 年 11 月 12 日國父誕辰紀念日，以呼應「最高領袖」蔣介石發表之〈國父誕辰一百二十年及中山樓落成紀念文〉而展開的「中華文化復興運動」，乃以國父孫文的三民主義為繼承堯舜以來的中華道德、文化正統的這個「道統」意識形態為主軸，並以大陸時代起主導文化教育政策的 CC 派之保守文化觀為基礎所主張之中華民族、中華文化形象為標準，直接利用黨和政府各級部門的資源投入，是一種由上而下的準戰時體制精神動員運動。[21] 就由上而下注入一元主義的「中國性」這一點來說，可說是將 1950 年代以來既已在學校教育中追求的方向，透過仰賴黨國體制與資源所進行的運動，擴大至社會全體，以補強政權的內外部正統性。

相對於此，蔣經國藉起用陳奇祿而啟動的「文化建設」政策，則是由政府籌畫整套的制度及政策工具，支持、鼓勵個人或團體的文化活動以保全文化資產，其性質稱得上是現代國家一般性的

文化政策，即便它使用了「宣揚復興基地的中華文化」[22]等口號，但「準戰時性精神動員」的色彩則顯著減少。此外，從本書「中華民國臺灣化」的觀點來看，必須指出，這是在文化面上首次提倡有限的臺灣化政策，也是根據蔣經國意志所進行的體制調整的一環。如同其「文化建設」以「縣市文化中心」為先聲所象徵的，被設定為政策主要對象的是「地方」。「地方特色」展示成為各縣市陸續設立的文化中心之重要事業，過去被視為「難登大雅之堂」的本土文化地位因而得以提升；甚至在新的文化資產保存體系中，包含現存於臺灣的史跡及「自然文化景觀」，以及過去不受關注的「臺灣特有的記憶」，也變得有保存的可能。

這是將在「中華文化復興運動」所顯示之一元主義式的中華民族與文化觀中，易被置於對立立場，並視為打壓、排除對象的「臺灣性」，涵蓋進官方民族主義當中，也就是「包容臺灣」此一文化政策之展開。這一點，可說是國民黨政權面對 1970 年代初期外交危機中蔓延開來的「回歸現實」思潮、或「黨外」民主化運動中所出現的「承認與尊重」「臺灣」的要求（詳如後述），所做的一個回應。

從結論來講，蔣經國的「文化建設」由於具有「臺灣化」動因，逐漸取代已經徒具形式的「中華文化復興運動」，成為民主化時期李登輝政權文化政策的主角，更是創造了延續至民進黨政權文化政策之傾向的基礎。但就其「包容臺灣」之直接政治效果而言，這個發動可以說來得遲了。如下所見，在對「黨外」進行一致打壓的美麗島事件後，向「中國國家體制」本身直接挑戰的臺灣民族主義，已經成為了反對運動的理念。

2. 地方統治的動搖與「黨外」的形成

（1）地方統治的動搖

上一小節所談到的「增額選舉」，以及黨和政府人事中對本省人士的擴大起用，皆具有有限的政權人事臺灣化的意義。在此範圍內的臺灣化，既緩和了作為遷占者國家特徵之政治菁英的族群二重結構，也擴大了本省菁英對體制支持動員的幅度，這與「增額選舉」中國民黨能夠用來證明獲得了「民意支持」的選舉結果一併觀之，可以解釋這項政策吸收了外交危機衝擊並彌補內部正統性，對政治安定產生助益。1971 年至 1972 年的外交危機發生後，接踵而來地在 1973 年發生第一次石油危機，物價爆漲，使得 1974 年臺灣經濟留下零成長的記錄。自 1973 年開始，在臺美軍開始進行撤退工作。即便是在這樣的情勢下，臺灣仍然避免了過大的政治混亂，經濟也再度回到高度成長的軌道，在 1970 年代末成為新興工業化國家（NICs）的一員。全球化經濟體制中的成功，使得臺灣即使在國際外交上處於孤立，也能夠維持廣泛的「實質關係」，並成為民主化時期對外自我主張的基盤。

一般推測，蔣經國的體制調整，是在評估美中靠攏後，與美斷交可能接踵而至時，為了承受其打擊而有的構想；而美中建交既然延後，危機的打擊也得以暫時避免。蔣經國改革的領導能力，在其後可以說為臺灣賺取了數年的寶貴時間。但是，堅持「中國國家體制」而沒能從黨國體制矛盾本身著手調整，終究只是一種調整，無法避免促使體制的弱化的變化。這個變化就是臺灣獨特的反對派，即「黨外」勢力（以下略稱為黨外）的誕生及成長。這是由「青年才俊」政策所導致的地方統治動搖，以及得利於「增額選舉」所擴大的新政治空間所導致的連動。

同第一章所述，地方統治是黨國體制較弱的一環。黨國體制在 1950 年代初的地方選舉實施後，不得不默許所謂「地方派系」這樣一個準政治團體＝選舉侍從主義網絡形成，黨國的「最高領袖」與地方派系領袖結成恩庇—侍從關係（二重侍從主義），在黨國「中樞」部分之政治動員力、及所謂政治警察之黨國體制「鞭策」的背景下，進行對「末梢」（地方、農村及本省人占多數地區）的政治控制。「地方自治」作為冷戰時期「自由中國」的表象，也就在這樣的布局下完成。

然而，就算是地方統治，黨國體制也沒有放棄過由上而下直接滲透的努力。起初是透過設置鄉鎮層級「民眾服務站」等民眾服務，來獲得人心及把握政情；一旦感覺到黨組織已經上了軌道，就開始採取將選舉公職中的地方派系人才，替換為黨國體制直接培育人才的政策。

這個政策，隨著蔣經國在政權中掌握實權的趨勢而顯著。開始是 1963 年的縣市長選舉，起初是一名出身非派系的黨幹部被提名而後當選。接著，1968 年的選舉又提名林洋港（南投縣）等三名年輕黨幹部，並使他們全部當選。縣市長的名額共有 21 名，當時尚無「黨外」候選人，地方派系在國民黨提名下推出 16 名候選人，但其中 3 名落選了（其他由黨提名的外省菁英則有一名當選）。此外，在 1972 年省議員選舉及與第一屆「增額選舉」同時進行的縣市長選舉中，一舉提名 12 名年輕黨幹部並全數當選。派系提名候選人則減少為上次的一半（8 名），亦全數當選。「青年才俊」政策也是公職選舉中「派系替代政策」的一部分〔陳明通（日譯），1998：197-200〕。

1977 年的選舉既是「派系替代政策」的巔峰，也是曝露出黨國體制脆弱環節的一場選舉。黨中央在這次選舉一舉提名了 17 名

非派系的候選人，而派系候選人僅提名 3 名。被壓迫的地方派系表現出強烈反彈，明裡暗裡都支持無黨籍候選人（包括反派色彩濃厚的「黨外」候選人），導致國民黨在四個縣的縣長寶座讓給了無黨籍。在同時舉行的省議員選舉中，也讓包含「黨外」在內的無黨籍候選人，取得了 21 席（全數 77 席）。另一方面，身為前《大學雜誌》（後述）成員、退出國民黨脫黨參選的省議員許信良，在桃園縣長選舉的激戰中擊敗了國民黨提名的非派系候選人。這場選舉圍繞著選舉不公的質疑，因而發生了二二八事件以來的首次民眾暴動（中壢事件）[23]。對國民黨而言，這是自 1950 年代初開始公職選舉以來的空前挫折〔陳明通（日譯），前揭；若林，1992：192-193〕。

「派系替代政策」在巔峰處遭到重挫，這提供了「黨外」成為一方勢力的力量，同時，就擁有高度催票能力的地方派系而言，也可以說反而增強了他們對黨中央的交涉能力。其後，雖然在歷任臺北市黨部、臺灣省黨部主委，以及黨中央組織工作委員會主任等職的關中主導下，引進了「黨內初選」制度，但壓抑派系的目標仍無法成功〔同前：200-205〕。結果除了後述大規模鎮壓的美麗島事件剛發生後的那段時間之外，也無法成功抑制「黨外」的發展。1989 年省議員選舉及與最後一次立法委員「增額選舉」同時舉行的縣市長選舉中，國民黨失去了三分之一的縣市（民進黨 6 縣、親民進黨之無黨籍 1 市）〔若林，前揭：251-252〕。

（2）「黨外」的挑戰與美麗島事件

在臺灣的選舉政治中，自 1950 年代初地方公職選舉開始以來，就存在著不受國民黨收編、持續著選舉對抗的所謂「草根」的「黨外人士」。此外，也存在著雖然被鎮壓，但如《自由中國》般以自由主義言論批判國民黨一黨專政、要求民主化的言論。

1970 年代的外交危機與蔣經國的權力繼承，以及其體制調整的執行，給反對派提供了新的發展條件。就算是在戒嚴下，也因為是體制內所舉行的公職選舉之故，使得選舉活動期間，對於言論或政治活動的取締較為和緩，也就是所謂「民主假期」。並且，對於在這些選舉中當選的公職，執政當局也要表示一定的尊重才行。其中，便出現了一種「自由的縫隙」。新的參與者趁隙而入，就算是挑戰言論或活動的「限度」也不會遭打壓，這使得「自由的縫隙」成為一種公共資產並逐漸普及，接著又有為數更多、且更多樣的參與者登場。「黨外」的誕生及成長，即使是在這樣的機制下，也撼動了黨國體制的「脆弱環節」，甚至導致了體制與反體制間成為政治新分水嶺的衝突──1979 年 12 月的美麗島事件。

在 1972 年就任行政院長，實質地全面繼承權力之前，蔣經國為了提高自己的聲望，曾經短時間地容許青年知識分子的改革言論。[24] 在這樣的特殊內部環境下，加上 1970 年至 1971 年的釣魚臺群島（日本稱為尖閣諸島）主權歸屬問題（「保釣運動」）[25]，接踵而來的美中靠攏、「退出」聯合國、美中《上海公報》、與日斷交等外部「傷痛事件」（traumatic event）的衝擊等種種背景下，青年知識分子們提出了改革言論。《大學雜誌》月刊成為他們的據點。他們藉著該刊物，對黨國體制的諸多弊害（對言論報導及校園學生活動的過度限制、國民黨黨務工作及特務〔政治警察〕工作的混淆、任意起用文官）提出批判，範圍從外交政策（意識形態的僵化）到經濟政策（對農業、農村的輕視）等等，展開了廣泛的政治、社會批判，對社會帶來影響。對當時而言極為敏感的「國會全面改選」主張，也在此際登場。這些論調，由於具有支持蔣經國「革新保臺」諸項改革的方向性，而被允許發聲；但當蔣經國順利地開始運用權力後，就受到了壓抑，1972 年底《大學雜誌》集團就分裂了。

而後，其中一部分被國民黨政權所吸收（如上述的關中亦為其中一人），一部分則透過選舉與「草根黨外」結合。在《大學雜誌》集團中，有以歐美留學歸國的大學教員為中心之「洋派」，及以中小企業或因「青年才俊」政策獲得起用的本省籍黨幹部為中心之「本土派」等兩個派別〔南方朔，1979：44-45〕，而與「黨外」合流的為後者，即曾被國民黨中央黨部起用的張俊宏、許信良等本省青年。「青年才俊」政策在此亦遭遇挫折，成為反對派的來源之一。

有關《大學雜誌》集團的言論改革活動，蕭阿勤從知識社會學觀點來研究臺灣現代思潮的開展，將之稱為「回歸現實」，是1970年代思潮胎動的重要出發點之一。這個胎動，是生長於戰後臺灣的世代（「戰後世代」），不分本省人、外省人，在國民黨統治教育下內化的中國民族主義思考框架內，針對臺灣國際認同危機所做出的思想上的回應〔蕭阿勤，2005〕。這一點將在下一小節討論，在此先討論政治的反對派，即「黨外」形成的軌跡。

1969年的「增補選」中，黃信介在臺北市獲得「草根黨外」的支持而當選立法委員；1972年的「增額選舉」中，獲得黃信介支持的市議員康寧祥（1938年生）當選立法委員，其他另有數名黨外人士當選。康寧祥以本省人較多的臺北市萬華地區為主要經營地區，用其獨特的臺語（福佬話）街頭演說，對國民黨進行（在當時而言）甚為激烈的批判，吸引了許多聽眾。臺北當地有許多大學生，許多數年後在「黨外」各個層面上成為推手或是支持者的人，在學生時代對於康寧祥、或康寧祥式的選舉演說亦感到印象深刻〔美麗島事件口述歷史編輯小組，1999a：174〕。

在1973年的地方選舉中，上述的「青年才俊」張俊宏，脫離國民黨參加臺北市議員選舉。他接受康寧祥的支持，和其他三

名候選人共同組成「黨外四人聯合陣線」，展開選舉活動。最後
雖然四個人都落選了，但他們的選舉活動也和 1972 年康寧祥的選
舉活動一樣，成功吸引了許多聽眾（日後張俊宏於 1977 年當選省議
員）。在此，出現了黨外人士支援理念相同的候選人，且彼此間
組成一定連繫的一種模式。

　　此外，1975 年 8 月，以黃信介為發行人、康寧祥為社長、張
俊宏為總編輯，創辦了《臺灣政論》。這是首次以本省人為中心
的政論雜誌。雖然在第五期就被禁止發行，但第五期的發行量卻
高達 5 萬份，康寧祥也在同年底的「增額選舉」中再次當選。在此，
我們可以說「黨外雜誌」（作為「黨外」民意代表將公職作為一種政
治保護膜，發行批判體制之政論雜誌的集結點）與向公職選舉挑戰，
這樣一個持續至 1980 年代前半為止的「黨外」運動模式自此形成
〔同前：86〕。其後，張俊宏更在 1977 年 8 月到隔年 12 月間，發
行了《這一代》雜誌。

　　在該年 12 月立法委員「增額選舉」中，以宜蘭為選區的「草
根黨外」郭雨新高票落選，支持者懷疑當局有作票之嫌而聚集街
頭，開票當晚的宜蘭街頭，瀰漫著暴動前的緊張氣氛。並且，郭
雨新指摘對手國民黨候選人有買票行為，委託律師林義雄及姚嘉
文提起訴訟。然後，其中林義雄律師以「司法當局已經淪落為政
治工具」為由，1977 年親自以「黨外」候選人身分參與省議員選
舉並獲當選。這也是 1979 年美麗島事件中反覆出現的選舉訴訟—
「黨外」方面律師加入選舉之模式的先驅。

　　以後，1977 年地方選舉、1978 年「增額選舉」等，「黨外」
的挑戰及其所激發的選舉「熱度」不斷地升高。[26] 在 1977 年的
選舉中，黃信介和康寧祥展開了巡迴全島的黨外候選（「助選活
動」）。此外，如前所述，圍繞著桃園縣長選舉開票不公，還發

生了史上第一次的選舉暴動。1975年雖然只發生了差點引發暴動的街頭示威遊行，但在1977年時，同一問題卻引發了實際的暴動。

根據當時相關人士的回憶，中壢發生暴動的消息，早就透過各地開票所監票的黨外運動人士爭相以電話告知而傳遍全島，此次轉變使得國民黨方面對一直以來習以為常的作票有所顧忌，亦導致了前面提到的黨外躍進〔美麗島事件口述歷史編輯小組，1999b：41〕。此外，中壢事件也令「黨外」領袖產生一種，也許能夠動員、得以強制當局意志之街頭群眾的期待，這應該也影響到了兩年後的美麗島事件。

當局也從這個暴動中得到教訓，進而整備選舉法制。臺灣的各種選舉運作並沒有統一的法律，而是藉由幾個行政命令來進行，但國民黨政權於1980年制定了《公職人員選舉罷免法》。其內容有許多關於「助選活動」的限制，黨外雖有不滿，但選舉法制的整備本身也是「黨外」要求之一〔若林，1985：101-102〕。

以後，圍繞著選舉活動及動員不當的相關糾紛雖持續發生，但與開票結果有關的嚴重抗議行動則有所減少。如此，開票過程可信度的提高即是選舉制度可信度的提升，對後來政治體制轉型期的政治過程亦稱得上有所貢獻。往後，雖可見小規模的衝突，但直至2004年春天國民黨、親民黨因無法接受以些微票數輸掉總統選舉，長達三週的街頭抗議行動為止，均未在開票上發生太大的紛爭。

1978年末，原本預定舉行立法委員及國大代表的「增額選舉」，但因活動期間遭逢美中發表建交的消息，而在總統發布緊急處分令下中止，然而在這場選舉中，「黨外」作為反對勢力的角色卻進一步地成形。具體而言，他們組織了「臺灣黨外人士助選團」

（總幹事為施明德），提出「十二大政治建設」及「黨外共同政見」，
展開了競選活動。相關內容整理如下，其中大多可以確認在往後
的四分之一世紀間實現了（〔〕表實現年分）〔姚嘉文、陳菊編著，
1979：1-2〕。這些政策若能全數實現，就是一個具有民主體制之
福利國家的面貌。在這場選舉中，黨外堪稱是一具有競選組織、
提出政治體制層次整套方案的反對派，向國民黨做出了挑戰。

① 徹底遵守憲法。國會全面改選〔1991-1992年〕、省市長直
　接民選〔1994年〕、軍隊國家化〔2000年〕、司法的獨立
　〔達成時期不易確定〕、禁止參與政黨者控制學校、發行新
　聞與雜誌的自由（「報禁」的解除）〔1988年〕、解除新設
　政黨的禁令（「黨禁」）〔1986年〕、國外觀光旅行解禁〔1979
　年〕等等。
② 解除戒嚴〔1987年〕。
③ 禁止拷問、不法逮捕與監禁等。
④ 實施國民醫療保險〔1995年〕與失業保險。
⑤ 遏止保護資本家的偽企業政策。
⑥ 實施長期低利的住宅建設融資。
⑦ 實施農業保險〔1989年〕。
⑧ 制定勞動基準法〔1984年〕。
⑨ 保障漁民的生活與安全。
⑩ 制定環境保護法與國家賠償法。
⑪ 反對省籍與語言歧視，廢止電視方言節目的限制〔1993
　年〕。
⑫ 釋放政治犯，反對歧視出獄政治犯及其家屬。

「黨外」接到選舉中止的緊急處分令後，中止了競選活動，
但在12月25日於臺北市內召開「黨外人士國是會議」，並在70

名連署下發表了《黨外人士國是聲明》。在此所提出的「十項呼籲」，雖然和上述「十二大政治建設」是同樣的改革主張，但其結尾寫著：「在國際強權的縱橫捭闔下，我們的命運已面臨被出賣的危機，所以我們不得不率直地申明：我們反對任何強權支配其他國家人民的命運，我們堅決主張臺灣的命運應由一千七百萬人民來決定。」〔同前：54〕這點在日後具體化為「臺灣前途住民自決」。這時由於競選活動中止，對於政治過程幾無衝擊。在「黨外」方面，一直到 1979 年底的美麗島事件為止，可以說都限縮在體制內「忠誠反對派」範圍內。但是，「住民自決」主張原型提出的時間點，是在尼克森與季辛吉的意圖晚了數年後而來的與美斷交當前，亦同時地預示了 1970 年代改良主義式政治運動的終止，以及 1980 年代臺灣民族主義運動的開始。「臺灣前途住民自決」的主張在有關「中國統一」和「臺灣獨立」的選項上雖然是開放的，卻是以民主政治制度下自我決定歸屬之政治共同體的存在為前提。這樣一個自決的政治共同體，已經可以說是主權共同體，也就是民族（nation）了吧。這是本書之所以將之視作臺灣民族主義運動前兆的原因。

　　後來，「黨外」勢力在對於國民黨政權的因應上，產生運動路線的分歧。康寧祥等穩健派於 1979 年 6 月創刊政論雜誌《八十年代》，施明德等人主導的激進派，則在 8 月創刊《美麗島》。延續 1978 年選舉的氣勢而成為「黨外」中心的是《美麗島》，據說創刊號的發行量到達了 10 萬份。

　　美麗島團體甚至借用了雜誌社組織的形式，計畫組織實質的政黨「沒有黨名的黨」。具體而言，他們以美麗島雜誌社「社務委員」的形式，網羅全島各地的「黨外」領袖，同時又在各地設置「服務處」。「社務委員」最多時達到 91 名，「服務處」的設

置達到 12 縣市。此外，群眾的街頭動員也展現出前所未有的積極性，整個 1979 年，始於 1 月的高雄縣「黨外」領袖余登發逮捕抗議示威遊行，終於 12 月 10 日的世界人權日示威，共有 14 件規模較大的群眾活動舉行（10 月 2 日高雄縣以慶祝余登發生日為名目所舉辦的活動，有超過一萬人參加）。

在這些活動中，有的群眾在警察的噴水下遭到驅散（7 月 28 日臺中市公園的演講會），也有「愛國」團體鬧場（9 月 8 日右派《疾風》雜誌相關人士以扔砸石頭妨害《美麗島》創刊慶祝派對的進行），而加深了緊張感〔王甫昌，1996：151-153〕。可以說，無論在組織化層面或群眾活動層面上，美麗島團體都日漸鮮明地突顯了自己挑戰戒嚴體制的姿態。

在這樣的過程中，美麗島團體為了 12 月 10 日世界人權日於高雄市舉辦遊行，進行全島動員，他們在沒得到當局許可的情況下發動遊行與集會，並與戒備的員警、憲兵發生衝突。當局從翌日起即對美麗島團體展開「三合一敵人」（臺獨分子、暴力分子、叛國者）的猛烈批判。與此同時，自 13 日開始逮捕全島的「黨外」運動人士，站在「黨外」運動第一線的主要人物，除了被視作穩健派的康寧祥以外，全數遭到檢舉。黨外雜誌立刻遭到停刊一年的處分，康寧祥的《八十年代》也不例外。最後，8 位中心人物及其餘的 33 人分別在軍事法庭及一般司法法庭被起訴。公開審判在 1980 年 3 月到 4 月間進行，幾乎全數有罪。這就是美麗島事件。

鎮壓並非到此為止。事件處理期間的 1980 年 2 月 28 日，軍事法庭中被列為被告的省議員林義雄臺北家中，發生了其母親和女兒慘遭兇手不明殘殺的案件。難以想像，政治犯的住家竟未有政治警察的監視，這至少也算是基層政治警察默認下所發生的政治恐怖事件。此外，同年 4 月，臺灣基督長老教會 10 名牧師因藏

匿逃亡中的施明德，也遭逮捕入獄。[27]

（3）「戰後世代」的「回歸現實」思潮與「黨外」運動

　　1970 年代臺灣反對派的形成與發展，在思想和人才上，都和「回歸現實」思潮有關。蕭阿勤認為，這個思潮的知識社會學內涵，從第一層意義來講，應該將之作為一個不問「省籍」之別、基於「戰後世代」強烈的世代意識而形成的體制內異議來看。

　　筆者將蕭阿勤的論點延伸如下。1970 年代初期，20 至 40 歲左右、生於臺灣長於臺灣的「戰後世代」青年知識分子，不問本省人或外省人，皆有著受到 1970 年代初期一連串對外「傷痛事件」衝擊而覺醒的經驗。他們將此一衝擊，放在國民黨統治下、藉教育而內化的中國民族主義歷史認識框架中來認知，將眼前臺灣的現實當作中華民族近代苦難歷史的一環，而展開了歷史敘事（narrative）。

　　然後，隨著 1950 年代末以來「反攻大陸」逐漸絕望，他們批判彌漫在外省人上一世代且自身也有所感染的「流亡、漂泊心理」，以及「（對臺灣所抱有的）一時過客心理」，[28] 並透過「自由中國」此一理想口號下視為正統的「自由與民主」價值觀，提倡上述的廣泛改革〔蕭阿勤，2005〕。

　　蕭阿勤的研究，針對──從 1980 年代以降的現實來直接回溯，而過度地將族群的脈絡、甚至是民族的脈絡，解讀為 1970 年代思潮──這樣的一種理解提出批判。他舉出以下事例來說明：「戰後世代」的「回歸現實」言論中不問「省籍」而清楚浮現的中國民族主義歷史論述，以及由此出發且共通性強的世代意識，外省籍評論者對政府及國民黨的批判，在批判強度及發言量上皆不遜於本省人；另一方面，至於日後往往被理解為族群、民族政

治課題的國會全面改選主張，當時就算是本省籍評論者，也是將「戰後世代」世代性的政治疏離作為主張上的極大依據，而非族群、民族問題。1970 年代「回歸現實」思潮與 1980 年代臺灣民族主義之間，是存在著跳躍性發展的，因此，吾人不能將後者視為前者的必然進展〔蕭阿勤，2003：240〕。這是甚為妥當的批評。正如以下所檢討的，對臺灣族群、民族政治的理解而言，究竟是什麼、且又如何地促進了這個跳躍，觀察這個過程是重要的。

即便如此，在關注 1970 年代的思潮，特別是「黨外」運動理念或形式的關聯時，亦不能忽視附帶在「戰後世代」提出異議的這個主要脈絡下，要求「承認與尊重」「臺灣人」這個「族群」的次要脈絡的存在。最明顯的現象，就是「戰後世代」在中國民族主義歷史論述中自我定位的努力，在「黨外」論述形成中，是以臺灣日本殖民統治時期抗日運動的再發現，以及將其傳統與自身連結的言論來展開的。

將「臺灣史」帶進「黨外」運動裡的，是在年齡上雖屬「戰後世代」，但在「黨外」政治系譜中卻屬於「草根黨外」或「傳統黨外」的康寧祥。康寧祥個人過去曾與日本殖民統治時代的抗日運動家相識，對臺灣歷史、特別是日本殖民時代的抗日運動史及運動家們抱持關心。1969 年康寧祥以臺北市議會新手議員身分，在「增補選」中參選立法委員的黃信介造勢演講中，介紹了臺灣文化協會（日本統治時期 1920 年代的中心抗日團體）的歷史，以及蔣渭水（醫師、文化協會發起人之一，臺灣史上第一個政黨臺灣民眾黨的領袖、孫文的崇拜者）的事蹟，稱頌蔣渭水在日本殖民地統治下為臺灣社會改革奮鬥的精神。並且，他在 1972 年自身參選「增額」立法委員時，在臺灣大學的正門演講中，又提及該大學過去曾為日本統治時代下「臺北帝國大學」的一段歷史，向眾人訴求「臺

灣歷史所賦與的使命感」，據說在場的大學生為之動容。最後，
康寧祥在那場選舉以臺北市最高票當選〔同前：215-216〕。

在選舉政治方面，黃信介、康寧祥等「傳統黨外」與《大學
雜誌》集團「本土派」的合作、集結亦旋即開始，這就「黨外」
理念的形成，特別是對臺灣歷史的關懷，尤其是 1920 年代抗日運
動及其人物再發現的這點而言也是一樣的。他們在回顧及再評價
抗日運動史的同時，於人際關係上強調了包括當時尚且在世的抗
日運動家在內、「黨外」運動與日本統治時期抗日「先覺者」之
間的歷史傳承關係。

在張俊宏以總編輯身分參與的《臺灣政論》中，過去曾擔任
林獻堂（1920 年代右派抗日運動的重要贊助者）祕書的葉榮鐘，發
表了三篇介紹抗日運動人物的文章。以此為契機，其後「黨外雜
誌」就時常刊載抗日運動史回顧、再評價及宣揚的報導。根據蕭
阿勤的調查，張俊宏創辦的《這一代》（刊行期間一年五個月）中
有九篇，康寧祥的《八十年代》（1979 年 6 月 -12 月）有六篇，《美
麗島》則有四篇文章或座談會紀錄刊載〔同前：217、228-230〕。

在這樣一個 1970 年代臺灣對 1920 年代抗日運動的再發現及
再評價中，扮演重要角色之一的，就是民間歷史工作者黃煌雄。
和蔣渭水同樣出身宜蘭的黃煌雄，在當時有限的研究條件下，以
一位民間學者的立場，進行了以蔣渭水為中心的抗日運動史研究。
除投稿於上述各刊物或報紙的文化專欄外，還陸續刊行了《臺灣
的先覺者──蔣渭水先生》（1976 年）、《臺胞抗日史話》（1977
年）、《被壓迫者的怒吼──蔣渭水先生選集》（1978 年）等著
作或資料集。

黃煌雄透過這種抗日運動史再評價的書寫，加深了與「黨外」
的關係，他在 1978 年選舉中參選國民大會代表，並在 1980 年末

重啟之「增額選舉」中參選立法委員並獲選。

　　這一類與「黨外」政治異議主張緊密相關的「臺灣抗日」再評價，其明確的中國民族主義歷史認識的框架及強烈的世代意識等等，鮮明地顯現出「戰後世代」「回歸現實」言論的特徵。而蕭阿勤更指出，這些「臺灣抗日」的再評價言論，是一個藉由自我定位於中國民族主義的歷史論述內，來評價、宣揚「臺灣抗日」的意義，在公共空間尋求對臺灣歷史中的「中國性」承認與尊重的言論。

　　例如，黃煌雄在《臺胞抗日史話》中指出，臺灣的「先覺者」及臺灣同胞一貫以來都抱有強烈的「民族情感」，認同中華民族，並對孫文及其革命或中國統一的事業懷抱希望，因此臺灣「先覺者」及臺灣同胞「絕對沒有對不起祖國與中華民族」。這可以說是一個典型的論述〔同前：232-233〕。

　　這個「承認與尊重」在政治上印象最深刻的場面，應該就是1975年3月在立法院中進行質詢的康寧祥及行政院長蔣經國之間有關歷史的問答。康寧祥從鄭成功將臺灣作為「反清復明」基地起，到十九世紀末日本占領之際的武裝抵抗為止，遵照官方中國民族主義的模式回顧後，又強調臺灣在第一次世界大戰後，受到美國威爾遜（Woodrow Wilson）總統民族自決論及中國五四運動等影響，出現了「臺灣文化協會」、「臺灣議會設置請願運動」、「臺灣民眾黨」、「臺灣地方自治聯盟」等抗日運動，指出臺灣同胞在日本殖民地統治下所付出的犧牲及所遭受的苦痛，「較大陸同胞八年抗戰之苦尤有過之」，而當時抗日人士的「懷念祖國之志」，是抗日最大的心靈寄託。

　　接著，康寧祥又表示臺灣人民的抗日史也是「中華民國歷史文化的寶貴財產」，要求應該將之列入歷史教科書中，讓本省籍

學生了解臺灣先人為祖國與民族尊嚴奉獻的事蹟。對此蔣經國答覆表示，「非常贊同」「把臺澎同胞這些轟轟烈烈的戰鬥事蹟，編入教科書中」，使一般青年負起更大責任，「完成反共復國的神聖任務」。〔《立法院公報》，1975 年 3 月 5 日：12-14、19〕。蔣經國在世時所完成的教科書改革 [29] 程度雖然極為微小，但我們可以解釋，對蔣經國而言，這是一個對於在中國民族主義的框架中尋求對「臺灣人」過去的「承認與尊重」之思潮，感覺到必須給予回應的場面。如前所述，蔣經國在其後便展開可以說是「文化政策臺灣化」的一個包容臺灣的文化政策。[30]

在此須再次指出，蕭阿勤在論及 1970 年代「黨外」以遵循官方中國民族主義之形式，強調「中國性」的臺灣抗日再評價言論時，排除了──原本就是臺灣民族主義者的「黨外」，在戒嚴令下「欺敵偽裝」的言論──這樣一個工具主義的解釋。他所主張的是，1970 年代「黨外」的認同言論，到 1980 年有了跳躍性發展。

可是，另一方面也應該確信這個「黨外」言論強烈追求的「承認與尊重」政治，同時存在著族群政治的面向。「黨外」將焦點放在 1920 年代的抗日運動，並於公共領域中尋求其價值的復權。在官方中國民族主義下的臺灣歷史解釋模型中，有關日本殖民統治的歷史，時常如康寧祥立法院質詢時歷史議論的開頭部分一般，先舉出日本統治初期的武裝抵抗，接著列舉中日戰爭期間的「皇民化」運動，並強調日本統治的負面遺產（然後藉此將由上而下的「中國化」政策正當化）。

相對於此，「黨外」的臺灣抗日再評價，則是以強調在官方解釋模式中一直以來被無視、輕忽的 1920 年代抗日運動意義的方式，來提出異議。如同第一章根據吳叡人研究所指出的，他們所強調的 1920 年代抗日運動，正是一個根據在其中形成的抗日臺灣

民族主義論述，將相對於「內地人」的「本島人」族群性加以政治化，而產生之所謂「臺灣人」「族群想像」的運動。我們在第一章已經確認，戰後回歸中華民國以後臺灣人被賦與的「本省人」認同，在與戰後接收有關的混亂中，由於與陳儀政府在語言轉換或政府人才起用上的紛爭，或再度開始的自治運動等等而再度政治化。

在 1970 年代宣揚臺灣 1920 年代抗日之「中國性」一事，無非就是將具有這般來歷的「臺灣人」族群想像，作為中華民族內部族群想像而加以正統化，並且尋求對這一個「臺灣人」族群想像「承認與尊重」的再創造。只是，這個想像尚被定位為中華民族內部的想像，而不是作為與中華民族相對的其他民族來想像。在這層意義上，「回歸現實」思潮中的「臺灣抗日再評價」，是企圖重新包容臺灣過去的一種中國民族主義言論，這一點既得到了對國民黨官方中國民族主義抱持批判角度之外省人的支持，蔣經國也在其「文化建設」政策中做了一定的回應。但是，如果要在這裡對「承認與尊重」的脈絡作解讀，那可以說是非常「本省人」的。[31]

要指出「黨外」運動的族群性格，必須再探討一項語言問題。如前所述，康寧祥創造了一種以臺語（福佬話）談臺灣史，對國民黨進行異論控訴的政治溝通風格。這樣一種臺語演說風格，正因為他將在國民黨官方政策下普及滲透的「國語」語彙與修辭中無法充分表達的，在國民黨統治下本省人所感受到的不公平感、無論如何皆與官方歷史觀相違的歷史感甚至是文化感，以不會觸及當局禁忌的形式充分地表達出來，才能夠在街頭招致人山人海的場面。

　　1970 年代的「黨外」，不論在主觀或客觀上，都說不上已可從正面挑戰國民黨官方中國民族主義的正統性。但是，這些浮現在現實生活中對於「中國國家體制」與遷占者國家種種不合理現象之批判的正當性，以及藉由瞄準體制的不合理而獲得的政治課題設定能力，可以說是反對派從「黨外」運動到 1992 年立法委員全面改選時能夠取得立法院三分之一席次、占得體制內部勢力一席之地前的能量來源。同時，儘管在戒嚴之下政治警察帶著相機進行監視，以臺語進行的反國民黨演說仍能湧入大量群眾，這更顯現了「黨外」即便僅有少數議員且在體制內影響力有限卻仍然具備的力量。在獲得了這種力量之際，反對派在大眾媒體仍壓倒性為遷占者菁英所控制、新刊報紙遭禁止（「報禁」）的情況下，無法避免地必須選擇依賴那個連大眾媒體也無法瓦解、人口上最大族群母語（福佬話）所具有的龐大隱私性及傳播力。因此，「民主假期」同時也是「母語假期」〔陳培豐，2005：248〕。

　　如上所述，國民黨立基於官方中國民族主義的文化和言論政策，令人聯想到日本殖民統治皇民化時期的一元主義和同化主義政策，在此政策下，本省人的母語（福佬話、客家話、原住民族各語言），相較於應該嚴格普及滲透的「國語」更低一等，這種評價透過學校教育也內化在本省人的「戰後世代」中。在這個同化主義的「國語」普及政策下，只要在教室講母語就會被要求拿「我要說國語」的牌子，在朗讀和演說比賽中亦備受屈辱。由於學校教育普及與「國語」普及的徹底，這樣一種「戰後世代」本省人的經驗是普遍存在的。在此背景下被視作「家庭與市場」語言的臺語（福佬話），在公職選舉活動這樣一個公共場域中，與一個運動的力量結合，並同時成為創造那股力量重要的直接因素。在此，反對派還不是要挑戰「中華民族」的國家整合概念及「國語」

的地位。然而，「承認與尊重族群文化」則是他們的訴求。

　　如此，「黨外」在 1970 年代的運動，一方面具有「戰後世代」廣泛陳述異議之一環的性格，同時也具有與民主化運動難分難捨之本省人族群運動的性格，可以說同時具有改良主義式民主運動及族群運動的兩個面向。在遷占者國家體制下，就算不談文化，民主化本身也具有令本省人賦權（empowerment）的一種較強的族群意義。但是，「黨外」要追求的不只如此，也包括對族群過去及文化的承認與尊重。

3. 民進黨成立與臺灣民族主義的登場

（1）「黨外」的激進化與民進黨成立

　　始於美麗島事件的一連串鎮壓，短期而言對「黨外」是很大的打擊。在判定事件相關人士的罪狀後，1980 年 12 月重新舉行的「增額選舉」、1981 年的地方公職選舉，以及 1983 年立法委員的「增額選舉」中，黨外的得票及當選人數皆未見成長，直到 1986 年民進黨成立，其勢力方見回復（參考表 3-2）。然而，鎮壓並不能阻礙反對運動的延續。1980 年的選舉中，代替美麗島事件被告投入選戰的家屬們，以及 1981 年地方選舉中曾於美麗島事件軍事法庭中參與辯護的律師們，均投入選舉並獲選。此外，當選舉再啟，「黨外雜誌」的發刊數便顯著增加而再起。[32] 1960 年《自由中國》事件鎮壓之後民主運動沒能再起，1980 年代的「黨外」卻迅速地復活了。

　　從中華民國臺灣化政治結構變動的觀點來看，美麗島事件的最大意義，在於對「黨外」民主化運動的領導權威及其改良主義的政治理念造成打擊，並成為運動激進化的契機。運動路線的激進化（「組黨」運動與街頭群眾運動的再啟）及意識形態的激進化，

即臺灣民族主義成為主流理念。對此，國民黨政權無法徹底壓制。蔣經國有限的臺灣化政策，就這個意義而言是失敗的。[33]「黨外」民主化運動（臺灣）民族主義運動化，結果「黨外」強行成立國民黨不得不承認的新政黨「民進黨」，民進黨作為一個以「自由與民主」再加上臺灣民族主義為中心理念的政黨，登上了在自力衝撞及蔣經國決斷下而大幅開放的政治舞臺。最後，臺灣民族主義便如此地在臺灣內部政治舞臺登場，獲得了政黨組織，透過這個影響，民主化階段初期的政黨政治格局於焉形成。

　　「黨外」領袖遭到大量逮捕，也促使了運動領導權威的激變。在鎮壓剛結束的一段時期，運動尚能在未遭逮捕的康寧祥主導下繼續維持；但在 1980 年及 1981 年的選舉中，美麗島事件相關人士（家屬、律師）當選公職，各自創辦「黨外雜誌」；同時 1970 年代後半開始，參與助選的青年們也加入展開活潑的論爭，他們一旦在「黨外」勢力內對意見走向具有影響力，在反政府行動上態度慎重的康寧祥，其領導權威便因而受到挑戰，1983 年「增額選舉」前有部分黨外雜誌批判康寧祥，康寧祥也因此影響而落選。

　　「黨外」運動因新崛起的領導者們而激進化，這在其政見及新黨成立運動的面向上顯著地表現出來。「黨外」在 1980 與 1981 年選舉中得票率雖下降但成功復出後，便開始強力主張前面提及的「臺灣前途住民自決」。1982 年 9 月黨外人士集合於臺北市中山堂，發表六項「共同主張」，與 1970 年代後半「黨外」提出「共同政見」時不同之處在於：①「臺灣前途住民自決」列為第一項，被提升到可以說是「黨外」運動招牌口號的地位；②民主化的構想明確地往「中國國家體制」臺灣化的方向修正。具體而言，是在第二項主張「依據憲法政治精神，（為使國家制度──括號內容為筆者所加，以下同）符合（只統治臺灣的）現狀，制定國

家基本法，[34] 廢止《臨時條款》，解除戒嚴，改選國會，解除黨禁、報禁」[35]〔國史館，2000：278〕。附帶一提，《大學雜誌》中主張的國會全面改選方式，是以增訂《臨時條款》來制定選舉方法〔國史館，2001；陳少廷，1971：328〕。

　　1983 年 10 月，以 12 月的立法委員「增額選舉」為目標，「黨外選舉後援會」成立，並發表了十項「共同政見」。在第一及第二項中分別列入「住民自決」及廢止《臨時條款》，此點與前年相同，但「國家基本法制定」則被刪除。同時，在第十項中也首次列入他們面向國際社會「正視現實，突破外交困局，重回國際社會」的主張。這個「共同政見」化為「民主、自決、救臺灣」的口號，唯中央選舉管理委員會禁止「自決」的政見。許多「黨外」候選人仍然使用這個口號，並以「××」來暗示「自決」二字。往後，「臺灣前途住民自決」確定成為「黨外」的主要訴求，1986 年秋天民進黨成立以後也被繼承下來。

　　另一方面，1983 年 9 月青年運動家組成了「黨外編輯作家聯誼會」，翌年其中一部分成員創辦了運動理論雜誌《新潮流》。這是黨內激進派系「新潮流派」的開端，這一新潮流派在民進黨成立後也成為黨內激進化的推動者，相對於海外的獨立派「洋獨」，被稱作「土獨」〔若林，1992：224-225〕。

　　「黨外」的組黨運動，首先是以選舉時後援會組織強化與常設組織化的形式來進行的。1982 年後「黨外」在立法院以立委針對「黨禁」政策進行質詢的方式來提起組黨的政治課題，在「黨外雜誌」中，對於政黨組成後應有的性格等等問題也進行了熱烈的討論。後來為 1983 年選舉而組織的「黨外選舉後援會」，具備了內部規程、幹部組織、共同政見，僅以選舉時期來看便可稱為一政黨組織。選舉後，更組成「黨外公共政策研究會」，並於

1986 年 1 月明白表示，將在各地設置地方支部。這堪稱是實質的組黨宣言。

對此，蔣經國在 1986 年 3 月的國民黨十二屆三中全會中通過「政治革新」決議。呼應此一決議，國民黨為了制定具體法案，在黨中央常務委員會內成立了「政治革新十二人小組」，但議論遲無進展。[36]「黨外」見情勢如此，祕密地直接開始準備成立政黨，而非成立「黨外公共政策研究會」支部，他們在 9 月 28 日為了年底「增額選舉」而在臺北市內圓山飯店舉行的「黨外選舉後援會」候選人推薦大會上，突然宣布成立「民主進步黨」（民進黨）。

由於預期將有鎮壓，「黨外」的組黨相關人士預先決定第二次組黨預備組的成員，以防當日名單發表後第一組成員會直接遭逮捕入獄，據說他們甚至準備了牙刷來到組黨宣言的現場。但是，蔣經國將已經宣告組黨的這個黨，視為尚未確定幹部及黨規章程的「準備階段」而避開取締，接著在 10 月 7 日與華盛頓方面主要報紙《華盛頓郵報》發行人葛蘭姆（Mrs. Katherine Graham）的會面中，以提出①遵守《中華民國憲法》、②支持反共國策、③與「臺灣獨立」派劃清界線等條件（筆者在上一部著作中將此稱作「蔣經國三條件」）的形式，明白表示了解除「黨禁」的方針〔國史館，2000a：438〕。在 15 日召開的黨中央常務委員會中，蔣經國甚至促使與會者同意「政治革新十二人小組」的提案[37]：①制定新的《動員戡亂時期國家安全法》，解除戒嚴；②修正現行《非常時期人民團體法》及《動員戡亂時期公職人員選舉罷免法》，調整政黨活動辦法，同意新黨成立（在此將之稱作「自由化三法」）〔同前：442〕。

如第一章所述，黨中央常務委員會是聚集了主管黨國體制各部門菁英的最高決策機關。儘管實質決策還是由蔣經國及其側近

負責，但重大決定例如政府高官人事，通常仍是以此機關的正式決定來公昭於世後，再發落到行政院等體制各部門中〔徐邦男，1987：118〕。即使「自由化三法」的制定在先，中央常務委員會的這個決定，仍說得上是在有關政治體制的自由化上，對臺灣內外發布了一個正式且不易撤回的承諾。這是臺灣威權政體轉型的開始。[38]

民進黨於 11 月 10 日在臺北市內舉辦第一屆黨員大會，制定了主張「臺灣前途住民自決」的綱領及黨章，選出中央執行委員，又在翌日的中央執行委員會中選出黨主席。主席選舉中，曾擔任美麗島事件中林義雄辯護律師的江鵬堅得到激進派的支持，以些微差距擊敗康寧祥等穩健派所推舉的外省籍民主派大老、也是不需改選之立法委員費希平而當選。如此，民進黨走過了「準備階段」，但當局在蔣經國的主導下仍採取「不承認、不取締」的態度。同年 12 月的「增額」立法委員選舉，成為臺灣政治史上第一場實質的多政黨選舉。民進黨的得票較「黨外」時期有所提升，展現了新政黨的氣勢（參照表 3-2）。

（2）臺灣民族主義的登場

接續著美麗島事件及省議員林義雄滅門慘案而來的體制暴力，給「黨外」相關人士、文化人士及學者等支持者帶來極大的衝擊。它和對美斷交、《中美共同防禦條約》的廢止、中國新臺灣政策的發動等外部衝擊同時發生，對他們而言，也如同 1970 年代初期外交危機所帶給「戰後世代」的一樣，是一個「傷痛事件」。並且，正由於這個暴力發生在 70 年代，這個要求對族群過去與文化「承認與尊重」運動，已經從政治到文學開展出一定規模及廣度的年代，因此儘管蔣經國姍姍來遲地發動了包容臺灣的文化政策，但此一體制暴力仍被視為來自當局對於「忠誠反對派」方面

要求「承認與尊重」的一個否定訊息，也證明了配合此一立場的運動路線及理念是無效的。

　　由於鎮壓的訊息被「黨外」做如此解讀，我們可以解釋這因此為前述反對派的論述帶來了跳躍。若是在承認「中國國家體制」框架的前提上要求民主化卻仍遭拒絕，那麼這個體制框架本身就必須被批判；若是在這個意識形態框架內追求「承認與尊重」卻仍遭拒絕，那麼這個意識形態本身就必須被挑戰。不僅是「黨外」運動人士，廣義上站在反對派一方的學界及文化界人士們，儘管在時間上各有早晚，皆陸續地自中國民族主義敘述中跳脫了。[39]

　　政治反對派中在 1983 至 1984 年於黨外雜誌中展開的所謂「『中國意識』對『臺灣意識』論戰」，亦清楚地顯示出這一點。1983 年 6 月黨外雜誌之一的《前進》，刊登了左派中國民族主義者本省籍作家陳映真批判了「臺灣與臺灣人」意識的短文，他曾有遭國民黨政權指控「為匪宣傳」而下獄的經驗。陳映真稱揚「中國與中國人意識」是不分省籍，超越現在與過去之政治權力，因歷史與文化而形成的自然民族情感；並批判相對於「中國與中國人意識」而獨立存在的「臺灣與臺灣人意識」所形成之論述，是「近兩年來，筆者看見它在一小撮輕狂的小布爾喬亞知識分子中蔓延，並且自始帶著一種令人傷痛的、落後的反華意識，發展到對於參與和堅定支持黨外民主運動的外省人，也毫不顧及起碼的禮貌，可以當面對人任意諷刺和挑激的地步。這其實已不只是思想上的幼稚，也是政治上的嚴重小兒病了」〔施敏輝編著，1985：35-36〕（上點為筆者所加）。這段批判字句本身（加上點部分），間接地證明「黨外」「再起」後，臺灣民族主義的相關論述在陣營本身及周邊，於檯面上已經相當程度地展開。

　　對此，《前進》及其他黨外雜誌均進行了種種批判，陳映真

也展開反批判。至於將「臺灣意識」主張與「黨外」運動理念做連繫的，則是陳樹鴻翌月刊登在《生根》的〈臺灣意識——黨外民主運動基礎〉一文。這裡看到的「臺灣意識」論，就兩點來說可以看出相對於 1970 年代「黨外」運動理念的跳躍。第一、針對國民黨官方中國民族主義這個長期以來被「黨外」視為批判對象、支撐著非民主政治制度根幹的意識形態，儘管因顧慮鎮壓而使用間接性的修辭，仍然作了公然批判。

陳樹鴻主張「黨外民主運動」應該除去的是國民黨一黨專政、戒嚴以及《動員戡亂時期臨時條款》，因為它們的基礎是建立在否定「臺灣現實意識（臺灣意識）」上的。同時，陳樹鴻回顧清朝時期以降的臺灣史，強調臺灣與中國大陸分離後、戰後工業化成功所帶來的社會經濟變化，藉此「全臺灣已經結合成一個牢固的政治經濟共同體」，而「臺灣意識」便是從這樣一個「臺灣實體」出發，使「臺灣實體」更加鞏固，並且促進「臺灣經濟活動、文學活動、民主運動、社會活動」的意識。

雖然文中並未言明，但那個否定源自「臺灣實體」的「臺灣意識」、進而構成非民主體制的意識形態，無非就是國民黨一直以來堅持的官方中國民族主義。即使 1970 年代的「黨外」言論即主張全面改選畸形國會，但廢止《動員戡亂時期臨時條款》這個令畸形合理化之憲法架空法規的主張，這樣的主張在 1970 年代「黨外」言論中是看不到的。陳樹鴻在論述中引用了堅持禁止新政黨成立的內政部部長林洋港，在立法院面對「黨外」立委質詢時的發言：「（如果說要承認新政黨的成立），那也可以提起攸關國家最高基本國策的問題，（而不予承認）」，而陳樹鴻的文章，正是在「提起攸關國家最高基本國策的問題」的同時，以一種雖然仍是隔靴搔癢的修辭，批判了在其背後支撐的意識形態〔同前：191-205〕。

　　其次，從文中言及的「外省人」論中，亦可窺知在「黨外」的認同意識中出現了一種逆轉。陳樹鴻指出外省人已經成為形成於臺灣之「牢固政治經濟共同體」的一部分，成為別無選擇須融入臺灣社會的臺灣人。其中存在的矛盾，並非實體與實體間的矛盾，而是客觀實在（「臺灣實體」的一部分）與主觀意識（「中國人」）的隔閡，而這個矛盾會因他們認同「臺灣意識」而消解。在此，對於臺灣歷史的優越性已經不從「中國性」作辯證或企求被承認作中華民族的一員，而是以自我為主體，要求其他方面的合流。

　　在臺灣民主化過程中，如陳映真所代表的論述，表現出與國民黨官方中國民族主義定義相異的中國民族主義，也表示出與民主化運動相繫的可能性；然而，很明顯地，其後成為黨外運動主流的是陳樹鴻的立場。於是，此一非國民黨的中國民族主義勢力，在黨外運動中急速地邊緣化。

　　如此，臺灣民族主義的言論首先是作為以「黨外雜誌」為舞臺之理論鬥爭層次的「臺灣意識」論，以及選舉中的「臺灣前途住民自決」主張，在臺灣內部的政治舞臺登場。而在蔣經國下了政治自由化決斷後，則是「臺灣獨立」主張，反對附加在此一自由化上的「蔣經國三條件」，提出「百分之百言論自由」、「主張臺灣獨立的自由」等要求，公然登場於政論雜誌的言論及街頭示威的口號裡。而在民進黨內激進派的「新潮流派」，則展開了「臺灣獨立」的綱領化運動。

（3）擴大的自由化影響及族群關係重組的開始

　　1987 年 7 月 1 日，執政當局力排民進黨激烈反對，制定、公布納入前述「蔣經國三條件」的《動員戡亂時期國家安全法》，世間罕見的長期戒嚴終於在同年 7 月 15 日解除了。如此，蔣經國

所決斷的自由化完全是附帶限制，且與蔣經國在世時國民黨菁英所同意的保守派民主化路線（保留《動員戡亂時期臨時條款》，在此原則下增加立法委員席次，亦即所謂「法統」擁護路線）是成套的。此路線在蔣經國甫去世時仍被繼續堅持，如 1989 年 2 月「第一屆資深中央民意代表自願退職條例」的立法化，以及納入「蔣經國三條件」於《動員戡亂時期人民團體法》（1989 年 1 月）、《動員戡亂時期公職人員選舉罷免法》（1989 年 2 月）。然而，自由化一旦開始就無法遏阻，不久「蔣經國三條件」與「法統」擁護路線便一齊有名無實化了。（參閱第四章）

　　政治體制轉型期的政治空間充滿著不確定感。但是，自由化的深化與民主化展望的擴大，亦開始影響臺灣多重族群社會的族群關係。那是因為自由化、民主化，無疑地會造成遷占者國家中非遷占者族群的賦權。在本省人賦權展望的同時，文化方面以「臺語」（其實是福佬話）的賦權為始的「臺灣性」賦權也在進行，戒嚴解除以前原住民族的民族運動（「臺灣原住民族運動」）就已開始，戒嚴解除後，客家人的文化、語言復權運動亦隨之展開。此外，在非遷占者族群復權的趨勢中，遷占者族群的外省人也直接面臨到自身族群的少數化，導致在民主化過程中，外省籍選民亦產生了新的政治凝聚性。

　　有關上述過程，雖然在時間上跨越第壹部及第貳部所述時期，但由於論述行文之故，本書將在第六章討論後者，在第七章討論前者。

4. 強人蔣經國的最後奮鬥及無後繼者之死

（1）蔣經國最後的奮鬥

　　蔣經國有糖尿病的痼疾。他不是一個聽話的患者。1970年代以後的治療也只有注射，在飲食或生活上，醫師的警告或部下的忠告一律不聽，專心致力於政務。1972年他就任行政院長時已經62歲。進入1980年代後，持續惡化的併發症已無法控制。直到1988年1月去世為止，有兩次病情的起伏。病情最後的惡化是在1980年代初，1980年1月因前列腺手術入院，1981年7月底因眼疾入院，翌年2月因視網膜症入院，11月官方對外公布蔣經國疾病是因糖尿病引起的末梢神經炎。[40] 其後體力雖然奇跡似地恢復，1985年夏天又因再度惡化而入院進行白內障手術。1986年4月官方發表其心臟裝設支架的消息，1987年「雙十節」活動他則是坐著輪椅出席，之後就不再出席中央常務委員會，1988年1月13日下午3點50分去世〔若林，1992：217〕。與臺灣民族主義在政治舞臺的登場同一時期，蔣經國在如此病情起伏中所作的決斷與否，形塑了中華民國臺灣化正式展開的舞臺。

　　病情惡化一開始的起伏，是始於美麗島事件之後，「黨外」復活、中美《八一七公報》發表時期。在這期間，除了發生上述的林義雄滅門慘案之外，1981年7月，在美國卡內基大學執教鞭的陳文成教授由於支持在美國的臺灣獨立運動，向《美麗島》雜誌援助資金，因此在回臺北探親時遭臺灣警備總司令部偵訊，其後屍體離奇地在臺灣大學校內被發現。此外，在蔣經國病情短暫回復的時期，1984年10月，寫下含有批判性內容之《蔣經國傳記》的美籍華人江南（本名劉宜良），在洛杉磯郊外自宅中遭不明人士暗殺，後來在美國當局的調查下，釐清這是臺灣黑社會幹部受臺灣國防部軍事情報局幹部的指示而來美犯行（「江南事件」）〔同前：

218〕。

　　由於蔣經國是一位對政務事必躬親的強人，因此極可推測，他的健康惡化所導致的活動力低落，致使在體制各環節發生了各種怠忽或脫線的情形，安全部門的失控也是其中一環。

　　由於政治警察、戒嚴機關及其周邊暴力波及到美國，可以想見這亦造成了特別的壓力。1970 年代後半「黨外」運動的盛行，提高了臺灣獨立派影響力較強的在美臺灣人社會之關心。其時，由於與臺斷交，美國反而變得容易在自由、人權、民主等課題上干涉臺灣內政。自美中靠攏以來，美國已不再要求臺灣扮演「圍堵共產中國」前哨基地的戰略性角色，也透過《中美共同防禦條約》的停止及在臺美軍撤退來確定這個立場。

　　另一方面，就國民黨政權而言，儘管在美國戰略上的角色已大大減弱，但只要不接受共產黨為達成「祖國和平統一」的「第三次國共合作」，其外部正統性的絕大部分，就不得不依賴《臺灣關係法》所象徵的美國支持。而《臺灣關係法》中連同對臺灣提供（消極性）防衛的承諾，一併列入了可作為美國介入之制度性依據的字句。該法第二條（政策表明）中規定須向臺灣提供防禦性武器，其中 C 項條文提到：「本法律的任何條款不得違反美國對人權的關切，尤其是對於臺灣地區一千八百萬名居民人權的關切。茲此重申維護及促進所有臺灣人民的人權是合眾國的目標。」美麗島事件後，在美臺灣人組成北美洲臺灣人教授協會（1980 年）、臺灣人公共事務協會（1982 年）等團體，透過在國會展開的公關遊說活動，牽制著國民黨。美麗島事件後緊接而來的政治警察及其周邊暴力的爆發，提供了美國國會進行人權介入的好藉口。[41]

　　根據曾經擔任美國在臺協會（AIT）臺北辦事處處長李潔明
（James R. Lilley）回顧，1982 年中蔣經國請他傳達了①臺灣將民
主化、②這會是「臺灣之路」、③維持繁榮、④對中國進行開放
等四點〔Tucker, 2001: 421〕。李潔明解釋，其中第②點，就是於
1984 年總統連任之際選擇將李登輝任命為副總統，④則是 1985
年「對中間接出口」的解禁、1987 年開放大陸探親等政策。①則
與上述「政治革新」的指示有關。

　　在這段傳話當中，或許顯示了蔣經國在危機與疾病之中，對
於所謂臺灣政治戰略轉換的方向，與轉換之際所應留意的平衡所
持有的定見吧。所謂的戰略轉換指的是民主化，且那必然容許一
定程度的「臺灣之路」。《臺灣關係法》中「人權條款」的存在，
應可說是美國帝國在給予防衛承諾的同時，對處於邊緣的臺灣課
加的「習題」。蔣經國特意在私底下請「帝國」派駐的代表傳話，
在開頭便提及「民主化」，這應該可以解釋成是強人藉由完成「習
題」，確保了「帝國」的防衛承諾，決意將臺灣這艘船的舵，駛
向繼續保持臺灣此一政治體在事實上的獨立。但在此刻，經濟的
繁榮也是不可或缺的條件，且面對中國的新政策時亦需要更柔軟、
彈性的應對。廣義來說，這種戰略性方向與平衡感，就結果而言
也為蔣經國的後繼者李登輝所共有。2000 年首次實現政權交替的
陳水扁，也可以說受到了蔣經國晚年及李登輝執政期間，基於這
個方向性與平衡感的諸項政策所形成之結構的拘束。

　　不過，在當前的政治進程下，蔣經國仍無法直接進展到民主
化。那是因為黨國體制菁英中發生了危機。蔣經國「班底」中有
「文」的李煥（1970 年代任救國團主任、行政院青年輔導委員會主任、
黨中央黨部組織工作委員會主任、革命實踐院主任）及「武」的王昇
（統率蔣經國權力上升基礎之一、「政戰系統」的國防部總政治作戰部
主任）。

　　李煥在 1977 年選舉失敗中失勢，王昇在政權內的影響力則相對地增加。王昇在 1978 年 12 月的國民黨十一屆四中全會中進入中央常務委員會，同時也讓數名「政戰將校」當選中央委員。此外，他也擔任政權上層為了因應與美斷交後的中共「統一戰線工作」而成立之特別單位（task force，「復國小組」或「劉少康辦公室」）的召集人，擴大其影響力〔若林，前揭：214〕。美麗島事件的大規模鎮壓無法想像是在沒有蔣經國許可下執行的，而反過來說，林義雄滅門慘案及陳文成事件的背後，雖無法斷定是否有王昇的意圖在運作，但那無疑是在王昇勢力在政權內抬頭的鷹派氛圍中，病情惡化的蔣經國無法充分顧及全盤狀況下發生的。在這期間，蔣經國臥病不起，把三男蔣孝勇留在身邊以口頭傳達的方式執行政務。國民黨內部戲稱「劉少康辦公室」是「第二中央黨部」，在蔣經國病情惡化期間對王擴張權力的反感亦升高〔若林，1997：164〕。

　　在開始請李潔明轉達「民主化」之前，蔣經國一定要對體制菁英進行懲罰。1983 年蔣經國病情稍有回復後，5 月命令解散「劉少康辦公室」，接著將王昇從國防部總政治作戰部主任的位置拉下，甚至在秋天命他為巴拉圭大使將之外放。翌年任命李煥為教育部部長以調回中央，更於 1985 年將與王昇走得較近的黨中央祕書長蔣彥士，以涉入金融醜聞事件為由令其辭職，把李煥拉進中央常務委員會（1987 年 7 月命為中央祕書長）。

　　期間，如前所述又令臺灣省長李登輝就任副總統一職。李登輝受到拔擢，顯示政權人事臺灣化的方向不變，同時也可以看作是蔣經國針對他認為太出風頭的本省菁英，亦即李登輝前輩謝東閔（副總統）及對手林洋港（內政部部長）所採取的打壓措施〔同前：164-166〕。

在病情惡化期間，據說臺北方面觀察蔣經國恐怕已無法再起〔同前：164〕，透過這樣的懲罰，蔣經國至去世為止的強人威信稱得上是保持住了。結束上述的應對之後，其病情又再度惡化。在惡化的健康狀況下，他決斷地進行開啟「民主化」道路的「自由化」，又進行對中間接貿易及開放大陸探親以作為平衡措置。後者姑且不論，前者則是未確保強人威信下無法順利進行的。[42]

（2）強人的無後繼者之死

不過，我們亦須探討蔣經國至死為止仍有哪些課題尚未解決。第一，是對民主化讓步的不徹底。附帶限制（「蔣經國三條件」）的自由化方針，以及既不徹底又不明確的政治改革，特別是對於「黨外」——民進黨日後關注的有關國會改革方針決定上的推遲（黨的正式決定是在蔣經國死後），而且其內容也只是在不觸及《臨時條款》的前提下大幅增加「增額名額」，並向不需改選的「第一屆中央民意代表」支付龐大退職金使其自願退職等等。載入「蔣經國三條件」的《國家安全法》，於 1987 年 7 月在民進黨等激烈的立法院內外反對下強行制定；而解除戒嚴，及合法化政黨組織的《人民團體組織法》及《公職人員選舉罷免法》的修正，則是在蔣經國死後的 1989 年才完成，國民黨及民進黨皆根據該法進行登記，使多政黨制正式啟動。然而，如前所述，「自由化三法」在國會中的提出，成為「臺灣獨立」的公然主張被帶入了臺灣內部政治的契機。

蔣經國在世時國會改革之所以沒有進展，可以判斷是病情惡化導致政治領導遲鈍；[43] 同時改革案之所以不徹底，是因為考慮到這可能給遷占者菁英帶來影響。[44] 但是，由於這種不徹底，使得畸形的國會及其不需改選的民意代表，被民進黨支持者批判為「萬年國會」、「萬年國代」、「老賊」，而成為反對派最佳把柄。

另一方面，保守派菁英反而又對這個附帶「蔣經國三條件」卻又無法抑制臺灣民族主義的狀況抱有不滿。[45]

　　蔣經國還有另外一件無法辦到的事，那就是後繼者的決定。1980 年代反覆入院，讓臺北政界開始私下議論後繼者的問題。1982 年 11 月病情回復時，行政院新聞局不得不公布，蔣經國的疾病是長期糖尿病所導致的末梢神經炎，坊間的政論雜誌還針對可能成為後繼者的人物作了品評。

　　蔣經國並不是什麼都沒有做，他曾做了形式上的安排。1975 年父親蔣介石在總統任期中去世，蔣經國雖然馬上繼承了黨內的領導地位，但有關總統職務則依憲法規定由副總統嚴家淦繼任，自己則在嚴家淦總統任期結束的 1978 年才首度就任總統。這在日後自己也於任內逝去時，成為一個強而有力的前例。並且，在上述江南事件期間，外界遍傳犯人與國防部軍事情報局的幕後有蔣經國次子蔣孝武的參與，蔣經國曾於 1985 年中兩度表示：①蔣家後代不會繼任總統職位；②總統職位的選舉依制度而行，也曾公開發言否定有關軍事政權的可能性。

　　再加上，還有「臺灣化」的問題。的確，蔣經國向李潔明預告了「臺灣之路」，並選李登輝為副總統。然而，儘管下屆總統由本省人出任的可能性提高了，但那會是李登輝嗎？這位本省籍總統實際上會有多少權力？例如，他會不會就國民黨主席一職？會不會獲得實權？或是採取集體領導體制？種種問題仍然曖昧。

　　李登輝在日後與司馬遼太郎的對談中曾表示：「他就算罹患了那樣的重病，也沒想到自己會就此結束生命。所以，臨終的父親並沒有對兒子留下任何像是遺言的訊息。」〔司馬，1994：500〕此外，在蔣經國死後，與李登輝對立的參謀總長郝柏村事後亦回憶，蔣經國在後繼者問題上雖強調制度，但具體人選上則看

不出他的想法，「他似乎沒有選擇接班人的意思。」〔郝柏村，1995：409〕

　　顯然地，民主化的開始與繼承問題的走向，會對戰後臺灣國家的「遷占者優位體制」帶來極大衝擊。其中，有關過去居於從屬地位的本省菁英及外省菁英的關係將如何定位？（尤其是黨主席的職位如何決定？）如果李登輝的觀察正確，可以推測蔣經國原本打算在下任總統副總統選舉中（1990 年）親自作安排。郝柏村也說，如果蔣經國真的有意中人選，那麼或許就是行政院的孫運璿。但是，孫在 1984 年 2 月就因腦溢血病倒了。根據郝柏村的說法，就算中意孫運璿，「他（蔣經國）也沒有系統性的計畫。孫因疾病倒下後，計畫就亂了套。沒有預備的人選。」〔同前〕

　　1988 年 1 月 13 日下午蔣經國去世後，當日便依憲法規定，由李登輝繼任總統職務。如此，蔣經國的死給戰後臺灣的遷占者國家體制帶來了前所未有的狀況，1950 年以來的戰後臺灣國家首次出現缺乏屬於遷占者族群一方的明確領導人，國家形式上的最高職位是由本省人李登輝就任。李登輝在國家機構的頂點可以掌握多少實權？這個問題，便和臺灣民族主義的抬頭，共同成為「中華民國臺灣化」正式展開的重點。

【註釋】

1　以下有關美中關係共同聲明及《臺灣關係法》的日譯文件，悉數根據作為「參考資料」收錄在〔毛里譯，2001〕一書中的文件。

2　「原則一，中國只有一個，臺灣是中國的一部分。若我能控管我的官僚，今後應該不會再有類似臺灣地位未定之類的聲明；原則二，我們不會支持任何形式的臺灣獨立運動；原則三，即使我們在臺灣派駐的代表減少，也會盡最大影響力，防止日本對臺灣的干涉；原則四，我們支持臺灣問題有效的和平解決；原則五，我們尋求與人民共和國的關係正常化。」〔毛里譯，前揭：39〕

3　這一方面也是國民黨政權自身的選擇。根據美國國務院方面的紀錄，1971年時任外交部次長的楊西崑祕密地與美國駐臺北大使接觸，希望對方向蔣介石勸說以「中華臺灣共和國」為名繼續留在聯合國的方案，對日本首相也進行了同樣的呼籲〔タシク・Jr（Tkacik, John J. Jr.，譚慎格），2005年：17〕。但是，國民黨政府仍然堅持自身的「一個中國」，以「漢賊不兩立」的原則，和北京同樣地不接受中臺同時加入以聯合國為主的各國際組織，或是他國對於中臺的雙重承認〔松田，1998：256〕。雖然是後見之明，但沒有民主化帶來的黨國體制改革，就不可能有「一個中國」原則的軟化。因為「一個中國」就是「中國國家體制」＝「遷占者優位體制」的支柱。

4　這些國家也在1990年代相繼將外交承認移向北京。

5　1945年7月26日發表，日本於8月14日接受的《波茨坦宣言》第八項指出：「重申《開羅宣言》中的諸內容應被履行，並且日本的主權必須被限制在本州、北海道、九州和四國以及吾人所決定其他小島之內。」1943年11月27日由羅斯福、邱吉爾及蔣介石共同商定的《開羅宣言》相關字句為：「三國之宗旨，在剝奪日本自1914年第一次世界大戰開始後，在太平洋上所奪得或占領之一切島嶼，及日本在中國所竊取之領土，如東北四省臺灣澎湖列島等歸還中華民國。」

6　作為向中靠攏的象徵之一，第七艦隊在臺灣海峽的巡航也由常態性巡航改為機動性巡航。

7　引用字句為英文正文的翻譯。在英文正文中，前者的「承認」為recognize，

後者的「認知」為acknowledge，但在中文正文中兩者皆被寫作「承認」〔Bush, 2004: 138-145〕。美中兩國在有關臺灣地位上，可以說是以使用不同用語的方式試圖尋求妥協。

8 季辛吉（Henry Alfred Kissinger）在1971年10月與周恩來的交涉中，一方面向中國方面要求對臺灣問題表達願和平解決之意，一方面又不意間說出：「我的意思並不是如1955年般，強烈要求您們須對我方作出保證。（指日內瓦舉行的美中大使級會談——筆者）」卡特政府的判斷或許就由來於此。其後，卡特在2007年12月5日於中國的演說中表示，在邦交建立的交涉過程中，有關美國於1979年維持《中美共同防禦條約》，在其結束後也持續供給臺灣武器一事，雖然沒有公開同意，但也表示理解。http://www.chinaelections.net/PrintNews.asp?NewsID=13771.（擷取時間：2007年12月30日）

9 「六項保證」如下：美國無意在對臺軍售一事上設下終止期限；不會與中國在有關對臺軍售上作事前協商；無意扮演臺灣與中國協調者角色；不會同意修改《臺灣關係法》；不會變更有關臺灣主權的立場；無意對臺灣施加壓力迫使其與中華人民共和國進行談判〔タシク·Jr，2005：121〕。

10 此外，近年也有評論者將日中關係正常化、日臺斷交後日臺中關係的架構稱為「七二年體制」。〔岡田，2003；松田，2007a；松田，2007b〕但本書所謂的「七二年體系」，正如本文所述一般，指的是在美國帝國體系有限的縮小過程中，於臺灣海峽所形成的國際體制，而圍繞著臺灣的美中關係則為其核心。至於日臺中關係架構的「七二年體制」和本書所稱的「七二年體制」，前者應該可以說具有後者的姊妹體系或是次體系的性質。用山本吉宣美國帝國體系論的用語來說，在「五〇年體制」表現於《日美安保條約》及《中美共同防禦條約》的帝國體系上層結構，和「七二年體制」中再定義、再強化的《日美安保條約》和《臺灣關係法》的上層結構，使美中臺關係和日臺中關係兩者彼此連動。

11 金德芳（Teufel June Dreyer）指出，當時季辛吉考慮的是，如何讓臺灣以某種形式被中華人民國吸收時的過程，不要太過難看〔Dreyer, 2006〕。

12 林霨（Arthur Waldron）指出，在現今對中、對臺政策成形的1970年代，一般預測臺灣當局一旦與美斷交，絕大多數出身自中國大陸的臺灣統治者

們，將體認到獨裁政權維持的困難，審度時勢而跳過臺灣民眾的意願，逕行同意回歸中國，自身也會取得在中國政府內部的名譽地位而回到中國。因此，卡特政府當初所構想處理對臺關係的機關，只考慮作為一個只進行過渡業務的暫設機關〔ウォルドロン（Waldron），2005：41-42〕。從這樣的觀察，也可以感受到當初美國決策者心中臺灣的比重如何。至於日本，根據筆者自身的聽聞，1980年代位於東京神谷町的交流協會辦公室非常狹窄，該協會職員曾經述懷該協會自身也是基於「此一組織馬上就沒有存在必要」的默契，才會租借如此狹窄的場地。另一方面，同一時期從外務省（即外交部）派駐於臺北的該協會職員，亦曾言及有關黨外勢力挑戰強勢的國民黨政權的情況，以及本省人如何竭盡全力地防範外省人擅自與北京進行談話接觸等情形。

13 日譯文件收錄於〔若林、谷垣、田中編，1995年〕。

14 在政府部門方面，國務院設置臺灣事務辦公室，對外經濟貿易部設置對臺灣經貿司等，解放軍總政治部文化部設對臺宣傳品編輯部，中國社會科學院設臺灣研究所，各級地方政府設臺灣事務辦公室。在統一戰線組織方面，則設立中華全國臺灣同胞聯誼會、臺灣同學會、全國臺灣研究會及黃埔軍官學校同學會等〔松田，1996b：129〕。

15 1987年3月，臺灣的治安當局公布推測，包含當局所掌握的4,000餘名在內，有超過一萬人的臺灣住民前往大陸〔若林，1987：403〕。

16 這種獨特的，和中國核心菁英所定義者相異的「中國性」，日後在臺灣民族主義的言論中，就被作為展現臺灣性（Taiwaneseness）的概念來宣揚。

17 李萬居、郭雨新、郭國基、吳三連、李源棧（以上為男性）及許世賢（女性）等被稱為「五龍一鳳」的「在野派」省議員們，利用在省議會質詢的機會，從1950年代至1960年代為止，持續指出「萬年國會」的不合理，其範圍從國會的全面改選到僅限臺灣的部分定期改選之實施等，以各種形式訴求國會改革〔薛化元，2001：151-159〕。而後者的主張，可以說是1970年代以降「增額選舉」的雛形。

18 根據林泉忠於1995年對李煥所作的訪問，據說對方曾答沒有「省籍政策」，也沒有「『本土化』政策」〔林泉忠，2005：160〕。

19 「尋根」活動,在1970年至1975年為止每年為期五日,參加者最多的年分
也不過128名,但自1976年起就開始急速增加,至1980年代中期為止就增
加到平均500名參加,活動則為期十日。活動雖然是採取由上而下基於官
方中國民族主義的形式,但這個數字顯示大多數的臺灣人受到吸引而主動
參加的盛況。有關這一點,田上智宜引述當時相關人士表示,這個活動具有
保護膜的功能,提供對臺灣歷史文化抱持興趣的人士,得以有在不受情治
機關懷疑下接觸臺灣史的機會,並指出這個活動是「在中國民族主義灌輸
的同時,由於臺灣人自身對臺灣史的關心而受到支持。這個活動是在雙方
同樣處理臺灣史題材,但有關於此的認知及態度則未必一致的狀況下成
立的」〔田上,2007:162〕。

20 根據菅野的研究,臺中市立文化中心是當時曾經擔任臺中市政府總務課職
員的詩人陳千武(1964年創刊的詩刊《笠》的主持人)策畫下成立的,而陳
千武的構想據說是來自於因詩人身分而有所交流的高橋喜久晴,接受其導
覽參觀日本靜岡縣內文化中心的經驗。在「文化建設」政策下設置的文化中
心,兼具了圖書館、博物館及音樂廳三種功能,可以說是取範自臺中市立文
化中心〔菅野,2006:252-254〕。

21 有關「中華文化復興運動」的相關引用,是依據林果顯〔2005〕及菅野〔前
揭:第三章〕。該運動推動團體在翌年成立了以蔣介石為會長的中華文化復
興推進委員會,蔣介石將在臺灣權力整合過程中一度被放逐至美國的CC
派領袖陳立夫召回,任命為副會長。在中國大陸時期執國民黨黨務牛耳的
CC派,因其保守主義的文化觀,在1930年代以降的國民黨教育、文化政策
上具有很強的影響力。有關「準戰時精神動員」的理解,是啟發自林果顯
〔前揭:第六章 結論〕。

22 這是蔣經國1978年2月在立法院施政報告中的說法,轉引自陳怡真〔2004:
180〕。

23 在中壢市內一個借用小學而設置的投票所中,身為投票所負責人的該小學
校長,被目擊故意汙損許信良的得票欲使之無效而遭追究,鄰近的中壢警
察局湧入超過一萬名的群眾,包圍警局並大舉搗毀〔若林,1992:194〕。

24 以下除特別註記外,本文有關美麗島事件前的史實,皆依據李筱峰〔1987:
第四章〕。

25 與美國將沖繩施政權歸還日本有關，1970年9月日本政府宣告釣魚臺群島
（即尖閣諸島）回歸日本，對此，多位留學於美國各大學的臺灣及香港留學
生，自1971年1月起，發起了示威遊行等抗議活動長達數月。臺灣方面，4月
起在北部的大學校園陸續有抗議活動展開，6月在臺北的日本及美國大使
館也舉行了示威抗議。此即所謂的「保釣運動」。

26 有關於此，可以從1977及其前後的省議員投票率中見得。1972年選舉中支
持率在70.33%，1977年為80.40%，美麗島事件後的1981年掉到71.94%〔王甫
昌，1996：150〕。

27 臺灣基督教長老教會是支持「黨外」的社會基礎之一，也是理念靈感的來
源之一。在國民黨政權遭聯合國放逐後，1971年12月以該教會總會名義發
表「國是聲明」，向國際社會主張，任何外國都不得違反臺灣地區人民意
志而作出違反人權的決定，人權神賜，「人民擁有決定自身命運的權利」，
對國內則主張國會全面改選。此一主張於1975年、1978年也再度提出，在
1979年的聲明中，教會更宣言將為建立「臺灣為一個新興獨立國家」而行
動〔國史館，2002：131、145、152、162〕。

28 根據蕭阿勤的研究，外省人的戰後世代擁有一種，從實際經歷過抗日戰爭
時的日軍侵略、以及戰後內戰敗北而流亡漂泊的雙親世代口傳得來的「虛
擬流亡、漂泊」心理狀態。這份流亡與漂泊，是國民黨官方中國民族主義敘
事的一部分，接受此一教育的本省人戰後世代，也受此浸染而同樣擁有這
種「半虛擬性」的心理狀態〔蕭阿勤，2005：21-22〕。

29 事實上，依康寧祥所強調的視角，將1920年代臺灣抗日運動的內容編入教
科書的理想，一直要等到1996年本省人總統李登輝執政下的教科書改革
（即在中學設置「認識臺灣」科目）才得以實現。只是，其時「反共復國」已
非「基本國策」。

30 將康寧祥與蔣經國的這段歷史問答，對照到最小綱領民主化完成後的
1998年臺北市長選舉活動中，李登輝（當時兼任總統與國民黨主席，本省
人）與國民黨提名候選人馬英九（前法務部長，外省人）的問答，令人感
慨良深。這個所謂「新臺灣人」問答，時間是12月1日晚，場所是臺北市士林
區高中的校園，語言是「臺灣話」＝「福佬話」，對馬英九而言當然不是擅長
的語言。

李：「你是哪裡人？」

馬：「報告總統，我是吃臺灣米，喝臺灣水長大的新臺灣人。」

李：「很好。不管先來或後到，大家都是新臺灣人。不過，要走什麼路是很重要的。你要走什麼路？」

馬：「是。我要走李總統民主改革的大路。」

〔《〔聯合報〕：1998年12月2日。上點為筆者所加〕

本省籍總統兼國民黨主席與外省籍臺北市候選人，雙方在政治權力上的地位雖然有所逆轉，但本省人向外省人要求一個認同承認的結構仍舊存在。此外，吾人應該留意，在1975年康寧祥與蔣經國的歷史問答中雖未得見，但這個「新臺灣人」問答中認同政治是跨越臺灣海峽而存在的。隔年，當時中國的副總理錢其琛表示「不管本籍是臺灣省或是其他省分，大家都是中國人，都是中華民族」，並批評「新臺灣人」口號是「要在海峽兩岸的同胞之間製造鴻溝。我們斷然反對。」〔《朝日新聞》，1999年1月29日〕

31　此外蕭阿勤也精闢地指出，在「回歸現實」思潮方面，「戰後世代」的文學作家提倡一種將描寫臺灣現實作為「眼前實際存在的中國」、「我的中國」的文學理念，以及由此一觀點而來的，針對無緣進入來臺第一代外省文人主導的文壇，而持續從事創作的本省作家所撰寫的，以描寫農村或工廠「小人物」的悲歌為主題的所謂「鄉土文學」重新進行評價，甚至是對日治時期後期所展開的所謂臺灣「新文學」作再評價等等，亦同於「黨外」的「臺灣抗日再評價」，具有將之定位於中國民族主義敘事中，指出其「中國性」以正統化，進而要求承認與尊重的性格〔蕭阿勤，2000、2002〕。

32　根據王甫昌的調查，1980年代前半約有50餘種的黨外雜誌發行〔王甫昌，前揭：168〕。

33　不過，致力於吸收以李登輝為代表的本省菁英，也可以說有助於民主化時期國民黨的生存。

34　《臨時條款》若是廢止，那麼以統治全中國為前提而制定《中華民國憲法》，與實際只統治臺灣等地區的「中華民國」之間的矛盾就會被突顯出來。制定《國家基本法》的用意，便在仿照德國統一前西德所制定的同名法律，以解除與共產黨進行內戰的大原則（廢止《臨時條款》）的形式，將憲法擱置，迴避分裂中國國家的主權與正統性問題，實現全面性政治制度

民主化的構想。但此一構想最後遭決定「國會的充實依臨時條款的增訂進行」的政府所否決〔若林，1985：90〕。

35　在此，可以想像外部因素也產生作用。中山堂「共同主張」發表前，前述美中《八一七公報》已經發表。《八一七公報》、「黨外」的「住民自決」等口號的中心化，以及後述蔣經國向美國在臺協會代表所作的，包含「民主化」在內的四項傳話，可以說是成套的。

36　當時參與「十二人小組」的李登輝，在卸任總統後曾經表示，蔣經國是真心想改革，但「小組」的成員們則顯無幹勁，「小組」本身也不過是在蔣經國指示下，才勉為其難，虛與委蛇〔李登輝，2004：164〕。

37　如前註所示，「十二人小組」的審議雖然無甚進展，但在9月28日民進黨將組黨付諸實行，蔣經國也表示不予鎮壓的方針後，蔣經國於30日召見李登輝，指示他代理因腦溢血而倒下的前總統嚴家淦擔任「小組」召集人，私底下檢討在不違反國策與憲法的範圍內，承認政黨成立的可能性〔同前：188〕。由於事態演變為民進黨強行組黨、前總統因腦溢血住院，而蔣經國又有明確指示，這個由黨員大老組成的「小組」才開始運作。

38　在前著（《臺灣——分裂國家與民主化》）中，筆者以後述的《臺灣關係法》中，人權條款機制從外部給反對派提供「自由的保障」為依據，將1980年「黨外」的復活視作體制轉型的開始，至1986年為止視為「非明示性的自由化」時期。但是，或許仍應以體制內菁英自身正式做出進行自由保障決定時作為體制轉型的開始，較為妥當。

39　蕭阿勤曾經追溯這種在文學理念、歷史研究、母語復權運動等廣泛領域中的變化，將之視作「臺灣文化民族主義」的崛起現象〔Hsiau, 2000: Chap. 4-6〕。

40　在這段期間，蔣經國令三男蔣孝勇隨侍在側，藉著傳話來執行政務。據說當時也流傳著蔣經國可能一病不起的看法〔若林，1997：164〕。

41　有關1980年代美國國會在臺灣人權問題上的介入，可參考卜睿哲（Richard Bush）著作中從美國立場所做的詳述〔Bush, 2004: Chap. 6〕。當時卜睿哲以眾議院國際關係委員會亞太小組（主席是民主黨的索拉茲（Stephen Solarz））成員的身分，實際參與了這個過程。

42 根據時任參謀總長的郝柏村的日記所述,民進黨突然宣布組黨翌日,蔣經國召見郝柏村、行政院長俞國華、黨中央祕書長馬樹禮、教育部長李煥等高層(本省籍副總統李登輝未獲召見),指示當如何應對,而作了以下表示:「不要以為有力用不上而感茫然。有位同志來信,謂面對敵人的侮辱,最怪者為蔣某不生氣。余為國而生,為國而死,此時非出一口氣表現力量的時候。戰場上用刀槍容易,今日比用刀用槍困難得多。」〔郝柏村,1995:316〕。此一發言顯示,在當時體制內菁英的盤算中,的確有過透過實質強制力來打壓的選項,而蔣經國則加以壓抑。而且,這段發言同時也是蔣經國已經認識到在當前情況下,透過實質強制力來打壓已經甚為困難的根據。

43 李登輝證實,在前面所提「十二人小組」的「政治革新」案審議中,沒有任何一人敢去碰觸攸關「法統」的《臨時條款》〔李登輝,前揭:164〕。因為病情再度惡化,蔣經國和部下會面的次數驟減。根據李登輝的說法,他和蔣經國雖然一週碰面數次,但到了末期,則變成兩三週只見面一次〔李登輝(鄒景雯),2001:48〕。在此一狀態下,蔣經國或許也無法發揮令這些黨員大老改變態度的影響力。

44 根據美中關係研究者金德芳(J.T. Dreyer)的說法,過去曾以美國中央情報局(CIA)臺灣方面負責人身分與蔣經國建立密切關係的克萊恩(R. Cline)等人,曾在與美斷交之際,向蔣經國進言勸其立下「臺灣獨立」的決心,但蔣經國以這將令國民黨及臺灣的外省人喪失正統性而拒絕〔Tsai,2005: 239〕。而李登輝則認為蔣經國在1986年以降的改革及臺灣化的意志是確實的,雖然這未必與上述有所矛盾。蔣經國在1987年解嚴之前,曾向李登輝指示安排與本省籍地方耆老會面,7月27日在總統府實現了與十二名耆老的會面。此時蔣經國留下了名言,表示「我也是臺灣人」〔李登輝,前揭:229、231-232、240〕。

45 保守派大老陳立夫在事後的回憶中曾不滿地表示,蔣經國由於健康狀況的惡化,對臺灣獨立運動的應對優柔寡斷,無法清查其不法行動〔Tsai, op. cit.: 129〕。於蔣經國去世之際任參謀總長、日後以行政院長身分與李登輝對立的郝柏村,也在1988年1月8日的日記中寫下:「如果他(蔣經國)一如十年前健康,今天不會有脫法失序的政治及社會現象。」〔郝柏村,前揭:405〕

第貳部
中華民國臺灣化的展開
1988-2008 年

第四章 民主體制的設置──
「憲政改革」的第一階段[*]

　　1992 年 3 月 25 日，國民黨主席（兼總統）李登輝在臺北三軍軍官俱樂部，與歷經多年終於在前一年底進行全面改選的黨籍國民大會代表（第二屆代表）懇談，提醒「此次憲法修正以條文增訂的方式進行，增訂的部分只在國家統一前適用，並非修正憲法本文，一旦國家統一，增訂部分自然不再適用」〔《中華週報》，1991 年 4 月 13 日：2〕。當時，正是第二屆國民大會代表剛進行憲法修正案審議（第二次憲改）之時。該年初李登輝拍板定案，決定選擇以「公民直選」（由臺灣公民直接選舉）作為「憲政改革」（後述）焦點之一的總統選舉方式，卻由於形同選出「臺灣總統」，招致黨內外的批判。上述的發言乃針對此種反對的回應。

　　黨「內」指的是國民黨的「非主流派」，黨「外」在此指的是中國。李登輝發言兩日後，中國國務院臺灣事務辦公室（國臺辦）在接受臺灣《聯合晚報》採訪時表明了以下憂慮：「從前臺灣以全中國的政治體制運作，明確表達出大中國的思想，然而目前的憲政改革，如總統直選等，卻正想往『臺灣化』的方向前進」〔伊原，1993：45〕。

　　在上述的發言裡，李登輝強調雖然實施總統直選，但所推動的「憲政改革」是為了保存《中華民國憲法》，因此改革並非在

---

[*] 本章譯者：林果顯（政治大學臺灣史研究所助理教授）。

抽象意義上放棄「中華民國」的「法統」，希望以此降低反對聲浪。可說他表明了改革的界限，強調戰後臺灣國家的中國國家體制最外緣的結構不變，然而相對於此，國臺辦則對改革發展的方向表達了疑慮。

或許國民黨「非主流派」並非因國臺辦批判李登輝而受到鼓舞，但在第二次修憲時「非主流派」強烈反對總統直選，致使李登輝無法於此時有所突破。在歷經多次激烈的權力鬥爭後，才終於在 1994 年第三次修憲時確定總統直選。

如果從後見之明來看，1992 年 3 月李登輝的說法與中國國臺辦的疑慮，兩者都很正確。雖然李登輝運用了國民黨「反共復國」傳統意識形態的修辭，以「後退式的正當化」（backward legitimation）的手法，賦予「公民直選」正當性，不過這也反映了部分的真實。因為不論在李登輝統治時期（擔任總統時期為 1988 年 1 月至 2000 年 5 月），或臺灣民族主義政黨民進黨執政之後，「中華民國」憲法結構的大致框架，以及保證不廢棄《中華民國憲法》所展現的「中國國家」法理及象徵空間，依然存在。徹底廢除「中國國家」的做法仍須面對內外極大的障礙。

但是另一方面，如本章與下一章所述，蔣經國死後，中華民國臺灣化正式展開，李登輝任期內在幾個面向上加速此傾向，而且越過了最小綱領民主體制的設置，「中華民國」的「中國國家」也變得名存實亡。

如前一章結尾所述，蔣經國死後，最高權力的應有樣貌與政治改革規則，兩者的不確定性浮上檯面。若換另一種說法，從臺灣化的角度而言，政治體制開始轉變之際，卻也是戰後臺灣國家第一次出現遷占者菁英的「最高領袖」缺席的狀況。在很難說是民主的「遷占者優位結構」依舊殘存，從而仍然無法賦予政治領

導者民主正統性的情況下，儘管相對於反對力量在保有政治資源
上仍占有壓倒性的優勢，遷占者領袖的缺席對於「遷占者優位體
制」而言，仍是一大破綻。而且此事出現在不得不有限地承認正
面挑戰遷占者國家意識形態的政黨後不久，因而中華民國臺灣化
正式的起點，雖然從政治體制移行開始算起，可說是一種合理的
思考；然將起點放在體制開始出現破綻的時間點，或許也算妥切。
本書採取後者的觀點。[1]

　　依此，本章將聚焦於「憲政改革」，探尋蔣經國死後至 1996
年所展開的民主化與臺灣化的動力，亦即至 1996 年春天實施總統
直選，完成基於「憲政改革」的民主體制的設置之時為止。此為
「憲政改革」第一階段。

　　臺灣在完成民主體制的設置後，繼續進行「憲政改革」，這
是作為臺灣化一環的「憲政改革」第二階段（1996-2005 年）。關
於此點將於第五章詳述，不過從「憲政改革」第一、第二階段所
看到的過程是，分裂國家的其中一方所進行的民主化，隨著政治
體的正統性於內部依民主原則而確立，與外部的政治摩擦也跟著
加深。可以認為，由於分裂國家裡的其中一方所進行的民主化，
另一方的人民並未參與，因而是以單邊政治體內部的住民意志為
基礎，確立且實踐了僅僅單邊的國民主權原理，使得單邊政治
體實質統治領域中的住民形成帶有主權性質的政治共同體（civic
nation）。

　　若分裂國家的另一邊堅持否認此種主權性格，雙方的緊張將
無法避免。臺灣的「憲政改革」，在第一階段帶有明顯的對外意
涵，第二階段則更直接表明此種意圖。此種意涵指的是，由於中
國將 2000 年登場的民進黨陳水扁政權所欲推動的「憲政改革」，
視為最終走向「法理臺獨」的前奏而堅決阻止，而美國帝國則對

於陳水扁政權的行動將引發中國的強硬行動，會造成管理臺海形勢的困難，給予強烈警告。

一、「憲政改革」的啟動與其政治藍圖

1.「憲政改革」的啟動──「平衡者李登輝」的誕生與發展

（1）「二月政爭」與「三月學運」──「平衡者李登輝」的誕生

1990 年代，筆者第一次聽到本省籍政治家提起「李登輝徒手進總統府」的說法，這種說法相當程度地傳達了蔣經國去世後，李登輝所面臨黨國體制內外的權力狀況。在黨國體制內，由於蔣經國晚年所安排的人事，使得行政院長俞國華、黨中央祕書長李煥，以及參謀總長郝柏村等外省資深政治菁英，擁有各自的管轄部門，互相牽制。而李登輝在黨國體制內部所能依靠的基礎究竟為何？當初他所擁有的，只是副總統時代所培養對黨國體制與體制內菁英動向的觀察能力，以及國民黨內外對史上首位本省人總統升高的期待感。而對於李登輝依憲法規定繼任總統職務一事，黨內亦出現了他不該繼任黨主席，或即使是總統職也僅該繼承蔣經國剩餘任期等暫時性安排的主張。

在外省資深政治菁英互相牽制的影響下，李登輝雖然得以在 1988 年 1 月 27 日國民黨中央常務委員會決議下擔任黨代理主席，同年 7 月黨十三全大會正式就任黨主席，但如後所述，李登輝的領導須經過資深黨內菁英的討論決定，是外省籍資深菁英彼此間的默契。

而體制外，則是要求徹底民主化的群眾運動（聚焦於立即全面

改選「萬年國會」）、民進黨激進派以及終於在臺灣內部獲得立足之地的臺灣獨立運動團體，逐步公然地進行臺灣民族主義的宣傳運動。當然，民進黨內並非只有激進派，主張即使與國民黨妥協也應優先推動民主化的黨內勢力亦不弱。然而，即使是這些穩健派，也很難接受蔣經國晚年有限的自由化與「法統」擁護路線。包含民進黨在內的在野力量（解嚴前後陸續登場的各種社會運動團體），於體制內的交涉力量較弱，但在體制外卻已展示了不可小看的動員力。

主導體制改革議題的反對力量，只有不到三成的支持者，雖然意謂著反對力量無法推翻現行體制以遂行改革，但也表示現行體制無法強行抑制反對力量。與反對力量達成某種「協議」，成為維持過渡時期安定不可或缺之事。

前述 1989 年底同步舉行的各種選舉，國民黨的合併總得票率首次低於六成，民進黨則獲得佳績。[2] 蔣經國晚年所安排、維持「法統」的最小限度改革路線已無法達成政治上的安定，國民黨無法避免與因民主化而形成的反對力量再次交涉，而同時與之並行的，是體制內菁英間的權力平衡逐漸崩解的過程。

最初有所行動的是以中央祕書長掌握黨權的李煥。李煥於 1988 年 7 月的黨十三全大會中，支持李登輝就任正式黨主席，並以擔任行政院長為目標，欲將俞國華從該職位拉下。李煥在該次大會的中央委員選舉中進行動員，讓自己得到最高票，而俞國華雖然身為現任行政院長卻只能屈居第 35 位，大失顏面。李登輝支持俞國華，並未立即將其撤換，但俞國華在立法院中受到國民黨籍委員的強烈攻擊，隔年 5 月提出辭呈，李登輝不得不任命李煥接任行政院長。

　　其次有動作的是李登輝本身。1989 年 11 月李登輝命令參謀總長郝柏村卸下職務，接著任命他為國防部長。臺灣軍隊的慣例，參謀總長由陸海空三軍輪流擔任，但郝柏村從 1981 年被任命為參謀總長後，一直到 1989 年仍擔任該職。參謀總長替換一事，不僅解決了陸軍出身的郝柏村長期在任所導致人事輪替制度混亂的問題，同時也含有將對軍隊有極大影響力的郝柏村調離軍令系統的企圖。宋美齡（蔣介石夫人）召喚李登輝到她的宅邸，遊說郝柏村留任之事，但李登輝未因此動搖〔李登輝（鄒景雯），2001：69-71〕。

　　最遲到 1989 年底選舉之後，李登輝才較具體地決定與反對力量再度交涉，以推動民主化。[3] 為此，在蔣經國剩餘的任期結束後，必須獲得新的、而非名義上的總統任期。就在當時，李登輝決定在 1990 年春天預定召開的國民大會（仍舊是「萬年國代」占多數的「第一屆」）中成為總統候選人，並選擇法學學者出身的總統府祕書長李元簇為副總統候選人，開始尋求各界的支持理解〔同前：72-73〕。1990 年 2 月 11 日國民黨召開臨時中央委員會全體會議，決定 3 月舉行的國民大會中所提名的總統、副總統候選人。

　　然而從李煥與郝柏村等資深黨內菁英的角度來看，這些行動是「違反集體領導默契的行為」〔汪士淳，1996：290；李登輝（鄒景雯），前揭：73〕，同時對李登輝外交態度的疑慮也使他們無法信任他的「一個中國」立場。這些對李登輝的不信任感轉為意識形態，這或許是使得原先互相牽制的外省菁英決定共同行動的理由〔周玉蔻，1993：155〕。

　　在此次行動中，除了李煥與郝柏村，包括王昇（被蔣經國派任為巴拉圭大使，正趕回臺灣）、許歷農（行政院退輔會主委）、關中（因 1989 年底選舉成績不佳而辭去國民黨中央組工會主任）、李

慶華（李煥之子）與陳履安（經濟部長，蔣經國的競爭者前副總統陳誠之子）等人互相集結。他們打算在 11 日臨時中央委員會全體會議中，首先提案改變強人時代起立表決正副總統候選人的投票方式，以挑戰李登輝的權威，成功的話便接著提案被視為李登輝競爭者的本省籍政治家林洋港（司法院長）與陳履安為正副總統候選人。該方針決定後，於 2 月 10 日前開始遊說各中央委員〔同前：156-159〕。

　　從李登輝的角度來看，這些行動可說是「政變」的準備。總統府於 10 日下午終於察覺此種活動，對中央委員展開徹夜的遊說，結果在 11 日的會議，上午以差距不大的票數差距由「起立表決」取得勝利（99 票對 70 票），下午通過李登輝的提名案〔李登輝（鄒景雯），前揭：73-75〕。由於此事，國民黨內的對立浮上檯面，李登輝派被稱為「主流派」，郝柏村、李煥被稱為「非主流派」。過去國民黨一黨支配體制的組織原則是「黨外無黨，黨內無派」，但此時已承認「黨外有黨」，「黨內派系」也已然成立。

　　總統選舉問題在上層菁英之間正面對決，接著部分國民大會代表預計在 3 月的國民大會中展開反李登輝的行動，這些動向反而賦予李登輝「民主改革派」領袖的形象，成為勇於對抗外省保守勢力的本省人領導者，提高了他在族群中的人氣。

　　國民黨中央委員會全體會議結束後，部分國民大會代表展開以林洋港與蔣緯國（國家安全會議祕書長，蔣經國之弟）作為正副總統候選人的連署活動。雖然林與蔣採取「候而不選」的態度，但主流派憑藉精密的估票與對國大代表的遊說，獲得 600 多名代表中約 400 名的連署，確定擁立林—蔣配的連署數無法達到規定的100 多名〔同前，77〕。結果林與蔣獲得以「八大老」說服的形式保持面子，只能宣布退選。「八大老」其中一人是前臺灣省議會

議長蔡鴻文，他對林洋港說「甚至有人批判你說，你是臺奸，不愛臺灣」〔官麗嘉，1995：240〕。此外，在此次政爭中，即使是非主流派擁立的候選人，也推出總統為本省人、副總統為外省人的組合。與直到蔣經國時代為止所不同的是，開始啟動的民主化＝臺灣化的趨勢，在此次權力鬥爭的過程中，可說為族群政治帶來了新的平衡關係。[4]

　　此外，部分國民大會代表，在審查大會議案的預備會議中，陸續提出國民大會每年定期召開、大幅提高會議出席費等自肥提案。這些都是仗著有選舉正副總統權力的敲詐，從蔣介石、蔣經國時代以來就形成慣例。在民間對民主改革步伐停頓感到焦躁的背景下，部分國代預見到國會必然將全面改選，已是能勒索的最後機會，因而如同既往進行政治要求的慣例行動，引發輿論強大的反彈。地方議會接二連三對此提出譴責的決議案，地方政治也就是縣的層級，基本上如同在第二章所見是地方派系的世界，這意味著地方派系事實上已轉而支持主流派。

　　輿論反彈最尖銳的表現，是爆發了戰後臺灣史上最大規模的學生運動。以 3 月 14 日，50 多名臺灣大學學生在國民黨中央黨部前抗議為契機，16 日群眾在黨部旁的中正紀念堂廣場開始靜坐，18 日參加者達數千名。該日民進黨與市民團體也到場會合，人數膨脹到 2 萬人，決議提出：①終止《動員戡亂時期臨時條款》；②解散國民大會；③為促進政治改革，召開國是會議；④提出政治改革時間表等四項要求，隔日部分學生進行絕食抗議。[5] 20 日南部的高雄市亦開始有學生靜坐，數間大學亦進行罷課〔若林，1997：196-197〕。同日，立法院也通過支持除上述第三項要求外，學生所要求的其他決議〔李登輝（鄒景雯），前揭：327〕。

　　李登輝在 21 日上午以壓倒性的多數獲選為第八任總統後，立

即召集國民黨中央常務委員會，決議舉行國是會議，當夜會見靜坐學生代表，承諾儘速召開國是會議，並於 5 月 20 日的總統就職演說中提出政治改革時間表。學生以「我們的四項要求已成為全國同胞的基本認識」為由，終止了抗爭活動。同時，19 日李登輝派黨中央祕書長宋楚瑜會見民進黨主席黃信介，對召開國是會議一事達成共識，而民進黨由於感受到李登輝的誠意，決定暫時停止街頭群眾運動。4 月 2 日，李登輝更請黃信介與民進黨祕書長張俊宏到總統府懇談，表明兩年以內實現政治改革的決心。一週後民進黨正式決定參加國是會議〔若林，前揭：197-199〕。

經由上述過程，李登輝贏得黨內「二月政爭」的勝利，於國民大會獲得自己的總統任期，取得與體制內菁英交涉的力量，而且因為成功應對「三月學運」，亦取得與體制外民主化勢力的交涉能力。[6]「平衡者李登輝」由此誕生。

（2）郝柏村內閣、國是會議、《國家統一綱領》──「平衡者李登輝」的開展

作為「平衡者」，李登輝對體制內外各方勢力發揮交涉能力，成功將臺灣的民主改革推向前述「憲政改革」的軌道。在 5 月 20 日第八任總統就職演說中，李登輝宣布一年之內終止「動員戡亂時期」，兩年以內以「修憲」的方式改革國會、地方制度（省長、直轄市長民選問題）與政府體制（總統選舉方式、行政院與立法院關係等）等政治改革方針。李登輝當選總統後，為了統合黨內意見，以黨政高層組成「七人決策小組」[7]討論重要問題，總統就職演說內容亦經過該小組的討論（李炳南編著，1997：11）。經過「三月學運」，可以說為了避免體制垮臺並延續政權，進行某種形式的民主化以重新確立政權的正統性，是連非主流派都不得不同意的事（葉俊榮，2002：36）。

　　成為輿論不滿焦點的「萬年國代」退職問題，由民進黨立法委員陳水扁等人所提出的司法院大法官會議釋憲案（第 261 號解釋），在國是會議召開前夕公布釋憲文，除了增額選舉所選出的代表之外，從未改選的中央民意代表任期至 1991 年最後一日為止。[8] 由於國民黨中央常務委員會先前在 4 月時曾通過「黨中央政策會擬定的資深中央民意代表在 1992 年 2 月全數退職」的決議，因此對於大法官的解釋並沒有產生太大反彈，很乾脆地就決定了「萬年國會」的終止日程。

　　6 月底，召開了作為總統諮詢會議的跨黨派國是會議，發表以下幾點共識：①儘早使未曾改選的中央民意代表退職；②臺灣省長、臺北市長與高雄市長直選；③總統民選，形式未定（非透過國民大會等機構進行選舉）；④終止「動員戡亂時期」；⑤以臺灣人民福祉為前提的「大陸政策」（後述）。當初在中正紀念堂廣場所通過的決議、要求廢止國民大會的意見並沒有達成共識，而關於總統選舉的方式，國民黨方面的出席者主張美國式選舉人團的「委任直選」，民進黨則主張直接選舉，因而此點亦無法達成共識，僅以「由臺灣全體住民選舉選出」的形式發表。

　　國是會議後，國民黨在黨內設置「憲政改革小組」，討論「憲政改革」的具體方案，該年底依此小組結論，黨決議「一機關兩階段」的改革方針。「一機關」指的是國民大會，[9] 兩階段中的第一階段是所謂「程序修憲」，由「第一屆代表」召開國民大會，廢止《臨時條款》，在不更動憲法本文的情況下以「增修條文」的附加方式修改憲法，制定第二屆中央民意代表的選舉辦法，以及到第二階段修憲為止統治的法源。第二階段即所謂「實質修憲」，由新選出的第二屆中央民意代表所組成的國民大會，決定政府體制的改革。同時，還加上對現行「五院」體制的堅持，以

及小幅修憲等附加條件。

　　從民進黨所提出的《民主大憲章》來看，亦即擱置《中華民國憲法》、建立法國式的半總統制的憲改案（核心為總統直選）來看，上述憲改程序乃極為保守的憲改方案，但若實施的話，臺灣的戰後國家體制將可能進展到距離當時體制極為遙遠的地步。《臨時條款》的廢止與憲法修正，不問其原先正當性來源的中國大陸公民之意向，只由臺灣選民進行國會全面改選。因而若從肯定民主政治理念的立場來看，國會改選以及與此連動的政府再造，使臺灣的「中華民國」「正統中國國家」的「法統」變得極為抽象淡薄，[10] 同時也使得遷占者菁英的獨占政治崩壞。進一步而言，《動員戡亂時期臨時條款》的廢止與終止「動員戡亂時期」的種種規定，等於是放棄了視中華人民共和國為叛亂團體的「反共復國」「基本國策」，反過來說，形同打開了「自己到底是什麼」這個有關戰後臺灣國家的認同爭論的潘朵拉之盒。這些情勢，對於欲提出戰後臺灣國族認同替代方案的臺灣民族主義勢力之抬頭是有利的。

　　隨著此種情勢發展益加明朗，使得那些安於之前戰後臺灣國家體制而累積資歷的體制內菁英與後備軍變得不安，且反對力量在體制內尚未十分強大，在此種情況下所進行的改革，為了抑制因不安而帶來阻礙改革的因素，不得不採取一些平衡措施。雖然贏得「二月政爭」，但李登輝在黨內的指導權若沒有採取平衡措施（「後退式的正當化」），政權運作將無法穩固。

　　在獲得新的總統任期之前，憑在野民主運動力量而起的李登輝，接下來必須反向操舵。李登輝所採取的平衡措施為：①任命郝柏村為行政院長；②修憲過程中爭取國民黨內的支持，在形式（不觸及憲法本文）和內容（維持五院，小幅修憲）上與保守勢力妥

協「修憲」程序；③策畫《國家統一綱領》。關於第②點上述已提及。當然，民進黨對於李登輝先就政治改革姑且探求民意，之後具體的改革方案卻在國民黨內閉門處理一事，大為不滿。

　　任命國防部長郝柏村為行政院長，其實為含意甚多的一步棋。此舉雖然可說如同其標榜為「治安內閣」一般，具有把軍人安排於行政體系的頂峰，用以改善解嚴後治安惡化的意圖，但最重要的，則是憂慮「憲政改革」所處的政治環境。當初李登輝理想的行政院長人選為外交部長連戰，[11] 具有內閣年輕化與臺灣化的意圖，但最後是以弭合「二月政爭」產生的黨內裂痕為優先。郝柏村與李煥都是此次政爭的中心人物，任命郝柏村為行政院長，意味著起用了其中一位非主流派的重要人士，另一位非主流派的大老李煥則被驅離了黨政權力中樞。

　　李登輝自己稱任用郝柏村為行政院長一事為「下猛藥」。任命軍方的實力派人事引發了在野勢力的強力反彈，當新聞報導李登輝的想法後，學生、市民與教授的抗議行動於 5 月初的臺北街頭再度展開。民進黨內部的激進派「新潮流派」，要求黨主席黃信介與祕書長張俊宏等所謂「美麗島系」抵制國是會議，但黨中央則堅持繼續參加。可以說，黃信介等人以此行動支援「平衡者李登輝」對其黨內的交涉能力。

　　如第三章所述，蔣經國晚年開放對大陸的間接貿易與大陸探親（有條件限制的），臺海兩岸人、物、錢的往來顯著增加，使得行政上「三不政策」的調整，立即成為無法迴避的事。此外如前所述，由於進行「憲政改革」，必得終止「動員戡亂時期」，中國大陸與臺灣兩者的定位與相互關係都須重新定義。在制定規範行政措施的法律時，若中國大陸不是「叛亂團體」，那究竟為何？此點也須重新定義。在行政措施方面，4 月行政院決定設置大陸

事務的主管機關「大陸委員會」。此外，在國是會議中不僅討論政治制度的改革，同時也將大陸政策排入議程，強調以下共識：①與中國大陸進行政治交流的時機尚未成熟，大陸政策「應以兩千萬臺灣人民的福祉為前提」；②為了與對岸進行交流，設置非官方的中介機構。

　　在此情勢下，李登輝突然於 8 月表達意願，要在總統府內設置由總統召集、屬於臨時工作小組性質的「國家統一委員會」，國民黨中央常務委員會通過後擇定成員，於 10 月第一次集會，開始制定大陸政策的指導原則《國家統一綱領》。行政院則進行相關機構的設立準備，11 月行政院設置大陸委員會，開始運作，並設立上述的「中介機構」財團法人海峽交流基金會（簡稱海基會）。

　　國家統一委員會於隔年 1991 年 2 月通過《國家統一綱領》，國民黨中央常務委員會與行政院院會（相當於日本的閣議）立刻加以追認。[12] 該綱領重點如下：①中華民國以建設「民主、自由、均富的中國」為目標；②中國大陸與臺灣皆為中國領土；③「中國的統一，其時機與方式，首應尊重臺灣地區人民的權益並維護其安全與福祉」；④中國的統一分階段逐步達成，在「近程」的「互惠交流階段」，互不否定對方為「政治實體」，在國際間相互尊重，互不排斥〔若林，前揭：208-211〕。

　　從內政層面來看，《國統綱領》亦是仔細考慮了各方的平衡後，具有多種意涵的一步棋。首先，該綱領為統一設下許多限制，雖然招致國內外批評為「國家不統一綱領」，但重新揭示「國家統一」與「一個中國」原則，有效地抑止了「右派」（譯注：黨內保守派）對「憲政改革」的雜音。其次，設下中國共產黨難以接受的統一條件，則能回應有關臺海兩岸關係中，最大多數民意所支持的「維持現狀」意見。第三，藉由上述第③點的明確記載，

以「臺灣優先」為口號，李登輝為首的國民黨主流派選擇性地「搶」到了臺灣民族主義的實施進程，成為進行臺灣化政策具有正當性的根據。

最重要的是，國家統一之前，與中國大陸為相互尊重的對等「政治實體」，此一概念的提出相當重要。就臺灣外部而言，中國在憲法中早已設計「中華人民共和國特別行政區」此一政治性定位，要求臺灣接受，而臺灣內部則有民進黨激進派等主張「臺灣共和國」。前面提到終止「動員戡亂時期」後，爭論戰後臺灣國族認同的潘朵拉之盒已被打開，不過由於當時提出了對等政治實體的概念，可說為了實施「憲政改革」的政府超越了「法統」擁護路線，達成了意識形態上的調整。

2.「憲政改革」的政治構圖──開始時的三條路線

政治的自由化一旦開始，各種政治制度改革的方案相繼出現。如同上述所見，凍結《中華民國憲法》及其重要部分的《動員戡亂時期臨時條款》，其改革的方式大致可分為三種。改革方式之所以不同，緣於對「中華民國」的「正統中國國家」認同的不同，亦即擁護「法統」、形式上擁護但實質上否定「法統」，以及理念上否定但形式上妥協「法統」的三種路線。不同的改革路線、與同時形成的中國民族主義與臺灣民族主義、在意識形態光譜上各種路線支持者的位置，以及外省人與本省人之間兩個族群間的對抗，彼此之間具有連動關係。也就是說，「憲政改革」的路線也是在臺灣政治「族群＝民族的（ethnic-cum-national）脈絡」的影響之下。

（1）非主流派的「法統」擁護路線

首先，在蔣經國的晚年國民黨致力於法制化的努力，不廢止《臨時條款》，而是期望藉由第一屆中央民意代表的退職，達成國會全面改選。這是以維持國家仍在「動員戡亂時期」為前提，亦即臺灣的「中華民國政府」為正統中國政府，大陸的中華人民共和國為叛亂團體，且堅持不更動憲法本文的方針，因而此路線無論如何「要將完整無缺的憲法帶回大陸」，希望在「反共復國」的「基本國策」架構中進行改革。

如同前述，將禁止主張「臺灣獨立」的「蔣經國三條件」寫入法律的《動員戡亂時期國家安全法》等「自由化三法」，成為憲政改革的配套措施，而此種改革路線於 1989 年 1 月的《第一屆資深中央民意代表自願退職條例》中部分地法制化。若欲堅持此路線，在理念上否定「法統」的臺灣民族主義思想與運動將無法被認同，且應該斷然取締。從民進黨等在野勢力來看，此種「法統」擁護路線於理念上無法相容，而且反映了遷占者菁英想要保護舊體制中既得的族群利益，同時阻礙了政治自由的進程，因而成為了街頭激烈抗爭的對象。

（2）民進黨的「制憲」路線

與上述路線相對的是民進黨與獨派團體所提起的「制憲」路線，藉由新憲法的制定，進行民主體制設置的路線。當時民進黨穩健派主導參加國是會議時，所根據的《民主大憲章》並不直接主張廢除《中華民國憲法》，而是主張全面性地擱置憲法，倡導法國式的半總統制，由人民直接選出總統。但是，黨內激進派與黨外獨派則主張廢除既有的憲法，制定《臺灣共和國憲法》，在國是會議後對李登輝一連串「平衡措施」的不滿加深，民進黨在激進派的壓力下，於 1991 年夏天召開「人民制憲會議」，通過以

美國式總統制為主要精神的《臺灣憲法草案》，作為參加該年底第二屆國民大會代表選舉（全面改選）、與之後相繼而來的修憲國民大會的選戰藍圖。

當然，此種「制憲」路線的目的，是在政治體制民主化的同時進行「建國」，亦即將「中華民國」轉換為「以臺灣為範圍」的國民國家。然而，此種路線即使在臺灣內部亦存在諸多困難，就外部而言，亦存在單憑臺灣自己的力量也難以推動的障礙。民進黨實際上所採取的戰略，是觀察民意的動向與國民黨內部的對立情況，在「憲政改革」各個階段裡最有可能實現的選項中，向民意訴求最能強調「以臺灣為範圍」的政治體獨特性與主權性、同時能使該黨獲得政治權力的主張。在「憲政改革」的開始階段，民進黨的主張是「徹底的政治自由」與「萬年國會的全面改選」，而在第一次與第二次修憲時主張「總統直選」，其後則主張「單一國會制」（廢止國民大會）與「依憲法實現公民投票制度」（公投入憲）。

當時的民進黨是對政策決定影響力低微的少數力量。儘管如此，民進黨的憲改構想是最直接解決戰後臺灣國家矛盾的方案，一旦推動「憲政改革」，民進黨常能領先一步提出下一階段的憲改步驟，發揮重要影響。在第三次修憲時，因而開始出現「民進黨的政策由國民黨（李登輝）實行」的說法。〔李炳南編著，1998：221〕。

（3）李登輝的「修憲」路線

李登輝所推動且實現的「修憲」路線，乃介於上述兩者之間。如前所述，此即「一機關兩階段」的程序，不更動憲法本文，附加「增修條文」修正《中華民國憲法》，亦即殘存「法統」的形式，希望進行實質性的民主化。

　　此種中間路線，因為妥協於兩個方向之間而被迫搖擺。外有國際社會對「中華民國」的封鎖、內有政治體制移行的動力愈來愈大及臺灣民族主義的抬頭，在內外情勢中，「中華民國」的最上位者一定程度的政治路線搖擺勢不可免。

　　如同上述，由於李登輝獲得「平衡者」的權力，成功召集國是會議，廢止《動員戡亂時期臨時條款》，邁向國會全面改選的道路，非主流派以「法統」擁護路線維持全體性的方案遂無法堅持。然而，以黨內「法統」體制既得利益者對大幅度修憲將導致「臺灣獨立」的疑慮為背景，非主流派致力於儘可能保有「中華民國」的原型（即本書所謂「中國國家體制」），希望護衛支持此體制的意識形態權威（保持「五權體制」，反對總統公民直選，維持內閣制）。

　　「平衡者」李登輝的權力不足以壓制此種力量。因而「修憲」的程序定為：①基於「國父」孫文的政治理論，堅持「五院體制」，儘可能小幅度修憲；②不更動憲法本文（＝作為「法統」終極根據的文本）；③由「萬年國代」進行「程序修憲」，第二屆國代進行「實質修憲」，藉此程序維持形式上的連續性等等，為了維持「法統」的外殼而必須絞盡腦汁安撫保守派。從民進黨等在野團體的角度來看，上述的發展看來就像是李登輝又再次投入保守派的懷中。

　　然而，隨著與民進黨等團體所主張的「制憲」路線和「法統」擁護路線的鬥爭，以及在同時並行的與非主流派的激戰中逐漸取得優勢，並且因為實現「萬年國會」的全面改選，而獲得了可稱為「（國民黨內）小強人」的威信，李登輝實現了「總統直選」，自己當選第一任民選總統，並以此威信進行超越民主化、使國家體制臺灣化的「憲政改革」。同時正由於「總統直選」，成為下一個階段誘發「中華民國」「形體鬆動」的劇烈改革。

二、「憲政改革」的展開──「最小綱領民主體制」的設置與政府代表制問題的解決

1.「法統」的實質消滅與「中華民國」內在質變的開始──第一次修憲

李登輝以上述的「平衡措施」梳理黨內政治環境，努力安撫保守派，由黨中常委於會中決議通過，1990 年 12 月進行「一機關兩階段」的修憲程序與不更動憲法本文而附加「增修條文」的修憲方式，1991 年 3 月通過《增修條文》草案，同年 4 月 8 日召開第一屆國民代表大會臨時會。

在第一屆國民大會代表當中（不必改選的資深代表加上 1986 年增額選舉選出代表共計 583 名），國民黨代表名額遠超過修憲案成立的四分之三（510 名），相對而言民進黨只有增額代表 8 名，加上理念相近的無黨籍增額代表共不過 12 名。由於①由資深代表占大多數的第一屆國民大會欠缺修憲的正當性；②國家安全會議與國家安全局的設置（《增修條文》第九條）屬於「實質修憲」，不該由第一屆國民大會代表決定；③「旅居國外國民」資格（即「海外華僑名額」）的設定，將選出未盡國民義務的民意代表等等，民進黨反對上述事項，在場內進行各種議事抗爭。〔李炳南編著，1997：90-91〕

但是國民黨在「議事規則」中加入警察權行使的規定，成功封鎖民進黨的場內抗爭。民進黨黨中央判斷繼續進行議事抗爭將造成形象損傷，並非上策，因而決定抵制 16 日的會議，該黨立法委員與地方議員也同步放棄開會，於隔日 17 日到 18 日凌晨在臺北市內靜坐，展開街頭抗爭。雖然暫時使國民黨與民進黨進行政黨協商，但幾乎沒有得到國民黨的讓步，無法影響國民黨按自己

步調所進行的法案審議〔同前：73-78〕。

對李登輝與國民黨主流派而言，民進黨的強烈抗爭，反而正好壓制與其立場不同的資深國代可能的失序行動。[13] 在此情況下，1991 年 4 月 22 日，國民大會通過國民黨提案的《增修條文》共10 條，同時決議廢止《動員戡亂時期臨時條款》。據此，李登輝於 30 日公布《增修條文》，[14] 同時宣布「動員戡亂時期」於隔日終止。

將第一次修憲稱為「程序修憲」，是為了踏出「憲政改革」的第一步，盡量縮小改革障礙的說法，不過是國民黨當權者的說辭。就算接受當局的說法，其實不只包括如前述第②項已涉及「實質修憲」的條文，第一次修憲即使未完成（只規定國會組成方式），實際上業已更動了臺灣「中華民國」的政治正統性的骨幹，可說已改變了政治秩序的根本。

《增修條文》的前四條，因應 1991 年底資深中央民代退職，規定中央民代全面改選的選制。根據條文，第二屆以後的國民大會代表、立法委員與監察委員，由①「自由地區」選區的選舉名額（被稱為「區域選舉」）；②「自由地區」的「平地山胞」與「山地山胞」名額；③僑居國外國民名額；④「全國不分區」名額等四種類別選出，第③與第④種以政黨比例代表制選出。[15] 此種選制排除「大陸地區」公民，除了第③類僑胞以外，將被選舉人的資格限定於「自由地區」，也就是「中華民國」政府的實質統治區域（臺澎金馬）的公民，而選舉人資格則與增額選舉以來一樣進行限定。（《動員戡亂時期公職人員選舉罷免法》）。[16] 之前的「增額」中央民意代表只補充了「法統」實質的「萬年國會」，「自由地區」的投票可說間接地扮演將「法統」體制正當化的角色，但由於《增修條文》的制定，解除了此種選舉人與被選舉人代表

性的乖離，所謂「自由地區」，在民主政治的原理與實踐中確立了與「大陸地區」明確區分的政治共同體。換言之，臺灣的選民經過 1972 年以來十多年中央層級選舉的投票經驗（增額立委選舉六次，國大代表選舉三次），終於擺脫了虛構，獲得為其量身訂作的國會。

1988 到 1989 年左右，從「法統」擁護的觀點出發，出現各種設置「大陸代表」的主張，包括以在臺灣的大陸各省同鄉會為選舉母體等無稽之談。以政黨比例代表制選出的「全國不分區」（上點為筆者所加）以及「海外僑區」的設置，勉強象徵性地保留了「法統」。然而不論如何，行使投票權的只有「自由地區」的選民，也只在「自由地區」舉行選舉，完全沒有「大陸代表」的實質意義。第一次修憲時，國民黨「憲政改革小組」幕僚之一的憲法學者蘇永欽，對於為何不稱「政黨比例代表」而稱「全國不分區」，以「像個奶嘴」來形容〔同前：330〕。

經由上述過程，「法統」於實質上已消滅。亦即戰後臺灣國家的統治機構與政治權力的正統性根據，此後不再是在中國大陸由「中華民國」推動的革命歷史，而是經由民主程序定期更新的臺灣民意。「中華民國」統治機構的內部開始發生本質上的變化。若從中華民國臺灣化的結構變動觀點來看，最重要的改革正是這一點。透過上述轉變，臺灣形成獨自的政治認同，使得國際社會不知如何立即應對。另一方面，從臺灣民族主義來看，未更動《中華民國憲法》本文所象徵的「中國國家」形式，則是最為棘手的抗爭對象。

2.「總統直選」的挫折與徹底政治的自由化——第二次修憲

（1）「總統直選」的一時挫折

當然，《增修條文》在文字上仍殘存曖昧的部分，而且從「程序修憲」的說辭來看，在政治制度上當然也尚有未解決的部分。前者在中臺關係的認同政治上，允許評論者就意識形態立場與政治看法保有解讀的空間；但在後者，總統選舉的方式成為最大的爭論焦點。1990 年國是會議中，有關總統選舉方式僅達成「由臺灣全體住民選舉選出」的曖昧共識。[17] 透過「憲政改革」所形成的政治制度，若主張法國第五共和的半總統制或雙首長制（此為民進黨《民主大憲章》的立場，以及 1997 年第四次修憲時國民黨與民進黨黨中央的立場），或是總統制（民進黨第二次修憲後的立場），則應與直接選舉的主張加以整合；若是認同內閣制，則應配合無實權的總統，以間接選舉較為適合。

如此具有制度性含意的總統選舉方式，在考量時不一定與「統獨問題」或族群對抗的立場有必然關係。例如當時作為民進黨內激進派、推動「臺灣獨立」綱領化的「新潮流」派，一直到第一次修憲後，都沒有放棄採用內閣制的主張〔李炳南，1994：81〕。然而結果這又是在「民主化＋臺灣化」的脈絡中，成為種族、族群的爭論點，產生激烈爭鬥。亦即臺灣民族主義的立場或是積極推動臺灣化的立場者，最後包含「新潮流」，都選擇了直接選舉；而對此抱持反對或是消極立場者，則主張間接選舉，而且從第一次修憲與國家安全會議相關的條文開始，全部反對強化總統權限的修憲方向。[18] 從省籍來看，本省籍政治家支持前者，外省人政治家支持後者的傾向愈來愈明顯 [19]〔周玉蔻，1993：288〕。

　　然而，由於第一次修憲是由第一屆國民大會代表進行，民進黨席次相當少，但在「一機關兩階段」的「第二階段」修憲，則是由預定於 1991 年底第二屆國民大會代表選舉所選出的代表行使，若能在該次選舉中確保四分之一以上的席次，民進黨將能獲得憲法修正案的否決權，亦可在政黨協商中迫使國民黨讓步。從到當時為止的各種選舉結果來看（如 1989 年增額立法委員選舉中民進黨得票率為 27.3%，改選席次占有率為 22.6%），這並非無法達成的目標。

　　但是如後所述，民進黨在此時期因內外情勢的影響，在意識形態上漸趨激進。內部而言，有原先以海外為基地的臺灣獨立聯盟的歸國運動；外部而言，蘇聯的崩解、以及波羅的海三小國獨立並加入聯合國，皆成為影響的因素。首先如同前述，1991 年 8 月召開「人民制憲會議」，通過《臺灣憲法草案》，作為第二次修憲民進黨的腹案。在同時也是年底國大代表選舉黨提名大會的 10 月民進黨全國代表大會上，將「附上煞車」的「公民投票式臺灣獨立」設為目標，亦即若臺灣選民經由投票表達意志，便將「以成立主權獨立的臺灣共和國為目標」等相關條文放入黨綱。然而，當時的民意對民進黨的選戰不利，[20] 主張「安定中改革」的國民黨選戰策略投民所好，同時國民黨又精巧地劃分選區，使得民進黨不論在投票率或席次上都未達四分之一，選戰以慘敗做收。（臺灣全面改選開始後至 2004 年的國會選舉結果，參見表 4-1）

　　前述關於總統選舉方式的選擇，李登輝在國是會議當時並未否定直接選舉，[21] 但黨內在討論第二次修憲的內容時，他一開始並沒有積極介入。國民黨「憲政改革小組」的討論逐漸傾向「委任直選」的間接選舉方式，[22] 但李登輝則以若民進黨在年底選舉中獲得四分之一以上席次、必須說服民進黨為理由，認為採取直接選舉制較好。若是如此，則李登輝的預測顯然錯誤。

表 4-1　國會定期改選（第二屆之後）各政黨所獲席次與得票率（%）

	1991年 國民大會（第二屆）	1992年 立法院（第二屆）	1995年 立法院（第三屆）	1996年 國民大會（第三屆）	1998年 立法院（第四屆）	2000年 國民大會（第四屆）	2001年 立法院（第五屆）	2004年 立法院（第六屆）
國民黨	254（71.17）	96（53.02）	85（46.06）	183（49.68）	123（46.43）		68（28.56）	79（32.83）
新黨	1993年8月創黨		21（12.95）	46（13.67）	11（7.06）		1（2.86）	1（0.12）
親民黨	2000年3月創黨，創黨時在立法院擁有20席						46（18.57）	34（13.90）
民進黨	66（23.94）	50（31.36）	54（33.17）	99（29.85）	70（29.56）	因憲法修改而未實施	87（33.38）	89（35.72）
臺灣團結聯盟	2001年8月創黨，創黨時立法院擁有1席						13（7.76）	12（7.79）
其他	5（4.89）	15（15.95）	4（7.82）	5（6.80）	21（16.95）		10（8.87）	10（9.64）
總計	325（100）	160（100）	164（100）	333（100）	225（100）		225（100）	225（100）
投票率	68.32	72.02	67.65	76.21	68.09		66.16	59.16

註 1：2001 年選舉因「凍省」而將省議員名額轉至立法院。
註 2：得票率是指將得票率未滿 5% 的政黨得票再分配前的區域選票得票率。
資料來源：1991 年選舉資料源自《中國時報》，1991 年 12 月 22 日；1992 年
　　　　　選舉資料源自《中國時報》，1992 年 12 月 2 日；其他資料引用自
　　　　　政治大學選舉研究中心網頁（http://esc.nccu.edu.tw/newchinese/data/
　　　　　election%20data01.htm 2008 年 1 月 18 日閱覽）。
出處：筆者製成。

　　然而，民進黨雖然輸了選舉，但「總統（公民）直選」的主
張簡單易懂，輿論的接受度頗高。能直接選舉總統，是「過去所
無法想像的新鮮權利」〔同前：289〕，「委任直選」顯然難以理解，
而「直選」則很自然地理解為「公民直選」。國民黨提名的候選
人在國大代表選舉中，亦有以此作為選舉訴求。根據李登輝自己
日後的回憶，在本應兩種意見並陳討論的「憲政改革小組」中，

因為擔心直接選舉制的意見逐漸消失，因此在年底國大代表選戰時指示祕書，請二十一縣市國民黨黨部主委進行總統選舉方式的地方民意調查，結果只有三個縣市黨部主委回報「委任直選」為佳，其餘則報告一般庶民認為直接選舉較容易理解。因此，以此為契機，悄悄地下定決心推動總統直選〔李登輝（鄒景雯）：334-335〕。

此種「黨意與民意隔絕」的情形，媒體很快地也感受到。次年 2 月 16 日傍晚，臺灣電視公司發表與《聯合報》共同進行的民意調查結果，調查對象 80% 不知「委任直選」為何。此調查結果可視為輿論改變的分水嶺，輿論對「總統直選」的關心由此刻開始急速高漲。李登輝從隔日 17 日開始，展開對「憲政改革小組」召集人李元簇副總統等相關人員的遊說工作〔周玉蔻，前揭：287、291〕。

然而，此時距離預定下月召開決定修憲案的臨時黨中央委員全體會議，只剩不到一個月的時間，李登輝第二度面臨非主流派的正面挑戰而失敗。3 月 8 日黨中央「憲政改革小組」經過四小時的激烈辯論，七人反對、六人贊成互不相讓，決定將總統選舉方式兩案併陳；9 日的臨時中常委歷經號稱史上第一次七個半小時的激辯後，同樣兩案併陳。接下來的戰場移到臨時中全會（14-16日），開會前兩派人士展開連署競爭，會議中從李煥、邱創煥等大老到荊知仁、董翔飛等憲法學者的中央委員，一個接一個起而擁護「委任直選」案，對李登輝展開「政策急轉彎」、「上意下達」的批判。最後兩派幹部私下商量，同意推遲此問題的最後解決方案，李登輝也接受此結果，因而最後達成「總統、副總統由中華民國自由地區全體人民選舉之。其方式視民意動向慎重判斷，自中華民國 85 年（1996）第九任總統選舉開始實施」的妥協案。

此外，臺灣省長民選（同時也預計不必修憲、透過立法推動行政院直轄市市長民選）、監察委員選舉方法的變更等憲法「增修」方針，也無異議確立〔李炳南，前揭：59-60〕。

為了第二次修憲，國民大會於 3 月 20 日召開。討論修憲的國大代表，由上一年底選出的第二屆代表，與 1986 年底選出、依然在任期內的的增額代表共同組成。

民進黨並未擁有可行使議案否決權的四分之一席次，而是僅僅加上無黨籍代表才好不容易達到提出修憲案的法定人數（82 人）。與「第一階段」修憲相同，此次會議也說不上具有正當性，結果和第一次修憲相同，民進黨只能在議場中利用議事規則與妨害議事進行的手段，並進行街頭運動訴求其主張。民進黨黨中央計畫在 4 月 19 日號召 3 萬人遊行主張「總統直選」，為了提升氣勢，17、18 日民進黨國大代表要求與總統李登輝會面，在總統府前靜坐。19 日當天實際動員了約 4,000 人在臺北市內遊行，進而約數百人到 1,000 人由黨主席許信良帶頭，在臺北車站內靜坐到 24 日凌晨。然而這些行動無法撼動國民黨，在此期間國民黨籍代表趁著民進黨籍代表不在時，將民進黨的多數提案封殺〔同前：20〕。雖然民進黨籍國大代表曾暫時回到議場，但由於國民黨籍代表不斷提出國民大會擴權的議案，最後民進黨籍代表還是於 5 月 4 日退出了會場，無黨籍代表亦隨後退出〔同前：364-367〕。在此情形下，國民黨中央版本的八條《增修條文》於 27 日通過，翌日由總統李登輝公布。

修憲後的結果是，總統民選的方式如前所述，決定於 1996 年 3 月下任總統選舉開始實施，且從下任開始總統任期改為四年，國大代表選舉與總統選舉同時舉行，任期也改為四年。國民黨籍代表中，主流派與非主流派各自的「總統直選、削減行政院長對

總統命令的副署權」與「總統委任直選、刪除總統對行政院的覆議核可權」等提案，都被黨中央壓了下來〔同前：61-62〕。

同時，監察委員改由總統提名、國民大會同意而產生，因此，監察院成為「準司法機關」，不再是「中央民意代表機構」。為了抗議監察委員選舉人的資格被剝奪，省議會亦曾決議暫時「休會」〔同前：356〕。然而更嚴重的機關對立，來自國民大會與立法院之間的權力衝突。國民黨中央的修憲案原先共有九條，包含了為配合總統副總統的四年任期，立法委員的任期亦延長至四年的提案。不過與主張廢止國民大會、以單一國會為目標的民進黨籍代表不同的是，國民黨籍國大代表以經由全面改選、獲得正統性為契機，以擴大國民大會權限、甚至常設化為目標，陸續提出擴權案。

對此，反對的立法委員與國民黨籍國大代表之間，相互進行難堪的言辭攻訐，激化彼此情緒上的反感。立法院揚言削除國民大會的相關預算，國民大會則在原先提交國民黨中央的案子中，除了擴權案之外（一年召開一次國民大會，聽取總統國情報告、進行國是討論，以及開會的常設化），更提案設置常設的正副議長，且將立法委員任期由三年削減為兩年。此案通過二讀。

國民黨中央在不得已的情況下，只能以拿掉立法委員延任的條文為條件，促使國民大會取消設置正副議長與消減立法委員任期的提案，最終爭取到修憲案全部八條三讀通過〔同前：21-22〕。國民大會正副議長的設置，在次回第三次修憲時終於實現，但立法委員任期延長一案，則不得不等到 2005 年第七次修憲時才得以實現。李登輝公布八條修憲條文的當天，自由主義學者團體「澄社」開始推動「百萬人譴責國民大會」的連署運動〔同前：368〕。

如此，由資深代表到第二屆代表（大多以地方派系為基礎而當選），國民黨籍國大代表從蔣介石時代表開始便向黨中央要脅的傳統被完整地繼承下來；然而，此事卻反而給民進黨「廢除國大」的主張帶來正當性，造成後來國民大會的廢止。國民大會致力於擴大自身權限的同時，卻也開始自掘墳墓。

此外，前述無異議通過的臺灣省長民選條文，以及行政院直轄市臺北市、高雄市市長的選舉，共同於 1994 年 11 月實施。[23]這些選舉為臺灣的政黨政治帶來莫大的影響，這部分將於次章敘述。而省級自治的實施作為強化「中華民國」統治機構代表性的措施，雖部分解決了戰後臺灣國家所帶有的矛盾，但省長民選化卻無法同時消解「中國國家體制」的矛盾，也無法重新規畫行政區域。[24]然而，「憲政改革」一旦展開，這些問題遂不得不觸及。

（2）政治的自由化的貫徹與臺灣民族主義的合法化

然而，第二次修憲包含了另一個重要的決定。《增修條文》第十三條賦予司法院大法官（擁有憲法裁判權）組織憲法法庭的權限，該法庭得因違憲而對政黨解散之事進行審查。原先根據《人民團體法》，把政黨解散的決定權委由內政部下的行政機關（政黨審議委員會）負責，此增修條文則將決定權提升到憲法層次的審查，避免了如 1991 年 10 月民進黨「臺獨綱領」通過導致政府與在野黨間可能的全面性對決危機。該條文雖仍然規定「政黨之目的或其行為，危害中華民國之存在或自由民主之憲政秩序者為違憲」，但配合相關法律的廢棄與修正，在蔣經國晚年「自由化三法」之下有違法之虞的民進黨因此完全合法。以下將概述此過程。

由於長期戒嚴解除，政治自由化的啟動與蔣經國過世前後的政治情況，亦即國民黨領導力的衰弱與流動狀態，以及與反對黨之間過渡時期的政治規則尚未達成共同的「協議」，促使了民進

黨的群眾動員運動，依著臺灣民族主義的路線而漸趨激進。根據社會學者王甫昌引用張茂桂等人的調查，1980-1986 年間非政治性的「自力救濟」活動（因公害而受害的地方住民所常見的典型反應，對造成傷害者進行直接的抗議與要求補償）超過 3,000 件。群眾公然的集體行動如此頻繁，明顯地削弱了依靠長期戒嚴體制所進行的社會控制，形成政治自由化的重要背景〔王甫昌，1996：173〕。

觀察到此種情勢，「黨外」（不久後的民進黨）從 1986 年開始，在對抗國民黨政權強力壓制的選舉期間之外，亦即在「民主假期」外，乘機擴大與強化「群眾活動」。根據王甫昌的調查，從《中國時報》（全國性報紙）、《自立晚報》（以北部為中心）與《民眾日報》（以南部為中心）三份報紙的報導來看，在 1986-1989 年的四年間，「黨外」與民進黨所主導的「群眾活動」至少有 568 件。其中「行動動員」（指針對特定議題表達不滿與抗議，進行遊行、請願、靜坐與絕食等活動）有 299 件，「認同動員」（為向群眾訴求，批判體制的反對運動之意識形態，以及體制的不正當性，而進行演說會、說明會、座談會、歡送會、餐茶會、成立大會等集會活動）有 269 件〔同前：176〕。

民進黨透過這樣的「共識動員」，將 1980 年代前期反對陣營內的理論鬥爭所形成的「臺灣意識」，亦即臺灣民族主義的歷史話語向大眾傳達，確保了「行動動員」的正當性，並成功獲得了體制轉型期間政治領域中的支持基礎〔同前：177-194〕。在 1980 與 1983 年增額立法委員選舉中，「黨外後援會」推薦的候選人得票率分別是 13.9% 與 16.32%，在展開「群眾活動」之後的 1989 年選舉中，得票率成長到 27.3%（表 3-2），而在之後提及的 1992 年底立法委員全面改選時，得票率增加為 31.36%（前述表 4-1）。亦即民進黨在轉型前期，透過「群眾活動」，其支持率從兩成以

下擴大到三成（如同前已提及，此種支持比例對於李登輝的權力樣態，進而對臺灣政治體制轉型的形態均有重要影響）。

1986 年 9 月民進黨創黨時的主要口號為「臺灣前途住民自決」，所謂的「臺灣住民自決」的結果是開放的，亦即若因住民的意志而選擇「與中國統一」，理論上亦無法排除。然而，關於臺灣前途的走向，希望賦予臺灣住民的政治共同體自主選擇權，以及帶有主權者意涵的主體性，此想法顯示了與民主化要求結合的臺灣民族主義之最小綱領。此時民進黨並不公然主張「臺灣獨立」，然而不久後，黨的內外開始公開主張「臺灣獨立」。

隔年 1987 年 4 月，反體制雜誌《自由時代》總編輯鄭南榕在臺北市內的集會當中，主張「臺灣獨立」。這是第一次在公開集會中公然主張「臺灣獨立」。接著在同年 8 月，一群過去曾以政治犯而遭監禁的臺灣民族主義者，將「臺灣應該獨立」列入章程，成立了「臺灣政治受難者聯誼會」。內政部以違反《人民團體組織法》的「國策規定」為理由（「不得主張分裂國土」），不承認該組織的登記，隔月警察逮捕相關人士，1988 年 1 月 16 日依《懲治叛亂條例》判決有罪。這是在蔣經國剛過世（1 月 13 日），反對力量尚未採取全面性行動之際。《懲治叛亂條例》正是被稱為「製造政治犯的法規」、在戒嚴時期發揮壓制自由力量的法律。

1989 年 4 月，以《自由時代》刊載《臺灣共和國憲法草案》為由而被起訴的鄭南榕，因拒絕出庭應訊而自焚身亡，此事件帶給社會莫大的衝擊。鄭南榕宣揚「能主張臺灣獨立的百分之百言論自由」，凸顯政府取締的不正當性。

此種黨外行動亦影響民進黨。黨內主張激進化的中心，是前章提及的「新潮流」派。「新潮流」在創黨後的每次黨代表大會

中，均主張將「臺灣獨立」列入黨綱，1987 年 11 月第二次黨代表大會決議採納「人民有主張臺灣獨立的權利」，隔年 1988 年 4 月臨時全國黨代表大會，通過附有「四個如果」的「臺灣獨立」決議。[25] 後者還加入了「臺灣主權不屬於中華人民共和國」、「任何臺灣國際地位之變更，須經臺灣全體住民自決同意」等文字。終於在 1991 年 10 月，前述「公民投票式臺灣獨立」的綱領化成功。在此種黨意識形態激進化的過程中，不贊同臺灣民族主義者如費希平、林正杰等人因而脫黨〔若林，1992：260〕。

在此種情況下，於選舉活動中超越最小綱領，公然主張臺灣民族主義成為必然的趨勢。1989 年最後一次增額立法委員與地方公職、議員選舉同時舉行，成為上述主張的發揮舞臺。該次選舉中，由民進黨提名的立法委員與地方議員候選人共 32 名，組成助選團體「新國家連線」，標榜「新憲法、新國會、新國家」。「新國家連線」以鄭南榕夫人葉菊蘭為象徵，加入選戰，最後包含立法委員、以都會區為中心共有 24 名當選〔《日本經濟新聞》，1989 年 1 月 4 日〕。

該團體的候選人並未明確公然標舉「臺灣獨立」四個字，而是以建設「東方瑞士臺灣國」為訴求，雖然在造勢舞臺上未喊出，但臺下群眾則高喊「臺灣獨立」。而且在當時的選戰活動中，海外獨立運動組織開始嘗試回到臺灣，臺灣獨立聯盟美國幹部郭倍宏從臺東偷渡入境，現身民進黨候選人的造勢場合後，未被逮捕又偷偷出國。就筆者所知，當時的選戰中就有四種《臺灣共和國憲法草案》作為競選小冊子在分送，部分內容在《自立晚報》〔《自立晚報》，1989 年 11 月 7 日、16 日〕等報紙上亦有轉載。

該次選舉的投票日當天，以「新國家連線」候選人及其助選人員為中心，最高檢察署發表選戰期間主張「不當臺獨言論」的

案件共 211 件〔《中國時報》，1989 年 12 月 3 日〕。此事顯示了繼承蔣經國遺志、欲限制自由化的政府，所受到的挑戰顯著升高。李登輝所下的「猛藥」，亦即郝柏村內閣，就在此情況下開始運作。

　　郝柏村內閣以標榜「治安內閣」出發，取締了當時開始猖獗的不法投資公司，並解決了數件治安事件〔周玉蔻，前揭：237-241〕；不過，從國民黨非主流派的意識形態來看，取締「臺獨分子的違法活動」，當然也是重要的治安對策。這意味著郝柏村也打算忠實地執行「自由化三法」的「蔣經國三條件」，郝柏村內閣對「臺獨」的取締成為「法統」擁護路線不可缺的一環。得利於政治的自由化，而在臺灣內部設立據點的臺灣獨立聯盟等民進黨以外的臺灣獨立運動，成為最先取締的主要目標。然而，這些取締是以長期戒嚴時代中「製造政治犯」的諸法令為根據，亦即前述《懲治叛亂條例》、《戡亂時期檢肅匪諜條例》與《刑法》一〇〇條（含有只因言論活動就可處以內亂罪的「預備內亂罪」條文），對於面對「憲政改革」卻在體制內無太多立足之地的民進黨而言，這些舊法令成為訴求拆解「法統」體制的「行動動員」的絕佳題材。

　　事態的轉折點為 1991 年 5 月 9 日發生的「獨立臺灣會事件」。以此為契機，政府後來逐漸失去取締「臺灣獨立」活動的法律依據，最後出現了前述第二次修憲時《增修條文》的第十三條。

　　此事件發生在 5 月 9 日，以身為東京池袋據點的左派獨立運動團體「獨立臺灣會」（《臺灣人四百年史》的作者史明為領導）的祕密成員為由，治安當局依違反《懲治叛亂條例》逮捕了四名青年。其中一位為清華大學研究生，法務部調查局並未知會學校，即闖進大學宿舍加以逮捕。當時正是第一次修憲，總統李登輝才剛宣布終止「動員戡亂時期」後不久。這種仍舊執行戒嚴時代政

策、違逆潮流之舉,除民進黨及臺灣獨立團體的支持者之外,亦引發了學生、大學教授與知識分子等各階層廣泛的反感。12 日,當警察在排除靜坐行動時,發生了毆打臺灣大學教授陳師孟(蔣介石文膽陳布雷之孫)的事件。大學教授與學生組成「知識界反政治迫害聯盟」,向立法院請願,並在臺北市內進行大規模遊行。

國民黨此時慌了手腳,贊成廢除與「動員戡亂時期」終止不相稱的法令,包括《懲治叛亂條例》與《戡亂時期檢肅匪諜條例》,前者於 5 月 17 日、後者於 24 日於立法院通過廢止。民進黨與知識分子團體同時要求廢除這些法律的母法,即《刑法》一○○條(官方任意判斷的空間極大,對即使是言論或和平的活動仍可問罪的條文),但政府與國民黨對此卻未有回應。這是因為「臺獨」對國家而言仍舊危險,若要進行取締仍需此條文,顯示了郝柏村的強硬姿態〔伊原,1993:232〕。

郝柏村的擔心並非杞人憂天。原以美國為本部的臺灣獨立聯盟決定將本部轉至臺灣,並開始進行聯盟成員在國內群眾集會中公開現身的行動。大學教授與知識分子團體在暑假開始後再次展開活動,組成「(刑法)一○○(條廢止)行動聯盟」。9 月立法院新會期時,由於民進黨籍委員激烈的議事妨礙行動,郝柏村不得不在警官的盾牌保護下進行施政報告。民進黨與「一○○行動聯盟」宣布將在「中華民國」國慶日的 10 月 10 日雙十節活動中,舉行廢除《刑法》一○○條遊行。9 日遊行隊伍欲進入總統府前廣場的雙十節閱兵典禮會場,卻被警察強行帶到附近的臺大醫院,在進行徹夜的靜坐後,隔天清晨被強制驅離。另外要求「以臺灣名義加入聯合國公民投票」的運動亦於此時展開,9 月 7 日與 8 日,「公民投票促進會」在臺北舉行大規模遊行(10 月 25 日在高雄亦舉行)〔中川,1992:266〕。[26]

　　前述民進黨對於「公民投票式臺灣獨立」綱領化的決定，正值政治自由化徹底運動與郝柏村內閣之間的第二度對決之際，亦即要求廢除《刑法》一〇〇條遊行剛結束後的 10 月 13 日，根據《人民團體組織法》，內政部下設之政黨審議委員會，開始展開是否解散民進黨的審議程序。此時，進行「歸國運動」的臺獨聯盟活動者相繼遭到逮捕，19 日出現首例以《刑法》一〇〇條「預備內亂罪」對歸國臺獨運動者做出的有罪叛決，12 月初「獨立臺灣會事件」的四名被告中，有兩名亦以同樣罪名被判有罪〔薛化元主編，1998：206-208、214-216〕。

　　11 月初，政黨審議委員會以民進黨的「臺獨綱領」違反《人民團體組織法》為由，要求民進黨加以改善（修正黨綱），但 11 月 6 日民進黨中常委拒絕此要求，遞出了新黨綱但不予以修正。同日，國民黨中央決定延期處理該問題，以尋求共識。李登輝在民進黨通過「臺獨黨綱」後介入，與郝柏村之間達成「在政局安定的前提下慎重處理」的共識〔同前：206〕。

　　然而在此之後，獨立運動者仍持續遭到逮捕，情勢膠著到年底國大代表全面改選。從大局來看，這個首次的民主體制「出發選舉」，可說發揮了打破政治僵局的功能。如同前述，由於民進黨選戰失敗，使得當時緊張的政治情勢緩和下來。而且彷彿是作為補償一樣，之後在與政府及執政黨交涉時，政黨解散問題提升到憲法層次來解決。

　　民進黨主張，解散政黨一事應當是司法措施，由行政院下的政府機關來決定乃是違憲的行為，翌年 1992 年農曆春節後立法院新會期開議時，包括去年底第一屆立法委員全體退職後、只由增額立法委員所組成的立法院國民黨黨團，也同意民進黨將此問題送交司法院大法官會議，請求釋憲。同時行政院內部亦傾向以「雖

不廢止《刑法》一○○條，但內亂罪的構成要件限定於以強暴或
脅迫方式」為方針，著手修正。在此過程中，4 月國民黨「黨政
協調會」（黨與行政院的聯繫會議）決定修憲，將「政黨解散」的
權力改隸為司法院大法官會議處理，與此配套的「自由化三法」
亦同時修正，此項決定隨即由中常委通過。5 月 15 日立法院通過
上述國民黨版的《刑法》一○○條修正案（隔日公布），[27] 27 日
國民大會通過《憲法增修條文》。「自由化三法」的修正案則稍
後於 7 月在立法院通過〔同前：234-272〕。

經由這些措施，政治的自由化終於來到最後階段。6 月，決
定廢除由各機關保存維護、作為監視公務員政治忠誠度之依據的
「忠誠資料」，解除了阻礙海外流亡者合法歸國的「black list」（黑
名單）。之前強行回國而被監禁的政治運動者陸續被釋放，著名
的海外臺獨運動者、之後成為第一屆民選總統民進黨候選人的彭
明敏於 11 月 1 日回國，同月 25 日臺獨聯盟日本本部委員長黃昭
堂亦接著回國。[28] 當時，次月即將投票的立法委員首次全面改選
競選活動實際上已全面展開，預定成為臺北市立法委員候選人的
「黑道」幫主蔡冠倫，率領手下「助選員」到機場，與迎接黃昭
堂歸國的群眾發生衝突〔伊原，前揭：158、174〕。

過去在長時間的戒嚴下，由周密布置的政治警察監視網所覆
蓋的臺灣，被某位曾被監禁的政治犯稱之為「監獄島」〔柯旗化，
1992〕。而這座「監獄島」，在戒嚴解除五年後終於消滅。在政
治上，對於就任行政院長以來即欲忠實執行「蔣經國三條件」而
取締「臺獨」的郝柏村和非主流派而言，可說是一大挫折。

3.「小強人」李登輝的形成與「總統直選」的實現──第三次修憲

（1）「小強人」李登輝的形成

不同於朝野對決這種一般性的對抗關係，以臺灣民眾對於史上第一個「臺灣人總統」的好感與期待為背景，李登輝與民進黨之間，在朝向民主化與臺灣化的改革進程中具有相同的利害與共鳴，這點在 1990 年春李登輝承諾推動「憲政改革」以後，已成為公開的祕密。[29] 而且在 1992 年春天以後，雙方已公開共有「總統直選」此一實際的政治戰略目標。然而第二次修憲時，此一共同目標卻未達成。當然，雙方共同的阻力來自於依然在體制內擁有可觀勢力、以行政院長郝柏村為中心的國民黨非主流派。雙方各自從不同的層面與郝柏村進行爭鬥；反過來說，郝柏村被迫面對逐漸形成的兩面作戰，飽受壓力。結果 1993 年 1 月郝柏村不得不辭去行政院長，同年夏天在國民黨十四全大會中李登輝連任黨主席，進一步鞏固黨內權力（「小強人」李登輝的誕生），並決定於隔年召開的國民大會中通過「總統直選」。

如前所見，郝柏村的政治弱點在於，在「民主化＋臺灣化」政治結構激烈變化的時期中，由於軍人出身與「反臺獨」的意識形態，加上承載了對政治變動感到不安的外省人的期望，使得郝柏村處於與「民主化＋臺灣化」相對抗的立場。而對李登輝不會大聲批判的本省人「李登輝情結」亦對郝不利，這使得確實以「治安內閣」作出成績的郝柏村與他的支持者感到「族群性」的不公平。[30]

在被李登輝形容為「肝膽相照」的雙方蜜月期中開始造成彼此嫌隙的事件，是就任行政院長之際已從軍中退役的郝柏村，在處理他與軍方之間的聯繫管道有欠慎重的舉動所致。1991 年 7 月

民進黨立法委員葉菊蘭等人在質詢中，揭露了郝柏村在國防部集合高級將官聽取報告的「軍事會議」，以此舉傷害了憲法上作為三軍統帥的總統權限，兩度批判郝柏村。對此，郝柏村向立法院與李登輝說明，行政院長赴國防部聽取與國防相關的施政報告為院長權限。8 月 12 日在與郝柏村的會談中，李登輝接受了郝的解釋，暫時化解此事 [31]〔伊原，1992：250-251、259-261〕。然而，此事可視為李郝關係惡化的開始，總統府與行政院間的協調關係逐漸變得不再順暢，[32]立法院中標榜「臺灣優先」的主流派次級團體「集思會」立委，與標榜「反臺獨」的非主流派「新國民黨連線」立委之間，展開激烈的爭鬥，呈現某種「代理戰爭」的狀況。1992 年更發生了「集思會」成員亦主張民進黨的「一中一臺」而遭國民黨開除黨籍的事件（陳哲男立委開除黨籍事件〔同前：175-177〕）。

　　即便如此，李登輝與郝柏村在前述《刑法》一〇〇條與民進黨將「臺灣獨立」列為黨綱的問題上，仍維持溝通管道。然而雙方在軍隊人事上的摩擦，[33] 以及行政院欲按實價課徵「土地增值稅」等問題上，雙方的不同立場使兩人漸行漸遠。在「土地增值稅」的改革政策上，財政部長王建煊堅持該稅的課徵，不應依公告現值而應以市場交易實價為基礎。此項政策在內閣中，亦與主張以較緩和方式改革的內政部意見不同，國民黨內與土地稅制有強烈利害關係的地方派系亦強烈反對，例如 10 月 1 日高雄市議會因抗議王建煊與支持他的郝柏村而宣布暫時休會，次日民進黨於立法院提案要求王建煊下臺。再隔日李登輝對於土地稅制改革一事表示「可行的政策才是好政策」，實質上批判了財政部，產生了決定性的影響。王建煊斷然拒絕郝柏村與李登輝的慰留，立刻辭去財政部長。

　　緊接著選戰又登場。在立法委員第一次全面改選的選舉中，民進黨與「集思會」集中火力批判郝柏村，由知識分子組成的「澄社」所編纂批判郝柏村的《郝語錄》亦四處發售。另一方面，辭去財政部長的王建煊成為臺北市無黨籍立委候選人，在郝柏村內閣中被拔擢為環保署長的「新國民黨連線」成員趙少康，亦辭去官職成為臺北縣立委候選人。

　　投票結果顯示，民進黨獲得大幅成長。民進黨得票率超越原先設定的目標 30%，達到約占全體席次三分之一的 50 席（參照前表 4-1）。民進黨於前一年國大代表選舉的失敗中重新站起，從「黨外」時期逐漸成長至三成的選民支持，終於能轉換為體制內立法機構的三成議席。

　　國民黨雖然獲得與 1989 年選舉差距不大的得票率，確保 96 個席次，然而讓民進黨大幅成長，可視為國民黨的失敗。不過其中立場鮮明的反李登輝與反臺獨的候選人卻表現亮眼。王建煊與趙少康等「新國民黨連線」候選人，不僅確保了北部外省人的支持，亦得到黃復興黨部等軍系黨組織的支援而高票當選。反對王建煊土地稅制改革的地方派系候選人，也同樣獲得佳績。然而在「新國民黨連線」與民進黨的夾殺下，「集思會」候選人卻一蹶不振，慘遭毀滅性的打擊。

　　選舉的結果，過去被罵為「老賊」的第一屆中央民意代表退出政治舞臺，而稍早差點面臨解散危機的民進黨則獲得三分之一的席次，正式進軍國會。隨著前述「監獄島」的消失，社會氣氛也為之一變。李登輝判斷此刻應是時機，決定更換郝柏村。身為擁有行政院長任命權的總統，行政院長與自己關係惡化，且正面批判郝柏村的政黨在立法院占三分之一，加上同黨立委中對自己抱持敵意者為數不少等原因，確保對內閣的掌握成為最重要的考量。

　　《中華民國憲法》規定，行政院長由總統提名，經立法院過半數同意後任命，但卻沒有辭職的相關規定。早在前一年的 12 月 22 日，民進黨黨團與「集思會」已提案要求內閣總辭。雙方抱有將郝柏村趕下臺的政治意圖是另一回事，在憲法上，立法院擁有任命行政院長的同意權（從而對總統所提名人選具有否決權），因此，當立法院因全面改選而使其權力正當性更新時，與此相應的內閣亦應總辭的說法遂有其道理。

　　然而問題是，行政院長此一握有實權的位置，究竟該由主流或非主流的人士擔任？郝柏村與李登輝從 1 月中旬開始進行直接談判。郝柏村的打算是，可以為了憲政的慣例而總辭，但行政院與黨兩者的重要職位之平衡維持不變。非主流派的要求是，行政院長方面再次提名郝柏村、或是改提名林洋港，若是換下郝柏村，則任命他為黨中央祕書長。然而李登輝並不退讓。他雖然接受更換黨中央祕書長，但對於卸下行政院長的郝柏村，將只安排他在黨中央新設的「政策指導小組」擔任召集人，以及擔任在十四全大會中新設的副主席一職。

　　在此段時期，從 1 月上旬開始，臺北街頭頻繁出現包括「中華民國各界救國護憲大同盟」、大陸各省同鄉會，與「中華民國愛國同心會」等支持郝柏村的團體所舉辦的遊行。部分的「老兵」（外省籍退役軍人的通稱）每天到國民黨中央黨部前抗議李登輝，與警察間不斷發生小衝突。郝柏村與李煥、許歷農、梁肅戎、關中、趙少康等非主流派的重要人士頻繁地會面，反覆討論策略，打算對抗李登輝。對於拒絕妥協的李登輝，郝柏村暫時不總辭，繼續堅守崗位，但此希望最後卻落空。最後，30 日郝柏村表明總辭意願，並按國民黨既有決定重要人事的程序，於 2 月 3 日國民黨中常會通過總辭案，隔日行政院院會亦決定總辭，10 日李登輝

提名一直以來心中的人選、臺灣省主席連戰為行政院長，獲得中常委通過，23 日立法院同意連戰擔任行政院長。作為在野黨，民進黨名義上反對此項任命案，但實際上 51 名（加上與民進黨採取同步調的無黨籍立委 1 名）立委中 17 名棄權，降低了過半數的門檻，暗助李登輝的人事布局〔伊原，1993：276〕。臺北的報紙形容此種權力交替的戲碼為「已由渡海族群主導的時代轉變為本土族群主導的時代」〔若林，1997：223〕。

　　國民黨中央祕書長一職，則任命亞東關係協會駐日代表處（就臺灣立場而言相當於大使館的機構，因對日斷交而以民間團體的形式成立）的代表許水德（本省籍）擔任。經由這些安排，「黨」（主席與祕書長）與「政」（總統與行政院長）的要職皆由本省人擔任。被非主流派攻擊的另一對象宋楚瑜，雖然離開國民黨中央祕書長的職位，卻馬上獲得臺灣省主席此一重要位置。[34]

　　隨著第一屆中央民代的退職，民進黨進入國會，政治社會裡「遷占者優位」的情形終於崩壞。1 月初開始占據臺北街頭、蜂擁至國民黨中央黨部的外省「老兵」等的遊行與抗議行動，不論是否接受，其實都是向社會確認此一事實所產生的現象。因為不久之前，在臺北街頭向政權抗議發聲的，是以本省人為中心的勢力，此時卻已成為外省人了。

　　若由本書的觀點來看，在政治社會中「遷占者優位崩壞」的事態，可說是之前一直將自己視為臺灣社會當然的主流而沒意識到自身「族群」的外省人，開始產生「族群意識」的過程。與在「遷占者優位體制」下承載巨大風險而出現的本省人族群意識不同，在政治自由已徹底實現的情況下所產生的外省人族群意識，得到批判李登輝的主流媒體善意對待，以極快的速度集結為政黨。非主流派立法委員團體「新國民黨連線」，3 月時登記為政治團體，

開始進行包含街頭運動的反李登輝政治動員。此方面的發展將在第六章說明。

　　成功將郝柏村從行政院長之位拉下的李登輝與主流派，在十四全大會（1993 年 8 月 16-22 日）中確保勝果。李登輝在首次以黨代表直接選舉黨主席的投票中，以 82.5% 得票率連任黨主席，隨後提名李元簇為副總統，連戰為行政院長，林洋港與郝柏村為副主席，並獲得大會通過。當初承諾讓郝柏村擔任的「副主席」，最後不過是四位副主席的其中一位。非主流派的勢力在改選後的中央委員（全體 210 名）中只占約五分之一，中常委只有 4-6 名（全部 31 名）。[35] 從初春以來反李登輝立場益加鮮明而展開行動的「新國民黨連線」，在國民黨十四全大會前宣布（10 日）成立「新黨」（政黨名稱），與國民黨大會閉幕同一天舉行成立大會，從國民黨脫離。

　　藉由上述過程，可說李登輝在黨內從「平衡者」出發，逐步地取得主導權。若借用英文媒體常形容蔣經國的「強人」一詞，亦可說李登輝此時已獲得國民黨「小強人」的權威。因此，李登輝獲得了政治條件，得以克服第二次修憲時無法推動「總統（公民）直選」的挫折，然而即使在第三次修憲時實現此目標，過程仍非一帆風順。

（2）「總統直選」制的實現與「憲政怪獸」

　　即使擊敗了郝柏村如此棘手的政敵，獲得了國民黨人「小強人」的威望，李登輝仍然必須在諸多限制中行動。

　　第一個限制是，無論如何，李登輝仍然是中國國民黨主席，其歷史包袱不可能一口氣放下。為了減輕包袱，以自己的行動和言詞，時而謹慎時而大膽地進行理念性的轉換，但將此轉換落實

為制度與組織卻絕非簡單。例如，十四全大會中主流派黨代表提案，將黨章中所規定黨之性質「革命民主政黨」的「革命」二字拿掉，但該案卻受到阻擋〔伊原，1994：155〕。中國國民黨的歷史「慣性」依舊強勁，即使是「憲政改革」，亦無法輕易拋開基於孫文思想的正統中國理念與憲政結構。此外，非主流派也牽制著李登輝〔李炳南編著，1998：21〕。

為了減低黨內的壓力，國民黨中央早在 1992 年 12 月底，便將第三次修憲的任務集中於「兩個半議題」（黨中央憲政改革小組執行長、國家安全會議祕書長施啟揚所言），亦即：①總統選舉方式（第二次修憲時已將總統選舉改為由「中華民國自由地區全體人民」選出，此次決定只將任期改為四年，是半個議題）；②配合總統任期，立法委員任期改為四年（上次修憲時此提案撤回）；③削減行政院長對總統命令的副署範圍。加上在國民大會開議前，李登輝與民進黨國大代表碰面，強調「國家定位」（「中華民國」所謂「國體」變更問題）、「單一國會」（國民大會廢止問題）及「總統制（的採用）」等議題沒有協商空間，等於否決了民進黨制憲路線的修憲構想〔同前：29-30〕。

對李登輝而言，第二個限制來自於支持他的主流派性質。當時本省人記者對筆者提到，李登輝政治鬥爭的手法相當於「以汙水沖走泥濘」，此評價準確地點出李登輝黨內鬥爭的其中一個面向。李登輝的「啦啦隊員」並非全體水準一致。所謂「泥濘」是「法統」擁護勢力，「汙水」則是國民黨為了在地方公職選舉以及增額中央民意代表選舉中確保票源，而依賴在戒嚴下承認他們以準政治團體存在的地方派系勢力。「徒手進總統府」的李登輝不得不依賴這些勢力的支持。隨著政治的自由化，不只強化了反對勢力的活動力，也強化了地方派系的活動力，深化國民黨各種

選舉活動中「金權選舉」的情形，部分地方派系在競選時運用「黑道」（例如在挨家挨戶拜票買票時，利用「黑道」阻止對手買票員進入選區），逐漸互相勾結。

　　1992 年的立法委員選舉已經開始出現「黑金政治」、也就是「黑」與「金」相互勾結的批評。國民黨十四全大會亦相同，中央委員選舉時為了拉票，部分黨代表間金錢和禮品流動的現象，新黨諷以「金光閃閃」，民進黨則揶揄國民黨中央委員選舉的勝利者為「新臺幣連線」〔伊原，前揭：160〕。

　　此項限制因素，在第三次修憲時，雖不若第四次修憲以後那麼顯著，但其影響卻能立刻感受得到。亦即，在國民黨需要超過「四分之三」多數以進行修憲，以及在前述對地方派系有利的選區劃分下充分發揮確保票源的能力，使得李登輝不得不對於他們擴大國民大會權限的要求（以國民大會擴權為背景，也擴大了對政府機構的影響力）有所讓步，如同後面所述，此情形成為民進黨攻擊的目標，逐漸強化了民進黨主張廢除國民大會的正當性。

　　然而對非主流派而言，前述「兩個半議題」當中，與第②點相關的廢止國民大會並不成問題。他們所開闢的戰線在於第①與第③點。關於第①點，不只在國民黨內早已討論過「委任直選」，更進一步主張賦予海外華僑總統選舉投票權，使得形式上不會只有臺灣選民能選舉總統，藉此維持象徵性的「法統」，此事在第二次修憲時已開始布局。在列舉《憲法增修條文》中屬於附加性質的「基本國策」時，於第十八條最後一項加入了「國家對於僑居國外國民之政治參與，應予保障」的文字。或許就在此運作下，國民黨的提案一開始列有海外華僑總統選舉權的條文，不過在民進黨的反對下，最後以嚴格而明確限制選民資格的形式，實現了海外華僑的總統選舉權。[36]

　　信奉胡佛教授「回歸憲法」論（《中華民國憲法》規定的政治體制為五權分立的內閣制，「憲政改革」廢止《臨時條款》後，只有回歸原本的制度才正確）的郝柏村，從第一次修憲開始，即反對制定含有擴大總統權限的條文。[37] 第三次修憲時，早在 1993 年 12 月 8 日國民黨中常會中，郝柏村即以滔滔雄辯展開「回歸憲法」論，主張不該擴大總統權限，扭曲原有憲政體制〔郝柏村，1995：387-396〕。「基於《中華民國憲法》中央政府體制＝內閣制」論的主要內容為：行政院長向立法院負責（對總統提名人選立法院具有同意權，相當於否決權），以及行政院長對總統命令擁有副署權。

　　郝柏村感受到李登輝主導的修憲方向，將對以上權力造成削減而欲予以牽制。他的擔心並非無的放矢，關鍵在於「總統（公民）直選」。臺灣選民直選出來的總統，對其明確的正當性，應當賦予他與此相稱的權力。此說法自然有其說服力，而且如同前面所引胡佛所指出的（本章註 19），總統直選將難以壓抑多數族群的族群感情。第一次總統直選後的第四次修憲，終於削減了立法院對行政院長任命的同意權，臺灣的憲政體制大幅傾斜，成為胡佛與郝柏村所反對的雙首長制或半總統制。[38]

　　然而回頭來看，當時國民黨中央的提案所削減的行政院長副署權，僅限縮於憲法本文及第二次修憲時已確定的，立法院（對行政院長）及國民大會（對司法院、考試院、監察院之正副院長，司法院大法官、考試委員及監察委員）的總統人事提名權。以此作為總統不當擴權的依據而加以反對，頗為困難，最後，黨中央的修憲方針得以貫徹執行。

　　進行第三次修憲的國民大會代表，依舊是 1991 年改選的第二屆代表。由於 1986 年選出的增額代表任期結束，代表總數約略減少，但民進黨在總席次中仍舊未超過四分之一。在 5 月 2 日召集

的國民大會中，民進黨仍舊以「總統直選、單一國會、依據憲法實行公民投票制度」為主軸，即以前述《臺灣憲法草案》[39]為藍本推動修憲，而由於國民黨方面已決定「總統直選」，而使「單一國會」成為焦點。如前所述，第二次修憲時，同樣在憲法上擁有修憲權力的國民大會與立法院之間爆發了「戰爭」，並伴隨著相當難堪的叫罵。民進黨雖然依舊在國民大會中處於劣勢，但此次由於擁有新選出的立法委員三分之一的席次，以此為舞臺得以展開宣傳戰。

　　1993 年 12 月立法院為了牽制國民大會擴權，修正《立法院組織法》，依據憲法增設立法院修憲委員會，民進黨立法院黨團在此過程中扮演積極性角色。在國民大會裡，民進黨與部分認同「單一國會」論主張的國民黨籍代表共同提案，並反對國民黨中央所推的國民大會正副議長常設方案，採取激烈的議事行為。這樣做的目的是透過嚴重擾亂議事進行，使民眾失去對國民大會此一機構的信賴感〔李炳南編著，前揭：180-182〕；但另一方面，當議程進入二讀階段後，由於與他黨代表無法就每個議題合作，最後只好固定採取議事抵制的手段。結果在國民黨中央祭出黨紀的壓力下，國民黨籍代表屈服，將「單一國會」案擋在二讀程序，並決定設置國民大會正副議長。然而為了對抗立法院的威脅，與上次一樣縮短立法委員任期為兩年的提案也進入二讀，雖然最後被封殺，但國民黨中央原先預定提出的立法委員延任案（任期延長為四年）也再度失敗。

　　經由上述過程，7 月 29 日於混亂中三讀通過全部十條的《增修條文》，結束了第三次修憲。國民黨主流派的「兩個半」議題，除了立法委員延任案功敗垂成之外，達成了「一個半」的目標。此次修憲的核心自然是「總統直選」（正副總統由相對多數選出，

海外僑居國民亦有投票權）。國民大會召開前曾有總統選舉將提前舉行的流言，結果並沒有實現，而是配合該屆總統任期結束，確定於 1996 年春天舉行首次總統直選。

作為民進黨戰略焦點的「單一國會」案無法實現。但該案所提示的憲改議程仍影響到下次修憲。面對部分國民黨籍代表亦共同提案的「單一國會」，李登輝表示「（單一國會）可在下階段考慮」（5 月 26 日）〔同前：319〕。同時，從 1993 年中開始，國民大會「憲政怪獸」的負面形象，因第三次修憲的關係而開始廣植人心〔同前：13〕。

另外，第三次修憲特別值得一提的是，將原住民族的稱呼由之前的「山地同胞」改為「原住民」。此事意味著從 1980 年代以來，臺灣原住民族運動的「正名」要求終於到達憲法層次。但是，運動者所要求將民族全體稱呼改為「原住民族」的意見，卻未被採納。「憲政改革」中的原住民族問題，將繼續在第四次修憲中展開，詳細情形請見第七章。

彙整以上過程，「憲政改革」第一階段主要事項請見表 4-2。

（3）首次總統民選之舉行及最小綱領民主體制的形成

以第二、三次修憲的結果為基礎，1996 年 3 月初舉行了總統直選，同時舉行任期四年的第三屆國民大會代表選舉。如第八章所示，第一次總統直選，是在前一年李登輝非官方訪美引發中國反彈，並進行包括對臺灣海峽發射飛彈等大規模軍事演習威脅下，而出現的所謂「飛彈與投票箱」的對決，此次選舉對往後的東亞國際政治也留下了影響。

此次選舉反映了戰後臺灣政治史多重的競爭關係與恨意下，四組正副總統候選人之間的爭鬥。民進黨候選人彭明敏與李登輝

同世代，同樣為臺灣大學畢業，1964 年擔任臺灣大學教授時，因為起草要求放棄中國國家體制的《臺灣人民自救宣言》而入獄。保釋出獄後逃出臺灣，最後到美國，成為在美臺灣人反國民黨勢力的象徵性存在，而被稱為「臺獨教父」（godfather）。

表 4-2 「憲政改革」第一階段（1990-1996 年）主要決定事項及相關事項一覽表

	時期	機關	勢力分布	主要決定內容	備考
司法官大法官會議解釋	1990.6			第一屆中央民意代表任期至 1991 年底	確定兩年內國會全面改選日程
國是會議	1990.6-7	總統召集的諮詢會議	超黨派	共識：廢止《臨時條款》；省長、直轄市長民選；總統民選	
第一次	1991.4	第一屆國民大會	國民黨壓倒性優勢	終止「動員戡亂時期」；立法委員與國民大會代表選出方式（確立中選舉區的「區域」、政黨比例代表制的「全國不分區」與「僑居國外國民選舉資格」）；國家安全會議法制化；確立「自由地區」與「大陸地區」人民之間權利義務關係的法律依據（第十條「以法律為特別之規定」）。	
第二次	1992.3-5	第二屆國民大會	國民黨四分之三以上	確立臺灣省長、直轄市長直選的法源；更改監察委員選出方式（總統提名，國民大會同意）	
第三次	1994.5-7	第二屆國民大會	國民黨四分之三以上	總統選舉為相對多數當選的公民直選；刪除行政院長的副署權，範圍是總統須經國民大會與立法院同意的人事權；採用「原住民」一詞。	

出處：筆者製成。

　　彭明敏後半生走在與李登輝不同的政治路上，兩人因為民主化成為總統候選人而相遇。新黨支持的無黨籍候選人林洋港與郝柏村，如同上述，是 1990 年代以後與李登輝在國民黨內進行激烈鬥爭的非主流派本省人和外省籍大老；林洋港同時也是 1980 年代以後，蔣經國所拔擢的本省籍政治家中的競爭對手。脫離國民黨的無黨籍前國防部長陳履安，則是 1950 年代以來，在蔣介石之下與蔣經國有競爭關係的前副總統陳誠的長子。李登輝、林洋港與郝柏村，都是在蔣經國之下展露頭角者，1950 年代以來國民黨內部的政治因緣亦牽連至此次選舉。

　　在這些因素下，其他組候選人雖不可稱之為泡沫候選人，但在之前民主化過程中發揮領導力的李登輝，卻是以 54% 的高得票率當選總統。如同前述，從比較政治學來看，由於此次選舉，民主體制的設置暫時完成，亦即臺灣「最小綱領的民主體制」已然成形。

　　從中華民國臺灣化的觀點來看，藉由這些民主改革的程序，解決了「萬年國會」所象徵的民意代表制上的矛盾，基本上也達成了政治權力正統性的臺灣化。換言之，完成了以「中華民國」實質統治範圍的選民為主體的國民主權制度化，達成作為戰後臺灣國家的「中華民國」其內部正統性的民主式更新。這是自 1970 年代以來，替代戰後臺灣國家被國際社會否定作為「中國國家」的國家性（stateness），而對「以臺灣為範圍」的主權國家賦予國家性，並透過民主改革，將此一政治上的想望深化於政治結構中。至於第一階段的「憲政改革」所實現的民主體制，究竟能否妥善運作則是另一個層次的問題。這也是與國家性增強的政治想望並列，另一個繼續「憲政改革」的理由。

　　隨著民主體制的建立，政治菁英的族群二重結構的崩解，國民黨所主張的官方中國民族主義文化霸權也呈現衰退，臺灣政治結構中遷占者族群（外省人）政治優勢的消退，多重族群社會的族群關係第二次重組，多元文化主義的國民統合理念開始出現（第七章）。當然，即使多重族群社會的重組與再次重組，與多元文化主義的國民統合理念出現，臺灣的多重族群社會也不可能立刻平穩到來。民主化雖然大幅地轉動了臺灣化此一結構變動的車軸方向，但即使民主化工程結束，臺灣化的車輪仍在日益不透明的東亞地緣政治環境中繼續轉動。

【註釋】

1　如此一來，從蔣經國的決定而使得體制改變開始，一直到蔣經國去世，遷占者菁英「最高領袖」缺席的時期，可定位為「中華民國臺灣化」起始過程的最後階段。

2　臺灣的21個縣市中，民進黨獲得6個縣長以及1個與民進黨立場接近的市長，在「增額立法委員」選舉中獲得21席（全部101席），第一次獲得在立法院提出法案的資格（需20席）。而在省議會中獲得77席中的16席，臺北市議會中獲得51席中的14席，高雄市議會43席中的8席，相較於上一屆全都獲得席次成長〔《中國時報》，1989年12月3日〕。

3　1989年底，筆者於結束現場觀察後回國，得知當時的亞東關係協會駐日代表處副代表鍾振宏於筆者出國期間，不斷來電留言希望能會面。與他聯絡上並碰面後，才得知他接到總統李登輝本人的電話指示，希望能聽聽筆者對此次選舉的評論。筆者於是表示，鑑於國民黨掌握媒體，並擁有民進黨所無法比擬的組織力量與財力，總得票率不到六成，事實上可謂慘敗。可以認為，李登輝透過各種管道聽取各方面意見，希望能判斷該次選舉的結果。

4　根據蔣緯國的說法，當初資深國代運作之初為蔣—林配，但蔣緯國認為在臺灣化的趨勢下應該相反較好，因而說服他人改為林—蔣配〔汪士淳，1996：295〕。

5　李登輝於此段期間曾指示治安機關，監視靜坐學生的飲用水與便當安全〔李登輝（鄒景雯），2001：325〕。

6　根據李登輝方面的記述，21日早上六點，當靜坐學生仍在熟睡時，李煥只帶著隨扈現身於中正紀念堂廣場，快步繞了一圈。有學生發現李煥後曾說「要關心，就正大光明的關心，不要偷偷摸摸的」〔同前：327〕。若從事實來看，這可說是李登輝已獲得李煥失去學生支持的象徵性畫面。李煥旋即失去行政院長一職。

7　成員有李登輝、李元簇、郝柏村（國防部長，不久後為行政院長）、蔣彥士（總統府祕書長）、宋楚瑜（國民黨中央祕書長）、林洋港、邱創煥（總統府資政）。

8　在臺灣，與國民大會所制定的《臨時條款》並列，基於《中華民國憲法》
　第一七三條做出的司法院大法官會議解釋，亦構成憲政秩序的一部分。
　而原先賦予「萬年國會」法源的，即是1954年1月29日公布的大法官會議
　第三十一號解釋〔陳滄海，1999：17〕。此次釋憲案，是由公法學者朱武獻
　（時為輔仁大學副教授，陳水扁臺大法律系同學）起草釋憲聲請文，陳水
　扁發動立法委員連署而提出〔李炳南編著，1997：333〕。

9　根據《中華民國憲法》第一七四條第一項規定，修憲為國民大會的權限（國
　大代表總額五分之一提議，三分之二出席，及出席代表四分之三決議，方
　可修改），但同一條第二項規定，立法院亦擁有修憲權（立法委員四分之一
　提議，四分之三出席，及出席委員四分之三決議）。「一機關」修憲論，意
　味著將立法院排除於修憲過程之外。立法院對此展開反制，於第三次修
　憲時在立法院下成立「修憲委員會」，牽制國民大會的擴權傾向〔李炳南編
　著，1998：5〕。

10　然而只是不廢棄《中華民國憲法》，並非完全消失。2000年以後民進黨內亦
　有主張，認為憲法殘存「一個中國」概念的架構（即「憲法一中」）。

11　連戰父親連震東於臺南出生，日治時期渡海至中國加入國民黨，即所謂
　「半山」；母親為廣東人，連戰是在抗戰時期於西安出身，因而以此為名。
　如同第一章所示，「籍貫」乃繼承父親而來，因此連戰為本省人。

12　《國統綱領》之後在陳水扁第二任總統任期廢止時，根據國安會所提出
　的報告，該綱領當初在行政院院會中，非由「討論事項」提出，並未經過審
　議，而是列在「報告事項」〔《聯合報》，2006年2月28日〕。

13　4月初，超過200名資深國代提出大幅擴大「海外華僑名額」的提案，國民
　黨中央及國民大會黨部，立即展開強力遊說工作，使大多數贊同提案的代
　表撤回連署，在開會前設法壓制。

14　歷次修憲的《增修條文》文字，可參見「司法院法學資料檢索系統」
　（http://jirs.judicial.gov.tw/Index.htm）。

15　監察委員與增額選舉一樣，由省議會及臺北市、高雄市議會間接選舉選
　出。增額選舉中的「職業團體」資格被廢止。國大代表與立法委員的選舉
　制度，根據第一次修憲後的《公職人員選舉罷免法》（7月16日立法院通

過），採取與之前相同的無記名單記投票法，區域選舉的選區採「中選區」制（與1994年之前日本眾議院選舉相同），政黨比例代表（「全國不分區」）則由各政黨在區域選舉的得票數總和，換算為各政黨得票率。各政黨得票比率未達5%以上者，不予分配黨選名額。法令的原文亦請參照前述「司法院法學資料檢索系統」。

16 該法於1980年制定。年滿20歲，有中華民國國籍者，在戶籍地或各該選舉區繼續居住六個月（後改為四個月）以上者，擁有選舉人資格，並規定投票時憑本人國民身分證領取選票。另外，在終止「動員戡亂時期」後，名稱上冠有「動員戡亂時期」的法令均刪除了此字眼。

17 如同後面所述，此共識也已經意味著總統由國民大會等機關選出的方式，已經排除。

18 在許多場合中，反對者是以《中華民國憲法》的本來精神為內閣制，廢止《臨時條款》後就應該回歸憲法的本來樣貌，此一「回歸憲法」論作為立論根據。主張此立場的核心人物為臺灣大學政治學者胡佛教授，郝柏村亦贊同此說〔李炳南編著，前揭：298〕。

19 國是會議時民進黨祕書長張俊宏，回憶當時民進黨黨中央思考政治制度時提到：「當時的李登輝無實質權力，臺灣人更是微不足道，整個國民黨反動勢力集結在李煥及郝柏村身上……所有反動勢力都主張內閣制、總統虛位，甚至想把李登輝變為嚴家淦（嚴家淦在蔣介石過世後由副總統繼任總統，但實權則由行政院長蔣經國掌握——筆者），而重新恢復蔣介石的第一、第二階段極權時代」。張俊宏以此種情勢分析，說服原先主張內閣制的黨內成員〔同前：346〕。此外，「人民制憲會議」時擔任許信良幕僚而為此會議籌備的陳忠信表示：「過去外省人占總人口的百分之十五，卻擁有將近百分之七十的權力，現在要改變這個不合理的情況，只有採用總統制」，承認了有族群性的考量〔同前：336〕。這同時也是面對國民黨壓倒性的組織動員力量、取得國會多數之路尚遠的民進黨，為其政黨發展所做的考量。從外省人的角度來看，前述胡佛觀察到：「（對於李登輝透過修憲迴避回歸憲法，朝向總統擴權的方向發展一事）因為有些本省同胞想：為什麼我們本省籍總統就沒這麼大的權力？蔣總統有大權力，我們李總統也要有」〔同前：235〕。

20 根據當時《聯合報》所做的民意調查顯示，被問到「明天若宣布臺灣獨立」而回答感到恐怖的比率有47%〔若林，1997：204〕。

21 李登輝在國是會議閉幕式後，與民進黨出席者以福佬話交談說，關於總統選出方式答以「什麼都好」〔同前：205〕。而根據李炳南的說法，國是會議時儘管國民黨籍出席者以「不考慮總統直選」為底線，但「老闆（指李登輝）希望直選」的耳語卻瀰漫會場〔李炳南，1994：59〕。

22 此委任直選的方式是在國民大會代表選舉時，由候選人明確表示支持的總統候選人，待總統選舉時由國代投給該總統候選人的一種間接選舉方式。然而，作為民意機關，國大代表選舉的方式與修憲前的方式有所不同（因而是一種「直選」的方式）。根據前述國是會議的共識，回到從前的選舉方式可說已被封殺，也就是說，即使是「委任直選」，國民大會被剝奪了選舉總統副總統此一最具實質的權力。

23 在第二次修憲中，還在《增修條文》第十八條裡加上了推行全民健康保險、促進兩性地位實質平等、自由地區「山地同胞」（原住民族）之地位及政治參與應予保障等七項「基本國策」。此條文可謂模仿憲法本文特設「基本國策」一章（第十三章，第一三七～一六九條）的形式，但也是將1980年代蓬勃發展的各種社會運動及民主進步黨的「社會權」主張加以整合並納入條文的做法。這些條文的制定過程以及化為政策時的立法與施行過程，在政策過程研究中饒有趣味，但筆者尚未準備呈現所有過程，目前學界對此一議題的研究也還稱不上豐富。至於條文中有關原住民族的相關規定，將於第七章提及。

24 例如臺北市與臺北縣的合併、臺中市升格為行政院直轄市等縮小臺灣省管轄範圍的措施。

25 「如果國共片面和談、如果國民黨出賣臺灣人民利益、如果中共統一臺灣、如果國民黨不實施真正的民主憲政，則民進黨主張臺灣獨立」。

26 對此郝柏村於次月接受外國媒體訪問時表示「即使以公民投票決定臺獨也無效」〔薛化元主編，前揭：210〕。

27 該條第一項加上「以強暴或脅迫著手實行者」的文字，刪除第二項中的「陰謀犯」，只留下「預備犯」。民進黨等團體認為此修正「雖不滿意但可

接受」〔伊原，1993：63〕。

28 「黑名單」上最後一個自日本歸國的是「獨立臺灣會」的史明。史明於隔年1993年10月下旬回國，馬上遭到逮捕，但高等檢察署立即將史明從內亂通緝榜上除名。此一「黑名單」存在41年之久〔薛化元主編，1998：372〕。

29 此情形被非主流派揶揄為「李登輝情結」。面對此種批判，民進黨回以沒有「李登輝情結」，只有「民主情結」〔伊原，1991：142〕。彼此的言辭交鋒在情緒容易亢奮的群眾活動與選戰中流傳後，醞釀了族群間互不信任的氣氛，在理念與政策層次上培育了難以化解的族群政治種子。

30 此種對自己族群的政治領導者不問實績的情結所展現的「族群政治」現象，在恢復民選的第一任臺北市長表現出色的陳水扁，於1998年尋求連任的選舉中，由於外省籍選民（臺北市的外省人口比例約是全臺灣外省人口比例的兩倍，占27%）「族群投票」（壓倒性地支持外省籍候選人馬英九）而嘗到了苦果。與郝柏村的立場相反，但再次出現了族群政治。

31 根據當時總統府記者周玉蔻的事後記述，對於郝柏村事前探詢關於「軍事會議」一事，李登輝委婉地表示「不太好」，但郝柏村仍執意召開〔周玉蔻，1993：246〕。李登輝更於行政院發表聲明的同一天召集高級軍事將領，訓示「不應對個人，而是對國家忠誠」。12日與郝柏村的會談長達100分鐘，異於常例〔伊原，1992：259-661〕，亦顯示兩人的見解南轅北轍。

32 郝柏村方面流傳，葉菊蘭有關「軍事會議」的資料是由李登輝方面流出，「府院」關係變得惡化。周玉蔻看到的則是，由軍方內部反郝柏村的人士所流出〔周玉蔻，前揭：248-249〕。

33 1992年1月，李登輝為了報答蔣仲苓在擔任總統府參軍長（總統軍事祕書）的兩年間忠誠效力，打算授予「一級上將」，但郝柏村以蔣經國時期只有擔任參謀總長者才能有此待遇為例，表示強烈反對。郝柏村向為了仲裁而來探聽意向的總統府祕書長蔣彥士提起，聽說總統府將對他不利的消息透露給民進黨委員，使他在立法院遭受侮辱。根據周玉蔻所記，郝柏村至此所顯示的情緒性反應，是因之前在參謀總長人事上，李登輝未諮詢郝柏村就決定任命在軍事被視為反郝柏村人馬的劉和謙將軍，而總統在發布重要人事命令時須獲得行政院長的副署〔同前：275-285〕。

34 宋楚瑜在緊接著的臺灣省長民選化中成為國民黨候選人，而獲得大勝，手握巨大的權力基礎，威脅到李登輝，成為後李登輝政局風暴的中心。此為後話。

35 此處勢力的消長引用自「新黨」領袖趙少康的判斷〔伊原，1994：169〕。

36 以歸國投票的形式賦予總統選舉投票權利的「在國外之中華民國自由地區人民」，是指擁有臺灣、澎湖、金門、馬祖地區的戶籍者，雙重國籍以及歸化他國者排除在外。依當時行政院僑務委員會的推算，「海外華僑」約超過3,000萬人，但符合此定義者約20萬人，解決了選舉的正當性問題。最後，在另外制定的《總統副總統選舉罷免法》中規定：「曾在中華民國自由地區繼續居住四個月以上，現在國外，持有效中華民國護照，並在規定期間內向其最後遷出國外時之原戶籍機關辦理選舉人登記者」，符合此嚴格規定才得以成為選舉人〔李炳南主編，1998：139、143-144〕。李炳南認為，如此嚴格的限制，反映了國民黨主流派的心態，即以臺灣人民作為憲法適用的主體，並以臺灣作為「想像共同體」的現實空間〔同前：140〕。

37 第一次修憲時《增修條文》第九條規定「總統為決定國家安全有關大政方針，得設國家安全會議及所屬國家安全局」，當時就曾有反對總統擴權的聲音〔李炳南主編，1997：298〕。民進黨雖然也反對，但反對的理由是因為此次修憲是由不必改選的資深國代所決定，缺乏正當性的程序。

38 臺灣的憲政體制傾向賦予總統實權的半總統制或雙首長制，並非只是因為被臺灣民族主義所牽引（由於總統擁有直接民選的實權，使得基於主權在民的民主政治原理的政治體，其主權性更加地凸顯），亦有在「動員戡亂時期」規定下，將憲政的實踐合憲化的面向。雖然憲法規定，總統的命令須有行政院長的副署，但總統根據《臨時條款》發出的命令則不須要行政院長的副署〔湯雲騰，2001：79〕。即便不是如此，蔣介石與蔣經國在擔任總統時，他們亦非《中華民國憲法》本文所謂「統而不治」的內閣制總統。因此，不論憲法字面上的規定為何，在戰後臺灣社會的印象裡，總統一直是擁有政府最高權力的實權者。

39 國民大會開議中的1994年6月，為了宣揚自身的修憲主張，民進黨召開「第二次人民制憲會議」，通過《臺灣共和國憲法草案》。除了族群關係的條文更加完備外，基本主張與第一次會議通過的《臺灣憲法草案》相同。

第五章 朝向主權國家與民主體制的苦惱——「憲政改革」的第二階段[*]

　　1996 年 5 月 20 日，身為第一位民選總統（「中華民國」第九任總統），李登輝於就職典禮上誇耀民主化成果時說道：「今日 2,130 萬同胞正式進入『主權在民』的新時代」，並同時訴求為使「民主建設深化」，「必須推進第二階段之憲政改革」。緊接著在同年 12 月，召開集合各黨派代表的國家發展會議作為總統的諮詢會議，企圖達成修憲意見之共識，隔年召開第三屆國民大會（第三屆國民大會代表為 1996 年 3 月與總統選舉同時選出），開始致力於第四次修憲。在這次的修憲中，進行了較大幅度的制度改革。臺灣省議員選舉與省長選舉被廢止（即「凍省」，「凍結」臺灣省自治之意），中央政府制度（總統－行政院－立法院關係）也大幅變更，某種意義上可稱之為「臺灣式半總統制」。緊接著，修憲繼續進行，以李登輝政權晚期的第六次修憲作為過渡，於第二次陳水扁政權時期的第七次修憲時，再度進行大幅度修改。其中包括廢止國民大會、對修憲案所進行之公民投票、立法委員席次減半、立法委員選舉小選舉區與政黨比例代表選票並用制等。

　　就本書主題相關的部分而言，若視第一階段「憲政改革」具有依據民主化原則更新「中華民國」其內部正統性之意義，則可

---

[*] 本章譯者：李承機（成功大學臺灣文學系副教授）。

將第二階段「憲政改革」視為，致力於消解此種進行內部正統性更新的分裂中國之中的單一政治體（a polity of divided China），其國家性（stateness）與其民主體制的治理能力（governability）之間的問題[1]。

此處所謂致力於消解國家性的問題，是指針對 1970 年代喪失作為一個「中國國家」之國際承認的戰後臺灣國家，賦予其作為「以臺灣為範圍」之國家主權性的行動。關於這部分，在第二階段「憲政改革」的成果是複雜的。對於依據民主化原則所進行的正統性更新、卻又無法充分獲得國際承認的現狀，李登輝所構想之基於「強化主權國家地位」策略的「兩國論」修憲後來夭折了，接著陳水扁的制定「新憲法」也遭遇挫折。但是，民進黨一貫追求的「公投入憲」（依據憲法條文設置之公民投票制度）與廢止國民大會，則勉強獲得實現，整體而言，以包含直接民主制要素的型態，推進了國民主權的制度化。1949 年以後，蔣介石對戰後臺灣國家所灌注的中國國家體制，就更顯得徒具形骸。以往作為一個「中國國家」而支撐起來的「中華民國」其國家形體，在「以臺灣為範圍」的這個主權國家無法按照臺灣化推進者所期待地獲得國際承認的狀態下，竟開始崩解。

另一方面，關於中央政府體制的形式問題，處於「憲政改革」入口地位的「動員戡亂時期」非常措施一旦廢止，原來憲法條文中所隱含的內閣制色彩便立刻浮現，這與第一階段所完成的民選總統制度終究難以妥協。李登輝雖然欲將此中央政府體制轉換為法國式的半總統制，但在各方政治人物間的鬥爭與妥協之下，所能得到的結果卻是一個似是而非的「臺灣式半總統制」。爾後，第四次修憲的「凍省」所造成的國民黨分裂，促使在野的民進黨陳水扁當選總統而帶來了政黨輪替的結果，此一「臺灣式半總統

制」與政黨輪替後的政治生態（政黨勢力的分布、政治領導者的性格、能力等）之間，立刻發生了最嚴重的不協調。陳水扁雖然在 2000 年第二次總統選舉勝選而達成了歷史性的政黨輪替，但所率領的政府治理表現卻未見明顯的改善，甚至到競選連任期間，連自身左近及家族成員等所牽連的腐敗問題都被公開化（後述）。

如同腐敗問題所窺知的，其治理能力低下的背景雖有其他種種原因，但在政治制度上的最大因素，則可歸咎到「臺灣式半總統制」。與當下亟欲強化已擁有民主體制之「以臺灣為範圍」其政治體的國家性同時，此一「臺灣式半總統制」下分裂政府的機能不健全，成為實現第七次修憲的背景因素，同時也是往後民進黨外圍提出作為風向球的議會內閣制修憲案[2]之理由。

一、「凍省」與「臺灣式半總統制」之形成——第四次修憲

1. 第四次修憲的政治構圖

「萬年國會」的全面改選，「動員戡亂時期」的終止，臺灣省、臺北市、高雄市的市長民選以及總統直選等，在上述第一階段憲政改革的重要項目中，對日後臺灣政治產生最大影響者，首推總統直選。如前所述，若單純就民主化而言，一如郝柏村等非主流派依據政治學者胡佛的「回歸憲法」主張為基礎，以及其後新黨所持論的，總統乃非握有實權之虛位總統，而由行政院長擁有實權的內閣制式的憲政解釋，也是選擇之一。若就憲法條文中的規定來說，總統的行政院長任命須要立法委員過半數同意，以及總統的重要決定須有行政院長副署，這樣的內閣制解釋也十分說得通。況且，朝向議會內閣制修憲也是可能的選擇之一，而這也讓人想起，當初民進黨內急進派——「新潮流」亦曾主張內閣制。

　　然而，如同前一章所提及的，若排除權力鬥爭上的考量，則從民進黨到李登輝最終都選擇總統直選的原因在於，把直選定位成具有與民主化相異層次的政治價值──即在追求「臺灣化」層次上，也可稱之為一種具戰略意義的制度〔陳滄海，1999：33〕。李登輝從穩固黨內「小強人」地位的時期開始，即使用「生命共同體」這種修辭講述國民統合理念。作為臺灣民族主義國民統合理念的修辭之一，民進黨則從 1980 年代起就已經提倡「（臺灣住民之）命運共同體」〔張茂桂，2002：246〕。在以「臺灣本位」這種政治構想本身所具有的意義之下，李登輝與民進黨同時開始邁開步伐。從這種思考方式看來，縱使總統直選制度是在「中華民國自由地區」（與「大陸地區」相對之概念）因應「國家統一前之必要」所制定之《增修條文》（《增修條文》前言之說明文句）這種所謂「中國國家」的體制之下，比起其他制度，相對較為凸顯出「自由地區」的選民，乃擁有與「大陸地區」相異的政治權利之民主政治共同體的一員〔李炳南編著，1998：136〕。同時，在香港與澳門被中華人民共和國以「一國兩制」架構所吸收之情勢已然確定之下，這一點在對外界訴求「一國兩制」對臺灣的無效性時亦有所助益。

　　選擇總統直選的理由之中，亦有其歷史背景。雖然胡佛的「回歸憲法」論認為，《中華民國憲法》條文所規定的總統為虛位總統，中央政府應以內閣制方式加以運用，但除了短暫的例外[3]，在現實的中華民國憲政史上未曾實際出現虛位總統。早於總統、副總統選舉，國民大會在 1948 年 4 月即已制定《動員戡亂時期臨時條款》，該次選舉中當選總統的蔣介石，不論從既已掌握實權的國民黨總裁來看，或是從《臨時條款》所賦予總統發布緊急處分令之權限來看，皆非虛位總統。況且，隨著事實上將蔣介石變成

終身總統，在政府遷移至臺灣後反覆增修的《臨時條款》裡，已漸次賦予總統憲政上的權限[4]。如此一般，蔣介石與其後繼者蔣經國，始終維持著橫跨黨、政、軍各層面擁有強力威信的強人角色，總統職位者即為實質上擁有強力操縱政治的領導者這種形象，可說早已成為臺灣的政治文化〔小笠原，1996：60；Rigger, 2005: 33〕。實現總統直選，堪稱為得以民主的方式來更新這種作為強力領導者的總統形象。

　　然而，在第一次修憲後的政治制度之中，最不安定的部分也是民選總統制度。如同東西方冷戰結束前後，多數達成體制移轉的新興民主主義國家其憲法制定過程一般，臺灣的「憲政改革」不論在過程與內容上，與其說是考慮到制度長期影響面的一種制度選擇，不如說是在直接相互對抗的勢力之間充滿妥協的一種產物，而這項妥協往往是從總統制與內閣制等相異原理之間相互折衷的結果。總統直選制，只不過是唐突地套在強烈指示運用內閣制的憲法條文的法理之上。在「憲政改革」第一階段中，不只對於將「總統制」當作備案提出的民進黨，對於獲得首任民選總統聲望的李登輝來說，其結果亦非令人滿意。因為，如同前述之「小強人」李登輝其影響力仍受到限制，在第一階段的「憲政改革」中亦未對有關總統權力的配置進行大幅調整。

　　民選總統的第一個問題是，憲法並未賦予總統直接接觸、指導行政院此一最大行政機關之權限。在第一次修憲中，將源於1966 年《臨時條款》增訂時所設置的國家安全會議與國家安全局加以正規化，《增修條文》第九條即規定「總統為決定有關國家安全之大政方針，得設置國家安全會議與國家安全局」。但是，「大政方針」乃曖昧的詞彙，即使行政院長等主要部會首長也出席國家安全會議，於此條文中並未明確賦予總統指揮具體政策決

定之權限。更何況，行政院長的任命必須經由立法委員過半數同意（亦即，立法院對總統所提之行政院長人選擁有否決權），當出現立法院對該同意權進行否決的情況時，解開這種死結的手段（解散立法院）在憲法中並未加以規定。簡言之，在憲法上，總統並不擁有直接接觸並影響行政院政策決定之手段。

第二個問題則是，民選臺灣省長對民選總統其政治權威所帶有的潛在威脅。臺灣省所轄領域，與「中華民國」的實際統治領域幾乎重疊（1997 年的數字為土地 98%、人口 85%〔李登輝（鄒景雯），2001：338〕）。如前所述，此乃蔣介石的中國國家體制堅持對戰後臺灣國家所帶來的矛盾之一。正因為如果臺灣省長由民選產生，其政治權威有可能威脅到蔣介石的權威，故即便憲法條文有所規定，省級的自治仍始終止於省議員選舉，省級首長是由官派省政府主席擔任而未曾有省長存在（第二章第二節）。一旦省長由民選產生，且總統由相對多數當選制選出，因為得票率高低之故，就有可能發生民選省長在得票數上超越民選總統的情形，因而會對總統的權威帶來威脅。這些關於總統直選的問題，就纏繞在相對多數當選制的是非好壞與選舉實施順序之間，亦曾被當作「葉爾辛現象」議論之 [5]。然而實際上，臺灣省長民選較先實施，且仍以相對多數當選制實現了總統選舉。

李登輝本身因為在第一階段修憲中發揮領導力而獲得高度的威信，結果以 54% 的高得票率當選首任民選總統。就某種程度上來說，李登輝的成功是以在野黨的成長與國民黨的分裂（1993 年 8月新黨成立）作為代價，國會中國民黨勢力的減弱傾向一直持續，李登輝把這種狀況理解為政治危機感。首次總統直選之前於 1995年 12 月舉行的立法委員選舉中，雖然民進黨只有些微成長，但1993 年 8 月從國民黨分裂出來的新黨，以都會區外省人票為中心，

成功地挖走國民黨地盤而一舉當選了 21 名，導致國民黨成為僅僅比過半數多 2 名的脆弱多數（參照表 4-1）。

　　從民進黨勢力堅實的成長趨勢看來，此時已經可以推測到，在不久的將來即將出現國民黨無法擁有過半數席次的情勢。因此，當時的主席施明德、中央黨部祕書長張俊宏等民進黨黨中央，以「大和解」為名，開始與新黨聯手誘使國民黨籍立委造反，在隔年 2 月的立法院正副院長與行政院長同意權投票時，採取了挑戰李登輝──國民黨權力的政治策略，此即施明德等人所謂的「二月政改」。此項嘗試雖然以設置行政院原住民族專職機關為交換條件，而引發了國民黨籍原住民立法委員的造反，但組成多數派的工作卻只差一點未能成功。隨著國民黨保住立法院正副院長的位子，對原住民立委的要求也做出妥協，就連行政院長連戰留任的同意投票亦得以過關（關於這部分於第七章會再觸及）。

　　但是，總統選舉結束、李登輝一就任新任期之後，在野黨便再度發動政治攻勢（稱為「六月政改」），對李登輝──連戰展開攻擊。在野黨認為，由於總統乃就任新的任期，行政院長人選應該再度於立法院進行同意權投票，並且拉攏部分國民黨立委將該內容做成立法院的決議。此時連戰甫當選副總統，因而關係到下一任行政院長職位，國民黨裡所謂「中生代」政治人物（蕭萬長、宋楚瑜等）的肉搏競爭更加激化，連李登輝都無法壓住陣腳〔曾建元，2002：101；李登輝（鄒景雯），前揭：100-106〕。

　　上述的立法院決議並無法律上的約束力，對於連戰暫時提出的辭呈，李登輝最後表示「著毋庸議」而不受理，採取將連戰以副總統身分續任行政院長一職的處置，並同時實施內閣改組。但是，在野黨杯葛連戰施政方針演說而堅持不承認新內閣的姿態，使得民主體制才一出帆就在立法院觸礁。這種情形可認為是隨著

《臨時條款》的廢止，憲法條文所規定之內閣制結構開始發揮作用的結果〔松本，2006：142〕。

在這種狀況下，某種程度上朝野黨派都對往後的政治狀況抱有如下四點的共通預測：①國民黨在立法院無法過半數（早則1998年底選舉時即會發生，但實際上卻非如此，因此在2000年以後產生莫大的影響）；②李登輝不再連任，以致2000年以後的臺灣政治將進入後李登輝時代；③李登輝即使不再競選連任，國民黨贏得總統選舉的可能性仍然很高，但是；④後李登輝時代的國民黨總統候選人已無法像1996年選舉時一般，以絲毫不需擔心「葉爾辛現象」的壓倒性高票當選是極為困難的。從李登輝或是被預測為繼任者競爭中一馬當先的副總統連戰（國民黨憲政改革小組召集人）的觀點看來，依靠修憲來使國民黨在後李登輝時代繼續掌握政權，且必須實施能夠確保安定的政權運作之改革，其政治課題亦在於此。李登輝在就職演說所提及的「提升民主運作的廣度與深度」，在政治策略的意義上亦可視為具有此意涵。

另一方面，由於「最小綱領民主化」的實現，國民黨政權的民主正統性變得難以被攻訐，同時也預期到國民黨在國會中脆弱多數與將來無法過半數的狀況，因此引起了民進黨方面較為複雜的行動。如前所述，眼見「二月政改」的失敗與「六月政改」缺乏決定性一擊，6月新任民進黨主席的許信良，轉而採取與李登輝國民黨合作的路線，而其結果即為以國民黨與民進黨兩黨協商為主軸的國家發展會議之舉行。在此之前，與1996年3月的總統選舉同時舉辦的第三屆國大代表選舉之中，民進黨共獲得了99席（29.7%）（參照表4-1）。由於憲法修正案必須出席代表的四分之三贊成，對李登輝、連戰來說，民進黨的協助已是不可或缺。亦可推知，從許信良領導的民進黨中央黨部的立場看來，因承受了與新黨兩次合作的政治攻勢均未成功之後果，而從李登輝需要

民進黨的狀況即可判斷出，與國民黨合作更可能獲得較大的政治
利益（例如政治制度與國家結構的更加臺灣化、因入閣而分享權力等）。

2.「凍省」與「臺灣式半總統制」之形成

從前述的思考而來，李登輝方面提出的是「凍省」（凍結臺
灣省長選舉與省議員選舉），及朝向模仿法國第五共和制之「雙首
長制」或「半總統制」的修憲構想。許信良領導的民進黨中央黨
部與其主要支持派系——「美麗島系」和「新潮流系」對此大致
贊成。在國家發展會議中，與「憲政改革」相關議題則總結出幾
個核心共識：①總統的行政院長任命不須立法院同意；②賦予立
法院對行政院長不信任決議權與總統副總統彈劾權；③賦予總統
解散立法院之權力；④「凍省」；⑤凍結被認為已成「黑金政治」
溫床的鄉鎮長選舉或使之官派化等〔陳新民，2002：139-140〕。如
前章所述，法國式「雙首長制」也是民進黨在穩健派主導下出席
李登輝召集的國是會議時，載於其《民主大憲章》中的中央政府
構想。

然而，就在國民黨中央與民進黨中央各自以「凍省」—「雙
首長制」為核心開始做成修憲案時，在各自的內部也都引起了強
烈的反彈。

國民黨內最強的反彈，來自於有關「凍省」與凍結鄉鎮長選
舉問題的蔓延。其中反彈最強烈的，就是身為首任民選省長、卻
因「凍省」而成為末代民選省長的宋楚瑜。宋楚瑜從 1993 年初郝
柏村被拔除行政院長而調整政權人事之際，即由國民黨中央祕書
長轉任臺灣省主席，並於省長民選時以國民黨籍候選人高票當選。
同時以省長的預算分配權，巧妙地進行詳細的鄉、鎮層級建設經
費分配，雖是外省人卻深入地方派系勢力，形成獨自的地盤。即
使狀況並非如此，增加地方的自主性也自然會增強地方派系對黨

中央的離心力。一般都認為，宋楚瑜如果出馬角逐預定於 1998 年
實施的第二屆選舉（省長任期四年）大致確定會當選，同時亦預測
他將乘勢挑戰總統選舉。理所當然，這對覬覦後李登輝時代的連
戰等人來說是一大威脅[6]。

　　國家發展會議的「凍省」共識一經發表，宋楚瑜立刻表明辭
掉省長之意志，其後雖因各方慰留而打消辭意，但其影響下的省
議員勢力，卻頻繁地對李登輝—連戰陣營的「凍省」與凍結鄉鎮
長選舉方針示威表達反對；以地方派系為背景的國大代表，則組
織「中華民國祥和協進會」，持續擴大進行反對活動。黨中央則
以增加立法委員員額數容納省議員員額，以及取消凍結鄉鎮長選
舉等與之妥協，再加上黨紀處分等威脅手段並用，總算將反對的
聲音抑制下來〔陳滄海，1999：128-151〕。

　　另一方面，民進黨和在野勢力之間，則以許信良等民進黨黨
中央採取了「雙首長制」成為最大的爭議焦點。在民進黨內與臺
獨派或知識分子之間，將以往的「公投入憲」、廢止國民大會等
主張結合起來，期待應該實現三權分立「總統制」的聲音依然強
勢，使得 1997 年 3 月民進黨國民大會黨團的會議裡，不得不將「雙
首長制」與「總統制」兩案於出席修憲國民大會前的腹案中併陳。
然而，即便與和在野勢力所組織的「民間修憲監督聯盟」等社會
運動勢力接近的黨內大老林義雄等人發生激烈摩擦，許信良領導
的民進黨中央黨部仍堅持與李登輝方面協調，到了 6 月 25 日，終
於和國民黨之間達成「十四項共識」。

　　然而此一兩黨共識之中，由於包含了民進黨版「雙首長制」
案中未有之總統選舉絕對多數當選制，且「公投入憲」亦遭到
擱置，在此之前表面上一直避免公開動作的臺北市長陳水扁即
開始強力介入。在其影響之下，27 日的民進黨中執會暨國大黨

團聯席會中，卻做成了總統選舉相對多數當選制與堅持「公投入憲」等與前記「十四項共識」相抵觸的決議。之後，黃信介等民進黨大老說服陳水扁，並與李登輝方面折衝，陳水扁方面同意「公投入憲」延至下回再議，兩黨最後並妥協同意總統選舉制度和「公投入憲」問題不在此次修憲中進行處理。如此，兩黨四派妥協的結果，第四次修憲案在 7 月 18 日決議通過〔同前：160-166〕。

此外，新黨在國民大會的勢力有 46 席（占總席次 13.8%），國民黨與民進黨兩大勢力一旦開始協商，完全無力的狀況和第一階段修憲時的民進黨一樣，無論是國家發展會議或國民大會，只能在議事中反覆抗議杯葛。

如此一般，「凍省」與前述①、②、③項，加上以總統相對多數當選制為核心的「臺灣式半總統制」得以形成。「臺灣式半總統制」將於本章第三節論及，「凍省」則是緩和臺灣的「中央化」對戰後臺灣國家所帶來的矛盾。若從本書的觀點看來，可稱之為國家體制臺灣化的一環，「中華民國」的形體就此更進一步崩解。下一個目標，便是國民大會和「公投入憲」。

當第四次修憲之際，社會運動團體曾發起運動，企圖將諸項社會權納入「基本國策條文」之中。而在民進黨版的修憲案裡雖將其納入，卻幾乎從未被攤開來討論過。不過，有關原住民運動的部分，隨著成功採用了「原住民」的稱呼並納入原住民的「發展權」，與其相關的「國家肯定多元文化」的部分亦被寫入「基本國策條文」之中。這意味著，以在憲法條文中明確表記多元文化主義的方式，隨官方中國民族主義霸權衰退而來的國民統合理念之轉換，已見到一定程度的生根。如此也算是政治體制臺灣化的一環（參照第七章）。

二、「兩國論」修憲的夭折與「憲政怪獸」的終結 ——第五次修憲的糾紛與第六次急就章式修憲

1.「兩國論」修憲的夭折——對臺灣「憲政改革」之國際干涉的出現

依據第四次修憲，行政院長的任命已不需要立法院同意，李登輝遂於 1997 年 8 月任命蕭萬長為行政院長，國民黨總算暫時度過在立法院成為脆弱多數以來的政治危機。然而一如前述，國民黨與民進黨之間仍有更進一步修憲的約定。1997 年第四次修憲案三讀通過後的 7 月 24 日，兩黨簽署協議書，同意將總統選舉制度、「公投入憲」和廢止國民大會的問題，在李登輝任期屆滿前（2000年 5 月）召集國民大會解決之〔曾建元，2002：105〕。因此，就在 1999 年 6 月 8 日召開了修憲國民大會。

與前次相同，儘管國民黨與民進黨在大會召開前即已進行過黨對黨協商，但在國民大會廢止和國會改革的方法（民進黨版本為，下屆國大代表全數由政黨比例代表產生後廢除國民大會之單一國會制案；國民黨版本則為，下屆國大代表部分由比例代表制產生，爾後改為兩院制國會案），以及憲法所規定的公民投票範圍（國民黨版本為限制公投對象議題不得違反憲法）幾項議題上的對立，議事仍陷膠著，旋即從 6 月 28 日起開始休會一個月〔中川，2003a：457〕。

在休會期間的 7 月 9 日，李登輝發表了關於臺灣國家定位的「兩國論」[7]。如同後述，此說法乃根據 1991 年以降「憲政改革」之結果，將中國與臺灣的關係定位為「特殊的國與國關係」。但由於正巧被聯想到第五次修憲的時機，故受到來自北京的強力非難與威嚇，以及引起對此重視的華盛頓方面對修憲進行干涉。超出民主化的範圍而欲增強臺灣國家性之修憲，就此成為國際監視

的標的。一有來自北京的牽制與非難,二有美國為了回應北京所做的強烈反應,就成為往後第二階段「憲政改革」過程的特徵。其實,在第一階段「憲政改革」時並非未曾牽連到國家性的問題,只不過愈是清楚具有識別國家性意義、而在既已進行的修憲過程中一直被往後拖延的修憲議題,如今卻隨著修憲的進程,在趨勢上愈來愈朝不得不碰觸這些敏感議題的方向。

「兩國論」是李登輝回應德國廣播公司「德國之聲」訪問時所做的闡述,其核心部分如以下之問答內容。

> 問:北京政府視臺灣為「叛離的一省」,這也正是兩岸關係長期緊張以及中共對臺造成嚴重威脅的主因。您如何因應這項危機?
>
> 答:歷史的事實是,1949 年中共成立以後,從未統治過中華民國所轄的臺、澎、金、馬。我國並在 1991 年的修憲《增修條文》第十條(現在為第十一條)[8],將憲法的地域效力限縮在臺灣,並承認中華人民共和國在大陸統治權的合法性;增修條文第一、四條明定立法院與國民大會民意機關成員僅從臺灣人民中選出,1992 年的憲改更進一步於《增修條文》第二條規定總統、副總統由臺灣人民直接選舉,使所建構出來的國家機關只代表臺灣人民,國家權力統治的正當性也只來自臺灣人民的授權,與中國大陸人民完全無關。1991 年修憲以來,已將兩岸關係定位在國家與國家,至少是特殊的國與國的關係,而非一合法政府,一叛亂團體,或一中央政府,一地方政府的「一個中國」的內部關係。

在《憲法增修條文》中,附有說明「因應國家統一前之需要」而訂定《增修條文》的前言。而前記《增修條文》第十條中「自由地區」與「大陸地區」的詞句,是以可能用某種形式統一中

（對 1990 年代初期國民黨的草擬者來說即「中華民國」）為前提所做成的條文。若重新檢視這些條文，《增修條文》不論如何大幅地改變憲法，該憲法本身依然帶有某種「一個中國」的意涵，當「國家統一」後，《增修條文》也應該被廢棄。在這層意義上，也可以認為所謂《增修條文》只不過是一個「民主的臨時條款」而已。如同第四章開頭所述，李登輝自己也曾把其當作一種「後退式的正當化」之修辭，試圖用來說服國民黨籍國大代表，總統必須由「公民直選」。

然而，《增修條文》的制定及以其為基礎而舉行的選舉和形成的政府，乃僅依靠「中華民國」實效統治地區的選民來進行。換言之，即僅以此地區為對象進行國民主權的制度化，若嚴正看待此一狀態的話，臺灣這個政治體會因民主化而獲得相對應的主權性。將中臺關係當作是「特殊的國與國關係」，即依據此套邏輯而產生。

隨著改革進程可以發現，李登輝如此一般依時期相異使用著不同的修辭，而為了說服舊體制既得利益者所使用的「後退式的正當化」修辭之必要性雖然會減少；但是其背景之中最重要部分，應該還是臺灣周遭環境的變化，亦即 1995-96 年第三次臺灣海峽危機後的美中關係。

第三次臺灣海峽危機之後，美國雖然在表面上增強對中國軍事動向的牽制（強化美日同盟、強化對臺灣的軍事交流等。第八章後述），另一方面卻急於和中國修復關係。不只實現了領導人的相互訪問（1997 年 10 月中國國家主席江澤民訪美、1998 年 6 月底至 7 月初柯林頓總統訪中），政府高官對有關臺灣問題亦一再做出討好中國的發言，並且對臺灣施壓，要求恢復因臺灣海峽危機而中斷的中臺雙邊對話（即海基會理事長辜振甫與海協會會長汪道涵的會談）。

後者在 1998 年 10 月以辜振甫訪中的形式實現了（即第二次辜汪會談），至於前者，最具體的內容就是柯林頓訪中時所謂的「三不」發言[9]。

　　從臺灣的角度觀之，柯林頓政府的此種動向，反映了危害臺灣海峽均衡狀態的一種危險的對中傾斜。「兩國論」發表後數日，總統府發言人對此說明李登輝的發言絕非唐突之舉，而是總統府所設「強化中華民國主權國家地位」檢討小組，歷經一年多的檢討所做成之結論。亦即，此乃李登輝在因應美國政府要求的同時，早已準備好的對策。根據李登輝於總統卸任後所做的回顧，於 1998 年夏天第二次辜汪會談前夕，以當時總統府國家安全局局長殷宗文的提案為基礎，李登輝下令在總統府內組成由國際法學者蔡英文任召集人的檢討小組[10]，以檢討將臺灣非中華人民共和國之一部分這項事實加以明確化的方策〔李登輝（鄒景雯），2001：223〕。

　　檢討小組的報告書於 1999 年 5 月提交到李登輝手上，其原文雖未公開，若按照李登輝的回顧，報告在前言的部分將臺灣海峽兩岸政治體的關係基調定義為「至少為特殊的國與國關係」之外，並說明其理念乃依據①修憲、②修法、③變更政府文書之用語等方式，漸進地加以實現。各項概略分別如下述內容〔同前：223-226〕。

　　　①凍結憲法本文第四條關於領土之規定，同時於《增修條文》中增訂「中華民國之領土為本憲法有效實施之地區」之規定，並增訂「公民投票」法源以規定有關國家前途之重要變更須經國民之同意。

　　　②《國家安全法》、《國籍法》、《著作權法》等法律條文中「自由地區」、「臺灣地區」之部分改為「中華民國」，

「大陸地區」則改為「中華人民共和國」。

③外交政策說明文書等使用之「中共」一詞改為「中華人民共和國」,「對等政治實體」則改為「兩國」等。以及,於1991年制定對中國政策基調之《國家統一綱領》,將來應廢止並改為《兩岸綱領》,「統一」一詞也應逐漸改稱為「最終的解決」。

有別於報告書,小組召集人蔡英文按照此方針做成修憲順序筆記提交李登輝,李登輝亦同意於當時已決定召開的第三屆國民大會中,按照此案提案修憲,7月初,小組成員向政府處理相關事務者所進行的說明程序也已經開始。然而,李登輝卻在7月9日以接受德國廣播公司「德國之聲」訪問的方式,將「特殊的國與國關係」的部分給公開發表了〔同前:226-227〕。

這是總統府幕僚們未曾預料到的時間點,而蔡英文的修憲順序筆記,據說已經建議在既已決定召開的國民大會中進行某種程度的修憲〔同前:226〕。但是,不太可能建議將其理念以這種爆炸性發言的方式公開出來,此應為李登輝自身對時間點的判斷。同時根據日後的回顧,當初雙方即已同意第三次辜汪會談將以汪道涵訪問臺灣的方式,並預定於1999年4月進行,但因中國方面的關係而屢次延期。據美國於同年3月向臺灣透露的情報指出,中國方面正意圖策畫將汪道涵的訪臺時間延後到9月,以配合中華人民共和國建國五十週年這個民族主義高昂的時機,汪道涵將向國際社會宣言,臺灣會比照香港模式來處理。在此狀況下,為求制得先機,若事先將中臺兩者的關係定義成「特殊的國與國關係」,才可以在汪道涵來訪時主張「對等關係」以強力反駁「一國兩制」。因此,在當時的時間點,確實有其不得不事先公開表明之判斷〔李登輝(鄒景雯),前揭:231;李登輝、中嶋嶺雄,

2000：48-49〕。

　　李登輝的發言，隨即引發臺灣政局的混亂與臺灣海峽的緊張。發言的隔天正好是民進黨臨時大會之日，於當天正式被擁立為民進黨總統候選人的陳水扁，即表示贊同並稱「兩國論」乃「和民進黨《臺灣前途決議文》[11] 的主張相同」〔中川，2003a：463〕。但是，就像被民進黨總統候選人所贊同之行動所顯現出來的單方面意義，所謂的「兩國論」，會被認為是對目前為止使用「一個中國」架構內的修辭所開展之諸政策基調做出變更，在臺灣內部，黨、政府高層為了辯解說明而產生混亂，股票市場亦動盪不安。而外部方面，則有來自中國方面反覆擴大包括恫嚇行使武力在內的非難，以及來自於美國政府露骨地施壓。

　　不滿李登輝的「兩國論」發言，中國方面的結果是無限延期汪道涵的訪臺。李登輝本身雖然認為，已藉此迴避掉依據「美國的情報」所設想的，汪道涵訪臺時將會在國際媒體關注下宣揚「一國兩制」的場面，但是，這算是首次發生臺灣領導人的言行同時讓北京與華盛頓兩方皆感不快的情況。

　　柯林頓政府則在重要幕僚相繼發言確認「一個中國」政策之後，派遣特使至中臺雙方以努力穩定狀況。對中國派出國家安全會議負責亞太地區的 K. Lieberthal，與擔任亞太事務的副國務卿 S. Roth，對臺灣則在 7 月派遣美國在臺協會（AIT）理事長卜睿哲。卜睿哲會見了以李登輝為首的重要人士，強烈要求自制〔蘇起，2003：97-100；中川，前揭：460〕。此外，據說美國方面也對正值會期中的國民大會其憲政改革的動向，頻頻施加牽制〔李登輝（鄒景雯），前揭：342〕。

　　在這般的壓力與混亂之中，李登輝也只好以「特殊的國與國關係」論不過是描述現狀之類的修辭來降低姿態，國民黨、政府

兩方面也同時對充滿「強化主權」策略的修憲工作，在態度上變得消極起來，到了 8 月 11 日連李登輝也終於決定放棄「兩國論」的修憲提案〔中川，前揭：248-249；曾建元，前揭：166〕。而在 8 月底為了擁立總統候選人（選出連戰，而宋楚瑜與其支持者缺席）所召開的國民黨黨代表大會上，為了採用包含「兩國論」的決議一事也讓人大耗精力。

在此之前，7 月 29 日重啟的國民大會中，民進黨提案為審議依照「兩國論」修憲而延長會期，但遭國民黨與新黨代表封殺〔蘇起，前揭：107〕，部分民進黨籍國大代表進而提案進行含有「兩國論」之修憲提案，但贊成者僅僅 31 名而遭到否決〔陳新民，2002：223〕。之後，民進黨黨中央也將第五次修憲的焦點置於國會改革，已經與「兩國論」保持距離了〔曾建元，前揭：165〕。從此處亦可推測到，其原因乃民進黨黨中央擔心有被捲入招致輿論不滿的國大代表延任案（後述）之虞。無論如何，「兩國論」修憲算是至此夭折 [12]。

2.「憲政怪獸」的終結與立法院權限的肥大化

（1）第五次修憲的糾紛與修憲結果的取消

此般第五次修憲之際的「兩國論」衝擊逐漸消退，國會改革即成為焦點。為了調整各種選舉週期的合理化，在國民黨、民進黨兩黨的國大代表之中，對於總統及國大代表、立法委員任期延長案的支持已經開始擴大。李登輝與國民黨中央反對此案，且輿論亦已將此評判為「憲政怪獸」的自肥決定，而嚴重地否定之。但是，包括現任國大代表與立法委員任期的延長（延長至 2002 年 6 月 30 日）、下屆國大代表全數由政黨比例代表選出、立法委員任期由三年延至四年等所構成的提案，在國大代表之間卻獲得超乎

兩黨黨中央想像的多數支持，國民大會議長蘇南成（國民黨）亦贊成此案。縱使國民黨中央加以制止，混亂之中表決動議以無記名投票獲得通過，修憲案竟然就此決議，身為總統的李登輝也只好逕行公告〔曾建元，前揭：251-255〕。因此，原本 2000 年 3 月應與總統選舉投票同時舉行的國大代表選舉，變成不需舉辦了。

　　但是，反對此案的國民黨、民進黨及新黨立法委員，分別對司法院大法官會議請求解釋有關第五次修憲的有效性。此一請求在其後總統選舉活動的興奮情緒中，一時之間好像從政治檯面上被遺忘了一般，但在陳水扁當選總統、政權交替底定（2000 年 3 月 18 日）後的 24 日，司法院大法官會議發表關於此案的憲法解釋，認為依照無記名投票通過之決議其方法在法律上具有瑕疵，故做出該決議無效之解釋。

（2）第六次急就章式修憲

　　如此一來第五次修憲成為無效，只要憲法沒有任何修正，現任第二屆國大代表任期屆滿的同年 5 月 20 日之前，就必須選出第三屆代表。正值此時，脫離國民黨以無黨籍身分參選的宋楚瑜雖然敗給陳水扁，但得到的支持率遠超過國民黨候選人連戰，並決定了組織新政黨的方針，於同月 31 日正式組成親民黨（the People First Party, the PFP）。

　　若於 5 月 20 日前舉行國大代表選舉，等於給正值行情上漲的親民黨擴大支持率的政治機會，這是正因喪失政權而飄搖中的國民黨所不願見到的。民進黨的想法亦與之相同，因此立刻於 4 月召開修憲國民大會，將國民大會改為非常設化。亦即：①國民大會僅在立法院提出憲法修正案、領土變更案、正副總統彈劾案時進行召集；②國民大會代表 100% 以政黨比例代表制選出，立法

院所提議案決議之時該國民大會即同時解散；③上述以外之國民大會權限轉移至立法院〔同前：105〕。

　　國民大會因此喪失國家機構之性格，成為只是批准憲法修正案等立法院之重要決定的會議。那樣的一個「憲政怪獸」，終於走上終結之途。取而代之的，則是立法院獲得憲法修正提案權、正副總統彈劾案，以及對總統任命監察委員人事之同意權等權限的擴張。而在「臺灣式半總統制」之下，只要使用這些權限中的一部分，政權交替後在野國民黨占多數的立法院，就足以讓人見識到有如新「憲政怪獸」一般的演出。這也成為 2005 年第七次修憲得以實現的原因之一。表 5-1 為 1996 年以降第二階段「憲政改革」主要內容之整理。

三、政權交替的衝擊與第七次修憲 —— 國家性與政治體制的新典範？

1. 第一任陳水扁政權與「臺灣式半總統制」的機能不全

（1）第四次修憲的折衝得失與政權交替

　　第四次修憲確實達成了「凍省」與形成「雙首長制」之目的，但其過程之中兩黨四派的鬥爭與妥協，對往後的政治過程造成重大影響，甚至一直牽動到第七次修憲。

　　第一，由於「凍省」的實現，源於臺灣「中央化」所產生之「中國國家體制」的矛盾確實得以緩和（從而僅限國家體制的臺灣化得以進行），且政治上所謂「葉爾辛現象」的根源得以去除。然而，綜觀當時的政治情勢，「葉爾辛現象」實際上已經發生且無法防止。

表 5-1　「憲政改革」第二階段（1996-2005 年）主要決定事項及相
　　　　關事項一覽表

	時期	機關	勢力分布	主要決定內容	備考
第四次	1996.12	國家發展會議	各黨派代表	以國民黨與民進黨代表為中心對第四次修憲內容等達成共識	總統召集之諮詢會議
	1997.5-7	第三屆國民大會	國民黨＋民進黨達四分之三以上	「凍省」（廢止省長、省議員選舉）／總統任命行政院長不需經立法院同意／予立法院行政院長不信任權／對行政院長不信任時予總統立法院解散權／「國家肯定多元文化」納入條文、「原住民」改稱為「原住民族」	以宋楚瑜省長為首國民黨內強烈反對／顧慮到廢止省議會而大幅增加立法委員席次
第五次	1999.8-9	第三屆國民大會	國民黨＋民進黨達四分之三以上	第三屆國民大會代表及立法委員任期延長一年半／第四屆國民大會代表以政黨比例代表制選出	國民大會議長蘇南成因任期延長等強行議事通過受批評而辭職，亦遭國民黨除名處分
	2000.3	司法院大法官會議解釋		第五次修憲因決議程序瑕疵致受宣告無效	
第六次	2000.4	第三屆國民大會	國民黨＋民進黨達四分之三以上	國民大會僅於立法院提出憲法修正案或總統、副總統彈劾案時以政黨比例代表制選出（300 名、任期一個月）／其他國民大會權限（監察委員、司法委員等同意權）移轉至立法院	
第七次	2004.8	立法院第七次修憲案決議		立法委員席次減半、同任期四年、採用小選區、政黨比例代表並立制（二票制）／廢止國民大會／憲法修正於立法院決議後交付公民投票／總統、副總統彈劾權移轉至司法院	
	2005.6	特別召集國民大會	國民黨＋民進黨達四分之三以上	同上	2005 年 5 月實施依政黨比例代表制國大代表選舉／2008 年舉行新制度之立法委員選舉

出處：筆者製成。

　　如同前述，宋楚瑜早就以臺灣省長的地位之便，深入地方派系勢力之中。在 1998 年 8 月所召開的國民黨第十五屆第一次黨代表大會的中央委員選舉中，宋楚瑜以最高票當選（在黨中央的規畫中——即反映李登輝、連戰意思之「參考名單」中——乃第十順位），這已經顯示出擔任省長的巨大收穫〔中川，2003a：274〕。再者，如果在總統選舉中成為候選人，身為有實力的外省人當然可以期待來自外省選民的族群票（參照下一章）。因為「凍省」而與李登輝之間產生的鴻溝，至 1998 年底省長任期屆滿後亦無法填補，當國民黨按照李登輝的意思推出連戰為總統候選人之後，宋楚瑜即脫黨以無黨籍身分競選總統。

　　此外，雖然實現了「凍省」，但前述之廢止鄉鎮長選舉並未達成[13]。這項改革自 1992 年國會全面改選以來，即被期待是解決日漸使人憂慮的「黑金政治」之根本手段。但無法實現這項改革，被認為即是李登輝、連戰的國民黨在面對「黑金」批判時所顯露出的脆弱。宋楚瑜本身，雖然在臺灣省長時代也把部分地方派系勢力當作自己的支持基礎，但刻意與李登輝、連戰的國民黨相對立，且巧妙地保持距離以達到宣傳自己「清廉」的目的。從 1999 年春實質上的總統競爭開始之時，宋楚瑜在各種民意調查中持續保持最高的支持率，直到 12 月初本身的金錢醜聞被披露之前，均在總統競選活動中維持著領先地位。民進黨推出 1998 年底臺北市長選舉中敗給國民黨馬英九的陳水扁，但一如前述，陳水扁與李登輝—許信良連線的修憲一直保持距離，比宋楚瑜更有立場能夠攻擊國民黨的脆弱部位。陳水扁從 1999 年春開始的三方混戰中一直排名最後，但在宋楚瑜的金錢醜聞遭披露後聲勢上漲，到最後關頭就是以「清流共治」（後述）為訴求而使支持率攀升。

　　第二，總統選舉方式無法變更。第四次修憲之際，欲將總統選舉制定為絕對多數當選制的思考，曾遭批判「為連戰量身訂做」。但如前所述，陳水扁看穿李登輝揭示「凍省」為第一優先的弱點，在最後的攻守與討價還價之下，只好做出相對多數當選制的決定。如果說絕對多數當選制乃「連戰適用」，在當時政黨選票基礎的分布狀況下，對於被預測以絕對多數當選制難以當選的陳水扁而言，相對多數當選制則可說是「陳水扁適用」的選制。2000 年總統競選活動開始之前，「陳水扁適用」已經先勝過「連戰適用」的選制了。選舉結果雖然是民進黨在國民黨分裂之下得到漁翁之利，若從與「憲政改革」的相關性觀點看來，2000 年的選舉可說是以「葉爾辛現象」為始，而以政權交付予目前為止屬於體制外勢力的所謂「阿連德現象」（參照本章註 5）為結束。

　　第三，陳水扁漁翁得利地當選，當然造就出與第四次修憲前所設想完全相反的政治態勢。首先，即總統已非國民黨籍，實現了戰後臺灣史上首次的政權輪替。另一方面，在 1998 年實施的立法委員選舉中，為了吸收臺灣省議會員額以作為對不滿「凍省」的緩和措施，立法委員員額數大幅增加（從 164 名增至 225 名），國民黨席次未過半數的情形非但沒有發生，還獲得了遠超過半數的議席。宋楚瑜雖以些微差距敗給陳水扁，卻以大幅差距的得票數贏過國民黨公認的連戰，於是乘勢於 3 月底結成新政黨親民黨，迅速集結了原國民黨籍與無黨籍合計 20 名立法委員。但即便如此，國民黨的絕對多數還是無法撼動。這種狀況，正好是第四次修憲所形成的「臺灣式半總統制」最難運作的政治勢力分布。以下嘗試將此一特徵與法國第五共和制的制度相互比較之。

（2）停建核四問題與「臺灣式半總統制」的機能不全

　　法國第五共和制的半總統制體系，為 12 年間換過 25 個內閣

的第四共和制（1946-58）的不安定狀況畫下休止符，爾後漸次加
以改良，更讓「保守革新共存」（cohabitation）成為可能，使法國
得以實現近代民主制之落實。其憲法上以下列三要素之結合而得
以成立：①總統為直接普通選舉所產生《第五共和制憲法》（以
下同）〔第六、七條〕；②總統得以在未經大臣同意之下進行運
作（總統擁有首相、閣員之任免權〔第八條〕、並主持內閣會議〔第九
條〕，總統行使任免權等時未規定須經首相或部長之副署等）；③設
有與總統相對應的內閣總理大臣和其他大臣，後兩者對國會負責
（國民議會〔下議院〕得議決內閣不信任案〔第四十九～五十條〕）
〔Duverger, 1995: 163-164〕[14]。

　　第四次修憲所實現之臺灣制度中則規定：①總統為直接普通
選舉所產生〔《增修條文》第二條第一項〕；②總統的各種任免權
之行使不須行政院長（首相）的副署〔同前第二項〕，總統得設置
為決定國家安全相關「大政方針」之國家安全會議（行政院或重要
閣員亦為成員）〔同前第四項〕；③當立法院以過半數決議不信任
案時，行政院長應辭職〔第三條第三項〕。臺灣的這種政治制度，
也可算是半總統制（參照圖 5-1）。

　　臺灣與法國的制度相對比，有以下四點相異。第一，總統選
舉的部分，法國為絕對多數當選制，第一輪投票中若無得票過半
數者，得票前兩名再進行第二輪投票，臺灣則為相對多數當選制，
並未形成過半數得票者的第二輪投票。因此，若有實力的候選人
有三位以上，即可能出現得票低於過半數甚多的當選者。而且，
由於僅一次投票即決定當選與否，類似法國一般在第二輪投票時
才會考慮到的候選人或政治勢力間的聯合，在臺灣的候選人調整
或退選則是在投票之前即已開始進行，或者是被包含在選民自主
判斷的投票行為之中。

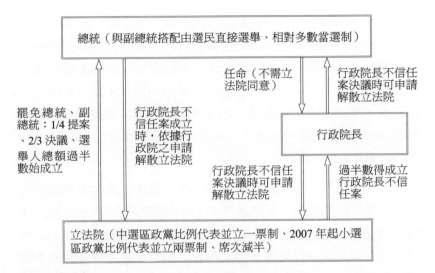

出處：筆者製成。

圖 5-1　第四次修憲（1997）以降的總統、行政院長、
　　　　立法院關係（臺灣式半總統制）

　　第二，臺灣和法國都可以不經議會同意而任命首相；但在法
國的情形，以憲法第四十九條第一項[15]等作為解決手段，已有代
表議會多數派被任命為首相之慣例，在此種情況下憲政的運作可
以從總統制轉換為內閣制。相對於此，依據臺灣的現行制度，不
易助長促成法國一般的轉換慣例。其理由之一，即臺灣的憲法中
並無任何條款可以作為形成這種慣例之手段。其次，總統的立法
院解散權乃被動的權限，亦即僅於立法院對行政院長不信任時始
可發動〔第二條第五項〕，消極地將少數派執政黨內閣正當化。不
論是被動或主動，源於總統行使解散權的改選結果，若執政黨或
執政聯盟仍無法取得過半數，則政治考量上不得不將首相一職讓
渡給議會多數派的可能性很高。

　　然而，因為立法委員任期僅有短短的三年〔第六十五條〕（一如前述，因立法院與國民大會的無意義抗爭使立法委員任期四年制的修憲遭葬送），在受到總統選舉敗北、親民黨成立等衝擊而支持率不斷下滑的狀況下[16]，在野的國民黨傾向與其承擔發動內閣不信任後自家立委席次反倒減少的風險，不如選擇順勢將政治責任歸咎到少數執政黨，以把下次總統選舉導向對自己有利的方向〔Cabestan, 2003: 3-4〕。

　　第三，在行政與立法機關的關係上，比起法國，臺灣的立法機關明顯地較為強勢。具體而言，（a）法國規定以政府所提法律案之審議為優先〔第四十八條〕，臺灣則無相關規定。（b）行政院不服立法院之決定時雖可要求再議，但立法院僅依單純過半數即可將其否決〔第三條第二項〕[17]。（c）2000年第六次修憲的結果，立法院擁有以往國民大會權限的總統、副總統罷免提案權〔第二條第九項〕，以及對總統任命之司法院大法官、監察委員、考試委員之「同意權」〔第五、六、七條〕[18]。

　　第四，作為行政機關首長的總統，其行使權限的制度上管道很弱。在法國是以總統主宰內閣會議，但臺灣總統除了有關安全保障的國家安全會議（第二條第四項）之外，有關指揮行政院（內閣）之制度上的管道尚未法制化。1997年修憲時的國民黨版修憲案之中，在第一次修憲所完成之「總統為決定有關國家安全之大政方針，得設置國家安全會議與國家安全局」條項之後，附有「總統有關（國家安全之）大政方針之決定，行政院依法執行之」之條文〔顧忠華、金恆煒主編，2004：360〕，亦即嘗試將總統的行政院指揮權加以明確化，但卻未能實現。此外，總統府的編制與預算規模也很小。雖然行政院長任命已經變更為不須立法院同意，但足以支撐該制度的相應改革卻未能成功，因而維持著在憲法上仍

究沒有充分機制得以讓總統直接指揮行政院的狀態。但縱使如此，早在民主化以前即已固定下來之「主宰萬機」的總統形象，仍然不變。

而法國在 2002 年的改革使總統任期與國民議會議員一致，選舉時期也大致相同；但臺灣總統任期四年、立法委員任期三年則與之相異。若是總統的執政黨和議會多數派產生不一致的情形，就容易發生「新民意」與「舊民意」之所在相互交混的情形。

如此一來，在臺灣式的半總統制之下，當總統代表立法院多數派時與法國一樣毫無問題；但情況若非如此，執政與在野兩方都往「保守革新共存」方向移動的誘因很低，亦即維持著總統屬少數派政權的可能性很高。而當少數派政權面對立法機關時，就會處於制度上相當弱勢的立場。此套邏輯，在 2000 年秋至翌年春季期間的政局混亂中顯現，臺灣式半總統制的機能不全症狀也開始出現，關於此點有以下的事例。

首先，成為陳水扁政權出發點的政治構圖，舉其結構性的因素可要約如下：（A）即便稱之為穩健，揭示「臺灣獨立」政黨的候選人得以當選，仍被認為有激化與中國間緊張關係之憂慮。（B）陳水扁乃低於第二高票（宋楚瑜）和第三高票（連戰）總和得票二成的少數得票當選。（C）民進黨於立法院中席次連三分之一都未達到（225 席中占 70 席）。（D）黨內擁有行政經驗之人才極度不足。（E）除部分之外，《中國時報》、《聯合報》兩大報及 TVBS 電視臺等主要大眾媒體，皆持反對陳水扁的立場。

有鑑於此，陳水扁所選擇的政權構想即所謂「清流共治」的「全民政府」。在用人的層面上，與選舉口號所揭示的「改革」、「反黑金（腐敗）」相輝映，企圖不問黨派而集結清廉、有能之

士組成內閣，陳水扁自身也在選戰尾聲時宣言脫離一切黨職以和民進黨保持距離，曾獲得諾貝爾獎而擁有高度社會聲望的中央研究院長李遠哲，則被期待能就任行政院長。同時，在政治上則透過還剩有國民黨主席任期的李登輝之影響力，以得到國民黨的非正式協助，並期待利用輿論所支持的「改革」、「反黑金」對在野黨施加壓力，即一種民粹式（populistic）的構想。這是因為總統沒有主動的立法院解散權，乘著總統勝選之勢以解散立法院來獲得多數席位之舉終究無法進行。

組閣之時李遠哲堅決拒任行政院長一職，陳水扁即以第二選擇任命前國防部長唐飛為行政院長。由於唐飛原為軍職出身擔任過空軍總司令，既是國民黨員，同時也是外省人出身，對於黨綱中揭示「臺灣獨立」並曾為反體制政黨候選人當選總統所帶來的的衝擊，是有緩和作用的。再加上任命之初，陳水扁即於就職演說（2000 年 5 月 20 日）中宣告的「四不一沒有」[19]而獲得國際社會的好感，政權剛成立時期其施政滿意度在各種民意調查中均高達七至八成。

但是，「全民政府」立刻遭遇困難而難以運作。初次入閣的民進黨員們，從經驗不足到連番發言不當，而健康情形原本不佳的唐飛亦無力統率他們；7 月時，發生了因潦草處理河川暴漲事件（八掌溪事件）所導致之死亡事故，陳水扁政權的滿意度竟然急速下降。再加上唐飛與強力施壓要求陳水扁實行競選公約中停建核四主張的執政黨民進黨間形成對立，最後，10 月初唐飛辭去內閣，陳水扁只好任命民進黨員張俊雄繼任院長之位。

但張俊雄內閣在同月底強行決定停建核四後，在野黨方面激烈反彈。國民黨與宋楚瑜支持者利用總統選舉氣勢結成的親民黨，以及與統一派、外省色彩強烈的新黨聯手自稱「在野聯盟」，制

定了作為提出罷免案之前提──即規定總統、副總統罷免提案程序的《立法院職權行使法》，並開始進行贊成罷免案立委之連署。而對此狀況，民進黨和輿論界亦大舉反制，政局因此陷入大混亂。預算審議長期停止，產業界也開始對陳水扁政權投以懷疑的目光，一時之間甚至流傳著金融危機的說法〔英國 Economist 雜誌，11 月11 日號〕。

　　由於總統、副總統罷免案僅需立法委員過半數提案，及三分之二決議（但當時仍須國大代表三分之二即 147 名贊成始得解任），這在手段上屬正當程序，且民進黨席次未達三分之一，在野黨只要聯合起來，在數字上是有議決罷免案之可能性。然而，停建核四乃有關於預算執行的問題，就算內閣在未經立法院同意這項程序上有所瑕疵，欲將此種問題當作總統、副總統的罷免問題來處理，在憲政運作上實屬極端不適切且正當性薄弱之行動。就算是占立法委員過半數的在野黨欲採取對抗行動，應該提出內閣不信任案來試圖倒閣，以符合憲法上之規定始為適當。但是一旦倒閣，當然結果就是立法院解散及改選。如同前述，對正苦惱於支持率大幅下降的國民黨而言，再度出馬競選任期僅三年的選舉其誘因極度不足，也就無法決心採取倒閣行動。

　　另一方面，總統及行政院亦如前述一般，若無倒閣的狀況便無法解散立法院，也不具有可以積極驗證民意以打開局面之主導權，就僅剩發揮民進黨在野時期的群眾動員能力，以街頭示威的方式將「在野聯盟」的罷免總統行動其不正當性之印象訴諸輿論。為了提交國民大會，正副總統罷免案在 12 月下旬集合了 147 名立法委員（正好三分之二）的連署而提出罷免動議。但在對罷免案不抱好感的輿論之前，「泛藍」方面又沒有決議的自信，僅以提案作為維持面子的方法，審議與採決皆未排入議程。至於停建核四

的部分，內閣被迫在次年度預算被當作人質般的壓力下妥協，透過要求司法院大法官會議釋憲，得到行政院停建決定有瑕疵的結論，即尋求一種緩衝之後，於翌年春天行政院決定重啟工程，此事件方得落幕[20]。

2. 臺灣民族主義勢力意識形態上的政治重組與「公民投票」制度之成立

（1）臺灣民族主義勢力意識形態上的政治重組

前章已述及，相對於國民黨以《增修條文》修正《中華民國憲法》的「修憲」路線，民進黨在第一階段的「憲政改革」中，乃採取《民主大憲章》乃至《臺灣憲法草案》並置的「制憲」路線。這個意圖以制定新憲法將「中華民國」這個國家置換為新國家（臺灣共和國）的做法，在理念上應該稱為「建國的制憲」路線〔曾建元、彭艾喬，2005：2〕。

在臺灣民族主義的大原則上，「中華民國」確實是眼前必須打倒的中國國家。但就民進黨整體而言，其反「中華民國」的姿態其實很曖昧。一方面在國民大會開會時，民進黨籍國大代表演出拒絕在「中華民國」國旗前進行就職宣誓等戲碼，但被稱為「選舉起家」（透過威權體制下的公職選舉確立反對勢力之存在並擴大其勢力）的民進黨，卻未嘗改變透過公職選舉以獲得政治資源的姿態，最終並成為民主化且逐漸臺灣化的「中華民國」體制內勢力，而從中獲得合法地位。

即便是參與「憲政改革」時的實際攻略，也並未採取徹底與「中華民國」對決的路線。多少因為在被當作「憲政改革」主要政治競技場的國民大會中，民進黨無法獲得足以逼使國民黨進行政黨協商的四分之一席次（1991 年第二屆國大選舉時），在修憲的

各個階段中，以「總統直選」、「單一國會」繼而「公投入憲」為主要課題，不得不採取配合街頭動員而從體制外施壓的做法。關於民主化、臺灣化的目標，國民黨內擁有與民進黨具有相同政治向量的領導人（李登輝），利用黨外的壓力握住黨內主導權，在第一階段達成了「總統直選」的戰略目標，第二階段的第六次修憲中也勉強達成了「單一國會」，然後最重要的是在 2000 年實現了政權交替。如此一來，在「中華民國」框架內進行的「憲政改革」課題，對民進黨來說就只剩下「公投入憲」而已。

　　此外，如此的改革進展，亦迫使身為臺灣民族主義核心勢力的民進黨，必須做出意識形態上的政治性調整。如本章第一節所述，在政治層面上，經過了 1995 年立法委員選舉後著眼於國民黨的過半數已脆弱化而發起的「二月政改」與「六月政改」的挫折，而將國民大會裡所獲得的體制內交涉力量（1996 年 3 月第三屆國大代表選舉中獲得四分之一以上席次）作為支點，許信良採取了與李登輝進行協調的路線。但是，雖然得到了強化總統權限和「凍省」等成果，此一國民黨與民進黨的合作，皆分別在兩黨內部引發了強烈反彈，使得李登輝和許信良大為受傷。由於和擁有首位民進黨籍臺北市長聲望、且成為黨內最具實力的總統候選人的陳水扁相競爭，許信良最後竟然不得不脫離民進黨。而與最初也是最後的臺灣省長宋楚瑜相對立竟成為決定性的因素，李登輝亦面臨到宋楚瑜與其支持勢力脫黨後，國民黨的再度分裂。前者雖然並未立刻對民進黨造成傷害，後者則因總統選舉相對多數當選制，而使陳水扁獲得漁翁之利，因而引導出政權交替的政治構圖，更促使日後的政黨重組。

　　在意識形態層面上，隨著第一次總統直選時程的接近，民進黨進行了關於「臺灣獨立」立場的調整。雖然黨內意見並非一致，

但主流意見已開始進行論述的調整。在對內方面，企圖透過與民主化並進行臺灣化的「中華民國」相妥協，以達到容易接近政治權力的目的；對外方面，相較於眼前施行民主化與臺灣化的「中華民國」，認為取而代之威脅臺灣的獨立事實者乃中華人民共和國，而為應對其存在感日漸增強之情勢，即開始進行論述上的調整。1995 年 2 月，當時黨主席施明德首先發言稱：「臺灣已經獨立，所以民進黨取得政權亦沒有必要宣布臺灣獨立」，同年 9 月首次總統直選的黨提名候選人彭明敏亦發言表示：「臺灣已經獨立，支持現狀即支持獨立，只有統一才是改變現狀」。

下一屆的總統候選人陳水扁一出線，也繼承此一立場。1999 年 5 月擁立陳水扁成為第二屆總統直選黨提名候選人的民進黨全國代表大會，通過了臺灣「依目前憲法稱為中華民國，但與中華人民共和國互不隸屬」、「臺灣是一主權獨立國家，任何有關獨立現狀的更動，必須經由臺灣全體住民以公民投票的方式決定」等內容的《臺灣前途決議文》。陳水扁雖然稱此為「新中間路線」而加以包裝，但因之後馬上遇到李登輝「兩國論」所釀成的風暴，即使陳水扁的實質立場並未異於「兩國論」，如此調整包裝後已不會大舉招致「中間選民」的警戒心，因而得以擴大前述「反黑金」訴求的支持。

緊接著，政權交替後進一步的重組亦持續進行。如前所述，陳水扁勝選對憲政體制上的衝擊，就是李登輝總統任期最後瞬間、急就章式第六次修憲中，廢止了作為國家機構的國民大會。另一方面，政黨體系也開始重組。總統選舉時宋楚瑜分割國民黨所結成的親民黨，也吸收曾經是新黨的成員，在臺灣民族主義與中國民族主義的對立軸上處於國民黨的右側。而把造成宋楚瑜分割國民黨的李登輝當作「精神領袖」的台聯（台灣團結聯盟：the Taiwan

Solidarity Union, the TSU）也在 2001 年 8 月成立，其意識形態對立軸上的位置處於民進黨的「左」側。

　　李登輝承擔總統選舉敗北之責辭去國民黨主席後，因與繼任主席連戰間的鴻溝日益深化竟至退黨，但此時他能帶離黨的所謂「國民黨本土派」規模並不大；換言之，李登輝的脫離對國民黨直接衝擊並不大。但值得注意的是，以李登輝脫離國民黨為契機，臺灣民族主義陣營發生了進一步的重組，在野臺灣民族主義勢力變得更加活潑，與政權交替同時俱進，對臺灣民族主義陣營全體的擴大產生有利條件。

　　如同前述，李登輝在 1999 年 7 月的「兩國論」時，已經拋卻「憲政改革」第一階段的「後退式的正當化」修辭，基於「中華民國」實質統治領域之選民民意所改訂的憲法與選舉，不會設定「中華民國」與中華人民共和國間有任何隸屬關係，即採取了轉換成另一個國家之立場。換言之，臺灣方面已經宣稱，中華人民共和國與中華民國的零和對抗關係，已經從蔣介石─蔣經國時代「中國正統國家」地位的相互關係，轉換為與臺灣主權的相互關係。這和民進黨的《臺灣前途決議文》並無二致。並且，對於至此時為止的「憲政改革」和舉行全面選舉而強化了戰後臺灣國家的國家性一事，仍然站在高度評價的立場。

　　台聯成立後的李登輝，一方面採取此種立場，一方面使「國家正常化」議題逐漸明確。意即，由於臺灣的戰後國家長期採取中國國家方針而具有脆弱性，為了守護並發展因民主化所獲得的主權性（「兩國論」即此般定義民主化），在強化住民臺灣意識的同時，有必要使這個國家更進一步「正常化」。投射出此一議題的台聯，比民進黨更加積極地主張「正名」（最終須指向變更國號，並將公共機關、公共設施中國國家式的名稱轉換為臺灣式名稱），並在

與中國進行經濟交流的層面上採取較為警戒的態度[21]。

　　一般認為，經過了 1994 年「生為臺灣人的悲哀」發言與重返聯合國運動，以及 1999 年的「兩國論」等，李登輝與臺灣民族主義者在意識形態上的距離已經縮短。但因脫離國民黨，李登輝與在野臺灣民族主義者公然地共同行動成為可能。台聯成立前後，臺灣民族主義者的知識分子、文化團體等既存的臺獨團體，就已經出現以李登輝為核心而局部集結的情形。政權交替後，臺灣各地的臺灣民族主義知識分子和文化界人士的意見團體，開始以南部「南社」、中部「中社」之類的型態組織起來，在台聯成立前的 2001 年 6 月，李登輝也出席了「北社」的成立大會。隔年 5 月11 日，李登輝也參加了「臺灣正名運動聯盟」以「臺灣正名」為訴求在臺北與高雄兩市舉行之遊行活動。正名運動聯盟，就是以臺灣獨立聯盟為核心的臺獨運動團體聯合組織之一。此外，前一年 11 月，可說是台聯外圍團體的「李登輝之友會」成立，12 月負責向李登輝提供政策諮詢的團體（宣稱為「行動智庫」）「群策會」也宣告成立。2002 年 2 月，又開設了台聯幹部養成的常設講習班「李登輝學校」。群策會在成立之初暫時未見活動，但在同年 10 月以「邁向正常國家」為題於臺北舉行研討會，明確打出「國家正常化」路線之理念[22]。對李登輝來說，「國家正常化」應該就是承接已夭折的「兩國論」修憲議題。

　　一旦設定了「國家正常化」的目標，民進黨與台聯、在野臺灣民族主義者勢力之間的差異，僅剩穩健派和激進派之別而已。因為，身為執政黨的民進黨無法跳脫「中華民國」原則與其修辭上的拘束，但台聯與在野勢力並無必要有此顧慮[23]。如此一般，以政權交替後李登輝所處位置的轉換為契機，臺灣民族主義勢力從民進黨到台聯、在野獨立派勢力等，暫且不論政治上的黨派，

在意識形態上已經被重組為一個緊密的單一陣營。誇張一點來說，「國家正常化」此一目標設定，在臺灣民族主義陣營內部擁有一定程度意識形態上的統合力[24]。

　　李登輝這般地轉換所處位置，與其說如同處於意識形態對立端的批判者所認為的，乃現出「激進臺獨派」之本性，倒不如認為這是源於李登輝自身的政治策略，亦即企圖使以民進黨為中心之廣義臺灣派勢力（本土派勢力）得以擴大，並讓「中國民族主義勢力邊緣化」此種政治結構穩定下來。李登輝原先的構想，應該是 2000 年的選舉讓連戰當選，然後在李登輝路線的國民黨主導下維持穩定的政治運作。但因無法克服宋楚瑜的反叛和黨的分裂，政權交替以及其本身的脫黨卻使得這個構想瓦解，所以只能轉換為另一種新的政治策略。嘗試推測此政治策略的內涵，應該包括①民進黨的「左」側由台聯固守，讓民進黨的羽翼伸向「右」側以穩固「中間」；②如此即可拉攏國民黨內的「臺灣派」，並以包含台聯、民進黨、國民黨「臺灣派」在內的廣義「臺灣派」，在立法委員選舉中獲得三分之二的勢力；③如此一來使「中國派」邊緣化，促成未來在廣義「臺灣派」內部得以進行政權交替的政治生態。然而，情況的變化並未如李登輝所設想的一般，2007 年春李登輝再度被迫變更自身在廣義「臺灣派」中所處的意識形態位置。

（2）《公民投票法》的成立與實施

　　另一方面，陳水扁政權成立後以核四問題為契機，國民黨、新黨、親民黨之間馬上築起合作關係。新黨與親民黨原本就是從國民黨分裂出來的政黨，因國民黨黨旗為藍色之故，此一勢力即被統稱為「泛藍」。相對於此，隔年 8 月台聯成立後即表明與民進黨為「友黨」之立場，代表這兩黨的勢力便被稱為「泛綠」。

此後，臺灣政治逐漸成為兩大勢力相互對抗的型態，但這對「全民政府」構想遭遇挫折，只好維持民進黨少數政權狀態以企圖連任的陳水扁來說，是一項很大的政治威脅。

第一，「泛藍」勢力倚仗國會多數，持續封殺陳水扁政權提出的種種改革法案，連番進行使政權幾乎難以運作的預算刪減。如同之前所提及的，在此過程中「泛藍」勢力一直保持著足以通過內閣不信任案的席次卻不提案，似乎已經形成了一種倚仗國會多數持續進行騷擾而不讓政權做出實績，繼而將下次總統選舉導向對己有利的政治策略。在此背景之中，應該也有陳水扁絕無可能和議會多數派分享權力之類的判斷。而以強行停建核四為契機，「泛藍」對陳水扁的不信任感也日益增大。

「泛藍」立委基於這種政治策略所做的行動，當然引起「泛綠」方面的反彈。在日漸增強的相互不信任狀態下，立法院的審議糾紛、在議場發生的肢體或口角衝突成為家常便飯，輿論對「國會亂象」的不滿也日漸升高。而除部分之外，姿態上明確親近「泛藍」的臺北平面與電子媒體，基本上可說持續認可「泛藍」這種騷擾陳水扁政權的政治策略。

對陳水扁和民進黨來說，要解決這種「臺灣式半總統制」的混亂狀態，只有取得國會多數的席次，但在 2001 年底立法委員選舉中，民進黨雖獲得 87 席而成為國會第一大黨，台聯也在初試啼聲的該次選舉中當選 13 席，卻仍未達過半數（參照表 4-1）。而且，雖然選後為了瓦解「泛藍」勢力而打出「國家安定聯盟」這個超黨派聯盟的構想〔《中國時報》，2011 年 11 月 22 日〕，國民黨與親民黨卻已強化提攜而搶得先機，在選後的新會期中兩黨獨占立法院正副院長，該聯盟只能以失敗告終，這也成為遮蔽前述李登輝政治策略的第一片烏雲。

　　第二，「泛藍」各政黨間政治合作的進展，使得 2000 年總統選舉時被陳水扁獲得漁利的三方混戰態勢從此逐漸轉換。2002 年 2 月立法院新會期時，國民黨在前一年底選舉中席次減少的狀況下，仍然避開了民進黨的瓦解策略，在親民黨的協助下獨占正副院長，接著在 2002 年底的臺北市和高雄市長選舉中，親民黨也支持國民黨的候選人。市長選舉後，國民黨主席連戰與親民黨主席宋楚瑜進行會談，同意在 2004 年總統選舉中兩黨共同推出候選人，而關於 2000 年選舉時造成連、宋對立根源之一的「中興票券疑雲案」（興票案），國民黨方面進行了表明宋楚瑜無過錯的儀式，以掃除連、宋兩人間的芥蒂。更甚者，隔年 2 月連、宋再度會談，同意兩人分別以正副總統候選人參與即將來臨的總統選舉。3 月底國、親兩黨分別召開全國大會，正式決定擁立連戰為總統候選人，宋楚瑜為副總統候選人。在 2000 年選舉時，連、宋兩人的得票率合計約 60%，比陳水扁多出 20% 以上，如果持續倚仗國會多數封殺陳政權的實績，即使計入李登輝脫黨的負面影響（估計約 5%），連、宋兩人應該是「躺著選都贏」。「泛藍」陣營這下充滿了樂觀的氣氛，陳水扁倒是陷入窘境。

　　然而，「泛藍」在意識形態層面上亦有其弱點。「泛綠」勢力形成時，以李登輝脫離國民黨為契機，不僅使臺灣民族主義諸勢力間的政治重組，伴隨而來的還有意識形態上的再重組，即重新提出以政權交替前臺灣化進展為基礎的「本土論述」，並強化與其同時發生的政治凝聚力，但「泛藍」之間未曾存在這種過程。在李登輝脫黨後，並未出現可以和「泛綠」相對照並有效區隔的「本土論述」，無法提出向輿論清楚傳達自身意識形態的論述，而僅利用親近「泛藍」的臺北媒體，指責陳水扁政權是「意識形態過剩」。

　　然而，取代「本土論述」而提出獨自的「中國論述」亦有其困難。由於中華人民共和國基於「一國兩制」的統一構想，準備了「中華人民共和國臺灣特別行政區」此一認同意識持續向國際社會宣傳。關於此點，不論任何形式的「當作中國一部分的臺灣」或「將民主臺灣視為其中一部分的中國」這類具有認同意識的論述，在僅僅容許些微彈性的狀況下，要讓臺灣的政治勢力在針對臺灣內部政治時，把這種說法當作一種有效的論述來提出實屬困難。其原因在於，如此將會被臺灣民族主義激進派扎扎實實地詆毀為「賣臺」。作為李登輝繼任者而就任國民黨主席的連戰，抱持著「中華邦聯」的構想。2001 年 1 月陳水扁總統在元旦談話中言及「（與中國）政治統合」（以歐洲共同體為思考基礎的政治統合論）之後，連戰立刻公開打出「中華邦聯」的構想，同年 7 月上旬，黨中央常務委員會雖然決定將其訂為黨政策綱領方針，但在同月底召開的第十六次全國黨代表大會中卻未被採用。因為，中國在一開始就表達反對，國民黨內也有所反彈。此事例正好顯示，在「動員戡亂時期」（其中描繪著我們是「正統中國國家」、他們是「不法的篡奪者」這種明確的認同意識）解除後的臺灣政治中，形成「中國論述」有其困難度。

　　而在「國家正常化」此一「本土論述」之中，亦存有重大的弱點。一如李登輝的「兩國論」修憲夭折所顯示的，這類朝向臺灣國家主權性強化的動作被北京嚴密監視，且因為華盛頓亦憂慮北京的強烈反應而持續對臺北施壓。即使跨越前揭 2000 年總統就職演說中的「四不一沒有」（據聞華盛頓方面已事先過目），僅朝向「國家正常化」前進一步，仍必須覺悟到將會與美國這個臺灣安全利益保障的主要提供者關係惡化。但是，議會中占多數的「泛藍」採取了騷擾的政治策略，造成公共政策方面無法有顯著成果，

且即使身為臺灣民族主義政黨卻表明「四不一沒有」而做出最大的讓步，中國的「不和陳水扁接觸」反應，使得在對中政策上亦無法獲得成果。結果陳水扁只有冒著對外的高風險，不得不採用攻擊「泛藍」弱點——即缺乏主軸意識形態——這項政治策略。

　　陳水扁實際開始發動這項政治策略，是以 2003 年春 SARS（嚴重急性呼吸道症候群）的流行為契機[25]。因為感染死亡人數的增加與院內感染的擴大，這些對社會造成高度緊張與不安的狀況正在持續著。造成此一嚴重流行事件的源頭，又是一向反對臺灣參加世界衛生組織（WHO）的中國在處理 SARS 時的消極態度，因此臺灣曾經一度有如被排除在世界防疫網之外的狀況[26]，臺灣人民的不滿和不安開始出現並逐漸增強。即使美國、日本等國，因擔心臺灣成為區域防疫網漏洞而對區域防疫體制帶來影響而支持臺灣加入該組織[27]，中國卻在 SARS 流行的高峰期間以毫不在意的態度加以反對，使得臺灣被拒絕以觀察員身分參加世界衛生大會（WHA），對此臺灣人民的憤慨程度也持續升高。同時認為應將 SARS 稱做「中國肺炎」的聲音高漲，可視之為臺灣社會對中國充滿憤恨的象徵。即使不計入政治非難與軍事恫嚇，中國的行為在臺灣社會引起廣泛悲憤的情形，就算在 SARS 流行當時也並非首次。如 1994 年「千島湖事件」時，中國當局對臺灣觀光客被害者的極度輕率處理所產生之反感[28]，1999 年 9 月臺灣中部大地震時，中國要求國際社會向臺灣派遣救援隊或運送救援物資時須事先得到中國的許可，以及中國外交部發言人代表臺灣向各國對臺灣的救援發表謝辭所帶來的種種強烈厭惡感等[29]，在 SARS 正值流行之時，這些記憶在選民的腦中應該仍然相當鮮明。身為「選舉高手」的陳水扁，當然不會看不到這種民意流向的變化。

　　5 月 19 日當 WHO 決定臺灣以觀察員身分參加總會一案不予

排入總會議題，隔天陳水扁立刻呼籲朝野黨派進行以實施「要求加入 WHO 的公民投票」為目標的協議。接著在 6 月 27 日出席行政院所召開的「非核家園推進委員會」中，表明要在隔年總統選舉同時或之前，舉辦有關是否續建核四及其他重大政策的公民投票。民進黨幹部亦表示，這些「其他重大政策」之中包含表明加入 WHO 之意志，以及削減議席的立法院改革。

　　國民黨總統候選人連戰（黨主席），此時應尚未把陳水扁這些政治攻勢視為多大的威脅。當 5 月陳水扁呼籲進行有關申請加入 WHO「公民投票」的政黨協議時，連戰方面以「在臺灣不管誰都贊成（加入 WHO）」為由並未加以回應。但是，與加入 WHO 有關的「公民投票」訴求，即使在親近「泛藍」的臺北媒體所做的民意調查中，也並非如此不受歡迎[30]。當決定於 7 月召開立法院臨時會，國民黨中央也在 6 月底突然轉換方針為推進公民投票的立法化〔《中國時報》，2003 年 7 月 1 日〕，從 7 月 8 日到 10 日的臨時會裡，公民投票的立法化雖曾進入審議階段，但結果朝野黨派並未統整出協議，只好延至 9 月以後的會期再議[31]。民進黨因為預想到「統一或獨立」相關的公民投票會遭到強烈反對，取而代之的提案僅只於國家安全受到威脅時始得舉辦「防禦性公投」之類的架構，但仍然無法獲得「泛藍」方面的理解〔《日本經濟新聞》，2003 年 7 月 11 日〕。

　　即使如此陳水扁並未鬆手，7 月 14 日重新表明公民投票乃憲法所承認之公民權利，雖無公投法亦有舉辦的可能，以及實施關於前述核電廠問題、加入 WHO、立法院改革相關議題之公民投票的意圖。同月下旬時任總統府祕書長的邱義仁訪問美國，會見美國務院要人尋求對有關「公民投票」實施方針的理解，但無法順利達成目的。

　　而陳水扁不顧這項對美尋求理解工作的不順遂，並未將焦點置於國家性問題的政治攻勢緩和下來，夏天過後更加強勢地推動實施公投的主張。在 9 月 28 日民進黨成立紀念大會中呼籲：「在組黨二十週年的 2006 年，催生臺灣新憲法」，兩天後打出此一新憲法的制定將不按照現行程序（立法委員四分之三以上贊成，並經政黨比例代表制先行選出之國大代表批准），而打算走「公民投票」路線的所謂「公投制憲」方針。緊接著在 10 月 25 日「光復節」，民進黨於高雄市舉行要求「公投制憲」的集會遊行以拉抬氣勢，陳水扁亦於此間進行演說。

　　國民黨總統候選人連戰（黨主席）對於陳水扁的「2006 年新憲法」構想，當下認為「無聊」而不值一顧。但是，陳水扁的「公民投票」相關宣傳活動卻獲致確實的成果。根據 11 月 6 日臺北《中國時報》的報導，在該媒體所做的民意調查中，陳水扁的支持率首度以些微差距超過連戰。

　　這樣一來連戰陣營也按捺不住了，當 11 月 6 日陳水扁誇言新憲法時間表為「06 年世界人權日（12 月 10 日，亦與美麗島事件同日）舉辦批准新憲法的公民投票，08 年 5 月 20 日施行」，連戰一反之前「無聊」的發言，反而在該月 15 日發表比陳水扁還早一年、即 2005 年舉行公民投票制定「中華民國」新憲法的構想。因此，制定《公民投票法》的氣勢開始上升，「泛藍」方面的法案於同月 27 日得到決議成立。

　　此一《公民投票法》受注目的部分為以下幾點：第一，發動公民投票的權利僅限於立法院以及「近期正副總統選舉人總額千分之一以上」之有效連署，而並未賦予行政機關發動權。想當然爾，這是為了不讓陳水扁政權有機會實施變更國號、國旗、領土規定等相關公民投票所做的阻止策略。

　　第二，公民投票適用事項中包括「批准憲法修正案（複決）」。因第六次修憲時國民大會已經從以往的「政權機構」，質變成僅為批准立法院發動之憲法修正案時所召集的非常設性會議，因此若只將憲法修正的批准方式變更為公民投票，一般認為來自「泛藍」方面的抵抗會較少。如此一來，若僅限於批准憲法修正的方式，對於過去與民進黨之間成為懸案的「公投入憲」，「泛藍」方面便失去反對的理由。在此種意義上，「公投入憲」雖於第七次修憲時才得以實現，但與其相關之政治上的共識，可說早在此時已經形成。

　　第三，賦予總統實施「防禦性公投」之權限。同法第十七條規定「當國家遭受外力威脅，致國家主權有改變之虞，總統得經行政院院會之決議，就攸關國家安全事項，交付公民投票」。一如前述，「防禦性公投」從7月臨時會時即已成為民進黨版的法案構想，但大概為了避開「迎合中國」這種非難，讓國民黨在7月時面露難色的此部分竟被保留下來。

　　當時在陳水扁陣營裡應該認為，與總統選舉同時舉辦某些有關國家性議題的公民投票，是能夠使基礎票源規模處於劣勢的「泛綠」在選戰中取得較「泛藍」優勢的必要手段。「泛綠」方面雖已逼迫「泛藍」使公民投票制度化與贊成制定「新憲法」，但行政機關發動公民投票的部分卻被封殺。所以僅存的手段，只有依據第十七條實施總統權限所發動的「防禦性公投」，或是集合公民連署加以發動的方法，後來選擇了前者。陳水扁於11月30日的支持者集會場合中，強調中國的威脅時詳細說明了中國大陸沿海配備有496枚彈道飛彈對準臺灣，並表示將依據《公民投票法》第十七條於總統選舉投票（3月20日）同時舉辦「防禦性公投」的方針。

此一舉動，不只臺灣的「泛藍」陣營，還造成來自北京、華盛頓方面的嚴重反彈。最具代表性的，就是 12 月 9 日布希總統在白宮迎接中國國務院總理溫家寶時，於共同記者會上所做的發言。布希表示，「反對臺灣領導人片面改變現狀之言論與行動」。稍遲於美國強烈地表示擔憂，日本、以及隔月公民投票的提問內容發表後，法國也隨之表明立場[32]。

但是，陳水扁仍未妥協，12 月底署名公告至今已達多數連署的《公民投票法》案，隔月 2 日該法即宣告施行。陳水扁並於 1 月 16 日進行電視演說，宣言將於 3 月 20 日舉辦下列兩個提案的公民投票：

> 第一案　臺灣人民堅持臺海問題應該和平解決。如果中共不撤除瞄準臺灣的飛彈、不放棄對臺灣使用武力，您是否贊成政府增加購置反飛彈裝備，以強化臺灣自我防衛能力？

> 第二案　您是否同意政府與中共展開協商，推動建立兩岸和平穩定的互動架構，以謀求兩岸的共識與人民的福祉？

此兩項提問，在排除參加國際組織這種與國家性直接相關的主題上，可說是顧慮了美國「反對片面改變現狀」之意向，但華盛頓並未對這些提問表示支持。「泛藍」方面則認為，這些內容毫無必要且在合法性上有所疑慮，故表明反對實施。陳水扁排除反對意見而進行實施的準備工作後，「泛藍」即呼籲支持者抵制公民投票。

在總統選舉活動方面，其後為了表示抗議中國對臺灣部署飛彈，「泛綠」在 2 月 28 日展開連結全島的「族群大團結，牽手護臺灣」活動，該活動由李登輝所代表的民間獨派團體所發動。相對於此，3 月 13 日「泛藍」陣營也在全島展開以「換總統，救

臺灣」為口號的集會遊行。

　　如此，雙方分別進行著自稱約 150 萬人的大量街頭動員以相互較勁。投票前一天的 19 日，發生了在南部臺南市進行競選活動中的陳水扁，與同乘一車的副總統呂秀蓮遭到槍擊的事件，就在此般不尋常的氣氛中迎向投票日的到來。

　　因為正副總統的傷勢並不嚴重，總統選舉和「防禦性公投」按照預定實施。投票結果陳水扁、呂秀蓮正副組合以 0.229% 的些微差距勝選，公民投票則因「泛藍」方面的抵制收到功效，並未達規定的過半數投票率（第一案 45.17%、第二案 45.12%）而不成立。

　　「泛藍」陣營存有疑慮，認為 19 日發生的正副總統槍擊事件從一開始就是陳水扁自導自演，加上投票結果僅有些微差距，總統候選人連戰於 20 日當晚即宣布拒絕接受投票結果，率領聚集在競選總部前的大批群眾走向總統府前廣場，即刻展開靜坐抗議。包含每星期六的大規模動員，靜坐抗議一直持續到 4 月 10日。之後，陳水扁方面以重新驗票回應之，情況則在「泛藍」方面提出當選無效之訴與選舉無效之訴的司法過程[33]，以及 19 日槍擊事件的真相調查過程中沉靜下來。在政權交替與「臺灣式半總統制」機能不全之下，「泛藍」與「泛綠」間的相互不信任加劇，終於在第三次總統直選時，導致了敗北的候選人不承認投票結果的狀況。

3.「公投制憲」的挫折與小選舉區制的衝擊──第七次修憲

（1）「公投制憲」的挫折、「公投入憲」的實現、國會及選舉制度改革

2004 年 5 月 20 日，連任的陳水扁出席了第十一任中華民國總統就職典禮。投票日當晚即開始發生的狀況雖暫時沉靜下來，但當天「泛藍」方面仍在離就職典禮總統府前廣場以東數公里的「國父紀念館」廣場，舉行選舉無效與當選無效、要求調查槍擊事件真相的抗議集會。選戰引起雙方大規模動員且相互較勁，尖銳對立的氣氛依然未消退，相較於 2000 年達成政權交替而成就感沸騰的就職典禮，遠遠缺少了祝賀氣氛。

不得不抑制祝賀氣氛的心情，也波及陳水扁以「為永續臺灣奠基」為題的就職演說。大概是意識到與對手進行極為尖銳應答的選舉活動被臺北媒體界批判為「撕裂族群」，演說開頭花了些唇舌訴說族群間的寬容，以及「族群多元、國家一體」的多元主義調和。對於來自美國等方面有關「片面改變現狀」的非難，雖以間接的方式強調「公元 2000 年 520 就職演說所揭櫫的原則和承諾，過去四年沒有改變，未來四年也不會改變」，卻仍被迫再度確認所謂「四不一沒有」（參照註 19）的意涵。

而關於「新憲法」的部分，即使到 2008 年依然持續聲稱制定「符合時代、合身、有用的憲法」而欲實行「憲法改造」，但是「涉及國家主權、領土及統獨的議題，目前在臺灣社會尚未形成絕大多數的共識，所以……這些議題不宜在此次憲改的範圍之內」，即下階段憲改「仍將依循現行憲法及增修條文的規定」，已然撤回「公投制憲」的主張 34。此般「公投制憲」雖遭遇挫折，卻因

前一年《公民投票法》的成立，且隨著朝野黨派對於由國民批准憲法修正的「公投入憲」獲得共識，反而得以去除下一階段憲改的政治障礙，立法院中隨即設置了「修憲委員會」開始進行討議。

陳水扁在前述演說中提及的「憲法改造」課題，列舉了包括①三權分立或五權憲法、②總統制或內閣制、③總統選舉制度為相對多數當選制或絕對多數當選制、④國會改革及其相關條文、⑤國民大會之定位及其存廢問題、⑥省政府組織之存廢、⑦降低投票年齡、⑧兵役制度之調整、⑨基本人權與弱勢保護、⑩國民經濟相關條文等項目。其中，⑤如同前述乃因《公民投票法》之成立，事實上朝野黨派間已經得到共識。又如前章所提及，①至④乃所謂「中央政府體制問題」，雖在「憲政改革」中屬理所當然的制度選擇問題，但在此之前關於④的部分，朝向立法院席次減半、小選舉區比例代表並立兩票制的改革，已經成為有力的修憲案而浮出檯面。從第一任陳水扁政權的第一年度開始，「臺灣式半總統制」機能不全即明白顯現，除了陳水扁與民進黨的經驗、能力不足及「意識形態過剩」受到臺北媒體界批判之外，「國會亂象」亦是遭受批判的標的。帶有自由主義色彩的知識分子意見團體，例如每逢國會會期時即進行立法委員評分的「澄社」（1989年4月成立）等，批判現行單記不可轉移方式（SNTV：single non-transferable voting）的中選舉區比例代表並立一票制（對候選人的投票直接換算成政黨票）之選舉方式，乃生產帶有「黑金」體質立委的制度性土壤[35]。與此同時，朝向小選舉區比例代表並立兩票制（候選人與政黨票分開投票）的改革案，以及期待改善立法委員素質的席次減半改革案，在2001年底正準備立法委員選舉投票的時期也迅速浮上檯面。陳水扁在11月下旬，提出上述「國家安定聯盟」的政治綱領之一，即包含以此兩項改革作為內容的「國會改革」。〔《中國時報》，2001年11月22日〕

　　「國家安定聯盟」一如前述以失敗告終，國會改革的氣勢反倒後退，但之後民進黨將其當作公民投票議題而屢屢提及立法院席次減半，顯示出身為執政黨畢竟無法忽視要求國會改革的聲音。而陳水扁甫當選連任，既已達成實質上共識的「公投入憲」和廢止國民大會，以及成套並置的國會席次減半與變更選舉制度，突然成為具現實性意義的修憲案而浮現出來，2004 年 8 月 24 日立法院終於以壓倒性多數，決議以上述內容為核心的修憲案。

　　其背後當然還是有選舉的壓力。對於想要競選連任的現職立委或欲參加下次選舉的人來說，席次減半是很大的打擊。若以個別政黨的角度觀之，明顯對親民黨和台聯這種小黨不利。民進黨和國民黨相較，則對於基礎票源較多的國民黨較為有利。此時正值準備以現行制度投入即將於年底舉行的選舉，各政黨深恐被貼上「反改革」的標籤，換句話說，為了當下先在即將到來的選舉中存活下來，對於一旦制定之後也許會讓自己存活不了的制度案，幾乎所有的立委都投下了贊成票。只要是選舉，除了親近「泛藍」的臺北媒體之外，其實為政者還是不得不意識到輿論乃有其流向。

　　立法院所決議之修憲提案主要內容如下 [36]：

（1）「公投入憲」的實現：以下事項成為「公民投票」的實施
　　　對象。

　　　①立法院提案（四分之一提議、四分之三出席、出席委員四
　　　分之三決議）之憲法修正案（選舉人總額之過半數同意始得
　　　成立）

　　　②立法院提案（四分之一提議、四分之三出席、出席委員四
　　　分之三決議）之領土變更案（選舉人總額之過半數同意始得
　　　成立）

　　　③立法院提案（四分之一提議、全體立法委員三分之二以上

之決議）之正副總統罷免案（選舉人總額之過半數投票、有效同意票過半數始得成立）

（2）廢止國民大會

（3）立法院改革

①立法委員席次總額減半至113席

②立法委員任期改為四年

（4）立法委員選舉制度之變更：小選舉區政黨比例代表兩票制

①小選舉區選舉定員73名、每縣市至少一人

②平地原住民族及山地原住民族各三人

③全國不分區及海外僑民合計34人、此部分依據政黨所提出名單由獲得百分之五以上政黨選舉票之政黨依比率分配之

根據第六次修憲《增修條文》之規定（四分之一提議、四分之三出席、出席委員四分之三決議），立法院決議了此案。距離《增修條文》公告期間半年之後，2005年4月14日舉行了依據政黨比例代表制的國民大會代表選舉。投票率23.4%，為國家中央層級選舉史上最低的，民進黨（127席）與國民黨（117席）加起來共獲得81%的席次。在隔月召開的國民大會中，台聯（21席）與親民黨（18席）雖然立場一轉改為反對修憲，但對大勢並無影響，照案決議通過立法院的修憲案。

（2）小選舉區制的衝擊

從立法院提出第七次修憲案到國民大會批准該案之間，正好遇到最後一次依舊制度舉行的第六屆立法委員選舉（2004年12月11日投票）。民進黨僅僅增加少許席次，國民黨也努力維持局面，最後「泛綠」仍然無法獲得過半數席次。選後陳水扁計畫與親民黨合作而與宋楚瑜進行會談，但依然無法改變政府分裂的狀況。

　　2005 年秋，陳水扁親信（前總統府祕書長陳哲男）爆發涉入高雄市捷運建設的貪瀆弊案，多少因該事件的衝擊，同年底縣市長選舉中民進黨大敗做收（民進黨從 10 降為 6 席、國民黨從 8 增加到 14 席）。進入 2006 年後，陳水扁女婿及其父爆涉嫌內線交易而遭逮捕起訴，及至陳水扁夫人吳淑珍以侵占國務機要費嫌疑被起訴。延續自 2004 年春天以來的態勢，這一年從夏天到秋天，週末的總統府前廣場再度成為反陳水扁的集會場。施明德（前民進黨主席）等原民進黨政治人物率領著「泛藍」的支持群眾，像此種奇妙的結合所匯集的抗議集會每逢星期六舉行，一直持續到 11 月初。其間「泛藍」勢力在立法院三度提案罷免陳水扁，但民進黨與台聯動員反對而使提案皆遭否決。

　　在此般混亂之中，「泛藍」最具實力的總統候選人國民黨主席馬英九，亦因臺北市長任內時市長特別費的會計處理錯誤而被以侵占罪起訴，加上年底臺北市長、高雄市長選舉中民進黨候選人出人意料地善戰（高雄市由前行政院勞工委員會主任委員陳菊當選、臺北市方面前行政院長謝長廷則以高得票落選），使得陳水扁暫時度過任期屆滿前失勢的政治危機。隔年 2007 年 5 月底，經歷了留下深刻裂痕的黨內初選，民進黨終於決定推出謝長廷為下一屆總統選舉候選人。另一方面，國民黨則於 6 月推出馬英九與行政院長蕭萬長為正副總統候選人。

　　2007 年底之前，前述馬英九的侵占罪嫌疑於一、二審中皆判決無罪，而民進黨與台聯間關係惡化，加上民進黨內整合不佳的問題，使得總統選舉競爭朝向對馬英九有利的方向發展。在此氣氛中，2008 年 1 月 12 日舉行了第七次修憲所決定的小選舉區比例代表並立制、且首次依照席次減半規定的立法委員選舉。結果，臺灣政治直接承受到小選區制度的激烈衝擊（參照表 5-2）。民進黨得票率雖有小幅成長（前一屆為 35.72%），但變更為小選區制的

區域選舉部分卻大敗收場。相對於國民黨連比例代表部分皆與親民黨協力合作，以讓同黨選票不會成為無效票，民進黨與台聯最終無法協調共同合作，甚至丟掉候選人整併後即能勝選的選區席次，且因為台聯的比例代表得票未能超過足以分配席次之 5% 門檻，使該部分得票竟成為無效票。

表 5-2　2008 年立法委員選舉結果

	國民黨	新黨	親民黨	民進黨	台聯	其他	合計
獲得席次總數	81	0	1	27	0	4	113
區域選區	61	0	1	13	0	4	79
比例代表	20	0	0	14	0	0	34
占席次百分比（％）	71.68			23.89			
區域選區①	77.21	0	0.88	16.46	0	3.54	100
比例代表	58.82			41.18			
得票率（選區）②	53.5			38.17		8.33*	100
得票率（比例代表）	51.23	3.95	0	36.91	3.53	4.38	100
① - ②	23.71			-21.71			
同上 2001 年選舉	-1.08	-2.46	0.1	2.1	-2.72		
同上 2004 年選舉	2.28	0.32	1.21	3.84	-2.46		

	泛藍勢力	泛綠勢力	其他	合計
獲得席次總數	82	27	4	113
占席次百分比（％）	72.57	23.89	3.53	100
得票率（比例代表）	55.18	40.44	4.38	100

註 1：親民黨因與國民黨合作選舉，臺灣的區域選區、比例代表皆未推出候選人，新黨亦相同未推出區域選區候選人。
註 2：民進黨與台聯未能合作選舉。
註 3：「其他」部分得票率（比例代表）的數字為小黨得票率總計、區域選區當選者在政治傾向偏向國民黨。
註 4：＊包含新黨、親民黨、台聯之得票。
出處：筆者製成。
資料來源：《中央選舉委員會》網頁（http://vote2008-1.nat.gov.tw/zh-tw/T1/s0000
　　　　0000000.html 2008 年 1 月 18 日閱覽）；《聯合報》2008 年 1 月 13 日。

　　國民黨不用說是過半數，甚至獨得超過立法院議決罷免總統之三分之二席次甚多的席次，若加上友黨親民黨籍 1 席及傾向國民黨的無黨籍 4 席，甚至成為超過四分之三席次而足以在立法院可決憲法修正案（85 席、之後需經公民投票選舉人總額之過半數同意始得成立）的龐大勢力。國民黨經過屈身為在野黨八年間的反省，在應付新選制的對策上十分周到，與友黨親民黨和新黨間的合作選舉大致獲得成功，區域選區方面也採取實力本位為方針推出候選人（結果就是地方派系候選人受到重視）而得到成功。若比較只剩下民進黨的「泛綠」與「泛藍」之勢力消長，國民黨與民進黨的差距竟然後退到蔣經國時代的規模。標舉「我們都是中國人」的新黨，雖在比例代表上推出候選人，卻無法達到門檻而未能保有席次。只不過，在意識形態上具相同傾向的候選人以國民黨籍參加選舉，在北部也獲致相當的成績。

　　將李登輝奉為「精神領袖」的台聯，在區域選區中也無法當選，已從國會席次中消失。李登輝雖然在 2006 年中並未與「泛藍」勢力的陳水扁罷免案同調，卻逐漸對陳水扁周邊的腐敗表示不滿，更將陳水扁主導的政權運作下看似永無止盡的「泛藍」—「泛綠」的抗爭，形容成消耗民力的「民主內戰」而強化批判的立場。繼而在 2007 年初發言表示「未曾主張臺灣獨立」，台聯接著也和「泛藍」—「泛綠」的對立軸保持距離，並表明轉換方針為重視救濟社會弱勢或應對經濟落差的中道左派。李登輝此般的轉變，應該是因業績不振及周邊腐敗而被逼至牆角的陳水扁其偏「左」路線，使得台聯在意識形態陣地受到侵蝕的狀況下所做出的對應，同時也反映出厭倦於「民主內戰」並憂慮經濟落差擴大的輿論。然而，實際上無法吸收到批判陳水扁的選票，亦無法克服小選區的原理與比例代表制的高門檻設定，終至失去議會席次。

　　立法委員選舉大勝，對馬英九在總統選舉競爭中更加有利。民進黨候選人謝長廷，除了攻擊馬的「兩岸市場」構想就是推動臺灣讓中國併吞的「一中市場」，並以擔憂國民黨勢力肥大來對選民訴求，以期待支持率能夠回復。以過往立法委員選舉的投票率約六成左右、總統選舉約八成（2000 年時 82.69%、2004 年時 80.28%）的經驗看來，這種說法並非全然沒有根據，只不過國民黨還是順利過關，馬英九以 210 萬票的大幅差距當選總統。

　　第七次修憲的主要背景因素之一，即「臺灣式半總統制」機能不全所顯現之民主體制的治理能力問題，但第七次修憲所開出來的藥方，卻是立法院席次減半與變更選舉制度，而未曾針對關鍵性的「中央政府體制」加以處理。如同開頭所提及的，只有爾後民進黨周邊提出過朝議會內閣制進行修憲的風向球而已。

　　國民黨在緊接著立法委員選舉後的總統選舉中獲得勝利，總算暫時消解了「臺灣式半總統制」機能不全所導致之少數政府、分裂政府的狀態。若就結果論而論，第七次修憲所做的選舉制度改革，可說具有解開「臺灣式半總統制」帶來的長期死結之機能，也許因此而能夠期待政府的治理能力會有一定程度的改善。

　　然而，國民黨在立法院裡巨大化至可能主導修憲，再加上獲得總統一職，相異的問題將會因此浮現出來。在執政黨巨大化而體制內僅存微弱牽制力量的狀況下，國民黨自身是否不會威脅到民主體制，這類憂慮應該無法完全否認。如果國民黨也能體會到現行選舉制度給予執政黨的慘痛「教訓」而保持緊張感，如同日本過去在五五年體制下自民黨的一黨獨大體制一般，雖然會有帶來民主體制架構下政治安定運作的可能性，但若逐漸失去緊張感，則無法否定日後可能再度朝「黑金政治」猖獗或威權政體復活的方向逐漸傾斜。只是，2009 年底有臺灣省縣市長選舉，隔年亦有

臺北市、高雄市長選舉，2012 年當然還有下屆總統選舉。可以十分期待的是，已深植於臺灣民主體制裡的這種制度，能夠確保新的國民黨政權實踐其責任（accountability）。

（3）「公民投票」的無作用與「中華民國」形體的崩解

若從致力於處理國家性問題這一點觀之，第七次修憲的成果是複雜的。

從勉強實現「公投入憲」這一點來看，配合《公民投票法》的制定，將直接民主制度導入臺灣政治制度裡，在朝向以臺灣為單位的國民主權制度化邁進一步這項意義上，至少在形式上，對陳水扁政權來說可認為是一項「深化民主」的成果。

然而從實質上看來，對其成果必須打上問號。第一，經過幾番困難終於導入的公民投票其實沒有作用。在 2004 年與總統選舉同時實施的「防禦性公投」中，兩個提案皆未成立。到了 2008 年選舉時，民進黨方面企圖與立法委員選舉同時實施國民黨黨產問題的公民投票，國民黨則轉換戰術以政府要人腐敗問題的公民投票作為反制；而總統選舉時，陳水扁一開始推動實施「入聯公投」（以是非題問法「是否同意以臺灣名義加入聯合國」），國民黨即又提出「返聯公投」（以是非題問法「是否同意我國申請重返聯合國及加入其他組織，名稱採務實、有彈性的策略」）加以反制，結果是沒有任何一項得以成立[37]。

第二，對於日後的修憲設下了極高的門檻限制。立法委員四分之三出席、出席委員四分之三決議、再加上選舉人總額之過半數同意始得成立這項規定，在新選舉制度對國民黨有利的狀況下，若從推動「國家正常化」路線所需求的進一步改革此點來看，毋寧說是一種禁止修憲的規定。更甚者，因為前此立法委員選舉

中國民黨取得大勝，在其主導之下，甚至出現了得以將修憲朝向與「泛綠」勢力所欲追求的「國家正常化」相反方向之條件。

在「中華民國臺灣化」超越了民主化而前進的第二階段「憲政改革」中，以臺灣化為志向的政權與「七二年體制」之間已發生經常性摩擦。反之，在「七二年體制」的前提上，雖屬臺灣內政的修憲問題也成為華盛頓、北京、東京之間必須應對的國際問題。或許可以將此禁止修憲般的修憲程序之存在，也視為「七二年體制」由外部植入、而被臺灣化這種結構變化所侵襲的「中華民國」政治體制裡的一種安定機制〔松田，2005b：17-18〕，也或者說暫時有此效果。

但即使如此，由於從李登輝政權後期到陳水扁政權八年間的變化，造成殘留在臺灣的「中華民國」國家體制之形體崩解，事實上已讓「中華民國」成為愈加屏弱的存在。

回顧陳水扁政權下的政治過程，可看到「中華民國」形體的崩解乃經由以下三個途徑：①朝野黨派合意之下的廢止國民大會；②受到在野「國家正常化」路線激進派的壓力，而以政策加以推動之「正名」措施；③在「泛藍」的反陳水扁行動急速升溫之中，類似悖論一般的形體崩解。①已在本章論及，②將在第七章簡單提及，但 2008 年選舉國民黨大勝的結果會使其擺盪回復也不無可能。此處將把③當作「臺灣式半總統制」下立法機關與行政機關相互作用所助長的事例，在此章最後加以記錄之。

與行政院、立法院、司法院、考試院並立的監察院，乃體現孫文五權政府理念的五院體制下，代表監察權的機關。過去是以臺灣省議員、臺北市議員、高雄市議員為選舉人，進行間接選舉選出監察委員，但 1992 年第二次修憲時，改為總統提名經國民大會同意始任命之，第六次修憲時則隨國民大會的非常設化，將該

同意權轉移至立法院。2004 年 12 月，陳水扁基於此規定，提名新委員取代任期屆滿的舊委員而要求立法院行使同意權時，國會多數派的「泛藍」立委拒絕審議，使得監察院雖仍稱機關卻無委員存在的狀態，一直持續至 2008 年春。

　　第二，作為回應在野黨策略式騷擾的預算刪減，陳水扁政權所採取的處置。2006 年 1 月在野黨再度大舉刪減政府預算，其中亦包含省政府預算和總統府預算。臺灣省已在第四次修憲時因「凍省」而廢止省長選舉，僅剩行政院任命之省政府主席、副主席管轄與行政院間的聯絡事務，但當時行政院長蘇貞昌以立法院刪減預算為由，宣告往後不再任命省政府主席和副主席，亦即實質上做出廢止省政府之行動。至於總統府預算的刪減，是以總統府內無法律依據的委員會等組織實屬浪費為主旨而進行的，陳水扁反倒以子之矛攻子之盾，於 1 月 29 日打出方針廢止李登輝時代所成立之國家統一委員會及該會所定之《國家統一綱領》。1999 年 4 月以來該委員會即從未召開過，但因相當於陳水扁外交公約的「四不一沒有」中，包含了不會廢止該委員會一項，如此當然招致華盛頓方面強烈的擔憂[38]。但 2 月底，陳水扁將「廢止」（abolish）改稱為「停止」（cease），實質上已經將其廢止了〔中川，2006a：54-57〕。

　　2006 年 10 月 10 日雙十節，正值因陳水扁身邊腐敗問題所引起的「陳水扁下臺」（編註：紅衫軍）街頭運動達到高潮，並以包圍總統府的方式舉行示威遊行。而在國慶慶祝大會會場內，呼應該訴求的在野黨立委，朝著外國貴賓席揭示「陳水扁下臺」的布條，做出妨礙慶祝大會進行之舉。面對這種場景，陳水扁竟然在以總統身分致詞時回應：「這種形式的國慶慶祝大會，大家意見這麼多，參加的又這麼的勉強，應該立即檢討，明年以後不再舉辦」〔中川，2006b：63〕。

　　原本追求「中華民國臺灣化」的勢力成為「中華民國」的官方領導者，而原本應站在守護「中華民國」既有形體與正統性立場的人，卻採取損害「中華民國」形體的行動，甚至攻擊領導者。「中華民國」固然因前者推動臺灣化政策而形體崩解，但後者為了攻擊政權所採取的行動，諸如某些「國會亂象」，也能讓人窺見「中華民國」形體崩解被誘發後，持續崩解下去的樣貌。

【註釋】

1　在民主化的比較政治學範疇中,其關心的焦點集中於「(朝民主體制)移行」(transition)之後,目前主要集中於「鞏固」(consolidation)的層面。此處所謂「憲政改革」第二階段,即相當於將焦點集中在「鞏固」問題上的時期,特別是和平選舉之下的政權交替於2000年實現之後。從此一觀點出發,以臺灣的事例做出均衡之論著者有Rigger〔2005〕。另,雖非臺灣事例之研究,以批判「鞏固」概念並提出「(民主體制之)持續」觀點者有恒川惠市〔2006〕。

2　臺灣大學教授陳明通等人於2007年3月18日,發表了為「臺灣海峽兩岸終局政治安排未協商完成前」之必要所定之《中華民國第二共和制憲法》草案。依據此草案,設國務院為國家最高行政機關,主宰該院之國務總理從國會議員中選出,經國會議員過半數同意任命之。國務委員之半數亦從國會議員中任命,總統非依直接選舉產生,乃經國會同意選出之總統推薦委員會選出之。總統所發布之法律、命令須有國務總理之副署(財團法人臺灣智庫官方網頁http://www.taiwanthinktank.org 2007年3月18日閱覽)。

3　1975年蔣介石在任期中過世,依憲法規定副總統嚴家淦繼任總統職位。政治的實權從1960年代末期蔣介石健康出現狀況開始,即已移轉至長子蔣經國,1972年蔣經國已擔任行政院長。蔣經國等到嚴家淦繼任蔣介石之任期結束後,始於1978年就任總統一職。

4　1960年凍結憲法中禁止總統二度連任之條款、1966年授權總統「決定動員戡亂有關大政方針」、「設置動員戡亂機構」(據此設置國家安全會議)、「處理戰地政務」、「調整中央政府之行政與人事機構」、1972年授權「制定增加中央民意代表名額選舉辦法」、「遴選海外僑民代表」等〔董翔飛,1983:487-496〕。

5　所謂「葉爾辛現象」是指,先行民選化而選出具民意基礎之葉爾辛,因其俄羅斯總統之權威凌駕蘇聯總統戈巴契夫,而影響到蘇聯的解體。而在總統直選的各種議論中,對於若採取相對多數當選制,激進的政黨候選人可能因少數得票而當選時所產生之混亂,以1970年南美洲智利以36%的少數當選之阿連德(Salvador Allende),之後招致美國所支持的皮諾契特發動軍事政變為例,稱之為「阿連德現象」〔李炳南編著,1998:192〕。

6 1997年7月初次會見國民黨籍國大代表時，李登輝說服其曰，若不「凍省」，明年（臺灣省長預定1998年改選）將產生兩個總統，一個是臺灣總統，另一個是臺灣省總統〔顧忠華、金恆煒主編，2004：315〕。若從後李登輝時代的繼任者爭奪脈絡觀之，「凍省」無非就是一種「打宋」的政治策略。

7 將李登輝之中國大陸與臺灣為「特殊的國與國關係」的言論稱為「兩國論」，乃始於7月11日《臺灣時報》的報導，之後才廣泛傳及海內外而成為一種通稱〔蘇起，2003：73〕。

8 「自由地區與大陸地區間人民權利義務關係及其他事務之處理，得以法律為特別之規定」。

9 「我有機會重申我們的對臺政策，那就是我們不支持臺灣獨立或兩個中國、或一臺一中，而且我們也不相信臺灣應該於任何成員以國家名義為入會條件的國際組織取得會籍」（1998年6月30日於上海與上海市各界人士「圓桌會談」席上）。

10 同小組成員除蔡英文之外，尚有國家安全會議諮詢委員張榮豐與陳必照，以及時任總統府副祕書長的國際政治學者林碧炤〔李登輝（鄒景雯），2001：223〕。於「兩國論」當時擔任行政院大陸委員會主任委員的蘇起（爾後為國民黨籍立法委員）指出，其中核心人物為蔡英文和張榮豐，至陳水扁政權時，蔡接任大陸委員會主任委員，張任國家安全會議副祕書長，蘇並批判其推動「不能說出口的兩國論」方針〔蘇起，前揭：134-136〕。

11 於1999年5月8日全國代表大會中決議。該文有關臺灣的定位部分曰：「臺灣是一主權獨立國家，其主權領域僅及於臺澎金馬與其附屬島嶼，以及符合國際法規定之領海與鄰接水域。臺灣，固然依目前憲法稱為中華民國，但與中華人民共和國互不隸屬，任何有關獨立現狀的更動，都必須經由臺灣全體住民以公民投票的方式決定」。全文參照民進黨官方網站（http://www.dpp.org.tw/ 2007年10月2日閱覽）。

12 自1999年9月的立法院新會期開始，以民進黨籍立委沈富雄為中心，共準備了50幾種依照「兩國論」原則所做的法律修正案（應為按照前記（2）項所擬），但在14週之間於立法院程序委員會中一一遭到封殺〔蘇起，前揭：109〕。

13 在第四次修憲的最後階段，兩黨雖同意鄉鎮長選舉再實施一次，其間再以
修法廢止實施之，但結果卻又遭擱置〔曾建元，2002：249〕。

14 以下第五共和憲法條文參照樋口陽一、吉田善明編〔2002〕。

15 「首相於閣議審議後，有關政府之綱領或依場合有關一般政策之表明，對
國民議會負有政府之責任」〔同前：275〕。

16 依據TVBS電視臺所做的問卷調查，國民黨的支持率在2000年6月與12月分
別為10.2%和10.0%，同時期民進黨則為34.9%（最高峰）和25.0%〔Chu, Yun-
han, 2001: 108〕。

17 在此之前，否決行政院所提再議之提案需達三分之二以上。將其門檻下
降，可說乃因為設想到總統和行政院長為國民黨籍，而立法院中在野黨占
多數之狀況。

18 復加上2003年11月在野黨主導可決之《公民投票法》中，相對於禁止行政
機關發動公民投票，立法院卻擁有該發動權。《公民投票法》條文可參見
S-link《電子六法全書》（http://www.6law.idv.tw）。

19 「只要中共無意對臺動武，本人保證在任期之內，不會宣布獨立，不會更改
國號，不會推動『兩國論』入憲，不會推動改變現狀的統獨公投，也沒有廢
除國統綱領與國統會的問題」。

20 關於此間的經過，參照小笠原〔2003〕及中川〔2003a〕。

21 「國家正常化」乃受日本政治人物小沢一郎「普通國家」論之影響，在臺灣
民族主義陣營中很早就成為話題，且是設定政策目標時的觀點，但可以認
為乃因李登輝提出之後始逐漸作為一種路線而被意識到。

22 其主張的一部分可參見「財團法人群策會」（山田譯）〔2003〕。

23 若舉其中一例，2003年8月24日，當時民進黨副祕書長李應元針對前一天
李登輝在臺灣正名運動集會的「中華民國已經不存在」發言，評論曰：「李
前總統的談話是對國家主體性沒有被凸顯的感慨與焦慮。……民進黨對
李前總統的說法非常能夠了解，不會去反駁。臺灣是主權獨立的國家，國
名沒有更改前，國名還是中華民國，民進黨了解這是一種妥協的產物」。
如同中川昌郎所指出的，此雖為民進黨身為執政黨所受到的制約，但卻可

稱之為率直地承認與李登輝「國家正常化」朝向同一方向之發言〔中川，2003g：53，引用文亦同〕。

24 較前記「群策會」研討會遲了五年的2007年9月，為了準備隔年春的總統選舉，民進黨黨代表大會可決《國家正常化決議文》、並將其列為黨的正式政治用語即可為佐證。該《決議文》雖然在政治意義上有接續至隔年總統選舉活動之必要，以配合陳水扁從同年夏天開始倡議之「以臺灣名義加入聯合國」公民投票與總統選舉同時實施始使用之，卻可說是目前為止在野勢力「國家正常化」論述之集大成。該《決議文》認為臺灣雖是主權獨立的國家，但在國際關係、憲政體制、國族認同、社會公義、政黨競爭這五個面向處於不正常狀況下，而提出五個政策目標如下：①「中華民國」這個國號已很難在國際社會使用，因此應以「臺灣」的名義申請加入聯合國、世界衛生組織等國際組織，早日完成正名制憲，並在適當時機舉行公民投票，以彰顯臺灣為主權獨立的國家。②應按照世界潮流採用「西曆」紀元。③政府應促進臺灣國族認同與土地認同，積極推動本土文化及母語，並在學校課程中落實教育臺灣化。④經濟發展應以國家安全、社會公義與永續發展為前提，使臺灣國民享有尊嚴而幸福的生活。⑤政府應全面推動轉型正義（transitional justice），消除威權統治遺留的政治符號與資源分配不公，革新司法與檢調體制，追討中國國民黨不當黨產，平反並調查白色恐怖時期政治事件的真相。全文參照民進黨官方網站（http://www.dpp.org.tw/2007年10月2日閱覽）。

25 以下未特別加註之部分，從SARS流行至2004年總統選舉的相關事實過程，包含引用部分皆依據中川昌郎一系列的臺灣動向分析〔中川，2003b-i、2004a-e〕。

26 臺灣衛生當局雖於3月14日即向WHO報告病例之發生，但WHO公告卻遲至四天後的18日，且置於所謂「Taiwan, China」項下。同時，WHO雖與臺灣直接交涉並已決定派遣專家前往臺灣，但因中國消極的態度，遲至臺北、高雄醫院裡已發生嚴重院內感染之後的5月3日才實現。再加上中國衛生部發言人宣稱專家乃「中國同意派遣」，此般的發言，聽起來猶如該派遣行動是因為中國的意向所促成的。

27 4月17日日本的副大臣（相當於內閣部會副首長）會議達成一致看法，為

應對SARS之流行，呼籲相關各國應實現臺灣以觀察員身分加入WHA，5月1日美國眾議院亦通過決議，授予國務卿協助臺灣成為WHA觀察員之權限。

28 1994年3月底在浙江省觀光勝地千島湖，發生搭載臺灣人觀光客的遊覽船被盜匪襲擊、全員皆遭燒死之事件。中國方面在毫無家屬認可的情況下進行部分遺體解剖，或拒絕交付遺體而單方面逕行火葬，或妨害前往當地家屬拍攝該遊覽船，諸多情形被多加報導後，對中國的反感因而增強〔中川，1995：203-204〕。

29 針對中國要求各國的臺灣救援需經中國事先承認一事，當時臺灣外交部長胡志強非難其為「趁火打劫」，正代表了這種厭惡感〔中川，2003a：482〕。

30 在《聯合報》於6月24日以794人為對象所進行的民意調查中，贊成實施有關「統獨問題」公民投票占39%，反對占45%，而贊成加入WHO占51%，反對占36%〔中川，2003e：59〕。

31 此非民進黨政權首次推動制定《公民投票法》，2002年2月行政院長張俊雄即在立法院呼籲制定該法。但是，該會期正值前述核四停建案剛妥協之際，在野黨企圖藉由國會運作阻擋公民投票，因而強烈反彈該法的制定〔《日本經濟新聞》，2001年2月21日〕。

32 12月25日，訪臺的前日本首相森喜朗與陳水扁會談時表示「也應考慮一下美國的苦惱之處」，29日交流協會臺北事務所長會見總統府祕書長邱義仁時，也認為「陳水扁有關公民投票或制憲的發言直接刺激到中臺關係」，要求應慎重對應之。隔年1月26日，法國總統席拉克（Jacques Chirac）在迎接中國國家主席胡錦濤的晚宴上，也批判臺灣的住民投票乃「重大的錯誤」、「是破壞現狀且使地區不安定之屬」〔中川，2004b：70、中川，2004c：48〕。

33 高等法院分別在2004年11月4日與12月30日，對兩項提訴判決原告敗訴，「泛藍」方面兩項皆上訴至最高法院。關於前項，最高法院在2005年6月17日判決原告敗訴；關於後項，最高法院則在同年9月16日判決，認為無證據可資懷疑選舉之正當性。而最高法院驗票結果，最終確認之選票差距為16,109票。

34 就職演說全文參照網頁《中華民國總統府》(http://www.president.gov.tw/php-bin/prez 2007年8月5日閱覽)。

35 例如顧忠華、王業立、林繼文〈國會改造 民主化必經歷程〉〔《中國時報》,2001年11月6日〕。

36 第七次修憲的《增修條文》原文取自網頁「全國法規資料庫」(http://law.moj.gov.tw/Scripts 2007年8月5日閱覽)。另,日本語譯文取自網頁「臺北駐日經濟文化代表處」(http://www.roc-taiwan.or.jp/news/week/06/060410c.html 同前)。

37 「入聯公投」投票率為38.82%(94.01%贊成),「返聯公投」投票率為35.74%(87.27%贊成)〔《聯合報》,2008年3月23日〕。

38 例如,美國國務院發言人於陳水扁發言翌日,重申2003年12月布希總統批判陳水扁之「反對片面改變現狀」之發言,該文句從當時即成為布希政府用以牽制臺灣的常用句〔中川,2006b:57〕。

第六章 民族主義政黨制的形成及其展開[*]

　　如同第二章所述，戰後臺灣國家乃是被編入「無殖民地的帝國」美國的邊陲，在對抗中華人民共和國的前提下而確立的，堅持另一種所謂「正統中國國家」體制外衣的遷占者國家。「中華民國臺灣化」就是在這種不穩定的情境下，逐漸脫穎而出。所謂中華民國臺灣化，亦即「正統中國國家」的政治結構順應 1949 年之後只剩下統治臺灣的政治現實，所衍生出來的一種變化。

　　若將截至目前為止所論述的觀點稍加整理，啟動、推動中華民國臺灣化的要素主要有三點：

　　第一，攸關戰後臺灣國家政治體制外部正統性的國際政治的變動。1950 年後的美國，將臺灣作為東西冷戰體制中圍堵中國的前哨基地，基於這層現實需要，一面支持中國國民黨在國際社會的中國代表權，然而同時也不斷地阻止臺灣的「反攻大陸」或中國大陸的「解放臺灣」。因而，戰後的國民黨政權在美國主導環繞著臺灣海峽所發展出的國際體制，亦即「五○年體制」之下，充分被賦予了外部正統性，並且維繫了在臺灣內部的威權統治體制。但是，隨著 1970 年代初美中交好後，國民黨政權在國際社會中被認可的「正統中國國家」遭到否定，環繞著臺灣海峽的國際體制便邁入了本書所稱的「七二年體制」。受到如此巨大打擊，

[*] 本章譯者：陳文松（成功大學歷史學系助理教授）。

為了以內部正統性來填補外部正統性，當時的領導人蔣經國於是啟動了中華民國臺灣化（第三章）。之後，「七二年體制」便成為中國民國臺灣化面對外部環境不斷變動的根源。

第二，民主化。戰後臺灣國家民主化發展到最後，乃成為原本戰後臺灣國家存在的依據，以致於其政治體制正統性的根據，已從中國近代革命史和中國近代民族主義國家建設大業所開展的歷史，轉而由透過民主選舉所彰顯的「以臺灣為範圍」的主權者共同體的意志所取代。而其中更伴隨著政治權力分配中，隨著「遷占者優位結構」的崩潰，「政治菁英的族群二重結構」亦隨之解體。在戰後經歷了重組的臺灣多重族群社會的族群關係也因而重組（或再次重組），之所以出現如此重大的轉折，癥結在於遷占者族群的「最高領袖」蔣經國的去世所致，而中華民國臺灣化也因此得以從此邁開大步。

其次第三點，是臺灣民族主義的抬頭。臺灣民族主義，乃由長期處在各個不同帝國邊陲的歷史背景出發，而立基於追求臺灣住民的主體意識，要求掌握自身政治前途的決定權〔若林：2004〕。從與中華民國臺灣化的相關性來說，所謂的臺灣民族主義，可說其原動力便是以確立「以臺灣為範圍」的國民國家（Nation-state）為其最終目標的意識形態。同時，這個意識形態更成為 1980 年代以後，挑戰國民黨一貫堅持的「中國國家體制」之「黨外」即民進黨的意識形態，並且由於重組與再重組的多重族群社會中族群政治動員的動人口號，於是兩個相互對立的意識形態——中國民族主義和臺灣民族主義，在民主化期間與民主政治體制展開的過程中，與政黨政治的形成與展開產生了密不可分的關係。同時，臺灣民族主義也成為批判由官方中國民族主義所建構出的一元主義的國民統合政策的有力後盾之一，對於促成中國民族主義威權體制的崩潰，以及日後多元文化主義統合理念的出

現和開展，都有著重大的影響。

　　再者，若將下一章所將探討的問題納入考慮，那麼第四點則是有關臺灣原住民族對其自身所擁有正統性的復權訴求，近者乃是對於戰後臺灣國家及其主流民族、亦即漢人其內部殖民主義的控訴，遠者更可溯自十七世紀以來對於漢人的殖民、以及近代日本帝國殖民主義體制下，長期累積而爆發出來的一種去殖民地化運動。這項復權運動與臺灣民族主義的興起齊頭並進，並因其自身所具備的正統性訴求，而帶給多重族群社會的重組與多元文化主義理念的高昂莫大的影響。

　　在本章中，將檢討上述第二項要素，同時把與第三項要素明顯相關的政黨政治之形成一併納入討論。首先，整理截至目前所敘述的要點，進而確認民主化時期的政黨體系如何受到臺灣民族主義浪潮的撞擊，及以臺灣民族主義與中國民族主義（反臺灣民族主義）作為意識形態對抗軸的「民族主義政黨制」成立的過程。

　　接著論述，在重要的公職選舉中外省籍政治菁英與外省籍選民的動向，受到民主化時期以來臺灣政黨體系衝擊的影響而變化的過程。如同第四章所見，在「憲政改革」、「法統」擁護路線出現破綻的同時，因政治的自由化而徹底獲得飛躍性進展的臺灣民族主義，也在臺灣政治中取得合法性地位。

　　在此過程中，從官方的中國民族主義論述掙脫而出的臺灣民族主義論述，也具備著對本省籍選民進行政治動員的意涵。而這個過程本身，也因國民黨內部李登輝與反李登輝路線的權力鬥爭帶著族群鬥爭的色彩，以致反射式地燃起被奪走「遷占者優位」的外省籍選民的族群化，和基於反臺灣民族主義和中國民族主義的政治性動員。這也是造成這些被激起而形成的外省籍選民其投票意願高漲的要因之一，進而讓政黨體系產生了變動。

一、民族主義政黨制的形成與政治動員之族群＝民族的（ethnic-cum-national）脈絡

1. 臺灣民族主義的抬頭、合法化與民族主義政黨制的形成

臺灣民族主義，乃是由日本殖民統治下被形塑而成、「以臺灣為範圍」的社會統合為背景之抗日民族主義所發展而來。此一抗日臺灣民族主義論述，由於在日本殖民主義下被視為帝國的「二等臣民」，故在「本島人」的認同之間，儘管漢人內部準族群間各有其邊界和文化上的差異，卻在殖民政策的壓抑下發展出泛漢人認同──所謂「臺灣人」認同，成為銜接福佬人和客家人這兩大準族群間的橋梁。此一「臺灣人」的概念，正是臺灣史上最早具有近代性意義的族群意識。

戰後臺灣史上最大悲劇的二二八事件，在臺灣民族主義發展史上的意義，便是以此具有近代性意義的「臺灣人」認同為前提，受到普遍的理解〔何義麟，2003：8〕。這個源自「抗日」而在殖民地時期想像出來的「臺灣人」認同，與「中國」的界線並不明確，因此當日本敗戰後而與中華民國初相處時，基本上是以「回歸祖國」的心情來加入並歡迎「中國國家」。

然而，因為這個臺灣史上最早的族群意識已經存在，所以當戰後遭逢陳儀政府統治下的混亂、糾紛和衝突時，這個「臺灣人」社會分類範疇，也在與「祖國」相對應之下而產生政治化、族群化，進而在二二八事件發生時遭受武力鎮壓。二二八事件之所以被稱為戰後臺灣社會最大的社會裂痕「省籍矛盾」的歷史性根源，乃由於該事件發生以前臺灣人族群的政治化，與事件後嚴酷的鎮壓之故。這讓許多人對於剛剛才以「祖國」身分予以熱烈歡迎的「中國」，產生了無以名狀的疏離感，導致本來只是按照行政劃

分而被歸類為「本省人」範疇的臺灣人，相對於「外省人」而演變成為一個族群的型態。而為了克服這種疏離感所形成的論述和運動，更形成了要求建立臺灣人自己的國民國家的臺灣民族主義論述及相關運動（臺灣獨立運動）。

　　但是在戒嚴體制下的臺灣，左翼的思想與運動遭到嚴厲的鎮壓，因此有關左翼論述的展開和運動，主要以流亡海外的知識分子為核心。所以，雖然二二八事件的起因並非源自於臺灣民族主義，但是二二八事件卻是造成臺灣民族主義的關鍵因素之一（第一章）。

　　邁入 1970 年代，由於外交危機頻傳，在臺灣知識分子之間掀起了一股「回歸現實」的思潮。這些人都是在官方中國民族主義教育體制下完成教育的戰後世代知識分子，他們使用中國民族主義的修辭外衣來包裝自身世代的主張，對於本省知識分子而言，具有族群性自我主張的意涵。這是因為其「回歸現實（自身眼前所處的中國，也就是臺灣）」的具體行動，即在要求對於包含在官方中國民族主義中的政治共同體——「臺灣」，給予「尊重與承認」之故。

　　而從 1970 年底到 1980 年代初期，臺灣的中華民國再度遭逢外交危機。包括與美國斷交、中國展現柔軟的新對臺政策（「祖國的和平統一」、「三通四流」和呼籲進行「第三次國共合作」等），以及《八一七公報》（美中兩國政府有關武器售臺的共同聲明）等。其間，發生了針對 1970 年代後期所形成的反對派（「黨外」勢力）展開大規模強力鎮壓的美麗島事件。此事件影響下，歷經「黨外雜誌」的各種論爭，反對的言論益形激化，扮演主要角色的黨外人士、作家和歷史學者等人文知識分子（主要為本省籍）其大多數的論述，逐步跳脫官方中國民族主義的論述。在政治上，經過

1980年代前半的發展，「臺灣前途住民自決」的口號成為最大公約數，臺灣民族主義更成為「黨外」的核心理念。接著民進黨成立，從戒嚴解除前後開始，更積極地向一般民眾公開演講（王甫昌稱為「民意動員」），以傳達其政治理念（第三章）。

　　雖然經由蔣經國晚年的決斷，容許了在野黨的成立並且解除戒嚴，但卻是有附帶條件的（在「自由化三法」中加註了「蔣經國三條件」），以便配合黨國體制菁英能在蔣經國死去前後，繼續維持保守的政治改革路線（「法統」擁護路線），但這樣的做法反而引發民進黨、以及蒙受自由化的解禁終得返臺的海外臺灣獨立運動勢力的強烈反彈。在此緊繃的局勢中，民進黨更在1991年秋終於將「臺灣獨立」納入黨綱，與將「蔣經國三條件」作為法源依據而欲強力取締的當局之間，益形劍拔弩張。然經過民主化的第一階段──國會全面改選之後，政治社會的氛圍大為改變，國民黨非主流派的「法統」擁護路線主張，最後亦逐漸式微，由具有發布政黨解散命令的憲法層級機關──司法官大法官會議，來進行並主導憲法條文的修正等等，也讓政治的自由化更為徹底完備，臺灣民族主義的主張終告合法化（第四章）。

　　民主體制下的多黨政治，具有反映當地社會因為價值觀分裂所造成的不同意識形態之對抗軸。而各政黨與政治人物之間，則在此對抗軸上以某種形態各保其位，有時候還會變換位置以謀取政治利益。如上所述，經過整個1970年代反對勢力的形成以及「回歸現實」思潮的展開，再歷經美麗島事件，臺灣民族主義的論述，不但在臺灣內部政治演變過程中成了反對勢力的核心理念，並繼而透過「憲政改革」及立基其上所舉行的各式選舉過程，在民主制度實際發展中被合法化。於是，在步入民主化的階段後，臺灣政黨體系中意識形態的對抗軸，便發展成臺灣民族主義與中國民族主義的對抗。從這一點來看，臺灣民主體制的政黨體系，可以

說是在所謂「民族主義政黨制」之下形塑而成。

2. 臺灣民族主義的準官方化與中國民族主義的非官方化 ──政治動員的族群＝民族的脈絡

民族主義論述的邏輯，往往是處身於民族「現在」所面臨的問題狀況下，為了達成追求民族應具備的「未來」政治目標，而從「過去」中尋找具有支持和鼓舞其目標的理由和元素所構築而成。換言之，民族主義論述的發展形態是，「過去」乃是引領「現在」、甚至鼓舞邁向應有的「未來」；然而實際上卻是「現在」為了追求「未來」，而去尋找「過去」〔王甫昌，1996：143〕。

表 6-1 乃依上述觀點，由臺灣社會學者王甫昌所歸納整理出的，有關臺灣政治中構成中國民族主義與臺灣民族主義的論述要件，經筆者補充而成。其中，「A：官方中國民族主義」乃指到政治體制轉型期為止，國民黨政權所主張的國民統合意識形態，其構成要素包括「國語」所伴隨的國民教育，以及到 1970 年代為止陸續展開的各種官方文化運動[1]，並藉由大眾媒體和出版所散布的文化作品等，對於不論本省或外省戰後世代其認同之形成，具有很大的影響。

「A」中的諸項要素，對外省人（特別是歷經抗日戰爭、戰後國共內戰等與國民黨具有共同體驗的第一代）的歷史經驗與歷史記憶而言，不用說是擁有著高度的親和力；同時，基於這種意識形態由上而下的中國化運動，也孕育出許多心中對於官方中國民族主義有所期待的本省人。

但是對於這種基於官方中國民族主義、由上而下的中國化運動有著親切感的外省人，畢竟在人口比例上居於少數，而藉由教育、大眾媒體所進行制度上的同化運動，其成果也有限；甚至由

表 6-1　有關現代臺灣的民族主義言論的諸要素

		A：官方中國國民族主義（隨著臺灣民族主義的半官方化而成為非官方化）	B：作為反對勢力意識形態的漸臺灣民族主義	C：新中間路線的臺灣民族主義（與逐漸臺灣化的「中華民國」妥協、吸取多元文化主意要素的論述）	D：國家正常化路線的臺灣民族主義（2000年政權轉移後興起的論述）
過去	共通的文化	中華五千年的文化	四百年來的博苦	漢文化與原住民文化	漢文化與原住民文化
	共同的祖先	炎黃子孫	從大陸渡海來臺的先民	「四大族群」各自的祖先	「四大族群」各自的祖先
	過去的榮耀	漢唐的繁榮、打倒滿清的共和革命、對日抗戰的勝利	對外來統治的抵抗	在臺灣島上共存、共榮的經驗	在臺灣島上共存、共榮的經驗
	過去的苦難	帝國主義的侵略，共產黨的叛亂	「生為臺灣人的悲哀」（日本的殖民統治、戰後國民黨一黨專政、外省人的優勢地位）	各自的苦難→族群文化的對等、相互尊重	各自的苦難→「轉型正義」（transitional justice）的實現
	歷史的記憶	八年的對日抗戰	二二八事件	第三次臺灣海峽危機	中國的軍事恫嚇、對國際壓制的反感、與中國合併的不安
現在	我們是誰	中國人	臺灣人	臺灣人（「不論移住時間的先後，只要是臺灣奮鬥的人都是臺灣人」）	臺灣人（「不論移住時間的先後，只要是臺灣奮鬥的人都是臺灣人」）
未來	語言、文化	「國語」、「中華文化」的道統	臺語、臺灣獨特的文化	「四大族群」的多元文化（「多元族群、同一國家」）	「四大族群」的多元文化（「多元族群、同一國家」）
	政治的前途	「反共復國」→「三民主義統一中國」	「挺胸當臺灣人」、「臺灣自決」、「臺灣獨立」	作為一個主權獨立的臺灣國家、參與國際社會	以「臺灣」為名義、參與國際社會
	國家	中華民國	臺灣共和國	作為主權獨立的臺灣國家之中華民國	主權獨立的臺灣共和國
	教育內容	中華文化、中國史	臺灣文化、臺灣史	世界史中的臺灣	世界史中的臺灣
	象徵、符號	青天白日旗、國歌、中華民國紀元	新國旗、新國家、西曆	中華民國與臺灣樣式的融合	推動去中國化、「臺灣正名」

出處：參考王甫昌（1996）之圖 1 與圖 6，配合 1996 年以後的情勢演變，由筆者增補而成。

於不同年齡、不同地域、不同的教育程度，以致於不同族群之間，或者個別家庭因素的差異等，無可諱言都可能導致同化程度的差異。同時，以官方中國民族主義所推動之一元主義式的文化政策，也造成居人口絕大多數的本省人的本土文化被貶低的情況，而導致本省人潛在的不滿和反感（第二章）。「B：作為反對勢力意識形態的臺灣民族主義」的論述，可以說便是這股不滿和反感影響下，對本省人過去的歷史經驗和歷史記憶更具親切感的展現。

如開始所述，臺灣民族主義在臺灣島內的政治舞臺逐步抬頭、合法化的過程中，從官方中國民族主義論述中脫身而出的臺灣民族主義論述本身，即具有本省籍選民族群性政治動員的意義。從另一個角度來看，這也是繼二二八事件以來，戰後第二次本省族群政治化現象的表徵[2]。但與第一次不同的是，透過第二次的力量所開展出的公共空間，成功地讓陷入多元性危機的統治菁英對於民主化做出了重大的讓步。也因此在 1992 年立法委員第一次全面改選中，民進黨取得了三分之一的勢力，便可以看出這次政治動員大獲全勝所呈現的規模了。當然不能就此便認定，本省籍選民[3]全部都認同臺灣民族主義的論述而投票給民進黨[4]。但是，如同依據各種民調所進行的政治社會學分析研究所指出的，民進黨的支持者當中，本省人占了絕對多數[5]。

下一章將更具體地描述，李登輝通過國會全面改選的實施，在「遷占者優位崩解」的局勢中因勢利導，進而在與國民黨內非主流派對峙中取得絕對性的優勢後（「小強人李登輝」的誕生），不論是本身的姿態或政府所採行的政策，都可以看出政府和國民黨在臺灣民族主義對抗中國民族主義的軸心位置，開始向中間移動的傾向（從國民黨非主流派意識形態的立場來看，就是往「臺獨」靠攏）。前者從李登輝與日本作家司馬遼太郎對談時所說的「生為

臺灣人的悲哀」，以及 1993 年地方選舉時，李登輝頻頻以「臺語」
（福佬話）來聲援國民黨候選人可以窺知；後者則是政府在外交
政策上推行「（以「中華民國」名義）重返聯合國」運動，以及推
動「社區總體營造」政策和教育改革等。

　　將反對黨的論述和政策主張「橫奪」而來的李登輝的這種姿
態與政策展開，儘管形式上依舊保有官方中國民族主義的外貌，
但李登輝為了鞏固其黨政獨尊的權力，不但逐步將臺灣民族主義
意識形態提升為準官方意識形態的位階；同時相對地，則促成中
國民族主義不再具有官方化的地位。此消彼長之下的中國民族主
義，吸收了伴隨著臺灣民族主義上揚而對中國民族主義被非官方
化感到不安的部分人士，轉而對抗臺灣民族主義、以及被視為逐
漸脫離中國民族主義陣營的李登輝路線的政治勢力，如下節所述，
這也是撼動臺灣政黨政治體系的一大要因。這些受到動員的選民，
很明顯是一批對官方中國民族主義論述心有所感的選民，當然這
些選民未必全為外省人，不過如後所述，可以推論外省人在這股
勢力當中比本省人要多。

　　就這樣，臺灣民族主義抬頭以後，臺灣政治當中各自利用臺
灣社會主要族群的歷史經驗與歷史記憶所獨鍾的民族主義修辭和
象徵，來進行政治動員（主要是選舉動員），且實際上產生了族群
動員或者具有族群投票意義的傾向。筆者稱之為臺灣政治上族群
＝民族的（ethnic-cum-national）脈絡。從本書的觀點來看，這乃是
堅持以「正統中國國家」為目標而具有遷占者國家性格的戰後臺
灣國家民主化過程中，所必然會產生的脈絡，同時也是臺灣民主
政治被有條件賦予的關鍵所在。

　　在此必須留意的是，即使對於「臺灣國家」或「中國國家」
中作為其歸屬意識的核心內容並沒有任何改變，但是不論是臺灣

民族主義的論述，抑或中國民族主義的論述，其內容仍不斷出現微妙的改變。例如，前述由於李登輝的「橫奪」，使得中國國民黨的政治理念中滲入了臺灣民族主義的諸要素，而其支持者所抱持的國族認同意識，也出現從依舊堅持著過去正統的中國性到接近臺灣民族主義立場的多元樣貌；同時在另一方面，在民進黨的臺灣民族主義論述中，也隨著該黨在中華民國臺灣化發展進程中政治地位的改變，接近政治權力核心的領導者所抱持的思慮也產生一定程度的變化。

由於民進黨在 1991 年的國民大會代表全面改選前夕通過《臺獨黨綱》，導致選舉大敗，未能在修憲國民大會中確保擁有提案所需四分之一以上的議席，為了實現更多民主化的要求，不得不仰承在國民黨內與非主流派對立的李登輝之意向行事。一直要到 1996 年第一屆總統直選前，民進黨內的領導者便不斷地重申「臺灣已經獨立，所以不需要宣布臺灣獨立」等這類言論。正如前章所述，這是因應與已經民主化且臺灣化的「中華民國」間的關係，而適度地調整其意識形態。

最具代表性的例子就是 1999 年 5 月民進黨大會為了推舉陳水扁參選隔年春天舉行的總統大選，決議通過《臺灣前途決議文》（接受「中華民國」為主權獨立的臺灣國家國號），同時在勝選後陳水扁總統的就職演說中，提出了「四不一沒有」的主張。如此，準官方化臺灣民族主義論述的諸要素中，遷就已民主化且臺灣化的中華民國之內容，可整理出表 6-1 中所示的「C：新中間路線的臺灣民族主義」。2000 年總統大選中，陳水扁的立場可用「C」稱之為「新中間路線」；然而在取得政權後，政局依舊混沌不清，加上李登輝的退出國民黨，讓此戰略性意識形態轉換出現強大的契機，進而逐步地採取更為激進的「D：國家正常化路線的臺灣民族主義」立場，但也因此讓內外的摩擦益形加劇。

3. 族群＝民族的脈絡與外省人

在這個族群＝民族的脈絡之中，尤其在選舉政治裡雖不是全面性的，但若說一開始出現具有族群性凝聚動員力量意義的臺灣政治是由本省人起動的話，那麼 1990 年代以後所舉辦的各種選舉中政黨政治變動的主角，則可說是國民黨內外省籍菁英不得不對應李登輝之權力高漲而在政治上所做的抉擇，以及以北部為中心的外省籍選民的族群性動員。進入 1990 年代，以所謂「民主化＋臺灣化」所展開的結構性改造，毋庸贅言，最後是造成作為遷占者的外省人原來所享有的優勢地位全盤瓦解，以及本省人整體權利全面提升的結果；因此反過來看，不論是外省籍菁英抑或一般外省籍選民，面對此種政治形勢的大逆轉，也不得不有所應變。

（1）外省籍菁英

外省籍菁英在面臨不論黨國體制內部或外部的變化時，都被迫做出新的選擇。在黨國體制內部，原屬於本省籍附屬性菁英的李登輝，誰都沒有料到於歷史的偶然下，竟在蔣經國任內去世後掌握了黨國體制最高權威的地位（總統兼任國民黨主席），同時逐步確立並最後成功地掌握實權。因此，該如何面對李登輝，就成了外省籍菁英的首要課題。

而在體制外，如何回應臺灣社會從下而上要求「民主化＋臺灣化」的壓力，是採取妥協態度？還是像處理美麗島事件那樣強力鎮壓，而且能夠做到嗎？若是非不得已必須妥協時，又該妥協到何種程度？直到蔣經國去世前為止，才不過只是副總統且為附屬性菁英的李登輝，已在這股「民主化＋臺灣化」的風潮下勢不可擋發動黨內鬥爭，因此如何因應，也關係著外省籍菁英對於李登輝權力體制的回應。既然實施某種程度的「最小綱領民主化」

已無可迴避，若欲從中取得正統性政治權力，出馬參與公職選舉
可說已成為必經之路。

　　但究竟自己要不要選擇選舉這條路？如果選擇選舉的話又該
如何參選？是在李登輝的支持下參選、抑或是反李登輝而另起爐
灶？同時，面對當時既以成形的臺灣民族主義對抗中國民族主義
的意識形態之爭，自己又該站在哪一個位置？這些接連而至的難
題，一波波襲向外省籍菁英，迫使其必須作出抉擇。

（2）外省籍選民

　　而對於不是菁英的一般外省籍選民而言，民主化本身對他們
的權益並沒有任何危害。雖然同處於威權主義體制下，但因地方
公職選舉與國會部分改選已行之有年，民主化影響所及並未牽涉
到選區範圍與公民權利增減的問題，因此同樣作為一個公民，每
一位外省人的政治權益並未因民主化而有所損害。同時這些多數
居住於都會區的外省籍選民，大都屬中產階級，因此對於民主化
的抗拒，也無法從價值觀上加以評斷[6]。

　　問題乃在於，民主化時必然帶來臺灣化。臺灣化現象下，外
省籍菁英一個個陸續成為被公開批判的對象，權威逐漸喪失、並
被解除要職等肥皂劇，透過自由化的媒體，幾乎每天都在上演，
讓外省籍選民感到怵目驚心。同時，隨著臺灣民族主義「民意動
員」的展開，出現了如果不會講占人口多數的本省人母語（即通
稱臺語的福佬話），根本就沒有資格作為臺灣公民這樣的輿論。甚
且他們心中信之不疑的「中國人」這個國族認同，此時也成為公
開揶揄和質疑的對象，類此種種，都是臺灣化發展過程中接連出
現的現象。或多或少讓他們的心理受到衝擊，以致產生了相對的
價值剝奪感。如同研究者所指出，1980 年代後期「外省第二代抱
持著危機感」（Chang, Mau-kuei, 1994:97-98），正反映出這種現象。

1990 年代起，對於臺灣化的急速發展而導致對中國的激化與對臺灣安全的威脅也進一步引起外省人的不安。

在「最小綱領民主化」的推動以及和李登輝的權力鬥爭告一段落，「民主化＋臺灣化」的趨勢更為明朗且即將完成階段性任務之際（「萬年國會」改選結束時），為了尋求這種相對價值剝奪感的心理補償，並回應當時社會變化後之需求，可以說外省籍選民對於外省籍菁英即將採取的新抉擇已經有所準備。

二、民族主義政黨制的展開

1.「新黨現象」與「新臺灣人」宋楚瑜

（1）外省籍選民族群投票的開端——「新黨現象」

筆者將外省籍實力派政治家，其先後參與競選的八次主要行政首長選舉之各項指標，整理為表 6-2 [7]。在此八次選舉當中，直到 2000 年總統選舉為止，是李登輝仍為國民黨領導者時所進行的選舉。如同先前所提示的，外省籍候選人究竟是要從國民黨與民進黨以外的第三黨或第三勢力（無黨籍）出馬競選，還是同時分別從國民黨與第三黨、第三勢力雙方推出候選人，政治菁英與選民的做法並不相同 [8]。而在 2000 年政權轉換以後的選舉，兩大政黨勢力間相互對峙的結構更趨於明瞭。

首開先例的，便是 1994 年所舉行的臺北市長與臺灣省長選舉。首先，這次的市長選舉，是由「新黨」趙少康出馬，挑戰分別代表國民黨的黃大洲和民進黨的陳水扁，其中外省籍候選人只有趙少康。新黨是 1993 年 8 月，國民黨非主流派的立法委員脫黨所組成的政黨。而趙少康在此之前的 1992 年底立法委員全面改選的選戰中，未取得黨提名而擅自投入臺北縣競選，並以 23 萬 5 千

表 6-2　有外省人強棒參選的主要行政首長選舉

年度	選舉的種類	候選人（黨派）**粗體字**指當選人＊指外省人★指對北京而言是「不受歡迎的人物」	得票率	狀況		
				競選造勢活動領先者（民意調查領先者）	外省實力候選人與國民黨的關係（1998年為止與國民黨主席李登輝的關係）	有無來自中國的直接恫嚇
1994	臺北市長（第一次）	黃大洲（國民黨）**陳水扁**（民進黨）＊趙少康（新黨）紀榮治（無黨籍）	25.8943.3730.170.28	陳水扁	對立、分裂（「新黨現象」）	
	臺灣省長	＊**宋楚瑜**（國民黨）陳定南（民進黨）朱高正（新黨）蔡正治（無黨籍）吳梓（無黨籍）	56.2237.724.310.440.30	宋楚瑜	協調	
1996	總統（第一次）	★**李登輝、連戰**（國民黨）彭明敏、謝長廷（民進黨）林洋港、＊郝柏村（新黨推薦）＊陳履安、王清峰（無黨籍）	54.0021.1314.909.98	李登輝	對立、分裂	有：臺灣海峽飛彈試射演習
1998	臺北市長（第二次）	＊**馬英九**（國民黨）陳水扁（民進黨）＊王建煊（新黨）	51.1345.912.96	馬英九（微小差距）	協調（實際上逼李登輝出面）	
2000	總統（第二次）	連戰、蕭萬長（國民黨）★**陳水扁、呂秀蓮**（民進黨）＊宋楚瑜、張昭雄（無黨籍）＊李敖、＊馮滬祥（新黨）許信良、＊朱惠良（無黨籍）	23.1039.3037.470.130.63	宋楚瑜	對立、分裂（「宋楚瑜現象」）	有：朱鎔基總理恫嚇性的言論
2002	臺北市長（第三次）	＊**馬英九**（國民黨）李應元（民進黨）	64.1135.89	兩大政黨對決	李登輝脫離國民黨	
2004	總統（第三次）	連戰、＊宋楚瑜（國民黨、親民黨）★**陳水扁、呂秀蓮**（民進黨／台聯支持）	49.8950.11	兩大勢力對決	李登輝脫離國民黨	無：透過美、日施壓
2006	臺北市長（第四次）	＊**郝龍斌**（國民黨）謝長廷（民進黨）＊宋楚瑜（親民黨）	53.8140.894.14	兩大勢力對決	李登輝脫離國民黨	
2008	總統（第四次）	＊**馬英九、蕭萬長**（國民黨）謝長廷、蘇貞昌（民進黨）	58.4541.25	兩大勢力對決	李登輝脫離國民黨	無：透過美、日施壓

出處：筆者製成。

票之全國第一高票當選。他在 1994 年市長選戰中，打著「李登輝握有激進臺獨的時間表」、「保衛中華民國」這類反李登輝、反臺灣化的競選口號，一波波地進行街頭動員[9]，11 月 20 日在臺北市的競選會場更動員了 10 萬人〔若林，1998：385〕。

趙少康所掀起的旋風（「新黨現象」），雖然得票率遠超過國民黨提名的黃大洲甚多，但最後卻由民進黨提名的陳水扁當選。而對於陳水扁之所以當選，新黨歸咎於本省國民黨選民所發起的族群的策略性投票行動，亦即「棄黃保陳」（捨棄黃大洲而讓陳水扁當選）效應所致。換言之，支持國民黨的本省籍選民為了不讓趙少康當選，而寧願不將票投給當選無望的同黨候選人黃大洲（第一且最好），而是投給同為本省籍候選人的陳水扁（次好）。新黨對此大為憤慨並嚴詞譴責。

這便是臺灣選舉政治當中「棄保現象」一詞出現的開端，意指當只能有一個人當選的選舉卻有超過三位以上候選人的情況下，選民為避免自己的選票成了空包彈，依民意調查等顯示，判斷原來支持的候選人（第一好）當選機率不大的時候，便放棄原支持對象而將票轉投當選機率高的次好的候選人，這樣的策略性投票行動（strategic voting）。

根據王業立的觀點，策略性投票行動之所以成立，乃在於第一好的候選人與次好的候選人之間，必須具有某種相互重疊的因素，而在此次市長選舉中，就是「省籍」，因此趙少康批判其他陣營以此操作以致影響選舉結果。同時，王亦指出，如果三名候選人在民意調查中都有超過 20% 以上支持度，選民要做出決定就更為困難〔Wang, Yeh-li, 2006〕。

　　此外鄭敦仁、徐永明根據推測在投票前夕最後一次民意調查的支持度與開票後實際得票率間的差異，而對「棄保現象」進行分析研究指出〔Cheng & Hsu, 2002〕，這種策略性投票行動確實存在，但是規模並不大（請參照表6-3：a-(10)）。陳水扁的當選，可以說是因為臺北市的國民黨支持者，因為新黨勢力的抬頭導致分裂而坐收漁翁之利。

表 6-3　臺灣選舉的策略性投票行為

	(a)1994	(b)1994	(c)1996	(d)1998	(e)2000
(1) 主要競爭者	3	3	4	3	3
(2) 民意調查中的領先者	陳水扁	宋楚瑜	李登輝	馬英九	——
(3) 領先者是否為國民黨提名？	No	Yes	Yes	Yes	——
(4) 民意調查中的墊底者	無	朱高正	陳履安	王建煊	無
(5) 墊底者是否為第三勢力的候選人？	Yes	Yes	Yes	No	——
(6) 在民意調查中前兩名的差距	11.5	29.0	26.3	5.3	6.9（宋楚瑜－陳水扁）
(7) 前兩名實際得票的差距	13.5	17.5	32.9	5.2	2.0（陳水扁－宋楚瑜）
(8) 民意調查中最後兩名的差距	5.0	8.2	4.3	28.0	4.6（陳水扁－連戰）
(9) 最後兩名實際得票的差距	4.3	34.4	4.9	34.8	14.0（陳水扁－連戰）
(10) 戰略性投票、類型 I ＝ (7)-(6) ＞絕對值 5% 的話投大	2.0（小）	-11.5（大）	6.6（大）	0.2（小）	-8.9（大）
(11) 戰略性投票、類型 II ＝ (9)-(8) ＞絕對值 5% 的話投大	-0.7（小）	26.2（大）	0.6（小）	6.8（大）	9.4（大）

註：各別選舉的主要競選對手，請參照表6-2。
出處：Cheng & Hsu, 2002: 159, Tabel 8.1
資料來源：民意調查的數據，請見〔ibid.: 171-174, appendix 8.1-8.5〕。

截至民主化時期以前，可以說作為遷占者集團的外省人，除了少數異議分子以外，都能團結鞏固在「最高領袖」之下 [10]，因此在選舉中幾乎清一色擁護國民黨提名的候選人。即使是發生問題的臺北市，根據黃德福的研究指出，到 1992 年底的立法委員選舉為止，國民黨幾乎囊括 97% 的外省選票。但是 1994 年，趙少康拿到了 56% 的外省選票，而黃大洲則只得到 34%〔黃德福，1995：209、213〕。

在出現新黨這樣的另一種選擇後，「民主化＋臺灣化」的衝擊也造成外省人票的分裂。臺北市的外省人口大約占了 27%〔《中國時報》，1992 年 12 月 20 日〕，同樣根據黃德福的說法，趙少康所獲票數中外省票應有 60%〔黃德福，前揭：213〕，換言之，有超過高達人口比例二倍的外省籍選民，將票集中投給趙少康，並出現了臺北市外省籍選民族群性投票的現象。而在同時間所舉辦的市議員選舉中，外省籍選民將票投給新黨候選人的比例，幾乎與市長選舉相同〔同前〕，結果新黨當選了 11 席，在市議會當中僅次於國、民兩黨穩居第三，並造成國民黨首次在臺北市議會議席未過半的情況。新黨的氣勢持續延燒到 1995 年底的立法委員（任期三年）選舉，取得 13% 的選票，當選 21 席立委，遠較創黨時高出三倍。

因此所謂「新黨現象」，就是指在「民主化＋臺灣化」的趨勢當中，感受到相對的價值剝奪感的外省人，形成一股反臺灣民族主義的政治性投票行為，而以此為核心所展開的第三黨快速崛起的現象。換言之，隨著臺灣化的推展，讓外省籍選民政治性投票的行為更為集中，選擇支持這個由少數外省政治菁英所組成的第三黨，也使臺灣的政黨體系變成了三黨制。

對國民黨而言，儘管脫黨者不多，卻不能僅將此視為個別政

治菁英的脫黨行為，而是經驗了以外省中產階級為主流的都市中
產階級其基層力量的叛離以及所伴隨而來的分裂。在此三黨制下，
由於李登輝領導的國民黨採行臺灣化政策，而將中國民族主義對
抗臺灣民族主義的意識形態軸心向中間偏移，因此新黨的政治光
譜相較於國民黨而言，乃屬中間偏「右」。

接著到了 1996 年臺灣史上首次總統選舉，新黨雖未單獨推出
候選人，但仍支持最後與李登輝的主流派宣告絕裂、以無黨籍身
分出馬競選的國民黨非主流派候選人林—郝配（林洋港、郝柏村），
最後其獲得 14.9% 的選票。光從得票率來看，比 1995 年底立法委
員選舉更高。根據徐永明的推算，當時外省籍選民當中應有 58%
將票投給林—郝配，明顯可看出族群性投票行為〔徐永明，2000：
100〕。

不過，新黨的氣勢也到此為止。隨著第一屆總統選舉中李登
輝獲得壓倒性勝利，其所主導推動的臺灣化政策也隨之大刀闊斧
地展開，相對之下擺明了採取更貼近過去國民黨所堅持的官方中
國民族主義立場的新黨，後來經過政治路線鬥爭和領導階層內部
的紛爭，體質則逐漸衰弱。

（2）被李登輝支持的外省籍菁英——宋楚瑜的臺灣省長選舉

然而在「民主化＋臺灣化」的趨勢中，外省籍政治菁英並非
都像趙少康那樣反臺灣化而行並且組織第三黨。也有人盡可能地
順應李登輝的臺灣化政策，進而強化其在國民黨中的權力基礎，
其中最具代表性的人物，便是 1994 年在臺灣省長選舉之中獲得國
民黨提名並當選的宋楚瑜。

宋楚瑜曾任國民黨副祕書長、祕書長等職，協助李登輝與非
主流派鬥爭，1993 年被任名為最後一屆官派臺灣省主席。當時臺

灣省所管轄的行政區域並不包括臺北市與高雄市，而且除了北部的臺北、桃園幾個縣市以外，外省人所占的人口比例都很低。

　　選舉時，李登輝喊出「新臺灣人」的口號，公開表示「雖然移民臺灣的時間有先後，但大家都是臺灣人，外省人是新臺灣人」，來向本省籍選民推銷宋楚瑜，而宋楚瑜也賣力地操著臺語（福佬話）來拉近與本省籍選民間的距離。這讓苦追在後的民進黨候選人陳定南陣營，為挽回劣勢不惜公然放話「臺灣人選臺灣人」而進行露骨的族群動員，但仍宣告敗北。

　　首任民選的臺灣省長，其手中所握有的行政資源僅次於總統，宋楚瑜充分利用這些行政資源擴大自己的民意基礎。因為同樣採取極為細膩的手法進行利益分配，而被 2000 年來臺採訪總統大選的日本記者評為「臺灣的田中角榮」。

　　宋楚瑜以臺灣省長之姿，充分利用其掌有預算分配的生殺大權，跳過縣的層級，直接將公共建設經費預算巧妙地分配到鄉、鎮層級，搶食臺灣省各地的政治利益，甚至蠶食長期以來國民黨透過地方公職選舉和「增額選舉」所建構起來、同時也是李登輝賴作為權力基礎之一的地方派系選舉侍從主義網絡。對於一些公共建設較為落後的地區，以族群分布來看亦即客家和原住民族較多的區域，此種手法更為有效。因此，宋楚瑜也成功地在這些族群中享有一定的影響力。

　　如後所述，這也是後來外省人宋楚瑜與李登輝決裂，出馬競選總統的原因所在，同時也是再度讓臺灣政黨體系出現動盪的主因；不過在此之前，必須先針對 1996 年首屆總統大選和 1998 年的選舉加以檢討。

2.「李登輝現象」── 1996 年首任總統直選的族群政治

在 1996 年具有歷史性意義的首屆總統直選中，共有「三黨一派」四組人馬參與角逐。所謂的「三黨」就是國民黨、民進黨和新黨。首先，國民黨是提名現任總統李登輝（黨主席）搭配行政院長連戰（黨副主席）；在野黨第一大黨民進黨，則是引進美國式的初選方式，總統候選人在許信良與彭明敏進行捉對廝殺後由彭明敏獲勝，並挑選立法委員謝長廷擔任競選搭檔。至於新黨雖推出立法委員王建煊參選，但最後則支持由國民黨脫黨參選成為無黨籍候選人的前司法院長林洋港（本省籍，國民黨副主席）與郝柏村（外省籍，國民黨副主席、前行政院長）。林洋港曾擔任南投縣長，但除此之外並無法擴大本省人的支持，因此實際上形同新黨的候選人。

另外所謂的「一派」，乃是脫離國民黨出馬競選的前監察院長陳履安（外省籍，黨中央常務委員，陳誠的長子），挑選本省籍女性律師王清峰擔任副手搭檔參選。其間，林洋港曾向陳履安招手邀請擔任其副手人選，以尋求第三勢力的整合，但為陳所拒，在找不到適合的搭檔下，最後也不得不回頭請國民黨非主流派核心人物郝柏村搭檔競選。

這次的大選，李登輝從一開始便取得絕對的優勢，而結果雖然出現並非泡沫的四組人馬共同角逐，最後仍以 54% 的得票率高票當選。不過，其中仍可看到自 1994 年選舉以來即出現的，呼應反李登輝的外省籍菁英而形成的外省籍選民族群性投票行為，以及選民的策略性投票行動（「棄保」現象）的情況。

就前者而言，關於 1996 年這次的大選，可作為分析省籍、族群分布（「四大族群」）、支持政黨取向、年齡、性別等選民

背景和實際投票行為之關聯性的資料並不存在〔Cheng & Hsu, 2002: 158〕。但可以參考臺灣政治學者游盈隆，利用民進黨在投票日前夕實施的民意調查資料所進行的選民投票取向研究。表 6-4 便是基於這些調查數據，分別從填寫問卷者的族群背景、認同意識、支持政黨和統獨偏好等四個不同層面，再細分為 16 種不同年齡層，按照排名各自列出對候選人的喜好度之分布情形。

表 6-4　1996 年總統選舉候選人支持者背景別投票偏好

（數字表示排名）

		李登輝	彭明敏	林洋港	陳履安
族群	福佬人	1	3	4	2
	客家人	1	4	3	2
	外省人	3	4	1	2
	原住民	2	4	3	1
認同意識	「臺灣人」	1	2	4	3
	「中國人」	1	4	3	2
	「是臺灣人也是中國人」	1	4	3	2
支持政黨	民進黨	2	1	4	3
	國民黨	1	4	3	2
	新黨	3	4	1	2
	無支持政黨	1	3	4	2
統獨傾向	臺灣獨立	2	1	4	3
	中國統一	1	4	3	2
	維持現狀	1	4	3	2

出處：游盈隆，1996：269。

　　首先，從表中可看出李登輝擁有強大的支持，但若注意「外省人」與新黨支持者的偏好，所謂外省人與支持新黨的選民，很明顯地偏好挑選以郝柏村為副手的林洋港以及陳履安。因此可以說，外省籍選民在實際的投票當中，再度採取了與 1994 年臺北市

長暨市議員選舉、1995 年立委選舉同樣的投票行為，更進一步加深國民黨的分裂。

同時，此表所列出的數據，可進一步解讀出彭明敏雖獲得「臺獨」支持者的青睞；不過在自認為是「臺灣人」的選民中，卻落後於李登輝。這份數據也呼應了，1996 年大選活動起跑後不久，因中國軍演導致兩岸情勢緊張，致使民進黨支持者之間發生的「棄彭保李」現象。

該份問卷調查中也問到，如果只有李登輝與彭明敏出馬競選，民進黨支持者的投票動向，結果雖有大約三分之二表示會投票支持黨提名候選人，卻仍有大約五分之一投給李登輝〔游盈隆，1996：256〕。而在實際的選舉上，彭明敏得票率為 21%，但同時舉行的第二屆國大代表選舉，民進黨候選人的總得票率則約有三成（表 4-1）。換言之，這之間約一成的落差可說顯示出當時「棄彭保李」的規模（占民進黨支持者大約三分之一）。徐永明等人的研究亦指出，民進黨支持者這次策略性投票的規模，相較之下是比較大的（表 6-3：(c)-(10)）。

3.「馬英九現象」──1998 年臺北市長選舉的族群政治

1998 年底同時進行了臺北市長、高雄市長、兩市市議員，以及立法委員三大選舉。而由於前一年（1997 年）修憲的廢省，因而停止了臺灣省長與省議員選舉，宋楚瑜成了首任也是末代的民選臺灣省長。

在臺北市長選舉中，李登輝一開始並不喜歡親近非主流派、且刻意與李登輝保持距離的馬英九。然而在黨內始終無人願出頭與身為民選後首任民選市長、且任內風評很好的陳水扁相抗衡的情況下，加上馬英九的黨內好男人形象搏得北部政媒高人氣的推

波助瀾，李登輝無法掩其鋒，便如同 1994 年支持宋楚瑜一樣，最後現身心不甘情不願地舉起馬英九的手高喊「新臺灣人」，公開支持馬英九。

此次臺北市長選舉結果顯示，外省人更意識到位居少數的危機感，體認到分裂的國民黨絕對打不過民進黨〔Wang, Fu-chang, 2004: 693〕。而馬英九以國民黨提名的身分出馬競選，對外省籍菁英與選民而言，可說是捲土重來的大好良機。

新黨雖提名曾在郝柏村內閣擔任財政部長、並曾在 1996 年總統大選代表新黨的王建煊，而讓選戰彷彿一時回到 1994 年三黨對抗時的光景。但由於這次外省籍候選人有兩位，再加上馬英九雖是國民黨提名卻與李登輝保持一定距離的強力候選人。因此，新黨一開始便不熱衷於自家人的選情，結果選戰演變成陳水扁與馬英九的一對一對決，並將票集中投給馬英九。1994 年，新黨的趙少康曾獲得超過 30% 的選票，但這次王建煊的得票率竟不到 3%。

投票當天《聯合晚報》所舉行的出口民調顯示，回答問卷的外省人當中有 76% 表示投票給馬英九〔《聯合晚報》，1998 年 12 月 6 日〕。王建煊過去曾任財政部長，不論是行政手腕或是清廉都頗受好評，擔任臺北市長的候選人，不論人格或能力上均不遜於陳、馬兩人，但選舉結果卻如此慘澹。此很明顯地與 1994 年不同，這次以外省籍選民為主的新黨支持者反過來，為阻止陳水扁連任而採取了策略性投票行動。而且選票集中的程度，更較 1994 年投給趙少康的票（56%）來的高，而前揭鄭、徐論文的研究也指出，這次策略性投票行動的規模，甚至高於 1994 年選舉中本省籍選民策略性投票的規模（表 6-3：(d)-(11)）。

《聯合晚報》於選後立即將這些數字加以報導，本身也隱含著族群政治的意義。陳水扁以現任市長之姿，其「施政滿意度」

在當時所發布的各種民意調查中，都高達六至七成，如果沒有這種族群＝民族的脈絡狀況，連任可說是易如反掌。

　　但是由於外省籍選民票集中投馬，可視為就是要將「施政滿意度」高的現任市長拉下馬。而根據前述調查，票投給陳的外省籍選民為 7%，而投給王的更只有 6%〔《聯合晚報》，同前〕。因此，與上一屆新黨批評陳水扁的勝利乃因為「棄黃保陳」相反，對於臺北市內外的本省人，尤其是福佬人的選民來說，代表該族群且具有良好政績的政治人物，因外省人的族群性投票行為而落選，令其深感羞辱，所以從敗選當晚，要求陳水扁出馬競選總統的支持聲便此起彼落。《聯合晚報》的報導，正是印證陳水扁支持者這種情緒的最佳寫照。

　　就這樣，每當國民黨內出現實力派外省籍候選人時，外省籍選民便捨棄第三黨候選人而採取族群性戰略投票行為，支持國民黨候選人。新黨雖然提名優秀的人才出馬競選，卻都淪為棄保的祭品，根本無法伸張黨的自主性，因而導致逐漸弱化。這種弱化的情形，在立法委員選舉中更是一目了然。自從臺灣省議員選舉廢止後，代表員額併入立法院而使立委席次大幅增加，儘管如此，新黨不論在當選席次或得票率上均宣告腰斬（當選 11 席，7%）。而在宋楚瑜的親民黨（後述）組黨後所舉行的 2001 年立委選舉中，更僅當選福建省離島選區的一席。從此，由外省籍選民投票行為所新凝聚而誕生的新黨，也因其凝聚性而屢戰屢敗。

4.「宋楚瑜現象」與政權交替──2000 年總統選舉的族群政治

　　繼「新黨現象」後，由於外省政治菁英的政治決斷而再度讓臺灣政治體系出現動盪的，則是 2000 年總統大選時的「宋楚瑜現

象」。這次大選，不但是民進黨首次取得政權而試圖擴大其政治版圖，同時也是宋楚瑜取代了新黨，並且比新黨更具規模、得到較新黨更大的政治支持基礎，並結合國民黨以外的第三勢力，而再度改變了臺灣的政黨體系面貌。

截至目前所見可以了解到，外省籍菁英究竟是要選擇脫離國民黨以第三黨抑或是以第三勢力之姿，在政治上與國民黨、民進黨相抗衡，主要取決於與以李登輝為核心的國民黨內本省籍菁英之關係（推力），以及在與這些本省籍菁英決裂的情況下，能保有何種程度獨自的政治支持基礎，同時這樣做可以期待獲得何種程度的政治效益（拉力）這兩種因素。

1994 年宋楚瑜得到李登輝的支持，並建構自己的政治支持基礎與獲得政治資源；然而 1997 年，如前所述，李登輝與民進黨聯手修憲「凍省」，終於導致反對的宋楚瑜與李登輝分道揚鑣。但是，此時已經在素有外省籍政治家「溫床」之稱的臺北市以外建構起獨自政治基礎的宋楚瑜，則能夠選擇以第三勢力之姿，參選2000 年的總統大選。

小笠原欣幸指出，宋楚瑜具備了以下四種支持力量：第一，具有改革志向的高學歷本省人都會區的選民。因與國民黨主流對立而以無黨籍之姿出馬競選，因此宋楚瑜和在野的民進黨一樣，可以對當時國民黨的「黑金政治」與政治腐敗大肆抨擊，並以此作為競選主軸以吸引這些選民的支持[11]；第二，透過綿密的政治利益分配，取得地方派系與國民黨內中層幹部的支持；第三，客家和原住民族等少數族群的支持；第四，則是外省籍選民。

由於這次總統大選並無其他外省政治菁英足以出馬挑戰，因此繼「新黨現象」後，外省籍選民為爭取政治利益，支持與李登輝對立或是與李登輝保持距離的外省籍候選人，並將票集中於此

一候選人的投票模式，當然也適用。而這四種不同層面的集團間雖無交集，卻因宋楚瑜巧妙的政治手腕而集結其下，大幅開拓了宋楚瑜的票源〔小笠原，2000：62-63〕。臺灣的總統大選投票日通常訂在三月，因此實際上，總統大選的競選活動早在一年前便已展開。而宋楚瑜從一開始出馬競選，便在各種民意調查中保持高支持度，維持領先其他候選人，這也是「宋楚瑜現象」一詞出現的背景〔同前：53〕。

如此，宋楚瑜的成功幾乎已是指日可待。沒想到1999年12月初，連戰陣營揭發宋楚瑜的金錢醜聞（即「中興票券事件」，或簡稱「興票案」），導致宋楚瑜在民意調查上失去領先地位，而讓總統大選陷入三方勢力膠著的混戰局面[12]。加上，選戰後期，中國也出面干涉。中國總理朱鎔基藉著當時正在召開的全國人民代表大會的記者會（3月15日），發表「臺獨勢力的上臺會挑動兩岸的戰爭」、「臺灣同胞會做出明智的歷史決策」等恫嚇性言論，這些內容搭配朱鎔基面目猙獰的表情，瞬間被傳播到臺灣內外〔中川，2003a：535〕。

原本陷於膠著的三方混戰，已逼得選民必須做出策略性的投票行動，因為這項發言，更促使民調始終落後在宋楚瑜、陳水扁之後的連戰，成為「棄保現象」的犧牲品。反對中國干涉的連戰陣營支持者，將票投給了次好的陳水扁（「棄連保陳」）；而因為中國干涉而產生危機意識的連戰陣營支持者，則將票投給第二且最好的宋楚瑜（「棄連保宋」）〔Cheng & Hsu, 2002: 166-7；參照表6-3：(e)-(10)、(e)-(11)〕。開票結果，陳水扁以微小的差距領先宋楚瑜而贏得大選，相同人馬再次同場廝殺下，重新印證了分裂的國民黨贏不了民進黨的鐵律。

　　2000 年與 2004 年，四年一次總統大選的選民族群別投票行
為分析，分別有東吳大學政治系所做的民意調查，與 TVBS 電視
臺所進行的出口民調，現根據這些數據整理為表 6-5。

　　從表中所示「2000 年選舉」的部分，可以看出外省籍選民一
改 1998 年臺北市長選舉時的作為，將票集中投給國民黨出身卻已
轉身反李登輝的外省菁英宋楚瑜。同時也可看出，宋楚瑜在這次
選舉中獲得了高比例的客家和原住民票，這與前述小笠原所觀察
到的現象相互吻合。

表 6-5　2000 年與 2004 年總統選舉族群背景別的投票型態（%）

	選民的族群背景				問卷調查的得票率	實際的得票率
	福佬人	客家人	外省人	原住民		
2000 年選舉						
陳水扁	54.7	31.9	11.5	0.0	45.0	39.38
宋楚瑜	26.2	45.8	78.1	100.0	36.7	36.74
連戰	19.1	22.3	11.5	0.0	18.3	23.10
（選民的比率）	（72.0）	（13.9）	（13.3）	（0.8）		

	福佬人	客家人	外省人	原住民		
2004 年選舉						
陳水扁、呂秀蓮搭檔	58.0	44.0	11.0	25.0	50.0	50.11
連戰、宋楚瑜搭檔	42.0	56.0	89.0	75.0	50.0	49.89
（選民的比率）	（72.0）	（14.0）	（11.0）	（1.0）		

資料來源：1. 2000 年是從東吳大學政治學系針對 1,308 位選民所進行的問卷調查
　　　　　　得出的數據。列中的比率是排除了投票給上述三位以外者，而客家
　　　　　　人與外省人合計超過 100% 為原表之數據。
　　　　　2. 2004 年是由 TVBS 民調中心針對選舉當天所實施的出口民調之數
　　　　　　據（4 月 12 日發布於同電視臺網頁）。在全國 150 個投開票所中，
　　　　　　有 1 萬 3,224 人回答了問卷。
出處：Wang, Fu-chang, 2004: Tabel 1

5. 民進黨少數派執政的困境與民族主義的動員——
2004 年總統選舉的族群政治

（1）後李登輝時代的族群＝民族的脈絡與 2004 年選舉

如前章所述，2000 年政權交替的衝擊，也牽動了臺灣的政黨體系。宋楚瑜組成親民黨，以及因為停建核四問題引發的爭議，導致國民黨、親民黨和新黨相互結盟形成所謂「泛藍」勢力，而在李登輝脫離國民黨後以李為「精神領袖」所組成的台聯則形成所謂「泛綠」勢力。同時，以李登輝脫離國民黨為條件所進行的「泛藍」勢力整合，共同推出一組 2004 年總統大選候選人（「連一宋配」），相對於此，「泛綠」陣營則標舉「國家正常化」路線，重新整合臺灣民族主義的意識形態。從本章的觀點來看，親民黨的組成乃是「宋楚瑜現象」的直接後果，而其他都可說只是這個現象所產生的餘波。

2004 年總統大選，不論是與 2000 年大選得票率相較來看，抑或從不論在公共政策或對中政策上都沒有突出成果的陳水扁政權表現來看，如果連戰與宋楚瑜能成為正副總統候選人競選搭檔，「泛藍」勢力幾乎「躺著選都可以當選」；然而，實際上卻不是這樣。2004 年 3 月 20 日選舉開票的結果，陳水扁以 0.229 極些微的得票率差距獲得勝利。這次大選，如同前述 1998 年陳水扁臺北市長敗選時一樣，族群＝民族的脈絡起了作用，亦或可說，企圖挾著國會多數來影響政權運作以謀取下次總統大選有利局面的「泛藍」意圖，卻遭到陳水扁破局，並且成了陳水扁營造為對己有利的政治脈絡。

2004 年選舉的族群＝民族的脈絡可以指出下列幾點：第一，這次選舉的意義在於，國民黨不再由李登輝主導，堪稱為後李登

輝時代的第一次總統大選。而李登輝成為國民黨體制外的存在，也是在政治上促成連─宋配最重要的背後因素。同時，如前章所討論的，從意識形態上來看，李登輝離開國民黨也是造成國民黨陣營意識形態弱化的要素之一；反過來說，李登輝投入「泛綠」陣營，則對「泛綠」陣營意識形態的活性化，注入一劑強心針。陳水扁於是加以善用，打出「公民投票」的政治性宣誓、灌入濃厚意識形態的政治攻勢而獲得勝利。

　　第二，在這當中，外省籍選民將選票集中投給連─宋配。如表 6-5 所示，這次大選中外省籍選民集中將選票投給連─宋配的票數，幾乎等於是 2000 年大選宋楚瑜加上連戰的票數總和。因此可以說，外省人集中將票投給與李登輝保持距離的外省籍候選人的投票行為，絲毫沒有改變。如同 1998 年臺北市長選舉中，大多數臺北市外省籍選民不分黨派地都把票投給了馬英九一樣，這次大選外省籍選民都將票集中支持連─宋配。

　　而第三，在另一方面，陳水扁政權所採取的多元文化主義政策也在選舉過程中發揮了一定的功效，這點雖不是那麼鮮明，卻也不能加以輕忽。具體詳細的內容將留待下章討論，例如，1999年中，陳水扁以總統候選人的身分與原住民族代表簽訂《原住民族與臺灣政府新的夥伴關係》的文書，幾乎全面承認原住民族乃臺灣「第一民族」的主張，而在當選後，又以總統身分再度加以確認。

　　而在客家族群方面，除了在兩次競選臺北市長時，高倡尊重客家文化的政見 [13]，更在當選總統民進黨主政下，先後設立行政院客家委員會（2001 年 6 月）、在國立中央大學成立客家學院（2003年 6 月）、及開辦客家電視臺（同年 7 月）等具體措施。如表 6-5所示，與 2000 年相較，2004 年總統大選中可看到，雖然外省人

的支持率沒有增加，但是福佬人有些微增加，客家人的支持率則大幅上揚，同時原住民的支持率也從零開始起跳。福佬人增加的部分或可歸功於鼓吹「臺灣認同」的選舉活動；但是原住民與客家人支持率的上升，則可以推論為多元文化主義政策的影響所致。原住民在人口比例上的劣勢儘管無法對大局產生直接影響，但是客家人支持率的增加，對於大局卻有一定的影響力〔Wang, Fu-chang, 2004: 694-696〕。

（2）「吊鐘型」國族認同分布與 M 字型政治動員

拜 1980 年代後期展開的政治自由化所賜，在臺灣針對住民進行有關國族認同民意調查的公布也成為可能。這些民意調查大致可分成三種類型：①是問有關認同意識的選項，自認為是「臺灣人」、「中國人」以及「是臺灣人也是中國人」；②是問有關國家的選項，即臺灣與中國「應該統一」、「應該獨立」以及「應該維持現狀」；③是根據政治學者吳乃德所自行設計的，調查「臺灣民族主義者」、「中國民族主義者」以及「務實主義者」的分布狀況。

有關這些調查的具體數據將於下章說明，而就其動向大致可以看出，從這些調查得以公布的 1990 年代初期開始，「臺灣選項」（即「臺灣人」、「臺灣應該獨立」和「臺灣民族主義者」）即呈現逐漸上揚的趨勢，反觀「中國選項」（即「中國人」、「應該與中國統一」和「中國民族主義者」）則逐漸下降；但是，對於「中間選項」（即是「臺灣人也是中國人」、「維持現狀」與「務實主義者」）的偏好程度，卻是始終有增無減，占居多數。

換言之，有關國族認同的各項民意調查所呈現出的結構，是中間高聳而兩端偏低的吊鐘型樣貌。無可諱言的，截至 1980 年代為止，吊鐘的中間部分是屬於偏「右」（即接近「中國選項」）；

而在李登輝時期稍為向中間靠攏；在政權轉換後，又趨向「左」傾（即接近「臺灣選項」）移動。儘管如此，穩健的「中間」偏好依舊占大多數，維持著吊鐘型的分布。

若以稍為輕鬆的筆調來形容，從中國當局眼中來看，這個「吊鐘」整體的向「左」移動，正如同脫離中國一般，並認定這乃是李登輝與陳水扁等政治領導者的政治意圖。由於中國當局對臺灣的國族認同所抱持的立場絲毫沒有鬆動過，這種情勢的發展，對於宣稱臺灣乃中國領土一部分主張之威脅，當然也隨之高漲，無形中升高了臺海兩岸的緊張情勢。

在 2004 年總統大選當中，攸關族群政治最值得大書特書的，就是這種呈現吊鐘型國族認同分布的選民，在選戰中具體形成了「泛藍」與「泛綠」兩大陣營相互抗衡的對決之姿，要求選民必須在臺灣民族主義、反臺灣民族主義的兩極端中選邊，也就是所謂的 M 字型政治動員。2003 年 SARS 大流行，陳水扁藉此發動「公民投票」的政治宣誓以發起國民意識的政治動員後，開始進行「泛綠」的大型街頭造勢活動；幾乎同時或隔兩三個星期後，「泛藍」也必定進行對抗性的大型街頭造勢活動，這種型態適足以忠實顯示 M 字型政治動員。例如，2003 年 9 月 6 日在臺北由李登輝所發起的臺灣正名運動遊行造勢活動（估計有 10 萬人參加）一舉行，隔天上、下午便分別有「民間中華民國防衛大同盟」與「中國統一聯盟」舉辦的「反臺獨救臺灣」街頭遊行活動，在臺北市街頭上演。

此外，10 月 25 日由民進黨主辦的「公投制憲」遊行在高雄市登場之際，同一天在臺北則有「反對臺灣獨立」的遊行活動。如此大型政治動員所造成的社會氛圍，藉由潑糞式的媒體報導和政論節目的渲染，不斷地放送到全臺灣。

　　到了最後，則是前一章所說的，在選戰末期所進行的大動員對抗賽。2004 年 2 月 28 日，「泛綠」陣營為了抗議中國導彈瞄準臺灣而成功舉辦了「族群大團結，牽手護臺灣」活動後，3 月 13 日「泛藍」為了抗衡也動員全臺發起了「換總統救臺灣」的遊行活動。這兩個大型選舉造勢活動，都動員了來自全臺灣的 150 萬人參加。

　　如此，筆者稱之為民族主義政黨制的臺灣政黨體系意識形態的對抗軸，可以說正如實地反映在群眾動員上。此種意識形態間的對抗模式，並沒有出現口號等修辭語彙上的「臺灣民族主義對抗中國民族主義」，如前章所言，受到政權交替的衝擊以及李登輝離開國民黨的影響，「泛藍」陣營既未提出新的「中國論述」，亦無法提出足以和「泛綠」陣營相抗衡的「臺灣論述」。其原因在於，在群眾動員的修辭語彙上，與「泛綠」陣營訴諸「國家正常化」路線的「臺灣論述」爭鋒相對時，無法提出基於「中國論述」之主張。

　　但儘管如此，不可否定地這些大型造勢活動仍帶給大多數的觀察者一種印象，即在國族認同呈現吊鐘型分布狀態的社會中，隨著選舉活動的進行而有被拉向兩個極端的情形。群眾當中那些積極參與各項造勢活動的核心分子，在「泛藍」、「泛綠」用語被約定俗成地使用後，接著出現了「深藍群眾」，以及與之相對抗的「深綠群眾」。有關「深藍群眾」與「深綠群眾」這兩種相抗衡的心理分析，借用臺灣學者顏厥安的論述〔顏厥安，2004：42-43〕來進行描繪，約可以做出如下的觀察。

　　「深藍群眾」對於「中華民國」具有很深刻而緊密的心理連結，他們相信唯有國民黨才有資格統治「中華民國」，過去反「中華民國」的陳水扁、以及「背叛」國民黨的李登輝，都沒有資格。

因此之故，他們對於在野黨政客無論是基於監督執政黨的義務或是以言論自由等為由，無限上綱地侮辱、謾罵陳水扁時的激情言論與舉止均大呼暢快，而在群眾街頭造勢活動時，更是毫無忌憚地將這些謾罵掛在嘴上和寫在示威遊行的看板上。

「深綠群眾」則對於李登輝等所宣稱「中華民國」是一個主權獨立的國家，以及必須進一步加以「正常化」不可的論述予以接受，但基本上，他們認為「中華民國」根本沒有統治臺灣的資格。他們心目中的陳水扁，是一位抵抗「中華民國」不當壓迫的英雄，但即使陳水扁當上了「中華民國」總統，卻仍然受到毫不隱諱的人身攻擊，正印證了這種不當的壓迫仍繼續存在。為了對此進行反制，在大部分傳播媒體（尤其是電子媒體）多為「泛藍」所壟斷的情況下，便趁著每次大選時刻意凸顯以「愛臺灣」為主軸的選舉造勢風格，讓這些活動的部分場面也能透過媒體展現在「泛藍」支持者的面前。

對於大多數的「泛藍」支持者而言，臺灣已是他們生活與人生最具意義的地方，他們也「愛臺灣」。因此，他們認為「深綠群眾」高喊的「愛臺灣」，具有排他性的意涵，而基於有資格統治「中華民國」者（支持者）的優越感，他們一方面謾罵根本沒有資格的陳水扁政權，另一方面則抱持著受害者的危機意識，很自然地將本身的言行舉止合理化為是基於被害者的正義。

正如同世界上其他安定的社會那樣，懷抱著兩種如此極端心理的選民，在臺灣社會中並不是多數。但在整個選舉過程的緊繃氣氛下，這種大規模的街頭造勢與對抗性動員活動接連上演，必然會反映到社會整體當中，並產生重大的影響。這也是臺北的大眾媒體，在一昧地批判陳水扁的同時，亦批判其本身乃造成了「撕裂族群」的緣故。從中所散發出來的肅殺對立氣氛，持續延燒到

從 3 月 20 日晚上「泛藍」陣營所發起選舉無效的抗議行動，其間雖然一度冷卻，但從 2006 年夏秋間所發動的「陳水扁下臺」活動中，又再度燃起。

民主化、重新檢視二二八事件、以及多元文化主義的社會整合共識的形成等，讓基於戰後臺灣國家的「遷占者國家」性格所形塑成的族群矛盾（「省籍矛盾」與漢族、原住民族間的矛盾）大大地降低。這將在下一章中具體描述。

然而如上所述，政權交替後、民族主義政黨體制下的政治運作過程，尤其是將意識形態直接訴諸群眾動員的造勢雙方，宛若「綠人」對抗「藍人」的一種新型態的族群對立，不時地浮出政治領域的表層。這也是筆者在序論所稱，臺灣的選民藉由參與「國政選舉」（特別是熱氣騰騰的總統大選），得以定期地確認歸屬於同一個政治共同體的同時，卻也必須面臨在此過程所衍生出的多重認同政治中，所衍生的統合與分化兩股力量不斷地相互拉扯的政治運作過程的癥結所在。

6.「法理臺獨」對「實質臺獨」──2008 年總統選舉的認同政治

如前所述，1999 年 5 月民進黨全國黨代表大會中推舉陳水扁為總統候選人，並通過相當於黨綱位階的《臺灣前途決議文》，文中主張「臺灣在現行憲法中稱為中華民國，與中華人民共和國互不隸屬」、「任何有關主權獨立現狀的改變，必須經由公民投票」等。陳水扁以此打出了「新中間路線」，作為 2000 年總統大選的競選主軸，並在國民黨分裂的狀況下，漁翁得利取得政權，完成歷史上首次政黨輪替。而 2004 年總統大選時，「泛藍」勢力雖成功整合國民黨主席連戰與親民黨主席宋楚瑜，成為國民黨提

名的正、副總統候選人，但在陳水扁毅然捨去「新中間路線」，
改走「公投制憲」（透過公民投票制定新憲法）等一連串偏「左」
的政治口號意識形態攻勢下，依舊鎩羽而歸。

　　2008 年 3 月的總統大選，「泛藍」勢力合力拉下連戰、宋楚
瑜的舊世代，國民黨正式提名前臺北市長、前國民黨主席馬英九
為總統候選人；而民進黨方面則提了歷任高雄市長、行政院長
的謝長廷出馬角逐。馬英九為外省人，謝長廷為本省人，而親民
黨和新黨都支持馬英九；但是在 2004 年總統大選支持陳水扁的台
聯，則因為 2008 月 1 月舉行的立法委員選舉中與民進黨公開決裂，
所以不但未支持謝長廷，有部分支持者更表明支持馬英九 [14]。

　　那麼，這次選舉中的認同政治，又呈現出何種結構呢？對此，
2007 年底臺北的重要報紙《聯合報》中，有一篇相當值得玩味的
社論（12 月 24 日）認為，將在三個月後投開票的總統大選，這場
朝野陣營攸關國家定位的論述之爭，將是一場民進黨陣營的「法
理臺獨」、與國民黨陣營的「實質臺獨」之爭。此一觀點，正好
巧妙地凸顯出 2008 年總統大選國、民兩黨的意識形態定位所在。

　　2007 年 9 月底，民進黨的全國黨代表大會通過《國家正常化
決議文》（參照第五章註 24）。其中，有關國家定位之論述為「早
日正名為臺灣並制定新憲法，在適當時期實施公民投票，更明確
主張臺灣是一個主權獨立的國家」。對此，《聯合報》社論分析
指出，2000 年總統大選前的 1999 年 5 月民進黨所採取的《臺灣
前途決議文》路線，是指所謂的中華民國就是主權獨立的臺灣此
一堅持「實質臺獨」的路線；到了《國家正常化決議文》時，配
合發起「入聯公投」，卻連中華民國的外衣也捨去，實際確立「臺
灣國」的法制地位，而具備推動「法理臺獨」路線的性質，而到
了 2008 年大選前，民進黨的路線則是明確地從前者移向後者。

　　然而在另一方面，在選戰的過程中，國民黨馬英九陣營卻打出①中華民國是主權獨立的國家，沒有必要進行「法理臺獨」；②維持臺海現狀；③即使當選在任期內也不和中國談統一。這些攸關國家定位的論述，事實上與《臺灣前途決議文》所代表的「實質臺獨」路線，有相當大的重疊性。

　　如第五章所述，為了反制由陳水扁陣營所發動、將國民黨馬英九貼上親中的標籤，並對抗陳水扁從 2007 年春天所發起的「入聯公投」運動，馬英九陣營也發起了「返聯公投」運動。在一場以訴求「返聯公投」為目的的造勢遊行活動（9 月 15 日臺中市）中，馬英九更特地發表「臺灣就是中華民國」的聲明。若再往前追溯，早在 2 月 17 日國民黨中央便已在傾向「泛綠」勢力（民進黨、台灣團結聯盟等）的媒體《自由時報》上，刊登一篇宣稱「不論是統一、維持現狀、獨立，有關臺灣未來的選擇，一定要由臺灣人民決定」的文宣。從這些事後的發展來看，《聯合報》社論的分析可謂一語中的。

　　如上所述，2008 年 3 月 22 日的總統大選，繼 1 月立委選舉的勝利，國民黨馬英九也當選總統，其得票率與對手民進黨謝長廷的差距達 17.20%，出乎意料地大獲全勝。而同時舉辦的加入聯合國公民投票，兩案都因投票率低未獲得通過。對民進黨而言，繼 1 月立委選舉慘敗後，《聯合報》社論所指出的「法理臺獨」路線已受到嚴重的衝擊，而總統大選與公民投票的結果不如預期，更是陳水扁政權第二任內標榜之臺灣民族主義激進路線的挫折，可以說宣告了民主化時期以來，臺灣民族主義成長故事的一段已劃下了休止符。

　　若將臺灣民族主義的政治原則，分成最大綱領與最小綱領來看，臺灣民族主義到此為止的發展便很容易了解。其最大綱領即

「以臺灣為範圍」的國民國家的確立，而其最小綱領則是「臺灣前途住民自決」。所謂「住民自決」，不論是「統一」或是「獨立」都是開放選項，但是前途的決定必須由臺灣人民自己本身做出決定不可。換言之，儘管並未放棄「（與中國）終極統一」的可能性，前述國民黨中央在《自由時報》所刊登的政黨文宣，亦可以解讀為乃採納了民進黨組黨當初所制定的政治綱領。

　　「臺灣前途住民自決」理念本身，設定了由臺灣公民的總集合體作為決定自身政治前途的最高位階的共同體，而像這樣自我決定單位的共同體本身，從政治的層次來說，便可說等同於一個國家（nation）。因此所謂的臺灣民族主義最小綱領，在此意義下，可以說就是自治的實現抑或是確保此種自治的主體性，如下一章第三節所檢討的，此種意涵下的臺灣民族主義，可說已獲得臺灣社會的廣大支持。

　　如果是這樣的話，馬英九國族認同的選舉戰略，便是在國家論述上刻意採取臺灣民族主義最小綱領為軸心，以化解來自於陳水扁背後多數最小綱領支持者的輿論批判，同時又可獲得來自對邁向實現最大綱領而抱持不安的階層的支持。對此，馬英九雖然是外省籍菁英，卻積極地使用「臺語」（福佬話），並持續地到中南部的農家裡長住（稱為「long stay」），以此種做法來補強並積極打入臺灣人社會，展現其認同政治的戰術性。因此，即使馬英九的「臺語」再不好，對於中南部多數對國民黨以及外省人沒有好感的選民來說，多少具有緩和的效果。

　　從陳水扁陣營的角度來看，這顯示了在政權交替後所推動的臺灣化攻勢，終於讓即使外省籍菁英、國民黨最高領導者，也不得不在意識形態上承認並接受臺灣民族主義最小綱領。然而，關於與中華民國臺灣化並進、自蔣經國晚年起到李登輝時期所建

構推動的威權主義發展型國家，其新自由主義經濟改革所造成的
兩大矛盾，亦即克服轉換過程中所產生的黑金腐敗以及不斷擴大
的貧富差距等問題，在陳水扁執政的八年中都未能有效處理，因
此以臺灣民族主義最大綱領作為訴求的意識形態政治策略，雖於
2004 年總統大選時達到高峰，但從那以後選民的支持度也逐漸流
失。陳水扁雖在意識形態的戰場上獲勝，卻在政黨競爭中落敗。

　　當然，這個所謂意識形態上的勝利也有保留的餘地。暫且
不談來自中國日益深化的各種影響，單從政黨政治的角度來看，
2000 年政權交替後，有好幾次本省籍黨員提議更改國民黨黨名，
然而國民黨的全稱依舊是「中國國民黨」，而馬英九亦尚未放棄
「終極統一」的立場，2008 年 1 月的立法委員選舉，國民黨也提
名數位新黨出身的候選人。況且，政治競爭的落敗並無法保證再
度出現意識形態落敗的可能性。因此輿論仍有不少質疑，認為國
民黨貼近《臺灣前途決議文》的做法只不過是選舉策略而已。但
在此情況下，國民黨不僅於立委選舉中大獲全勝，馬英九更當選
總統。所以，朝向與臺灣化不同方向擺盪的局勢，就某種程度而
言已勢不可免，這是因為在此還得加上中國因素之故，所以，臺
灣政治中認同政治的比重出現立即降低的可能性是很難想像的。

　　但是，一則融入臺灣質素中的外省籍菁英馬英九受到臺灣選
民的接納，一則國民黨採取大幅貼近臺灣民族主義最小綱領的做
法，使得「臺灣前途住民自決」與「愛臺灣」將不再是民進黨和
本省人的專利，以此前提來看，一如筆者本章論述的出發點所認
為，未來的選舉政治當中，隨著政治家和選民的世代交替等因素
納入，造成戰後臺灣國家其作為遷占者國家面向的族群政治，可
預見地將大幅退居幕後。隨之而來的，今後臺灣的認同政治，具
體的中國政策與臺灣化政策的實質內容成為論爭焦點的傾向，可
想見將日益增強[15]。

【註釋】

1 從1950年代的「文化改造運動」、「文化清潔運動」、「戰鬥文藝運動」，到1960年代後半推動的「中華文化復興運動」等。參照林果顯、菅野〔2006〕等。

2 如果日本統治下抗日臺灣民族主義之形成及其論述所呈現出的「臺灣人」意識，乃是臺灣人族群政治化的第一次出現，那麼戰後的第二次則是臺灣近現代史中的第三次。這三次的政治化相關研究請參照若林〔2003：150〕的「表1　關於臺灣近代現史上臺灣人族群的政治化」。

3 問卷調查等所謂的省籍，乃是依據《戶籍法》所規定的「籍貫」，亦即根據詢問受訪者父親的「籍貫」內容來決定。也就是說，屬於臺北市、臺灣省和高雄市即為「本省人」，除此之外則為「外省人」。

4 而支持民進黨的選民，並不能一概以基於臺灣民族主義來推斷其動機。

5 初期，這類研究乃是引用由臺灣大學政治學會胡佛教授研究室進行的政治行為研究之數據。主要的代表性論文有林佳龍〔1989〕。在論文中，林佳龍認為民進黨是具有反體制色彩和「臺灣意識」特色的本省政黨，並沒有呈現特定的階級屬性。

6 吳乃德、林佳龍〔1989：219-226〕。但兩人亦指出，臺灣的中產階級內部異質性相當高，且對於民主價值都具有同感；然而因著是否為「軍公教人員」以及省籍的不同等，所支持的政黨則有明顯不同。

7 與臺北市同為直轄市的高雄市市長選舉，並未推出有實力的外省籍候選人，因此並未發生直接攸關第三黨勢力興衰的族群政治現象。

8 至於由菁英與支持者所組成的本省政黨民進黨當中，雖然也存在具有實力的外省籍政治活動家，這些人都是出生於戰後臺灣的所謂「三八六世代」（即相當韓國的「三十歲之間、活躍於1980年代、出生於1960年代」之世代）。不過這些人儘管有的當選立委，有的在陳水扁政權內擔任次長級官員，但是尚未有人成為部長級的後補人選。

9 根據當時負責採訪新黨的記者指出，一般新黨的支持者主要是一些居住在都會地區的新中產階級，特別是在軍隊、政府機關、教育機關上班的新中產階級，擁有比較高的教育程度、且對於社會的不公感到不滿的人。而

這些所謂的新中產階級，亦即前述那種重視教育的外省第二代、以及具有相同「中國化」教育背景的本省第二代人生經驗的成功範例〔若林，1998：381〕。

10　另一方面，本省人當中因為受過國民黨政權的教育薰陶，也分裂成為對外省族群少數統治感到政治不平等，以及沒有這種感受的兩種類型。根據王甫昌研究指出，這種情況到了2000年總統大選（雖然敗選，但連、宋兩人加起來所獲得的選票超過六成）以後，仍舊繼續存在〔Wang, Fu-chang, 2004：693〕。

11　在前述游盈隆所舉針對1996年總統選舉投票前夕民進黨所作的問卷調查，關於四位候選人的能力，選民的評價為何時的回答如下：李登輝雖然在領導能力、兩岸問題處理、臺灣利益的確保和外交困境的對應等四個項目，遙遙領先其他候選人；但唯獨在克服「黑金政治」這個項目上，卻是敬陪末座〔游盈隆，1996：279〕。如前所述，在黨國體制內沒有任何實力而以「一介書生」進入總統府並坐上黨主席寶座的李登輝，在與國民黨內非主流派鬥爭之際，不得不仰賴「地方派系」。結果，李登輝所主導的民主化過程中，「地方派系」的勢力不斷地坐大而造成政治失敗的後果，這點可說是國民黨在李登輝主政時期最大的敗筆。民進黨對此了然於胸，因而特地在2000年大選時高喊「由乾淨的力量共同治理」來相對比，而與李登輝反目的宋楚瑜，直到自己的醜聞爆發之前，也以此為主軸進行選舉操作。

12　根據《中國時報》所進行的民意調查指出，在醜聞爆發前一個月（11月21日），宋楚瑜、連戰和陳水扁三人的支持率分別是32%、22%和22%；但在爆發後的12月29日，三人的支持率卻變成了25%、18%和27%。

13　例如1994年出馬競選時，在有關客家政策方面提出以下五項政見，承諾：①設立客家電臺；②編纂臺北市客家發展史；③在中小學校推廣母語教育；④舉辦客家文化節宣揚客家文化的平等地位；⑤設立客家文物館。「臺灣客家公共事務協會」對此表示歡迎，因此組織陳水扁客家後援會加以支持。該協會設立於1990年12月，標榜以作為臺灣人之一員的「新客家人」為理念，除了舉辦各種文化活動之外，只要是對臺灣民主化、現代化與促進族群平等、共存共榮有益的候選人，他們都會不分黨派、不分族群地加以支持並參加競選活動〔田上，2007：171-172〕。

14 儘管李登輝在選前投票前夕的3月20日，為了制衡國民黨這股龐大勢力，而公開表明將票投謝長廷〔《聯合報》，2008年3月21日〕，但顯然並未發揮多大的影響力。

15 具體的論證雖然有待今後的研究，但可以看到自從2004年陳水扁以意識形態贏得大選後，所謂「深綠」知識分子的臺灣民族主義論述日益教條化、僵硬化，影響所及，甚至造成底層文化層面臺灣化政策內容的空洞化。對民進黨而言，如何導正這些漏洞，將是今後受到嚴格檢視的課題吧。而相對於國民黨來說，投給謝長廷的544萬票所透露出對於反臺灣化政策的不安，以及推動與中國的經濟交流可能產生過度向中國傾斜的疑慮，又該如何加以回應等，同樣也將受到嚴格檢視。

第七章　多元文化主義的浮現[*]

2001 年 11 月 11 日，陳水扁總統在同年 6 月成立的行政院客家委員會於總統府前廣場所舉辦之「族群和諧、客家心願」活動中，做了如下致辭：「中華民國是一個多元族群與多元文化的國家，憲法中明定：『國家肯定多元文化』，這就是我們的基本國策。肯定多元文化，表示不同文化的各族群、各民族是一律平等的，是彼此尊重，是和諧相處、共存共榮的。」〔張茂桂，2002：223〕

正如陳水扁所言，在 1997 年第四次修憲中，《憲法增修條文》「基本國策」第十條第九項即明言，「國家肯定多元文化，並積極維護發展原住民族語言及文化」。經過了本省族群包含在 1970 年代官方中國民族主義敘述下形成的「回歸現實」思潮中的「承認與尊重」要求，以及「母語假期」、對「黨外」民主運動而言則是「民主假期」等種種實踐，解嚴後以本省多數族群福佬人為中心的「臺語」與「有臺灣特色的事物」賦權之勢滔滔而起。這本身便是對國民黨長期以來，基於官方中國民族主義之一元主義國民統合政策的強烈抗議。受其刺激，本省少數族群客家人的文化運動（以維護母語為中心課題），也在解嚴後開始。因此，討論上述行政院客家委員會的成立時，不能忽略臺灣社會在此一趨勢下多重族群性、多元文化性的浮上檯面，以及族群關係的重組（也就是多重族群社會的重組與再次重組）。

---

[*] 本章譯者：周俊宇、岩口敬子。

　　更重要的是，如上述《憲法增修條文》第十條第九項所列的「多元文化」，是以與原住民族語言文化的關聯來敘述的，第十項則是定義原住民族的「發展權」，原住民族作為臺灣島「第一民族」的覺醒與自我主張，在解嚴前便率先展開（臺灣原住民族運動），這作為臺灣社會的文化多元性浮上檯面的契機，更是關鍵。

　　在這個脈絡下，《憲法增修條文》列入「國家肯定多元文化」，就意味著放棄過去以來的一元主義國民統合政策，採納基於臺灣社會的多元文化性、多重族群性的，某種多元文化主義式的國民統合政策，已在各政治勢力間獲得共識。換言之，前面所引的陳水扁發言，可以說顯示出以民主化及臺灣民族主義為原動力來展開的「中華民國臺灣化」，在國民統合理念重組中所到達的境界。

　　那麼，這個多重族群社會族群關係的重組、與多元文化主義的國民統合政策，其形成過程呈現了何種樣貌？與此同時，臺灣住民的國族認同又出現了何種變化？以下，本章首先將觸及作為多重族群社會族群關係重組之一環，遷占者族群與多數族群在二二八事件上的緊張緩和動向。其次，將焦點置於原住民族運動，概觀多元文化主義「基本國策」化的進程。

　　儘管有李登輝、陳水扁等人在新的國民統合政策上的摸索，但對於這些檯面上的表象若要一言以蔽之，就是如拼布花紋般的國族認同。因此，本章也要觸及作為國族認同象徵的貨幣圖案與紀念日、節日的概況。最後，還要嘗試檢討臺灣住民國族認同受這般進程影響而產生變化的情形。

一、「過去的克服」與「族群和解」

1. 威權政體的民主化與應該「克服」的「過去」

　　威權政體在限制政治自由與群眾參與政治上，由於缺乏積極性的正當化根據，於是便對統治下相當比例的人民，持續性地行使殘酷、苛刻的強制力。因此，政治自由化的進展，將使得過去威權主義體制下的壓迫行為該如何面對、處理？亦即「過去的克服」的問題，在政治運作過程中浮現。

　　在現代臺灣，有關上述意義下的應該「克服」的「過去」，大體可區分為兩類。一類是 1947 年在脫離殖民地統治不久即發生的二二八事件，另一類則是 1949 年以後，對於政治反對者及其同夥（或是被政治警察如此認定者）的迫害事件，又稱為「白色恐怖」。

　　如第二章所見，「白色恐怖」是由戒嚴實施機關「臺灣警備總司令部」和政治警察所執行的，狹義上指的是在相當於國民黨統治體制確立時期的 1950 年代前半，密集展開的揭發共產黨員的行動；廣義來講，指的則是 1949 年到 1987 年的長期威權體制下，所進行的政治迫害事件整體。

　　另一方面，二二八事件乃一民眾暴動事件，其背景是臺灣省行政長官公署接收在臺日本政府機關和資產後，由於失政所引發的社會經濟性混亂，以及和該公署長官陳儀同一時期來臺的外省官吏、軍人士兵與本地本省人之間的摩擦。如第一章所見，由於臺灣行政長官陳儀以密電向蔣介石要求自中國大陸派來援軍，所以大約兩週便恢復了政府統治，也停止軍事行動，其後卻於全臺灣各鄉鎮嚴密地展開「清鄉」，揭發逃亡的涉案人士與收繳藏匿的武器，而出現了更多遭到逮捕、入獄、處刑者。至於事件犧牲者總數，如前所述，行政院的研究二二八事件小組在人口學上的

估計，認定約在 1 萬 8,000 人到 2 萬 8,000 人之間。

　　南京的中央政府將臺灣的暴動視作對國家的叛亂來因應，其鎮壓行動明顯超出單純秩序回復的範圍，給臺灣社會帶來強烈的衝擊。其後，在事件犧牲者或遺族的善後處理方面，除了對公務員（在此時間點幾乎全為外省人）死傷進行了補償外，未採取任何措施〔行政院研究二二八事件小組，1992：367〕，便進入長期戒嚴下的「白色恐怖」時期。除卻事件本身衝擊外，在公開場合談論事件相關話題也強烈地被視為禁忌，有關人士的痛楚也由於政府未採取任何應對措施而長期持續著，此事件為臺灣社會帶來了單靠時間流逝仍無法治癒的深刻傷痕。以下，本節擬再度確認兩項重點。

　　第一，這個事件明顯地削弱了臺灣社會的發聲能力。應該為社會發聲的菁英大多被奪去生命，殘酷的鎮壓使得臺灣人把對於政治的恐懼深植於心。同時，事件犧牲者的遺族，由於親人死去而在精神及生活上都備受打擊，甚至無法究明親人死亡的真相，連要求平反名譽的聲音亦無法發出，而持續曝曬於社會冷淡的眼光，以及在戒嚴下組成的政治警察騷擾之下。有關這點，其後的「白色恐怖」犧牲者與其家屬，儘管在程度上有所差異，也具有同樣的遭遇。犧牲者家屬、關係人，以及臺灣人對彼同情的憤怒，在被剝奪發聲能力的狀態下就這麼樣地深深潛伏。

　　第二，這個事件是現代臺灣社會最大的社會裂痕——「省籍矛盾」的歷史性起源。在二二八事件爆發前，本省人與外省人間的摩擦既已發生，從族群政治的觀點來看，可以看作是本省人的族群地位政治化現象。本省菁英在日本政府機關與資產的接收過程中被排除在外無法參與，而且指他們因受過日本殖民統治而「奴化」的說法，也令本省人在公務員的錄用上面臨種種限制，而官

方操之過急地禁止在媒體上使用日語，更導致他們對政府批判的管道遭到實質的封鎖。對此，早在事件爆發前已有普遍的反彈，在事件過程中，也可看到本省人對外省人反彈的爆發現象，如在街頭上只要認出對方是外省人就施以毆打等。

　　因此，二二八事件並不只是國家權力濫用的問題，我們不能否定其中存在著外省人與本省人間族群衝突的色彩。再加上，1949 年以後中央政府遷至臺灣，包括沒有改選的「萬年國會」在內，黨、軍、情治機關整體的中央政治層級要職皆由外省人獨占。因此，中央政治菁英為外省籍、開放選舉的地方公職則為本省政治菁英的族群二重結構焉然形成（參考第二章）。同時，政府透過學校系統強行普及「國語」（Mandarin），並以此為中心，系統性地展開由上而下的「中國人化」政策，而臺灣本土文化則被視為較遜一籌，造成本省文化的邊緣化〔Wang Fu-chang, 1989: Chap. 3〕。這樣一種政治、文化結構形成後，使得本省人無可避免地在族群上抱有不公平的感受。

　　由於上述第二項特質，有關二二八事件的「過去的克服」，也成為與民主化同時展開的新認同政治中重要的一環，它一方面是以國家為對象、譴責國家往昔惡行的人權擁護運動，一方面也必須經常高舉追求外省人與本省人的族群和解為目標。因此，「過去的克服」進展的速度與程度，也如同在世界上其他地區所見的，取決於為求實現民主轉型而必須妥協的程度，同時也不得不取決於與外省人間的妥協，他們雖然逐漸失去作為遷占者的結構性優勢，但依然是有力的少數。

　　換言之，由於民主化的緣故，開放選舉的公職增加，這使得本省人的政治復權有所進展，且因國民黨版本的中國民族主義後退以及臺灣民族主義抬頭，以致本省人意識形態上的復權也有所

提升，唯「過去的克服」進展的速度與程度，則受限於上述復權的程度與極限。

　　同時，如上一章所見，臺灣民主體制下的政黨政治體系，深深烙印著臺灣民族主義與中國民族主義的對抗，而臺灣的政治、特別是選舉政治，開始呈現出帶有群眾式民族主義言論色彩的認同政治面貌。這同時對「過去的克服」的進展，以及族群和解條件應藉此來達成的臺灣社會族群和解理想樣貌造成影響。

2. 關於二二八事件的「過去的克服」

　　有關二二八事件「過去的克服」的進程，是在 1987 年 2 月由臺灣人權促進會倡議，各地的人權團體、文化團體、長老教會，以及剛成立不久的民進黨辯護律師的個人後援會組織等 40 多個團體的參與下，成立了「二二八和平日促進會」，啟了開端。該會在 2 月 13 日召開記者會，發表《二二八和平日宣言》，指出「統治者與被統治者，本地人與外省人之間的和平」為「臺灣的生存基礎」，要求政府將 2 月 28 日定為在此種意義下的「（社會性）和平日」，「公布（二二八事件）真相，平反冤屈」〔二二八和平日促進會編，1987：59〕。此後，一直到 3 月上旬為止，在鎮暴警察的嚴密戒備中，參與該會的團體在臺灣各地如臺南、臺北、高雄、彰化等，展開了追悼犧牲者、示威遊行等紀念活動[1]。

　　該會在 1988 年、1989 年擴大活動並持續舉行，立法院本省籍朝野立委也質詢政府對於重新審視二二八事件的態度，要求針對事件設置調查委員會，但政府當時的反應還很遲鈍。1988 年 1 月，由於總統蔣經國在任期中逝世，由副總統繼任總統一職的本省人李登輝，在最初的記者會中發言表示：「（在事件後誕生的）40 歲以下的人還談二二八很奇怪」，而遭到「二二八和平日促進會」強烈反彈。（但是，他在記者會翌日，即指示在中央研究院服務

的次女，向在同一機構任職並開始進行二二八事件研究的歷史學者賴澤涵徵詢意見。）

此外，身為外省人的行政院長俞國華，同年 3 月在立法院答辯時發言表示：二二八事件的學術研究無妨，但傷痕已經痊癒了。接著又在同年底與來訪學者的會談中表示：「當年滿洲人入關殺了很多漢人，滿洲皇帝也未向漢人道歉」，而引發爭議。臺灣省主席邱創煥（本省人）在翌年 1989 年 2 月於省議會的答辯中表示，二二八事件是不幸的事件，但已成為歷史，沒有必要視作問題。（不過，自前一年秋天開始，臺灣省政府臺灣省文獻委員會，已經開始對二二八事件相關人士進行訪問調查）。

然而，在政治自由化的進展下，期間來自社會要求重新審視事件的壓力確實昇高了。1989 年 8 月，侯孝賢以二二八事件為時代背景的電影《悲情城市》在威尼斯影展獲得首獎，讓臺灣近代史上的二二八事件廣為國際所知，自秋季起也開始在臺灣院線上映，吸引眾多觀眾進場觀影。這使得二二八事件被公開討論的可能性更加確實。

同時，由政治立場上較接近民進黨的無黨籍政治家擔任市長的南部嘉義市（事件當時，是國府駐軍與倉促成立的民軍間戰鬥最激烈之處），於 8 月樹立了臺灣最早的二二八事件紀念碑。翌年 1990 年 2 月 27 日，立法委員在立法院向事件犧牲者獻上一分鐘的默禱，這是政府機關正式對此事件展現全新態度的最早事例。但是，當時列席的行政部門官員並沒有進行默禱。

不過，行政部門這樣一種態度，也隨著李登輝經過國民黨激烈的派系鬥爭，在 1990 年春天重新獲選為總統（任期至 1996 年 5 月為止），回應自下而上的民主化壓力、提示「憲政改革」規畫等等民主化時機的到來而有所變化。自同年 9 月起，高級中學使

用的歷史教科書首次納入了有關二二八事件的描述（不過，全部只有 58 字）。

　　行政院則設置了二二八事件特別小組，翌年 1 月由前面提到的賴澤涵等五名學者組成「研究二二八事件小組」，預定於一年後公布報告書。其間，1990 年 12 月由長老教會首次舉辦事件犧牲者的追悼彌撒，該會雖然分為「國語教會」及「臺語教會」，但這個彌撒是兩會共同進行，並且是以「國語教會」牧師用臺語，「臺語教會」牧師用國語講道的方式來進行。在此之前，1989年 4 月長老教會發表聲明，對於長期戒嚴期間，自身作為一個組織卻未能採取對犧牲者遺族應有的關懷行動，向犧牲者遺族表達歉意[2]。

　　進入 1991 年，事件犧牲者也打破沉重沉默開始行動。3 月，犧牲者遺族代表七人與李登輝會面，提出以下五項要求：

　　（1）政府應儘快公布事件真相。
　　（2）政府應向事件犧牲者公開道歉。
　　（3）政府應向事件犧牲者遺族賠償。
　　（4）政府應在臺北市中心建立二二八事件紀念碑，訂 2 月
　　　　　28 日為紀念日。
　　（5）政府應設立財團法人二二八事件紀念基金會，從事有
　　　　　助於消泯省籍對立與促進民主政治的活動〔林宗義，
　　　　　1998：382、392〕。

　　李登輝對這些要求雖未全面表示同意，但對於遺族的要求則表明「解決的時機成熟了」，同時也表示自己當時因事到臺北市內，在街頭「差一點也被打死」〔《中國時報》，1991 年 3 月 5 日〕。日後政府的處理方式，大致是循著這五項要求的方向來展開。之

後，各地皆成立了遺族團體，作為聯合團體的「二二八關懷聯合
會」亦於 8 月成立[3]。11 月，行政院表示將致力於建立二二八事
件紀念碑，翌年 1992 年 2 月，行政院成立二二八事件建碑委員會。

1992 年 2 月，前面提到的行政院調查研究小組公開《二二八
事件研究報告》。由於國防部等機關未提供充分資料，使得應參
考的資料只得參考七成[4]，有意見指出這份《報告》只能釐清六成
的真相[5]。不過，《報告》的公開發表，卻成為事件處理從社會議
論提升到政策化階段的關鍵。

1992 年 2 月 21 日，朝野各黨委員向立法院提出三項有關
二二八事件處理的法案，分別是國民黨吳梓等 18 名的《二二八事
件處理條例案》、同黨洪昭男等 20 名的《二二八事件補償條例》、
民進黨謝長廷等 19 名的《二二八受難者賠償條例》。這些草案全
數交付內政司法聯席委員會審議[6]。

第一回的聯席委員會審議，僅於翌月 3 月 18 日舉行一次就中
止，第二次審議是在一年後的 1993 年 3 月 10 日舉行。如前所述，
此間立法委員的全面改選得以實現，幾乎全為外省人的「萬年國
代」自政治舞臺退場，被視為與李登輝對抗的外省勢力要角行政
院長郝柏村也遭替換為本省人連戰，臺灣政治中外省人與本省人
的角力關係正出現顯而易見的變化。

同年 6 月 10 日，行政院在院會中決定了《二二八事件處理條
例案》，同月 16 日提交立法院內政、司法聯席委員會，與上述三
項法案一併審議。委員會審議是在民進黨主導下進行，6 月 21 日
較接近謝長廷等人提案的《二二八事件賠償條例》案獲得通過。
其大要如下[7]。

(1) 條例制定的目的在「處理二二八事件賠償案件，並促進
國民對真相的理解，撫平歷史傷痕，促進族群融合」。

（2）行政院應設置賠償委員會。

（3）政府應道歉，追究加害者，訂 2 月 28 日為國定假日。

（4）基於賠償委員會的調查，對犧牲者支付賠償以及實施平反名譽與特赦、大赦。

（5）政府機關應有配合賠償委員會要求提供事件相關資料的義務。

（6）設置財團法人二二八事件紀念基金會，由該基金會推動事件相關的社會啟蒙活動。

但是，其後的審議窒礙難行。翌年 6 月，委員會案終於提交到立法院會議中，但未能成案而繼續審議。翌年 1995 年 1 月該案一提交至大會，執政黨國民黨挾其多數優勢一一推翻上述的委員會案，3 月 23 日在民進黨委員激烈的抗議中，《二二八事件處理暨補償條例》（以下稱《二二八條例》）表決通過。與委員會案對照後，其大要如下[8]。

（1）有關條例制定的目的，將委員會案的用辭「賠償」替換為「補償」。亦即由國家對犧牲者賠償的形式遭否決，轉為由政府出資的基金會補償犧牲者所蒙受的損害之形式。補償金額最高 600 萬新臺幣。

（2）行政院不設置特別機關，由政府出資設置「財團法人二二八事件紀念基金會」，執行包含委員會案中所提賠償委員會在內的業務。

（3）有關加害者的追究，以事件經年甚久加害者的鎖定有其困難，且《刑法》上的時效也已成立等因，而不予規定。其中雖然規定政府應該道歉，且 2 月 28 日定為國定紀念日，但不作為假日。

（4）以財團法人二二八事件紀念基金會的調查為據，對犧

牲者實施平反名譽與特赦、大赦。

（5）政府機關應有配合財團法人二二八事件紀念基金會要求提供事件相關資料的義務。

（6）設置財團法人二二八事件紀念基金會，由該基金會推動事件相關的社會啟蒙活動。

　　《二二八條例》於 4 月 7 日由總統公布，自 10 月 7 日開始施行。其間，二二八事件紀念碑於 1995 年 2 月 28 日在臺北市中心的新公園落成，李登輝以總統身分出席落成典禮，以略顯委婉的表達方式，以國家元首身分表達歉意如下。執政黨中國國民黨則並未表達黨方面的歉意。

> 登輝曾經親身經歷二二八事件，多年以來，始終為這件可以不發生卻終於發生，可以免於擴大而終於不免擴大的歷史悲劇，感到萬分哀痛。這件不幸事件斲喪許多社會的菁英，蹂躪許多生命的尊嚴，阻隔人民與政府的親和，壓抑人民對國事的關懷，延緩社會的進步，國家的整體損失難以估計。今天，罹難者家屬和子孫能親眼看到這座彰顯歷史公義，啟示族群融合的二二八紀念碑矗立在寶島的土地上，親耳聽到登輝以國家元首的身分，承擔政府所犯的過錯，並道深摯的歉意，相信各位必能秉持寬恕的胸懷，化鬱戾為祥和，溫潤全國人民的心靈。只可惜部分受難家屬，已離開人世，沒來得及看到這座紀念碑的完成，令人深感遺憾〔《中國時報》，1995 年 3 月 1 日；日譯參考若林、谷垣、田中編（1995：22）〕。

　　然而，當時有關人士在應該刻入紀念碑的碑文文案上未獲一致意見，使得落成典禮在有碑無文的情況下舉行。爭執點在於：

應該如何認定及敘述蔣介石、彭孟緝等事件鎮壓行動責任者的責任？鎮壓軍隊的殺戮行為應以何種方式來描寫？等問題。其後，碑文的完成成為財團法人二二八事件紀念基金會的所轄事務，在 1997 年事件五十週年紀念活動前夕達成共識，碑文得以刻入紀念碑。不過，碑文的敘述依然隱晦加害者的責任與事件的殘虐性，使得遺族團體抱持不滿，在同日午後將之拆下〔塚本，1997：327〕，但是，臺北市政府於 1999 年春天又悄悄地再度嵌入同樣內容的碑文〔《中國時報》，1999 年 5 月 24 日〕。1998 年底的選舉，臺北市長從曾經表示「碑文將可能改寫」的民進黨籍陳水扁（本省人），換為主張「外省族群不應背負二二八事件的原罪」[9] 的國民黨籍馬英九（外省人）。

　　明列於《二二八條例》中的財團法人二二八事件紀念基金會，於 1995 年 10 月成立，自 12 月起開始受理受難者補償金的申請。當初，申請期間是規定為自條例施行日起兩年以內，但其後因條例修正而數度延長。至 2004 年 10 月 6 日為止，認定可以補償的案件是 2,264 件，支付對象為 9,420 人，支給補償金總額達到 71 億 6,834 萬元 [10]。

　　此外，上述的「新公園」由當時民進黨陳水扁主政下的臺北市依管理者權限，於 1996 年 2 月 28 日改稱為「二二八和平公園」，並使用該公園內的事件遺跡──「臺北放送局」建築物作為臺北市二二八紀念館，於翌年 1997 年的事件紀念日開幕。同月，《二二八條例》再次修正，2 月 28 日自該年起成為國定假日。此外，該日也發行了圖案為二二八紀念碑的紀念郵票〔塚本，前揭：325-326〕。

3. 有關「白色恐怖」的「過去的克服」

另一方面,「白色恐怖」也隨著二二八事件禁忌的解除而得以公開討論。接著,如第四章所述,李登輝開始「憲政改革」計畫,政治自由化亦更進一步,不僅過去所謂「政治犯製造法」的《懲治叛亂條例》被廢止,甚至是只以言論便可依內亂問罪的《刑法》條文也得到修正,「白色恐怖」和二二八事件一樣,也作為應「克服」的「過去」的一個社會課題而浮現。

1995 年 1 月《戒嚴時期人民受損權利回復條例》公布,時間上雖早於《二二八條例》,但只規定回復長期戒嚴時期下被視為政治犯而認定有罪、被停止公務員或律師資格者的權利與資格。《二二八條例》的制定則成為一個範例,1998 年 5 月,《戒嚴時期不當叛亂暨匪諜審判案件補償條例》也制定完成(6 月公布,12 月施行)。該條例在 2000 年 11 月修正,條例適用範圍稍有擴大,也包含戒嚴施行前夕的左翼迫害事件和 1979 年美麗島事件在內 [11]。同時,官方又比照財團法人二二八事件紀念基金會方式,成立「戒嚴時期不當叛亂暨匪諜審判案件補償基金會」,自 1999 年 4 月開始執行業務 [12]。至 2007 年 9 月 30 日為止,共處理了 7 萬 9,584 件,被認可補償的有 6,466 件,其中 3,427 件是依循上述條例來頒發回復名譽證書 [13]。

4.「過去的克服」與「族群和解」

如上,本章以二二八事件的重新審視為主,概觀了臺灣內部「過去的克服」的過程。有關於此,應有下述三點可以觀察。

第一,如上所見,二二八事件的重新審視是與臺灣民主轉型同時起步,而在民主體制轉型完成的前後,得到了大致的解決。在整個過程中,就政治菁英、特別是執政黨國民黨政治菁英的想

法而言，是將民主體制順利完成轉型視為最優先，在「過去的克服」的相關處理上，刻意且極力迴避難解的政治緊張並妨礙民主轉型進程的事態。在重新審視二二八事件與民主轉型雙方面皆具有影響力的李登輝，在就任總統後的第一次記者會上對重新審視有關事件的發言冷淡，1995 年以國家元首身分致歉時，也使用委婉的表達方式等，其態度之慎重確可作為佐證。

正如前文所提，「過去的克服」就進程而言，乃與譴責國家不當行為的人權運動同步，在臺灣則又是與民主化同時展開的認同政治之一環。其進展的速度與深度，是本省人與外省人間在民主轉型每一環節中所達成妥協的函數。總而言之，吾人不能忽視一個面向，也就是其成果不可能超越藉由選舉政治的擴大而得以賦權的本省人，與作為有力少數，在軍界、媒體界依然保有影響力的外省人間的妥協。

第二，反映上述要點，官方有關「過去的克服」的措施，結果是對犧牲者的補償很優渥，但對加害者的追究則極其輕微。雖然不是賠償，但支付了大額的補償金、建立紀念碑、制定紀念日、國家元首親自道歉；但另一方面，對於彭孟緝這些仍然在世的過度迫害責任者，卻沒有要求他們在公開場合陳述事實，更不用說刑事追訴了 [14]。此外，行政院研究報告以及紀念碑碑文中，對於最高責任者也就是蔣介石的責任，也僅輕輕帶過，且國家象徵中的蔣介石崇拜亦未明確停止 [15]。

換言之，我們可以說臺灣內部的「過去的克服」，雖然對「過去」問題，在政治上成功地有了著落，但對於「過去」問題的內在理解與自我接納，進而在此一前提上實現族群間相互尊重，也就是更深一層意義的「克服」上，則尚未完全解決 [16]。

　　第三，由於二二八事件重新審視的進展，「過去的克服」也及等於 1950 年代的「白色恐怖」，甚至是長期戒嚴時期國家權力濫用等整體的相關反省，和被害者的復權與補償。「白色恐怖」的犧牲者當中也有不少外省人，並且在民主化中再度展開政治活動的前政治犯中，對民進黨的臺灣民族主義或李登輝的臺灣化路線持相對批判態度的所謂「統一派」也不少，但此事並未成為阻礙。這樣的擴大，顯示臺灣內部的「過去的克服」並未完全被以臺灣民族主義與中國民族主義對抗為背景的認同政治所吸收。2000 年當選總統的陳水扁，於競選政見中承諾要使人權維護進一步制度化（聯合國人權規章的國內法化、國家人權委員會的設置），亦即將「過去的克服」更落實在鞏固人權這一個普遍性價值上。

　　我們可以將以上討論的進程評價為：透過將歷史所遺留、妨礙「族群和解」的最大一根棘刺拔掉，以打下「族群和解」的基礎。

　　由於解嚴等自由化措施，或上述民間團體熱烈展開的重新審視運動，社會對於二二八事件犧牲者和其遺族，及白色恐怖時期政治犯和其家族的冷淡眼神，至少在本省人社會中是短時間內就轉為同情與尊敬，再加上 1990 年代以後國家所採取的措施，人口上居於多數的本省人對於國家過去不當行為的憤懣，可說相當程度地獲得緩解。有關以二二八事件為主的「過去的克服」的達成，吾人姑且能夠說是反映了在同一個島嶼上共同生活了半世紀的本省人與外省人間，基於共同經驗的相互理解，以及政治的自由化與民主化後，在開放公共空間中透過討論而達致的相互諒解。

　　在人口組成上，於成人階段直接經驗二二八事件或「白色恐怖」的世代，也即將從社會的第一線上消失。同時，戰後世代的外省人與本省人間，彼此的社會、文化性距離愈形縮小。作為戰後臺灣政治史產物的「省籍矛盾」，可以說逐漸成為過去。

　　然而，如上所述，民主化以後，臺灣民族主義與中國民族主義的對抗，也在臺灣政治中結構化而出現認同政治。因此，即使說某種多元文化主義的國民統合方向得到共識，但另一方面，也因種種政治爭議而出現過度簡化於民族主義式論點的傾向，同時由於這個原因，兩造特別容易在選舉時，展開群眾主義形式的極端動員。若是此一狀況繼續滋長，好不容易才獲得的「族群和解」基礎也恐將有所動搖。

　　2000 年 3 月總統選舉實現政權交替後的三個月左右，是容易發生嚴重族群衝突的危機時期。民進黨候選人陳水扁確定獲得歷史性勝利的 3 月 18 日夜晚，有群眾認為外省籍無黨候選人宋楚瑜的功虧一簣與國民黨候選人連戰的大敗，乃因採取臺灣化路線的李登輝總統（兼任國民黨黨主席）在暗地裡支持陳水扁所致，開始聚集到位於臺北市內的國民黨中央總部前抗議，往後他們連日占據周邊的公共道路，持續要求李登輝辭去國民黨主席。

　　聚集而來的群眾，明顯是宋楚瑜的支持者且以住在北部（外省人口比率較高）的外省人占多數。相對於此，在民進黨或對「臺灣獨立」支持較強烈的南部（外省人口比率較低），雖然出現了北上至臺北市舉行示威活動以與之對抗的動向，但當時的民進黨主席林義雄立刻強烈指示民進黨各地方黨部，切勿進行對抗性的街頭動員，而抑制住了這個動向。22 日宋楚瑜表明成立新政黨，24 日李登輝表明辭去國民黨主席，國民黨總部前的群眾即逐漸散去[17]。

　　新政權開始後的 5 月 27 日，發生了外省籍退役軍人對卸任總統李登輝潑濺紅墨水加以侮辱的事件，當時他正出席在住處附近舉行的運動會。這原是容易誘發族群衝突的事件，但李登輝其後若無其事地享受高爾夫，也未告發這位退役軍人。將此一事件看得較嚴重的朝野各黨立法委員，立即在立法院內召開茶會，呼籲

「族群和解」。然而，也由於政治菁英作了這樣的演出，情況才免於惡化而趨於平靜〔《中國時報》，2001 年 5 月 28 日、6 月 1 日〕。

　　甚至，2004 年陳水扁當選連任之際，也由於「泛綠」與「泛藍」間白熱化的動員大戰，以及投票日前夕的總統槍擊事件、陳水扁險勝當選等情況，而演變為更嚴重的情況。投開票日當天 3 月 18 日晚上，連─宋配不願接受這差距極微的敗北，連戰、宋楚瑜便直接將聚集在競選總部前的支持者帶到總統府前，開始靜坐抗議，並展開往後長達三週的街頭抗議，與此同時也向高等法院提起選舉無效與陳─呂配當選無效之訴。

　　由於雙方同意由司法機關重新驗票，臺北市總統府前的街頭抗爭才轉為「泛藍」每週末舉行抗議集會的形式，但「泛藍」勢力更進一步挾國會多數之勢，強行立法設立可以指揮行政機關與檢察單位、具有極大權限的三一九槍擊事件「真相調查委員會」等，始終維持強硬姿態。不過，有關當選無效訴訟和選舉無效訴訟，分別於 11 月和 12 月由高等法院判決連宋陣營敗訴。如此，在臺灣民主體制最重要的選舉中，落敗一方不願承認選舉結果而展開群眾運動的政治危機，便倚恃司法程序而大致免除。

　　然而，臺灣民主體制的課題，可以說是該如何避免一種惡性循環，亦即該如何避免因挾議會多數、未做政策辯論便對政權進行杯葛阻撓，或主流媒體對陳水扁所做的片面批判，以及臺灣民族主義的動員對抗而加深的彼此不信賴。就目前來講，政治家們在緊要關頭的自我節制、司法領域消解政治過程中無法處理之難題，甚至是社會在達到一定經濟發展後基本安定的自然煞車機制，可以說是奏效的。而以下本章將討論的多元文化主義式整合政策的形成過程，對於這樣的課題究竟能有多少貢獻？今後仍然有觀察的必要。

二、從同化主義到多元文化主義

1.原住民族運動「向體制抗議（的行動）」

（1）邁向土地與自治的夢

根據近年「出土」的史料，早在戰後初期，原住民族菁英們（臺灣總督府栽培的「先覺者」們）便曾經表達對於原住民族認同與「土地」及「自治」的渴望。

1948 年 6 月，桃園縣角板鄉（現為復興鄉）的泰雅族住民首領樂信・瓦旦（Losin Watan，日本名為日野三郎 [18]），就以戰後「恢復」的漢名林瑞昌，附上「日本領有時原社居住者名簿及地圖各一張」，向當局提出《臺北縣海山區三峽鎮大豹社原社復歸陳情書》。樂信・瓦旦主張「我臺灣族為臺灣原住民族，往昔居住於平地之事，歷史上至為明白」，訴求歸還故有祖居地如下。

> ……脫離日本統治桎梏還自由平等之身，臺灣光復，為日本追放於奧地之吾等亦回歸墳墓之地，祭慰祖父之靈乃當然之理，既已光復吾等亦欲浴光復之喜於故鄉，吾思此乃明明白白之理。若無則光復於祖國之喜何處有之？吾等務必欲返墳墓之地。失地以來，對故鄉未有一日或忘。胸中滿是戀慕之情 [19]。……

前此，同年 3 月，當時擔任吳鳳鄉鄉長的鄒族首領吾雍・雅達烏猶卡那（Uyongu Yatauyungana，戰後的漢名為高一生 [20]）用日本名「矢多一生」，以原住民族各族首領為對象，撰寫了呼籲進行南投縣霧社內部「自治」討論的《案內狀》，其中有關「自治」部分的訴求如下。

> 慶幸民主主義成為臺灣真理，此際為求高山全民民主主義之
> 幸福，吾等高山族一致團結，在和平交涉裡，設定高山族為
> 真正主角之區域▢▢以此為區，且此區（高山區署兼警察局）
> 隸屬縣長及長官，但對於其他則為一律自主之山地區域自治
> 建設。吾欲思建設真正之高山族和平境。」[21]（括弧內文字為
> 筆者所加，空白處原文如此。中譯標點為譯者所加）

在新統治者鞏固統治前的過渡期，原住民族如此述說的「土地」渴望與「自治」夢想，隨著 1940 年代末以降「白色恐怖」的張狂 [22]，跟著這些「先知」的肉體從歷史舞臺中一度消逝。樂信・瓦旦及吾雍・雅達烏猶卡那，都在 1952 年以涉入「高山族匪諜事件」被逮捕，於 1954 年處刑。

國民黨政權一方面賦與原住民一定的政治權利，一方面實行較日本殖民主義更徹底的一元主義式、同化主義式的文化教育政策，至於土地則繼承殖民時代以來的「保留地制度」，在保護與開發之間搖擺，結果是給平地資本的滲透開了道路，助長、加深了內部殖民主義的情況。

就原住民族的重振而言，所謂「民主」這個政治面的要素是關鍵。1980 年代以後，原住民族獲得了「民主主義成為臺灣真理」的政治條件，他們對於土地與自治的夢再度燃起希望。如下所見，「喝國民黨奶水長大」的世代，正在完成遠較接受日本教育「先覺者」們更大的成果。經過對於「汙名化」（stigmatization）的反擊與「正名」的成功，「民族自治」的摸索於焉開始。並且，只要在這層意義上的「原住民族運動」持續下去，我們應該就能繼續檢證臺灣民主化的另一個去殖民地化成果，即臺灣多元文化主義的質量。

（2）臺灣原住民（族）權利促進會的組成與《臺灣原住民族權利宣言》

臺灣原住民族運動的開始是有明確日期的。那就是稍早曾經談到的，臺灣大學原住民學生手寫傳閱雜誌《高山青》創刊號的發行日，1983 年 5 月 1 日。創刊號（由伊凡·尤幹 Ivan Nokan〔泰雅族，漢名林文正〕執筆）呼籲「高山族正面臨種族滅亡的危機」，並「提倡高山族民族自救運動」。10 月發行了第二期。詳如後述，這期主題是批判「吳鳳神話」，題為〈鄒族同胞說—— 吳鳳是我們殺的。因為他是奸商。〉[23]

這些原住民學生的行動，當然引來校園內國民黨組織的警戒與干涉[24]，但也吸引了「黨外」勢力的關心。當時被稱為「黨外雜誌」的政論雜誌之一《暖流》，訪問了其中一位發行者伊凡·尤幹，並表示支持[25]。同年 9 月，參與「黨外雜誌」編輯的青年活動家成立「黨外編輯作家聯誼會」（編聯會），翌年 4 月，在該會內部設置以「聯合所有關心少數民族權益的山地人和平地人」為宗旨的「少數民族委員會」，展現在原住民族問題上的立場。

但是，原住民青年最終希望成立有自主性的組織，他們在基督長老教會支援下，於該教會經營的臺北市馬偕醫院借得一室，於同年 12 月 29 日成立「臺灣原住民權利促進會」（原權會）。由從「民歌」歌手躍身投入運動的路索拉滿·阿勒（Parangalan，卑南族、排灣族，漢名胡德夫）擔任會長。該會廢除有關自身的一切他稱，並自稱為「原住民」，這成為日後民族集結的關鍵〔同前，23-24；趙中麒，2001：72〕。

原權會與國際性原住民族運動建立連繫，要等到數年以後，此刻國際原住民族運動正要迎向一個轉機。屬於聯合國人權委員會轄下機關的「防止歧視及保護少數小組委員會」，於 1971 年委

託厄瓜多爾的專家 Jose R. Martinez Cobo 進行「原住民族歧視問題之研究」，這位專家建議小委員會設置「聯合國原住民族工作小組」（UNWGIP），1982 年該小委員會依其意見，決定一年召開一次認可原住民族 NGO 參加的會議。1984 年，UNWGIP 促使《聯合國原住民族權利宣言草案》起草會議開始運作〔上村，1996：297〕。

原權會在章程中宣示，其成立宗旨為「透過服務、文章、言論、和平行動等手段，來保障並促進臺灣原住民的權利」，起初的活動重點在「服務」，針對原住民權利遭受侵害的個案，以支援當事者（個人與家屬）的救濟活動為中心。

然而，這樣的活動形式馬上就碰壁了。第一，在內部殖民的情況下，原住民在都市或部落所遭遇的權利侵害案件無有止盡，原權會人力、組織力在兩年左右就達到極限。第二，為了獲得現有體制下的政治資源，原權會成員出馬投入「增額」立法委員選舉及臺灣省議員選舉，卻以慘澹的失敗告終。再加上，他們也明確感覺到，送到原權會來這些無止盡的權利受損案件，乃源自於原住民族被置於內部殖民主義下的處境，所以該做的不是個案的救濟，而是必須對內部殖民主義及作為支撐的政策本身進行抗議，並要求體制的改革〔夷將‧拔路兒，前揭：26〕。

有關個案的救濟活動，由於自始便支援原權會的長老教會[26]自 1986 年起就分別設置了處理勞動、少女人口買賣、漁民或原住民都市社區等問題的部門，因此得以承接原權會這個部分的活動。這也成為一個契機，原權會在 1987 年 3 月實施改組，將路線從「個案服務」轉換為「向體制抗議（的行動）」。接著，在起初展開的一系列「打破吳鳳神話」運動達到一定成果時，他們於同年 10 月的會員大會中將會名改為「臺灣原住民族權利促進會」，更進

一步在大會中提出《臺灣原住民族權利宣言》，此項宣言並於翌年 3 月的執行委員會中，被正式通過作為該會章則的一部分〔同前，26、28〕。

這項名為《臺灣原住民族權利宣言》的文件，明確揭示了：①自我認同；②對歷史與現狀的認識；③主張作為「原住民族」的權利；④實現民族自治的最終目標。堪稱是臺灣原住民族運動的總綱領。《宣言》在開頭便指出「臺灣原住民族不是炎黃的子孫」，強調自身是「南島語族」（Austronesian 或 Malayo-Polynesian）的屬性，並主張原住民族是「臺灣島的主人」（①）。接著，敘述由於十七世紀以來的外來統治，其傳統生活領域遭受侵犯，文化曝露在同化的壓力中，「使得臺灣原住民族瀕臨滅族的危機」（②）。然後又列舉原住民族應恢復的權利共計十七項，第二條更主張，「原住民有生活基本保障權（包括生存權、工作權、土地權、財產權與教育權）、自治權、文化認同權。質言之，有權決定自己的政治地位及自由謀求自己經濟、社會與文化發展的方向。這些權利不應受強權體系之壓迫、侵犯而予以剝奪。」（③）。

雖然，這項宣言尚未使用受國際原住民族運動影響而出現的「自然主權」[27]一詞，但對於臺灣原住民族包含自決權在內等權利，不得受壓迫、侵犯、剝奪等主張，可以說已經有所表達。

此外，第三條更主張「臺灣原住民族傳統聚居的地方實行區域自治。提升自治機關以及主管原住民事務的行政機構為中央層級。國家應充分保障原住民行使自治權，並幫助原住民發展政治、經濟、社會和文化的建設事業[28]」（④）。同樣地，此主張雖然還沒使用相關辭彙，但我們可以理解他們已表達出：在行使作為民族的自決權過程中，重點是放在與國家交涉下實現「民族自治」，而非從現有國家分離（「外部自決」）的「內部自決」目標

〔謝世忠，1994〕。

　　在原權會改變路線、強化「向體制抗議（的行動）」的時期，正是國民黨政權迫於內外情勢決定展開政治自由化（承認「黨外」成立民進黨、解除長期戒嚴）、民進黨主導的國會全面改選運動、臺灣民族主義理念宣傳等等，各種社會運動在更寬廣的自由空間下如決堤般展開的時候，因此當時這個《宣言》並沒有引起太大的注意〔同前：28〕。然而，《宣言》的出現便意味著原住民族運動已經在臺灣誕生，換句話說，臺灣原住民族運動的發展已經成為國際原住民族運動的一環。原權會在表決通過《宣言》的年初，就派遣代表參與上文提及的聯合國 WGIP 會議〔夷將‧拔路兒，1999：67〕。

（3）反「汙名化」──「打破吳鳳神話」

　　在上述政治自由化時期的前後，對臺灣而言可以說是一種「社會爆發」的時期，與政治運動面向上的「黨外」──即民進黨向體制的挑戰相輔相成，從各地的反公害運動到女性運動等，眾多抱持種種訴求的社會運動團體輪番登場，他們發起的街頭示威也陸陸續續地席捲了臺北街頭。

　　臺灣原住民族運動亦然。在原權會啟了開端後，各式各樣的團體隨之誕生，由原住民族主導的「向體制抗議（的行動）」，也依不同主題、在包含原權會在內的各團體聯合舉辦的形式下發動。例如，在後述的第一、第二次「還我土地」運動中，便以原權會、臺灣基督長老教會總會山地宣道委員會人權及社會小組、臺灣基督長老教會總會社會發展服務委員會、臺灣原住民族發展協會、岱原還我土地運動促進會、岱原同青發展研究社等六個團體，組成「臺灣原住民族還我土地運動聯盟」來展開。這些行動

大多是由原權會與長老教會組織主導，分別負責規畫口號及行動、各團體間的協調，或是動員參加者、調度物資等〔夷將・拔路兒，1994：29-30〕。

原權會的活動本身，在 1994 年憲改「正名」運動獲致第一階段的成功後便趨於低迷，1996 年以後更淪為形同解散的狀態〔汪明輝，2001：92-93〕。然而，其間該會參與及領導的「向體制抗議（的行動）」，作為臺灣島「第一民族」，他們針對自身明顯陷入內部殖民地處境所發出的抗議，乃具有高度的正當性。例如，雖然 1986 年中有國民黨籍原住民立委在立法院裡批判原權會，但到了翌年便出現了肯定他們運動宗旨的立委（蔡中涵，阿美族），在議會的發言也依循著該運動的政治綱領〔Iwan Nawi（黃鈴華），2006：166-167〕。

如此，臺灣原住民族運動便與當時漢族社會在族群關係流動的情勢中不得不自問「自己是誰」的情況相互作用，給社會及政府帶來了超越原住民族人口比例的強大影響。只要看看原權會「向體制抗議（的行動）」的清單，當能感受到殖民主義的積累有如年輪一般，呈現出成層盤繞的狀態。而原住民族運動就是要將那些成層的積累一層一層地剝除。這些「向體制抗議（的行動）」的影響，可以分為三個層面來看。

第一，對歷史性「汙名化」[29] 的反擊。有關於此，解構「吳鳳神話」運動有一連串的開展。清朝時期，有一位漢族人物叫吳鳳，他是漢族與阿里山鄒族間的「通事」（通譯）。有心革除「阿里山番」出草習慣的吳鳳，要求他們每年使用於祭祀的人頭以一個為限，當人頭都沒了又令他們忍耐四十年，然後說道明日將有一戴紅帽穿紅衣者前來，要砍就砍此人的頭。「阿里山番」砍了此人人頭後，發現竟是吳鳳，便發誓今後不再出草。這個故事，

就是所謂「吳鳳神話」。

　　不過，這個故事其實有許多不同版本。在鄒族間流傳的版本是，吳鳳在擔任通譯的同時，也從事「阿里山番」與漢族間交易的仲介，因其狡詐行為，在交易上與鄒族發生糾紛而遭殺害。但是，其後在阿里山鄒族部落中由於疾病流行而死亡甚多，鄒族因自身宗教觀念害怕鬼祟，才決定不在較多漢族居住的阿里山西側山麓出草〔汪明輝，前揭：84〕。

　　然而，到了日本殖民統治時期，臺灣總督府採用原來在嘉義地區漢族社會所流傳的吳鳳傳說，創造出吳鳳為了禁絕「蕃人」野蠻風俗而犧牲，強調「為公犧牲」、「殺身成仁」的教化故事，並作為總督府編纂的修身、國語、漢文教科書教材，企圖灌輸、滲透上述價值觀。總督府甚至介入由定居在阿里山麓的漢族所建、在地震中毀壞的吳鳳廟的重建工作〔駒込武，1996：166-168〕。日本殖民統治時期，這個教材只在公學校（以漢族為對象的初等教育機關）與小學校（主要為日本人子女）使用，但在戰後國民黨統治下，因其一元主義式教育政策而被用作為「生活與倫理」科目的教科書教材，原住民族兒童也被要求在小學教室中學習這個教材。這個教材在助長漢族兒童歧視原住民的同時，也等於在向學習同一教材的原住民兒童灌輸自我歧視的心理，在此意義上，正可說是在公共教育中體現了原住民的「汙名化」。

　　到了 1980 年後，人類學者陳其南（當時為中央研究院民族學研究所副研究員）釐清：從戰前到戰後，教科書中所教導的「吳鳳」「殺身成仁」故事是缺乏真實性的。他把以此故事作為教材的教育內容視為「愚民教育」，在報紙上展開批判，原住民籍省議員莊金生也質詢指出，「吳鳳」是為了漢人的利益而死，將這個故事收錄於教科書中並不妥當〔菅野，2006：286-287、329〕。

　　如前所述，《高山青》的成員對鄒族長老進行訪問調查。原權會設立後，也於 1985 年 9 月和鄒族兩名青年在上述吳鳳廟擴建工程落成紀念典禮中，高舉「吳鳳非偉人」的布條並進行抗議靜坐。翌月 27 日霧社事件（霧社泰雅族的集體抗日事件，1930 年。譯注：原被官方歸類為泰雅族的這支原住民族，於 2008 年正式獲官方承認，獨立為「賽德克族」。）五十五週年紀念日上亦宣示，除要求恢復民族姓名之外，也要求將「吳鳳神話」自教科書中刪除〔夷將‧拔路兒，前揭：27-28；瓦歷斯‧尤幹，1994：20〕。

　　原權會改組後，在更具組織化的努力下獲致成果（結合 39 個團體）。1987 年 9 月 9 日，原權會率領原住民、漢族學生、長老教會牧師等約 200 人，以要求廢止吳鳳教材、將吳鳳鄉改名為訴求，在嘉義車站吳鳳銅像前進行抗議集會後，又到嘉義縣政府進行示威抗議，隔天 10 日將舞臺移至臺北，原權會代表再前往教育部進行請願活動。代表一行人欲直接將請願書交到教育部長手中，卻發生了相互推擠的情況，然避不見面的教育部長最後也答應面見，承諾將吳鳳神話從教科書中刪除。翌年 9 月，負責編纂教科書的國立編譯館，決定全面廢除小學教科書中的「吳鳳教材」。

　　受到原住民族運動的影響，1988 年上半年，吳鳳鄉經過激烈的討論，在鄉民代表大會中決議改鄉名為「阿里山鄉」。在最後表決之際，漢族鄉民代表離席表示抗議。同年 12 月 31 日，原權會等原住民團體推倒嘉義車站前的吳鳳銅像，要求政府作出將吳鳳鄉改名的最後決定，與此同時，也要求以吳鳳為祭神的吳鳳廟改變性質。翌年 1989 年 2 月，臺灣省發布改稱命令，做出最後定案〔夷將‧拔路兒，前揭：28〕。吳鳳廟則依然如舊。

（4）名稱的奪回──「正名」運動

「向體制抗議（的行動）」的第二個層面，是奪回自身遭受「汙名化」的名稱，也就是正名。如前所述，在原權會設立的過程中，排除所有他稱並採用含有原本住民之意的「原住民」一詞，可以說是「正名」運動的起點。改組以後的原權會依然持續要求國家與社會同意將「原住民」及「原住民族」，分別作為言及個人及集體認同之際的稱呼。據改組後的會長夷將・拔路兒（Icyang Parod，阿美族，漢名劉文雄）形容，這個「正名」主張，在大眾媒體、學術界、宗教界、在野黨等民間社會中，「超乎預期」、「奇蹟似地」獲得接納。1986 年強行組黨的民進黨也有所呼應，從一開始便支持運動但基層組織反應較遲鈍的長老教會，亦於 1989 年決定，在所屬組織及文件中廢除「山胞」，使用「原住民」一詞〔同前：33〕。

然而，政府與國民黨的動作卻很緩慢。1990 年春，李登輝在國民黨內的權力鬥爭獲勝後，政局終於從政治自由化進入民主體制的設置，亦即「憲政改革」和以此為基礎實施民主選舉的階段。在以確定國會全面改選規則為主要訴求的 1991 年第一次憲改中，立法委員與國民大會代表（具憲法修正權限）的原住民族保障名額，乃分為「山地山胞」與「平地山胞」並明記於增修條文中。原住民的政治權利雖然首次正式納入憲法，但對於原住民族運動團體而言，不僅「原住民」的稱呼未被採用，甚至倒退為連強烈反對的「『山胞』用語與『山地／平地山胞』的區別」都被列入憲法。原權會對此表達強烈抗議，向中央民代主張要求保障各原住民族至少一人的保障名額，但未能實現。

同年底，國民大會代表全面改選實施後所舉行的第二次憲改中，原住民族團體串連主張在憲法中設「原住民族專章」，其內

容方面則提案列入：①「正名」為「原住民」；②保障土地權；③行政院設置原住民行政專責機構；④保障原住民自治權等四條。學術界等也陸續有支持聲音，但這次仍舊未能實現。新選出的九名原住民國民大會代表皆是國民黨籍，黨主席李登輝也出馬施壓令其屈服於「黨意」〔同前：33-34〕。這次憲改於第十八條增列了所謂「基本國策」條文，其中第五項即列入「國家對於自由地區山胞之地位及政治參與，應予保障；對其教育文化、社會福利及經濟事業，應予扶助並促其發展。對於金門、馬祖地區人民亦同[30]」字句。如此，原住民族政策首次在憲法層級獲得規定。

　　第二次憲改之際，國民黨內部在總統選舉方式上出現對立，為了得出結論，又於 1994 年進行第三次憲改。至此，李登輝經過1992 年底立法委員全面改選，1993 年春天令行政院長郝柏村下臺，更加鞏固了黨政實權。如前所述，他在這個時期還展開了「新臺灣人」論述及「社區總體營造」政策等，取代一直以來官方中國民族主義教義的國民統合理念。雖然舊有的理念與政策，如「國語」的壓倒性普及獲致了相當成果，但也於在野黨的臺灣民族主義和原住民族運動的同化主義批判下，明顯喪失了權威。這對原住民族運動而言是有利的環境。

　　以原權會為主的各原住民族運動團體，在 4 月 23 日組成「臺灣原住民族憲法運動聯盟」，向當日將表決憲改提案的國民黨臨時中央委員會提出請願書，要求將他們在第二次憲改時所提出的四項主張，再加上第一次憲改時所要求的，各民族最低至少一名立法委員與國民大會代表保障名額共五項，列入該黨的憲改項目中。兩個月後，他們也在臺北舉行了高舉這五項要求的示威活動。

　　前此，李登輝出席 4 月 12 日在屏東由行政院文化建設委員會召開的「原住民文化會議」開幕典禮，首次使用「原住民」

一語來致辭〔致辭文件參考夷將‧拔路兒（Icyang‧Parod）等編著，
2008a：406-407〕。接著 7 月 1 日也首次接見原住民族運動團體代
表 26 名。結果，在第三次憲改的《增修條文》第一條中，「山地
／平地山胞」用語為「山地／平地原住民」所取代，「基本國策」
條文（條文經整理後成為第九條）的「山胞」一詞也改成「原住民」。
從原住民族運動角度來看，算是不夠徹底的「正名」〔汪明輝，前
揭：89〕。憲法上的「正名」，要等到民主化完成後再度進行的
第四次憲改才得以達成，這部分留待下文討論。

　　原住民族的「正名」運動還有一項，那就是回復原住民個人
可以使用族名的權利。1945 年 12 月，臺灣省行政長官公署公布《臺
灣省人民回復原有姓名辦法》，有關原住民的部分規定「如無原
姓名可回復或原有名字不妥時，得參照中國姓名自定姓名」。原
住民族的命名方式因民族而異，也有的民族不具姓，但他們據此
規定一律進行了姓名的漢化〔王雅萍，1994：92-93〕。所謂姓名的
「回復」，是針對日本統治末期包括原住民在內的「改姓名」政
策而實施的，然而原住民的情況，不消說只是被迫改為漢名，而
非回復。

　　就原住民而言，如此被「回復」後的漢式姓名登錄在戶籍
中，成為持有法律效力的姓名，但他們由各自父母所命的族名，
則不是可以正式使用的姓名。原權會在所發起的《臺灣原住民族
權利宣言》第十七項中，揭示「原住民有回復固有姓氏的權利」
之主張。這個要求在 1994 年憲改中「原住民」「正名」成功後，
終於在民進黨立法委員葉菊蘭所提《姓名條例》修正案獲表決通
過的形式下得到認可。該條例修正後的第一條第二項規定，「臺
灣原住民之姓名登記，依其文化慣俗為之。其已依漢人姓名登記
者，得申請回復其傳統姓名」。同時，在其後的修正中，這些傳

統姓名也規定可以用羅馬字來書寫 [31]〔行政院原住民族委員會編印，2005：569〕。

（5）「還我土地」

第三個層面的課題，乃在回復成為新認同根據的土地。就原住民族而言，這樣一個被以各種形式從「傳統領域」剝奪而去的土地 [32] 回復問題，正是他們受到連續殖民歷史過程中所累積下來的問題，也是攸關當前生活利益與將來生存的核心問題。原權會等原住民族運動團體，共組織了三波「還我土地」運動，這是原住民族群眾運動進行的最大動員，這些動員雖然獲致提高原住民族存在感的效果，卻在缺乏直接成果的情況下告終。因為，這個問題深深地牽涉到長期在國有化、私有化的傳統領域，甚至是認可原住民族使用權的保留地上，享受利益、權宜的政府機關、企業、漢族個人等等之間的利害關係。

「還我土地」運動直接的契機，在於基督長老教會與國民黨政府間的摩擦。長老教會自 1970 年代初有關臺灣國際地位的發言以來，便和國民黨政權處於緊張關係。當局從「國語普及」的觀點，不僅是對長老教會、對所有以原住民母語進行的布教與傳道活動均感嫌惡，1975 年警察甚至沒收了長老教會編纂的泰雅語聖經和讚美歌集。雖然長老教會向世界發表抗議聲明，但其後類似的打壓依舊繼續。此外，1981 年山地長老教會遭各地方政府視作「違法使用保留地的外部團體」而徵收高額地租，卻不問那究竟是建於原住民信徒所提供的山地保留地，或是租用國有地而興建的〔stainton, 2002: 3-4；夷將・拔路兒，1994：29〕。

到了 1988 年，長老教會總會的山地宣道委員會「人權與社會」小組，就土地問題在各地舉行巡迴座談會，6 月 25 日邀請各團體召開「還我土地綜合座談會」〔stainton, op.cit:54〕，根據當時的原

權會會長夷將‧拔路兒所言，由於他在席間主張不應該單單發表一篇聲明（這是主辦單位當初的計畫），而是應該聯合原住民族團體展開「向體制抗議（的行動）」，才決定了發起街頭示威的方向〔夷將‧拔路兒，前揭：30〕。如此，「臺灣原住民族還我土地運動聯盟」於 7 月 11 日成立，並於 8 月 25 日主要藉著長老教會系統展開動員，自全島包含各族山地部落在內，聚集了為數大約 2,000 名左右的原住民，他們著傳統服裝高揭「為求生存，還我土地」的主張，遊行示威〔同前：29〕。

翌年 9 月 27 日，第二波示威在臺北發動。遊行隊伍於立法院入口與警察發生衝突，原住民一方出現受傷者，立法院長劉闊才特意站上宣傳車問候群眾，才總算使緊張一幕平緩下來。政府方面在翌月由行政院長李煥接見「還我土地運動」代表，承諾重新規畫部分保留地與公有地，擴大原住民可以使用的土地。

作為回應，臺灣省雖然自 1991 年起擬定了第一次以三年為期的重整計畫，但其計畫的實施既遲，面積亦小〔顏愛靜、楊國柱，2004：252-253；石垣，2007：208〕。此外，其後也連續發生了依據「國家公園」及「水泥專門工業區」制度，而強制徵用保留地的情形〔顏愛靜、楊國柱，前揭：31〕。原住民族運動團體於 1993 年再度發起運動，12 月 10 日在臺北發動了第三波「還我土地」示威遊行。

他們在此時發表的《臺灣原住民族反侵占、爭生存、還我土地運動宣言》，其觀點強調原住民族擁有「自然主權」，原住民族的土地問題是國家與遭受侵略的原住民族間的問題；同時，有關原住民族權利的談判，在此被定位為原住民族與國家間的行為。與前兩次不同，示威的對象不是行政院，而是「中華民國外交部」，訴求「國家與原住民的代表對等締結土地條約，確定原住

民族的土地領域」〔夷將・拔路兒等編著，2008b：870-872〕。

其間，原權會自1991年起便持續派代表參加每年的UNWGIP會議，進一步吸收國際原住民族的理念並連繫合作。1993年是聯合國原住民族年，8月UNWGIP向李登輝總統寄發要求重視「國際原住民族年」的信函，在第三波示威前的12月8日，就依循「國際原住民族年」之意旨，以「國際原住民年」所揭示的國家與原住民族的「新夥伴關係」為主題，在臺北舉行「世界原住民權利國際研討會」〔夷將・拔路兒，1999：67〕。在第一次憲改實現廢止《臨時條款》後，原權會遂展開「廢除蒙藏委員會，成立臺灣原住民族委員會運動」，並於6月6日在臺北發動示威與靜坐，唯訴求未能實現〔夷將・拔路兒等編著，2008a：979-1036〕。在此過程與背景中，臺灣的原住民族運動終於也在修辭上確立了與國際原住民族運動同樣的「自然主權」與「民族自決」（實際上是透過與國家對等協商獲得「民族自治」）立場，來向臺灣社會發聲。

另一方面，原住民族的這般動向，在種種原委下，亦招致居住於山地鄉以合法、非合法手段在山地持有既得權益的漢族們的警戒，而有後述「平權會」活動的展開。

2. 多重族群／多元文化社會認知的主流化

（1）浮上檯面的多重族群／多元文化性與「四大族群」論的登場

在臺灣多元文化主義來講屬於關鍵字的「族群」一詞，原本是民族學者、人類學者們用來指稱原住民族泰雅族、阿美族等族的用語。進入1980年代，臺灣的輿論與學術界逐漸在公開場合談論所謂的「省籍問題」或「省籍矛盾」，1987年解嚴後，開始對這個「問題」的當事者即「外省人」與「本省人」，套用社會學

者周知的 ethnic group 概念，「族群」因此作為其譯語而開始被談論。接著，「族群」一詞便急速地滲透到社會，於 1990 年代成為論及臺灣社會結構時的核心用語〔王甫昌，2003：3、2006：2〕。

「省籍」的「省」，不消說就是「中國」的「省籍」。「省籍」本來不過是中國國家內部為了行政方便而有的分類。用以 ethnic group 概念作為背景的「族群」一詞來論事成為主流，也就意味著不將外省人與本省人的關係，置於官方中國民族主義教義上所想像的「中國」範圍，而是將事實上與中國大陸形成相異政體的臺灣住民，作為一個民族（nation，譯者按：或譯為國族）、或至少在當前作為一個整體社會來想像為前提。正如王甫昌所指出的，「族群」一詞的普遍使用，與此種「社會／民族想像」的轉換是不可切割的[33]〔王甫昌，2005：100-108〕。

所謂社會／民族想像的族群化，無非是對臺灣社會作多族群的想像。優勢族群不會將自己理解為「族群」。另一方面，直至解嚴為止，外省菁英皆將有關本省人「省籍」間不平等的言論，視作阻礙「中華民族」整合的狹隘「地域觀念」來壓抑。然而，在民主化必定使人口居於多數之本省人賦權的過程中，以及以本省籍總統兼國民黨主席的李登輝權力為中心的國民黨內權力鬥爭中，雖不明顯但外省人也逐漸地族群化。

另一方面本省人中的少數族群客家人（主要移民自廣東省北部，為漢族的一個支族），對於本省人賦權將一面倒地造成人口多數的福佬人賦權，同時導致已在官方中國民族主義的語言一元化政策中遭受打擊的自身文化，更進一步遭抬頭的福佬文化埋沒一事甚感危機，使得他們發動以語言為主的文化防衛運動。

其中最為顯著的，就是 1988 年 12 月 28 日由客家諸團體主辦舉行的「還我母語」示威遊行。遊行隊伍以同屬客家人的孫文為

「名譽總隊長」，舉著嘴巴打上「✕」記號的孫文肖像行進〔同前：136〕。這場遊行的目的在批判連「國父孫文」的母語，都在國民黨一元語言政策下被迫衰退。

示威遊行在「還我母語」運動的基本立場上，主張：①母語是人與生俱來的尊嚴，主張母語是為了擁護尊嚴；②這個運動是守護客家母語尊嚴的運動，並非意圖分裂臺灣社會；③現行語言政策壓抑原住民各族語言、福佬語、客語等等，必須以民主手段來改變；④吾等運動的基礎在承認多元價值與信仰人權平等，放棄任何暴力，等等。或許這些主張也考慮到其他族群，並訴求支持語言平等與多元文化價值，使得勞工運動支援會、臺灣環境保護聯盟、臺灣原住民族權利促進會等團體也前來聲援，而不只是「世界客屬總會」等客家團體〔田上，2007：170〕。

如此，臺灣原住民族運動在多重族群化社會／民族想像的趨勢中，投入了自我的主張。正如「原住民」、「原住民族」的自稱，在 1980 年代除了政府與國民黨之外已經為一般社會所接受般，正由於其高度正當性，所以「向體制抗議（的行動）」使得原住民族作為正在去「汙名化」並要求「正名」的「族群」而浮上檯面，並給社會帶來強烈影響，堪稱是為社會／民族想像的族群化、以及多重族群化的推動作出了貢獻[34]。

首先掌握了這些社會／民族想像的族群化、多重族群化之主導權的，是民進黨和臺灣民族主義勢力。1988 年「黨外雜誌」之一《自由時代》，刊載當時旅居日本的臺灣獨立運動家許世楷起草的《臺灣共和國憲法草案》，而遭禁止發行。許世楷的《草案》，與其後 1989 年 4 月該雜誌總編輯鄭南榕高喊「百分之百的言論自由」，並拒絕出庭自焚而死的衝擊性事件間的因果關係，已為世間所知。此《草案》的第三條，將應該形塑的臺灣共和國國民，

按語言與移民時期分為「馬來玻里尼西亞系、福佬語系、客家語系、北京語系」等「四文化集團」，並規定各集團不得歧視、壓迫其他「文化集團」[35]〔張茂桂，2002：244〕。1988年，原住民族首次提出「還我土地」口號，並在臺北動員各民族展開遊行，該年同時也是客家人吶喊「還我母語」並進行示威的一年。翌年底（1989）舉行的最後一屆立法委員「增額選舉」，在民進黨的選舉活動中，就筆者所知就有四種不同版本的《臺灣共和國憲法草案》在選舉宣傳的小冊子中發表。其中對於「族群」的處理，與許世楷的《草案》大同小異。

這次立法委員選舉的特色是，「臺灣獨立」的聲音得以在競選活動中直接被聽見，作為競選活動的附帶效果，可以說也促使了臺灣社會是由四個族群，亦即福佬人、客家人、原住民、外省人所組成的多重族群社會意象普及到社會整體。在這場選舉中，自焚而死的鄭南榕遺孀葉菊蘭獲民進黨提名並當選。本身是客家人的葉菊蘭，將這個多重族群社會意象的說法，定調為臺灣內部彼此應平等並互相尊重的「四大族群」，並作為在立法院批判國民黨官方中國民族主義與主張「臺灣獨立」的論據之一〔同前〕。

如前所述，在朝向「憲政改革」邁進的往後政局中，民進黨強化與非主流派郝柏村內閣的對決態勢，在1991年底國民大會代表全面改選前，終於決定將「臺灣獨立」納入黨綱。同年8月召開的「人民制憲會議」表決通過的《臺灣憲法草案》中，第二十四條明定「必須保障多元性的文化及多元語言政策」，並且在第九章下列有四條「原住民族專章」，規定了除去國防、外交、司法、水源以外的原住民族自治權，中央政府設置原住民族專責機構，保障中央政府預算投入原住民族自治事業，設立原住民各族主導的自治團體，保障國會中原住民族代表席次等[36]。此一《草

案》在民進黨表決通過，作為該黨在預定於翌年舉行的第二次憲改中的藍圖。

民進黨在 1992 年立法委員全面改選中獲得三分之一席次，其勢力雖然未達獲得政權程度，但已確立體制內反對勢力的地位，並在 1993 年首次發表了具完整架構的政策白皮書。該白皮書主張建構「族群及文化政策」，以臺灣社會的「族群多元性」認識為基礎，樹立「多元融合」的臺灣人「主體性」，以之作為政策架構的一個支柱。

白皮書指出，「臺灣決非由單一『中華民族──中國人』構成。在各族群平等融合的認識下，現在臺灣至少有原住民族各族、閩南人（福佬人）、客家人與『外省人』存在。彼等共同構成『臺灣人』主體，現正進行融合。彼等間無所謂高低、中心邊緣之別，或主流與地方之別，更不應有『省籍問題』」〔民主進步黨政策白皮書編纂工作小組，1993：79〕。「四大族群」論中所蘊含的現代臺灣社會族群關係，如圖 7-1 所示。

在上述情形下，臺灣社會「族群多元」的認識，在民進黨及臺灣民族主義勢力當中，已成為在「族群多元、融合」中所形成的「臺灣人」民族概念而被接納[37]。

（2）國民黨政權的意識形態轉換──「社區總體營造」、「認識臺灣」

如上所述，臺灣社會的族群多元性，透過原住民族運動及客家文化運動，在作為一元主義、同化主義式文化整合政策根據地的臺北街頭，已浮上檯面且不容忽視；另一方面，將之作為多重族群民族的臺灣人主體性概念並形成論述的民進黨，隨著民主化進展而拓展力量。此一情況的出現，在兩個面向上產生出政治及

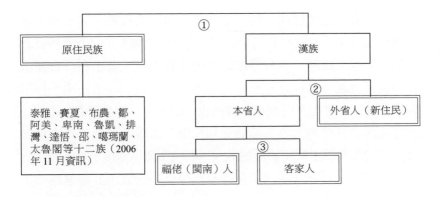

①原住民族或後來的移居者
② 1945 年以前的居住者或以後的移住者
③福佬人或客家人
註 1：以雙重線框起的族群為「四大族群」的組成族群。
註 2：事實上，外省人中也包含少數蒙族、回族與滿族等。
出處：筆者據王甫昌，《當代臺灣社會的族群想像》〔群學，2003 年〕，頁 57
　　　之圖製成。

圖 7-1　現代臺灣多重族群社會：「四大族群」
論觀點所見的族群關係

意識形態的結果。其一，是社會學者張茂桂稱為「政治族群化」
的現象〔張茂桂，1997〕。「多重」族群性在浮上檯面並形成論述
後，隨著民主化而成為在開放的政治市場、特別是公職選舉市場
裡頭，可供動員的資源之一（而且，這種動員對於使用者來說，成本
亦低），也因此成為新時代民主體制的負擔。有關這點，本書已
在上一章作部分說明。

　　其二，上述新局面造成國民黨過去以來國民／文化整合政策
的失效。國民黨固有整合政策最早面臨的挫折，是 1985 年《語文
法》立法的失敗。1982 年教育部以「山地中國語推行停滯」為理

由，令處於休止狀態的「國語推行委員會」再啟動，翌年該委員會開始進行《語文法》的起草作業，並配合 1985 年光復節發表教育部的草案。此時，地方選舉的活動正在進行，要求在「公開演說、各種會議、公務會商及公共場所中的會話」必須使用「標準國語」等，令普遍使用國語「義務化」的規定，引發憑藉「臺語」進行宣傳的黨外勢力等方面的強烈反彈。當時教育部部長李煥亦發言質疑義務規定使用國語的效果，表現出謹慎態度，同年 12 月，該法案未上呈至立法院，便在行政院院會中從立法計畫裡刪除了〔菅野，2006：313-317〕。

到了 1980 年代末，黨外勢力向地方行政邁進，官方中國民族主義定義的一元式文化、教育政策無法維持而被迫改革。1989 年底立法委員選舉時，臺灣省下轄的二十一縣市首長選舉亦同時舉行，民進黨大幅躍進當選了六席縣市首長。這六位縣市長依循選舉時的政見，自 90 年度開始在各自所轄縣市小學中實施「雙語教育」、「鄉土教育」。語言課程雖然是以人口比例占多數的福佬語居多，但也有客語和原住民族語的課程，如臺北縣泰雅族的烏來鄉，在原住民牧師的支援下立即實施了泰雅語的課程〔瓦歷斯・尤幹，1994：8〕。

由於無法得到教育部的認可，這些課程僅作為選修科目來實施，並且是在教師與教材準備皆有所不足的情況下開始的，整體而言稱不上順利，卻為臺灣內部多元文化教育的實踐啟了開端，與當時正高漲的升學一面倒、填鴨式教育批判相互影響，刺激了 1990 年代的教育改革。

根據張茂桂所言，教育界中首先有所反應的是師範教育系統。1992 年花蓮師範學院成立「原住民教育研究中心」，翌年臺中師範學院設置「鄉土教學研究中心」，以後陸續有以「多元文化」

為主題的研究、教育組織，在各地師範學院、大學中設立〔張茂桂，
前揭：259-260〕。

在教育部方面，相關的改革討論亦悄悄進行。在 1993 年小學
教育綱要標準的修訂中，決定自 98 年度起，在三年級到六年級每
週課程中增設包括「鄉土語言」學習在內的「鄉土教學活動」；
翌年中學課綱標準的修訂，則確定了自 96 年度起，在中學以「認
識臺灣」（每週三）與「鄉土藝術活動」為必修科目的方針〔許佩
賢，1998：113〕。

自 1996 年 9 月開始使用的《認識臺灣》教科書，是由歷史篇、
社會篇、地理篇三冊所構成，其中歷史篇與社會篇，依循上述「標
準」將「擴展多元文化的視野，培養愛鄉更愛國的情操」作為教
科目標，在歷史篇中「第一章　導論」將「多元文化」及「與四
鄰關係密切、國際貿易的興盛、冒險奮鬥的精神」並列，強調是
臺灣史的特色，社會篇則於「第一章　吾土吾民」中細數「四大
族群」的同時，更編列「第六章　多元文化」來說明具體的文化
內容。

我們可以想像這些發展的政治背景，也就是 1993 至 1994 年，
對於執政黨國民黨而言，是意識形態轉換的時期。如上所述，
1993 年春李登輝迫使黨內非主流派領袖行政院長郝柏村下臺，更
加鞏固了自己的黨政權力。同年 5 月 20 日總統就職三週年的記者
會中，他又強調當時時而掛在嘴邊的「生命共同體」概念，並指
示政府將之具體化。10 月，行政院文化建設委員會（文建會）主
任申學庸向國民黨中央常務委員會提出題為《文化建設與社會倫
理的重建》的報告，建議調整各縣市地方政府「文化中心」與文
建會的關係，透過這些中心來整合民間社會文化資源，以重建「社
區」共同意識與倫理，席間立即獲得李登輝贊同。文建會更進一

步提出，由翌年被拔擢為該會副主任的人類學者陳其南所提倡，應用了日本「造鎮興村」（町造り・村おこし）與「地方文化產業」概念、並重視「社區」居民參與的「社區總體營造」概念，這也同樣到李登輝的支持而政策化〔黃麗玲，1996：34-36〕。

在上述的國民黨中央報告中，文建會主委申學庸說明：「如果我們的政府單位不再重視民間社會資源的吸納，那麼執政黨只會將這份豐富的資源拱手讓給對方」〔同前：34〕。實際上自1980年代以來，如全村的反公害鬥爭、或反對以都市計畫來拆除歷史建物等等，種種契機使得自發的「社區」復甦運動興起。這樣的運動在意識形態上的色彩雖然很弱，但整體而言，對於重視本土性臺灣本位觀點的民進黨等臺灣民族主義勢力觀點看來，是較為親和的。

李登輝所稱揚的「社區總體營造」計畫，可說是一種國民形塑政策，此政策挾著行政資源，由上而下介入這個若是放置不管就會成為在野黨資源的、由下而上的社區再造運動。李登輝的國民黨並未捨棄中國民族主義的修辭；但是，對於這個明顯是藉由「以臺灣為範圍」的框架而發想的「生命共同體」概念所形成的國民形塑政策，民進黨卻沒有反對的理由。因此，2000年政權交替後，「社區總體營造」政策仍得以繼續維持。

同一時期，李登輝以使用自身「臺灣性」（Taiwaneseness）的形式，在逗留於中國民族主義修辭框架內的同時，又展現了將羽翼伸向臺灣民族主義的演出。1993年秋天臺灣省縣市長選舉中，他首次站上國民黨候選人的聲援舞臺，以福佬話進行演說，因而引起注目。而在1994年春天與日本作家司馬遼太郎的對談中，又吐露「生為臺灣人的悲哀」、「國民黨是外來政權」等等，連臺灣民族主義都甘拜下風的發言。此外，還在1993年春天指示外交

部，展開「以中華民國名義參與聯合國」的運動。雖然民進黨所主張的是「以臺灣名義」，而且此舉等於是搶奪了在野黨的政策主張，但在野黨雖有不滿也不得不支持。

　　採用在野黨的政策或口號作為自己的資源，是執政黨常用的政治手法，並不限於臺灣。但對照在民主化第一階段中，國會實現了全面改選，民進黨也氣勢如虹地進入體制內的情勢來看，李登輝與國民黨在 1993-1994 年的意識形態轉換，並不單只是非主流派的牽制變弱而讓李登輝慢慢地出頭天，同時意味了國民黨本身也採取了「臺灣本位」的立場。我們可以務實地推測，在這個不情願地將成為臺灣民族主義政黨的民進黨迎入政治體制的局面下，所形成的中國民族主義對臺灣民族主義的政黨政治對抗軸中，國民黨若不大膽地將羽翼推向中間，往後選舉中所得到的支持將會日漸貧弱。在此情況下，能夠與自「草根」起家的民進黨在「臺灣性」中做對抗演出的，國民黨中除了李登輝以外可說是別無他人了[38]。

　　其間，非主流派對李登輝的權力掌握及其黨政運作手法有所反彈，同時亦質疑他是否向臺灣民族主義的立場妥協。如前章所述，以 1993 年郝柏村下臺為契機，以非主流派外省立法委員為中心的勢力，便於同年 8 月脫離國民黨成立了「新黨」。

　　新黨在 1994 年秋天的臺北市長選舉中，激烈地進行「反李登輝」、「反臺獨」的競選活動，以鞏固北部外省人的支持，並在 1995 年底立法委員選舉中當選了 21 名，一躍成為僅次國民黨、民進黨的第三勢力。新黨在這次選舉的選前政策中，發表《族群文化政策白皮書》（與民進黨所發表的標題相同），指出「實現文化多元並進的理念」，在教育政策中重視「鄉土教育」、「母語教育」如同「國語教育」，有關原住民族則支持設立中央層級的

「原住民事務委員會」〔新黨政策研究委員會編，1998：129-131〕。

自國民黨分裂而成立，較李登輝的國民黨更偏向中國民族主義的政黨，亦針對原住民族運動的部分要求提出同情政策，並擁有一定勢力在立法院登場，這在多元文化主義的下一個階段是具有政治意義的。

至於上述教科書改革的進展，1997 年《認識臺灣》教科書的內容甫公開，新黨就表現出強烈反彈，新黨民意代表中所謂「統派」知識分子，更進行與中國《人民日報》步調彷彿一致的批判行動〔王甫昌，2001〕。但是，他們所強烈反彈的是「歷史篇」，針對臺灣在日本殖民時期也有一定程度近代化意義之相關敘述，認為會美化殖民統治，而不是針對前面所提文化多元的臺灣社會認識[39]。

1996 年是總統首次直選、民主體制轉型完成的一年。有關臺灣社會的多元文化／多重族群性格的認識，以及邁向多元文化主義政策的初步共識，可說是於臺灣民主體制設置完成的時刻，在臺灣民族主義支持者到中國民族主義支持者間的廣大基礎上來形成的。然而，此一共識在應該以多元文化、多重族群來理解與整合的臺灣社會未來整合乃至於歸屬去向上，卻始終無法達成協議，並且也受到同時進行的「政治族群化」所干擾。

3. 成為「基本國策」的多元文化主義

若將 1987 到 1988 年視作原住民族挾自身組織、主張以及文化躍上街頭，對臺灣多元文化主義性社會／國家想像的形成發揮極大作用的時期，那麼將近十年後的 1996 至 1997 年，則是臺灣原住民族運動成為主角，令臺灣的多元文化主義昇高至憲政層次「基本國策」位置的時期。他們成功實現了在行政院設置原住民

委員會作為原住民族政策專管機構，改訂、充實本章開頭述及的
《憲法增修條文》第十條（所謂「基本國策」條文）原住民族條文（第
九、十項）。

（1）「二月政改」與行政院原住民委員會的成立

自原住民族運動初期開始，在中央政府層級設置原住民政
策專責機構，就是他們重要的戰略性目標之一。如第一次憲改廢
止《臨時條款》後，原權會開始進行「廢除蒙藏委員會，成立臺
灣原住民族委員會運動」，6 月 6 日在臺灣發動示威與靜坐，但
未能實現〔夷將‧拔路兒等編著，2008a：979-1036〕。同時，根據
Iwan Nawi 的統計，自「增額」立法委員登場，至 1996 年 1 月第
二屆立法院結束為止，原住民立委共進行長達 103 回的相關質詢
〔Iwan Nawi（黃鈴華），2006：288〕，敦促政府及國民黨評估但未
獲結果。原住民立委是絕對少數，對其要求表示同情的在野黨也
力有未逮。

但是，前述的國會全面改選，狀況轉為民進黨席次大躍進，
新黨自國民黨分裂而展現出擴張的氣勢。1995 年 12 月 2 日第三
屆立法委員選舉（第二次全面改選），外界觀察選戰後立法院很可
能首次出現「三黨不過半」（1994 年選舉的結果，臺北市議會已經出
現了這樣的情勢）。到了選戰最終階段，民進黨黨中央打出與新黨
「大和解、大聯合」的路線。除了緩解自 1993 年新黨成立以來政
治的族群化顯著進行下，以新的形式浮上檯面的外省人、本省人
族群對立，同時亦想藉兩黨在立法院的合作打開新的政治局面。

當時《中華民國憲法》所規定的政治制度，是在總統以外設
置相當於首相的行政院長一職，行政院長在總統提名後，經由立
法委員過半數「同意」後獲得任命。也就是說，立法院對於行政

院長人選擁有否決權，行政院長對民選國會負責，具內閣制要素。若民進黨與新黨聯手掌握過半數席次，取得立法院長的位置並掌握議會運作的主導權，再以「同意權」為籌碼，將可獲得行政院長的大位。民進黨與新黨在意識形態上有很大的差異，一般而言政黨合作是比較困難的模式。實際上「大和解、大聯合」方針一出現，來自民進黨內部和黨外的臺灣民族主義勢力都出現反對的聲音。可以了解，民進黨黨中央是為了讓國民黨無法控制國會及行政院，才會有民進黨與新黨可以共享政治利益的想法。

　　實際的選舉結果是，立法委員總數 164 名（過半數 83 名）中，國民黨有 85 名（其中原住民委員 6 名）、民進黨 54 名（其中原住民委員 1 名），而新黨有 21 名當選（無黨籍 4 名），獲得了較選前多三倍的席次。國民黨雖獲得過半數席次，但在野黨的算計則是，在拉攏無黨籍的前提上再倒戈國民黨籍 4 名，就能獲得立法院長的位子，倒戈 3 名的話就能拒絕李登輝所提名的行政院長。只要能創造少數的團結，掌握關鍵一票的機會就會到來。結果，創造出這個團結的是執政黨國民黨籍的原住民立法委員。

　　民進黨與新黨的黨中央在 12 月中旬互訪中央黨部，氣氛融洽。雙方反覆做這類演出，開始摸索「結盟」[40]。以國民黨籍當選的原住民立委蔡中涵（阿美族）與瓦歷斯・貝林（Walis Pelin，泰雅族），在同月 26 日與負責折衝的民進黨和新黨立委共同召開記者會，以兩黨對原住民相關法案的支持為條件，表明支持「大和解、大聯合」，一個月後，兩黨正式在原住民立委所要求的行政院「少數民族委員會」[41] 設立上表明支持立場，甚至決定在 2 月 1 日所舉行的立法院長選舉中支持民進黨主席施明德，在副院長選舉中支持蔡中涵，作為在野黨聯合推出的競選人。

　　此間，國民黨方面由行政院長連戰（再度獲得李登輝提名）與

原住民立委會面，表示將限期以特種委員會形式在中央設置原住民專責機構，但立法院的黨鞭幹部及黨中央以為蔡等人最後必定服從黨意而加以輕視，因此在立法院新會期 1 月 21 日「黨政協調會」的書面資料中，完全沒有觸及原住民立委的要求。因此，蔡中涵及瓦歷斯‧貝林最終決意與在野黨合作。其他 4 名國民黨原住民立委，則因為對兩位偷跑者的反彈與黨幹部的壓力而未同調。

2 月 1 日立法院正副院長選舉，院長方面第一次投票中施明德與國民黨推薦的劉松藩同票（80 票對 80 票，無黨籍 4 名無效票），第二次投票由於民進黨立委有一人投了無效票，導致施明德落敗（82 票對 81 票，廢票 1 票）。至於副院長選舉，則因院長選舉大勢已定，無黨籍立委轉向支持國民黨，蔡中涵對國民黨的王金平以 78 對 84 票（其他兩人各別投票給自己）而落敗。在野黨所稱「二月政改」的第一回合，國民黨在驚險中過關。

第二回合是預定在 23 日進行的行政院長同意權的行使。國民黨以違反黨紀處分蔡中涵及瓦歷斯‧貝林（蔡遭除名，瓦歷斯‧貝林則停權一年），但是威脅還未結束。關鍵一票依然在原住民立委手中。蔡等人再度遊說其他國民黨籍原住民立委，這次他們也給予回應，原住民立委團結一致，在即將來臨的行政院長同意權投票中，以贊成設立由原住民擔任主委、副主委與半數以上委員的「少數民族委員會」作為投贊成票的條件，要求黨幹部在同意權投票前給予回答。一直到 22 日為止，黨、行政院及原住民立委們在緊要關頭持續交涉，同日連戰表明將設立「部會級」（與行政院其他部會同級）而非「特種委員會」的「原住民族委員會」方針。因此，包含被處分兩人在內的 6 名原住民立委轉向支持連戰，國民黨透過與原住民族的妥協，第二回合也驚險度過。

　　關鍵少數票若非原住民族立委所掌握，可能就是國民黨內其他人士用別的政治利權條件來掌握的。對在野黨而言，「二月政改」失敗了，與在意識形態及族群背景皆相異的政黨結盟、分享政治權力的政治實驗，未能嘗試便告終止。但是，對於原住民族而言，這則是在歷經數百年被殖民的歷史之後，首次能夠「脅迫」外來者政權的機會。

　　原住民委員會設立的立法過程並不平順。儘管有連戰在 2 月 22 日的聲明，行政院向立法院提出的卻是「特種委員會」性質的設立案。原住民立委在得到民進黨立委的合作下推翻此案，要求重新提出「部會級」的組織條例案，與原住民立委所提的草案併案送審，11 月 1 日終於在大會表決通過。在原住民立委方面，雖然希望採取「原住民族委員會」的名稱，但最終是以憲法條文採用「原住民族」一詞時再改名的附帶決議來妥協。原住民委員會選擇於 12 月 10 日世界人權日正式開始運作。

（2）第四次憲改與原住民族條文與「平權會」

　　臺灣政治體制的民主化雖然在 1996 年第一屆總統直選實施後就完成了，但「憲改」仍然繼續。後民主化憲改的第一次就是 1997 年的第四次憲改。如前所述，1980 年代後半的政治自由化空間中，自行確立了臺灣原有住民運動之定位的臺灣原住民族運動，在 1990 年代的「憲政改革」過程中也表達理念與要求。1994 年第三次憲改中，雖然獲得「正名」為「原住民」，但當時「臺灣原住民族憲法運動聯盟」的五大要求（「正名」為「原住民族」、立法保障原住民土地權、保障自治權、在行政院設置「部會級」原住民族行政專責機構），則一項也未能實現，藉著前項所談的 1996 年「二月政改」機會，他們才總算只實現了行政院原住民委員會的設置。

　　第四次憲改，是由與 1996 年總統選舉同步選舉所選出的第

三屆國民大會代表來進行。憲法修正案的通過需要四分之三的贊
成，此次選舉民進黨在總數 333 名中獲得 99 個席次。既如所見，
民進黨整體而言以臺灣民族主義理念為出發點，重視原住民族存
在與自有文化，過去以來民進黨提出的憲法草案中，對原住民族
運動的理念亦多所採納。自在第二次憲改時提出的《臺灣憲法草
案》以來，該黨的憲法草案皆設有「原住民族專章」，主張認可
原住民自治權、中央政府內部設置原住民族行政專責機構，國會
內部民族代表制度（各族至少一名）的主張〔施正鋒，2005：160-
161〕。

如此，基本上支持原住民族理念的民進黨，擁有具憲改案否
決權的席次（比率為 29.7%），對原住民族運動而言是有利的，對
於原住民族而言，「憲法機會」仍然持續。在國民大會中，原住
民族國大代表超黨派地作了如下提案：①正名為「原住民族」；
②在憲法明確記載民族自治權、土地權、發展權為主旨。結果①
成功了，至於②則僅有發展權明確載入憲法〔陳滄海，1999：482-
483〕。

具體而言，是在第二次憲改以來增列於《增修條文》，列舉
了「基本國策」條文的第十條中，首先於第九項言明「國家肯定
多元文化，並積極維護發展原住民族語言及文化」。此條文直接
言及「原住民族語言文化」的形式，明確記載以多元文化主義作
為憲法的原則，可以說明確反映了前節所見多元文化主義社會論
述的主流化。

此外，第十項又寫有「國家應依民族意願，保障原住民族之
地位及政治參與，並對其教育文化、交通水利、衛生醫療、經濟
土地及社會福利事業予以保障扶助並促其發展，其辦法另以法律
定之。對於金門、馬祖地區人民亦同」。從原住民族一直以來所

追求的目標來看，這樣的字句雖然較第三次憲改更進一步，但仍嫌曖昧。石垣直以附帶於第十條的「對於金門、馬祖地區人民亦同」字句為例證，指出《增修條文》中的原住民族條文，依然是以《中華民國憲法》中謳歌保障及扶助「邊境地區各民族」的第一六八條及第一六九條為基礎，很難說得上是明確地將原住民族定位為臺灣原本的住民〔石垣，2007：210〕。

之所以以這樣的結果告終，可以推想的因素之一是：到了這個階段，超黨派、超族群（漢族內的）的反原住民族運動勢力，也就是所謂「平權會」抬頭，向國民大會展開積極的遊說活動。所謂的平權會，是在各地發起的「山地鄉平地住民權益促進會（乃至於協進會）」的總稱[42]，自 1980 年代後半開始，原住民族運動抬頭，「還我土地」運動甫展開，對此感到威脅的山地鄉漢族居民，便於 1990 年代開始在各地成立組織。最早是 1993 年 3 月，以該縣山地鄉之仁愛鄉與信義鄉的漢族旅館業者為中心，組成「南投縣山地鄉平地住民權益促進會」。同年 10 月，同樣的組織在臺中縣和平鄉，亦在相關人士主導下成立平權會，翌年宜蘭縣、屏東縣，遲至 1997 年桃園縣，1998 年臺東縣、臺北縣也相繼成立。仁愛鄉、信義鄉比較早有漢族居住，且是山地保留地不法權利移轉較多的地區，在原住民的認知上，亦是土地紛爭較多的地區〔顏愛靜、楊國柱，2004：438〕。

平權會的目標是，廢除「山地保留地制度」，實現山地土地的自由買賣。他們最初的主張是：在獎勵山地開發的同時，卻依然為了保護原住民而對漢族取得土地之權利加以限制，這樣的制度對身為山地鄉少數者的他們是不公平的；原住民已經不是弱者，他們才是山地鄉的弱者，是「二等國民」，請願等行動的對象也從鄉公所擴及地方政府，以迄省政府。

　　然而，當中部地區勢力較強的土地關係企業集團「長億集團」（計畫在和平鄉建設高爾夫球場及娛樂休閒設施）的吳天祐，以臺中縣和平鄉的土地相關人士身分組織該縣的平權會開始介入後，平權會的動向就起了很大變化。吳天祐也是臺中縣地方派系「紅派」人士，他透過政經網絡，藉著鄉村農會、鄉代表大會、「警察之友會」等地方政治據點來擴大平權會會員，對他縣組織亦進行遊說，並在 1995 年成立「全臺平權會」，作為跨縣市的聯合組織。同時更插手介入中央政治，向在南投縣、臺中縣擁有選區的立法委員積極遊說。在野黨方面，包括民進黨內被認為理念色彩較薄弱的「美麗島系」委員、及新黨的委員均有善意回應，後者長期照顧著 1950 年代開闢中部橫貫公路[43] 以後，於山地鄉退役士兵農場開墾維生的外省人。

　　此外，在吳天祐加入的同時，平權會的反原住民族運動論述也有所變化。根據顧玉珍、張毓芬的整理，其主要觀點有二：①臺灣居民全部是外來民族的後裔，「原住民」本來就不存在，只有移居的先後；②現在自稱為「原住民」的民族，不是人類學者所說的「南島語族」（Austronesian），而是十七世紀曾經統治臺灣南部及北部的荷蘭人與西班牙人自「落後地區」帶來的奴隸後裔，應稱為「臺灣地區少數種族」。不論是臺灣原住民族的權利主張，甚至是國際性原住民族運動理念的根本，均加以否定，可說是再度將臺灣原住民「汙名化」的人種主義言論。

　　根據顧玉珍、張毓芬的調查，有關第四次憲改平權會反原住民族條文遊說的活動如下。在民進黨系統方面，是以南投縣平權會會員及民進黨南投縣執行委員楊長山為中心。4 月 28 日首先在南投縣縣議會中安排了「憲法原住民族條文座談會」，到了國民大會審議正式開始的 10 月，製作了批判黨中央目標的「民主進步

黨原住民政策研究」小冊子，向國民大會租借會場舉行演說，與此同時又夜宿國民大會表達立場。另一方面，國民黨則是由南投縣黨部邀請同黨的國大代表，舉辦「憲法原住民族條文公聽會」。此外，6月24日吳天祐等平權會幹部，於臺北市的飯店宴請朝野30幾名國大代表進行勸說，結果成立了「平權會陽明山後援會」此一超黨派的國大代表團體（會長是民進黨籍的楊美娥），26日該會邀請吳天祐等人，舉辦了名為「原住民族自治自決 vs. 非原住民族群調和的主張」的辯論會。

　　我們不能認為，吳天祐這種人種主義式、將臺灣原住民再度「汙名化」的言論，在國民大會獲得了接納[44]，以多元文化主義為「基本國策」的條文（第九項）被列入《增修條文》，應該就是間接的佐證。但是，在李登輝及國民黨主流派不得不在黨內強烈反彈的「凍省」、及取消行政院長同意權之相關條文表決上傾注全力的情況下，確是不得不考量到以地方派系與土地相關企業集團利害為背景，有關原住民族自治權與土地權的疑慮與反彈〔陳滄海，前揭：483〕，而如前章所見，當時民進黨內派系亦有其他的課題必須與國民黨交涉（參考第五章），可以說是沒有與李登輝決裂來爭取原住民族條文的積極因素。

（3）原住民族政策的法制化與「民族自治」的摸索

　　自原住民族運動開始以來便一直追求的中央政府原住民族專責機構（原民會）終於設立，以憲改來使多元文化主義原則「基本國策」化，並將原住民族發展權明列於憲法，此乃臺灣原住民族運動的劃時代進展。如前項所述，有關身處「原住民地區」[45]的漢族居民與平地資本利害相關的部分，當地原住民抗議活動依然持續[46]。另一方面，自1980年代起由原住民菁英主導的「向體制抗議（的行動）」告一段落，在民主化且「臺灣化」刻正展開

的新體制中，可以說進入了以政府內部之原民會為據點，以憲法條文為法源依據，將原住民族政策法制化，並透過以原民會為頂點的行政系統獲得政策資源重組、分配，在加以利用的同時，重建各族與部落中之「民族主體性」內涵的階段。

　　在原住民族政策法制化方面，原民會成立至 2000 年為止，國民黨政權在有關原住民教育方面制定了《原住民族教育法》（1998年 6 月公布），規定在教育部策畫與主管的「一般教育」之外，另由原民會策畫主導「民族教育」。自民進黨實現政權交替至 2006年 12 月為止，制定了規定認定原住民身分之原則及辦法的《原住民身分法》（2001 年 1 月公布）、《原住民族就業權保護法》（同年 10 月公布），以及《原住民族基本法》（2005 年 2 月公布）〔行政院原住民族委員會編印，2005〕。同時亦制定《原住民敬老補助金暫定條例》（分配了 22 億餘元，2002 年公布）、《原住民民族認定辦法》，以及「傳統領域土地調查計畫」（2002-2005 年的四年間）、「原住民族語教材編輯計畫」（2002-2006 年的五年間，及於40 餘種）、「原住民公共業務就對擴大計畫」（規模 5 億餘元）、「原住民就業促進計畫」（2005-2007 年）等政策計畫的推動 [47]。

　　2000 年當選總統的陳水扁，在臺北市長時代便將總統府前大道名稱從具有蔣介石個人崇拜色彩的「介壽路」（於戰後 1946年命名），以曾經居住於臺北地區的平埔族族名改為「凱達格蘭大道」，及率先於臺北市政府內設置原住民族事務委員會（皆於1996 年 3 月完成）等，在民進黨有力政治家中，屬於對原住民族運動理念有一定理解、且有推動相關政策意願的人物。

　　1999 年 9 月陳水扁作為民進黨提名之總統候選人，在達悟族居住地蘭嶼與各族代表在《原住民族與臺灣政府新的夥伴關係》宣言中署名，約定：①承認臺灣原住民族之自然主權；②推動原

住民族自治；③與臺灣原住民族締結土地條約；④恢復原住民族
部落及山川傳統名稱；⑤恢復部落及民族傳統領域土地；⑥恢復
傳統自然資源之使用，促進民族自主發展；⑦原住民族國會議員
回歸民族代表制（停止山地原住民及平地原住民之別）等七項〔行政
院原住民族委員會編印，前揭：1215-1217〕。據說這是受到了 1984
年 UNWGIP 開始起草、於 1994 年決定的《聯合國原住民族權利
宣言草案》影響〔石垣，前揭：206〕。當選後的 2001 年 10 月，
他再度與各族代表簽署《原住民族與臺灣政府新的夥伴關係再肯
認協定》，在此《協定》中，再度確認上述七項與「國家元首」
間的「協定」，並敘述了十二項「實施原則」〔行政院原住民族委
員會編印，前揭：1218-1220〕。

　　縱使這個「協定」不過是總統的政治約定，也未得到立法院
的批准，但總統採取如此行動，對原住民族政策的推動而言則是
有利條件。然而，受到新政權政府運作不成熟及執行體制不安定
（至 2007 年 8 月為止有六位行政院長更迭），甚至在政權下歷經兩
次立法委員選舉也未能脫離少數執政的情況，實際的進展既緩慢
又曲折。「民族自治」在如此波折又延宕的步伐中摸索，這可說
是臺灣原住民族運動的現狀。

　　「遲緩」步伐中最甚者，應該是對原住民族權利來講最重要
的「土地」與「自治」的相關立法無所進展。有關「土地」，原
住民族運動的土地政策批判之一，就是有關原住民土地權利的保
障，不是以法律而是以行政命令來進行。因此，保留地的中央政
府主管機關內政部，於 2002 年 1 月擬定了與法律同位階的《原住
民族土地開發管理條例》草案，在保留地內的土地所有權項中列
入了設置「原住民部落團體」「共有」的範疇〔顏愛靜、楊國柱，
前揭：458-460〕。但是，後來內政部案毫無進展，於是改變程序

將原住民族土地管理的管轄先行移交給原民會。

　　關於「自治」，原民會擬定之《原住民自治區法》草案，於
2003 年 6 月在行政院院會通過，但未見其結果；2005 年《原住民
族基本法》先完成，其內容等同於包含《自治法》相關法律在內
的母法。根據該法，三年內須根據該法原則，進行十多項法令的
制定與修正，但其步伐緩慢〔石垣，前揭：210〕。

　　另一方面，在 2004 年競選總統連任的活動中，陳水扁高唱
「制定合於臺灣現實的新憲法」，雖使得該政權與美國布希政府
的關係惡化，卻仍以極小得票差距獲得連任。同年 10 月，又發言
表示在「制定新憲法」時將設置「原住民專章」，原住民族與政
府關係是「準國家間關係」〔行政院原住民族委員會編印，前揭：
1224〕。得此訊息，原民會成立「憲法原住民族政策制憲推進小
組」，啟動《原住民族憲法專章草案》的起草作業。其間，2005
年 6 月的第七次憲改，進行了廢止國民大會、憲法修正案（由立
法院審議、決定）由公民投票批准、立法院委員席次減半與立法委
員選舉中採小選舉區比例代表並立制等大幅度的制度變更，但原
住民族的相關條文依然如舊。其後《憲法專章草案》的起草仍持
續，2006 年 6 月在原民會的主辦下召開了「原住民族長老、頭目
會議」，對「草案」進行討論[48]。

　　《原住民族基本法》在有關原住民族的政策上，雖然具有作
為其他法令「母法」位階之「準憲法」性格，但只要是法律，就
有在立法院因過半數而遭變更的風險。由於臺灣原住民族不具有
如北美或紐西蘭原住民族、過去曾與統治國家間有「條約締結」
等有利的歷史前例，如原權會等團體一路追求的，以憲法條文明
確保障自治權與土地權，應該才是實現「內部自決」可能性最高
的辦法。

在部落裡頭，如阿里山鄉鄒族山美村達娜伊谷自然生態公園般的社區再造活動[49]、原住民作家的「部落回歸」等重新體現原住民族文化的活動[50]，也可定位成為求實現「民族自治」，形塑「民族主體性」活動的一環，在原住民族各族的層次中，各族致力於籌備「民族議會」的行動自 1990 年代中期開始。他們將《憲法增修條文》中的「發展權條文」、「國家應依民族意願，保障原住民族之地位及政治參與」等字句，視為「民族自治」的根據，首先從準備「自治」的實體組織目標開始，成立「民族會議」，作為具有法律根據之「議會」的前一階段。[51]。

（4）多變的多元文化主義的環境條件

在此，我們有必要觸及這個多元文化主義的環境條件本身的變化。這是一種嶄新、另類的多元文化傾向的影響力。在臺灣，民主化、臺灣化，以及多元文化主義展開等政治結構變動發生的時期，也是新一波全球化浪潮襲向臺灣的時期。綜觀我們一路討論過來的多元文化主義，若將其形成過程作為臺灣史連續殖民經驗上展開的去殖民地化產物來理解，那麼以二十世紀最後四分之一世紀以來全球化為背景的另一個多元文化的傾向，即所謂「跨國脈絡」下的多元文化，亦在此脈絡下於此時期的臺灣發生。諸如①外籍勞工的流入、②「婚姻移民」的增加、③日本製品融入生活、④「麥當勞」所象徵的美式大眾消費文化之進入等等，給國族認同或國家界線帶來影響〔Chun, 2002: 113〕。

如果說，上述的③與④等被吸收、消化成發自臺灣的大眾消費文化，在跨越臺灣海峽的華語社會中被消費又反饋到臺灣，因此有造成強化華語國際主義、加劇臺灣民族主義「文化不孕」之可能性的話，①與②，特別是②，作為一項在人口構成上有改變臺灣社會族群結構影響力的因素，則值得吾人注意。這些「婚姻

移民」大部分是女性，特別是占有近四成（超過六成來自中國大陸）的越南、印尼、泰國等國出身的新娘及其子女，被稱為「新臺灣之母」、「新臺灣之子」、「新移民」甚至是「第五族群」，顯示他們在社會上也已成為不可忽視的存在 [52]。

　　Alan Chun 認為，作為去殖民地化產物的多元文化主義、與以全球化為背景的多元文化影響的產物無法並存，不久的將來它們將會發生衝突〔同前：103〕。對於這個全球化範疇的廣泛影響，臺灣政府與社會如何回應 [53]，可以說深深關係到與臺灣原住民族「民族自治」的夢想去向──這個臺灣另一個去殖民地化的方向。

三、變貌躊躇的認同

1. 拼布化的國家象徵

　　在本書第四章中，我們確認了戰後臺灣國家政治正統性基礎的臺灣化（從近代中國的革命歷史轉換到以民主來體現的「以臺灣為範圍」的民意），與民主化在同一時期發生；在第五章則觀察到，透過以總統直選制為軸而進一步展開的憲改，使得過去蔣介石欲在「反攻大陸」時攜回而一路堅持的「中華民國」國家形式，開始發生崩解。在此過程中，多重族群社會中「還占者優位」崩壞，過去主要屬於社會裂痕的「省籍矛盾」，在民主選舉機制下變形為新的政治分裂（第六章），同時，中國國民黨作為官方中國民族主義國民統合理念的權威衰退，反而是多元文化主義的統合理念（儘管其扎根程度仍有待討論），晉升為「基本國策」（本章第二節）。此外，政權交替後，受到臺灣「正名」運動等壓力的民進黨政權，進行了公共設施及政府發行證件的「正名」[54]，及基於「臺灣主體性」觀點改訂教科書的敘述方式 [55] 等等臺灣化措施（就「泛藍」陣營及中國共產黨而言則批判其為「去中國化」）。

　　這樣的變動，也給「中華民國」的國家象徵帶來影響。本節將從李登輝政權末期決定的紙幣與貨幣圖案變更、以及國定節日變化，來看「中華民國臺灣化」造成國家象徵變化的一端。

（1）紙幣與硬幣的象徵

　　1999 年 3 月，臺灣的中央銀行公告將自 2000 年 7 月開始改革銀行券。第一，一直以來臺灣貨幣「新臺幣」的發行者均是省營的臺灣銀行，但自該日起改以國營的中央銀行為發券銀行，正式以新臺幣為「國幣」；第二，大幅度變更紙幣的設計〔Corcuff, 2002a: 92〕。第一項改革可說是配合了 1997 年憲改對國家結構做的變更（臺灣省的「凍省」）。

　　表 7-1 為新臺幣紙幣新圖案的一覽表，以與舊圖案相互對照的方式呈現。如表所示，舊圖案乃以孫文及蔣介石的肖像為中心，長期未做變更，只在 1992 年及 1996 年才終於有無兩者肖像的硬幣發行。聯想至此，第二項改革可說是一項很大的變化，雖說如此，但也未將兩者肖像及其他「中華民國」象徵完全排除。這就是高格孚（Corcuff）將之形容為「拼布」的理由所在〔同前〕。

　　有關新圖案的特色，可以看出：①減少「中華民國」象徵人物肖像（孫文與蔣介石）的比重（孫文只留於最低額的紙幣，蔣介石肖像則是自 1000 元紙鈔降格至 200 元）；②取而代之，「中華民國」的象徵改由較不易引起爭議的建築物（中山樓）及花（梅花）來代替；③象徵臺灣的圖案雖然首次被採用，但這部分也是迴避容易引起爭論的歷史人物肖像，而選擇了兒童、少年、動物、山岳等意象。在紙幣以外，④20 元硬幣與這些紙幣同時發行，首次明確地採用臺灣原住民族象徵（正面是被視為霧社事件英雄的莫那‧魯道，背面為達悟族文化象徵的拼板舟），也是新的變化。

　　此種象徵的安排配置，既可說是依循多元文化主義理念的多元化表現，亦可說是「拼布式」的表現。與舊圖案相比，這些新圖案稱得上是象徵了中華民國臺灣化的進展，但若著眼於其「拼布式」的樣貌，則可說它如實地象徵了圍繞著歷史記憶龜裂的深刻程度、及相關國民統合理念的不確定狀態。

表 7-1　臺灣新紙幣的圖案一覽（中央銀行 2000 年 3 月 2 日發表）

| 金額 | 正面 | | 背面 | 新鈔 |
	舊圖案	新圖案	新圖案	發行年月日
100 元	「國父」（孫文）	「國父」	中山樓＋梅花	2001 年 7 月 1 日
200 元（全新發行）		蔣介石	總統府＋蘭花	2002 年 7 月 1 日
500 元	蔣介石	紅葉少棒隊	梅花鹿＋大霸尖山＋竹	2001 年 7 月 1 日
1000 元	蔣介石	小學生學習場景	玉山＋帝雉＋菊花	2000 年 7 月 1 日
2000 元		衛星電視雷達	櫻花鉤吻鮭＋南湖大山＋松	2000 年 7 月 1 日

註 1：100 元、500 元、1000 元舊紙幣與 50 元紙幣（正面圖案為孫文肖像）、50 元舊硬幣（梅花圖案），在 2002 年 6 月 30 日停止流通。2000 年 7 月 3 日起新臺幣正式成為國幣，發行權由臺灣省營的臺灣銀行轉為國營的中央銀行。

註 2：2001 年 7 月 1 日發行新的 20 元硬幣，正面為莫那・魯道，背面為達悟族的拼板舟。

註 3：中山樓：位臺北市郊陽明山的國民代表大會會場。／梅花：中華民國國花。其他如蘭、竹、菊、松也是中國傳統的裝飾圖案素材。／紅葉少棒隊：臺東縣的少年棒球隊，1968 年以 7：0 擊敗自日本來訪的日本代表隊。這是臺灣球隊首次戰勝外國球隊，成為造就 1970 年代少棒熱潮的契機。1972 年臺灣代表隊又在美國的世界大賽中優勝。／大霸尖山：位於臺灣中部雪霸國家公園的高山，海拔 3,480 公尺。／帝雉：瀕臨絕種的臺灣特有雉。／玉山：位於臺灣中部玉山國家公園內的高山。

出處：筆者製成。

資料來源：《中國時報》，2000 年 3 月 3 日；Corcuff, 2002。

（2）紀念日與節日

1945 年以後臺灣納入中華民國，於是中華民國的紀念日與節日也成套地移入。不過，根據川島真的研究，這些紀念日與節日在分裂國家化後的臺灣裡頭，未必一律是有所扎根的。

例如，在對日戰爭相關的紀念日方面，7 月 7 日的對日抗戰紀念日、9 月 18 日的九一八事變紀念日，進入了 1950 年代便逐漸不受關注。現在的《紀念日與節日實施辦法》將紀念日與節日分為「紀念日」、「民俗節日」及「一般節日」，上述紀念日與節日，在這些法規裡也不留痕跡。9 月 3 日，日本軍與盟軍簽署投降文件的翌日，則作為對日抗戰勝利紀念日而受到重視，1955年更以軍人節之名加以制度化。但是，軍人的華麗演出大多是在總統府前閱兵較多的雙十節（10 月 10 日，辛亥革命紀念日），軍人節在臺灣並未扎根〔川島，2007：189-190〕。而真正作為「中華民國」紀念日而落實的，是「象徵殖民地統治的終焉與中華民國對日勝利，以及中華民國臺灣統治正統性三者」的光復節（10 月25 日），以及象徵與中華人民共和國國家正統性不同的雙十節〔同前：191、195〕。

但是，即使是扎了根的紀念日，也隨著臺灣化的進行，及其象徵性緣故，而成為各種政治動員的時間性舞臺。例如光復節。1988 年，「臺灣農民權利促進會」團體在光復節當日舉行首次示威遊行，1990 年指責郝柏村內閣為軍人內閣要求下臺的「反軍人干政聯盟」遊行，1992 年「無殼蝸牛運動聯盟」的集會，1993 年臺灣文化促進會、臺灣聯合國加盟同志會等獨立運動團體舉辦之「臺灣共和國國民大會」，1994 年反核團體的反核四全臺行腳以該日為出發日，2002 年原住民族諸團體進行要求「光復」「原住民族傳統領域」的一系列活動〔薛佩玉，2004：138〕。此外，1995

年是中日甲午戰爭一百週年且是日本戰敗五十週年，是相關記憶
與爭議浮上檯面的一年，民進黨籍陳水扁市長主政的臺北市政府，
不出所料地不使用「光復」一語，而是舉辦「落地生根——終戰
五十年」的紀念活動。新黨等批判彼為何不祝賀「抗戰勝利五十
週年」，民進黨中央則主張廢止對臺灣而言沒有意義的「光復節」
〔若林，1997：180-181〕。此外，如第五章所述，2003 年民進黨在
高雄市也舉辦了訴求「公投制憲」（以公民投票制定「臺灣新憲法」，
不依據現行憲政程序）的集會。

　　只是，即便有上述爭論，但紀念日、節日至今為止實現的形
式變化並不多。1995 年《實施辦法》的修正，新設紀念二二八事
件的「和平紀念日」，2006 年的修正，則針對中國《反國家分裂法》
表示抗議，將中國全國人民大會表決通過的 3 月 14 日作為「反侵
略日」。現行的《實施辦法》（譯注：指 2006 年修正版本）一覽如
表 7-2 所示。從中可以看出：①「紀念日」除了上述的和平紀念
日與反侵略日以外，是以強調「中華民國」歷史正統性及其領導
之存在為主；「紀念日」與民俗、一般節日結合者甚多，可說是
一特色。從民進黨政權的理念來看，②「紀念日」有許多應該廢
除，但有關個人崇拜與「中華民國」色彩淡化，只以與假日脫勾
的形式來進行，名目上仍然保留。在此也可以看出國族認同拼布
般的樣貌。

　　這一點，與其說爭論與變化不成正比，不如說那就像川島真
所指出的，「中華民國」紀念日雖然作為制度而留存，但其意義
隨著時間而逐漸流逝，既不為大眾所意識，也不被熱心宣揚；另
一方面，「爭論」背景裡歷史記憶的裂痕又太過棘手，是故一如
紙幣的圖案，唯有漸進的變更才是可行。有關其原因，套用歷史
記憶的解釋方式來說，那是因為「臺灣內部記憶存在多樣性，在

那多樣性上覆蓋著中華民國的故事，臺灣的故事便是以相應於此的形貌而形成的」〔川島，前揭：173〕。

表 7-2　臺灣紀念日與節日一覽（2006 年 3 月的情形）

名稱	種類	月日	假日	制定年
中華民國開國紀日	紀念日	1 月 1 日	1 月 1-2 日	
道教節	一般節日	1 月 1 日		
農曆除夕	民俗節日	農曆 12 月 30 日	當日	
春節	民俗節日	農曆 1 月 1 日	農曆 1 月 1-3 日	
和平紀念日	紀念日	2 月 28 日	當日	1995
婦女節	一般節日	3 月 8 日		1924
反侵略日	紀念日	3 月 14 日		2006
國父逝世紀念日	紀念日	3 月 12 日		
植樹節	一般節日	3 月 12 日		
革命先烈紀念日	紀念日	3 月 29 日		1943
青年節	一般節日	3 月 29 日		
兒童節	一般節日	4 月 4 日		1931
蔣公逝世紀念日	紀念日	與民族掃墓節同日		1975
民族掃墓節	民俗節日	農曆清明	當日	1934
勞動節	一般節日	5 月 1 日	當日（勞工休假）	
佛陀誕辰紀念日	紀念日	農曆 4 月 8 日		
端午節	民俗節日	農曆 5 月 5 日	當日	
軍人節	一般節日	9 月 3 日	當日（軍人休假）	1955
中秋節	民俗節日	農曆中秋	當日	
孔子誕辰紀念日	紀念日	9 月 28 日		
教師節	一般節日	9 月 28 日		

（續前表）

名稱	種類	月日	假日	制定年
國慶日（雙十節）	紀念日	10 月 10 日	當日	
臺灣光復節	一般節日	10 月 25 日		
蔣公誕辰紀念日	紀念日	10 月 31 日		1975
國父誕辰紀念日	紀念日	11 月 12 日		
中華文化復興節	一般節日	11 月 12 日		
行憲紀念日	紀念日	12 月 25 日		

註：紀念日除規定懸掛國旗外，中央政府、地方政府及學校等相關機關亦舉辦紀
　念活動。
出處：筆者製成。
資料來源：http://law.moj.gov.tw/Scripts/Query4A.asp?FullDoc=all&Fcode=D0020033
　　（2007 年 3 月 29 日擷取）；林美容，1996：2-3。

2.「麵包」與「愛情」──中華民國臺灣化與民眾的國族認同

　　至目前為止討論「中華民國臺灣化」的過程中，住民本身在國族認同上的自我意識又是如何變化的呢？借用筆者在另一本著作〔若林，2001a〕標題中所用的形容來說明，乃是一「變貌躊躇的認同」，此種狀態所帶來的困境，借用臺灣政治學者吳乃德的形容來講，就是臺灣住民面臨了「麵包與愛情」的困境〔吳乃德，2005〕。以下，本小節將透過吳乃德據問卷調查所做的觀察與見解，確認臺灣住民的國族認同。

　　有關臺灣住民的國族認同，在臺灣媒體中時常被提及的是新聞媒體本身或各種民調機構所實施的調查，包括：（甲）認同意識調查（許多場合是以提示「我是臺灣人」、「我是中國人」、「兩者皆是」等三個選項來進行），以及（乙）對臺灣將來看法的調查（大

多是分類為臺灣將來「應該獨立」、「應該與中國統一」以及「維持現狀」
等三個範疇的幾個可能選項，來令其選擇）。

　　表 7-3 所列者，是政治大學選舉研究中心幾乎定期實施，有
關（甲）的調查數字。自認為是「臺灣人」的比例，在李登輝政
權時超過三成，政權交替後達到四成；自認為是「中國人」的比例，
在李登輝政權後期落到兩成以下，在陳水扁政權時落到一成以下。

表 7-3　「臺灣人」「中國人」認同：1991-2006 年

問卷調查實施年月	「臺灣人」%	「中國人」%	「都是」%	其他 %	總計 %
1991.2 *¹	13.6	13.0	73.4	0.7	100
1992.8 *¹	23.7	23.4	49.7	3.2	100
1993.8 *²	32.3	43.9	19.6	3.9	100
1994.7	33.8	27.3	35.8	3.1	100
1995.8	30.3	18.9	45.1	5.8	100
1996.8	23.1	15.8	50.9	10.2	100
1997.6	33.7	19.2	42.1	5.0	100
1998.6	35.9	16.4	41.5	6.2	100
2000.6	36.9	13.1	43.8	6.2	100
2003.6	41.5	9.9	43.8	4.9	100
2004.8	45.7	6.3	45.4	2.6	100
2005.6	42.9	7.2	45.0	4.9	100
2006.6	44.1	6.2	44.4	5.3	100

*1）「是中國人也是臺灣人」、「是臺灣人也是中國人」、「中國人與臺灣人沒
　　有不同」等選項合併至「都是」選項中。
*2）該年沒有「都是」選項，必須自「臺灣人」與「中國人」兩者擇一。該年「兩
　　者皆是」的數值是得自選擇「很難決定」受訪者的比例。
出處：筆者製成。
資料來源：政治大學選舉研究中心 http://esc.nccu.edu.tw/newchinese/data/TaiwanCh
　　　　　ineseID.htm（2007 年 3 月 29 日擷取）。

　　關於（乙）的臺灣住民國族認同，同樣將政治大學選舉研究中心調查所得之數字略加簡化，整理於表 7-4。如同中外媒體屢屢指出的，統一意願漸減、獨立意願漸增，另一方面「維持現狀」的意願也很強。

表 7-4　臺灣民眾的「統獨」立場（％）

問卷調查實施年月	「儘快統一」	「偏向統一」	「維持現狀再決定」	「永遠維持現狀」	「偏向獨立」	「儘快獨立」	無反應
1994.12	4.4	15.6	38.5	9.8	8.0	3.1	20.5
1996. 6	2.2	18.1	29.9	16.2	9.3	3.6	20.9
1998. 6	2.4	15.9	29.9	15.9	11.0	5.0	19.9
2000. 6	1.8	17.2	29.5	19.6	12.5	3.0	16.3
2002. 6	2.3	15.7	36.6	15.2	14.1	3.8	12.1
2004. 6	1.3	10.5	36.8	21.0	15.1	4.3	11.0
2006. 6	1.7	11.7	38.3	20.8	12.9	5.8	8.9

出處：筆者製成。
資料來源：政治大學選舉研究中心 http://esc.nccu.edu.tw/newchinese/data/TaiwanChineseID.htm（2007 年 3 月 29 日擷取）。

　　但是，若要觀察臺灣住民的國族認同變化，或許這些問卷的提問方式未必適切。在（甲）調查所提問的「臺灣人」、「中國人」，其內涵未必一定。雖說是「臺灣人」，對某些人而言也許具有明確的國族認同，但對某些人而言也許單單只是一種長期居住下所產生的住民意識。就算是「中國人」，有將之作為國族認同來認知的，也應該會有將之視為文化認同的接受者。在（乙）中，雖然近年與中國東部沿海地區的經濟面差距正在縮小，但與中國大陸間所存在的種種差異或差距也許讓他們不好選擇統一；中國始終不明白表示對臺灣放棄行使武力，還加強導彈恐嚇，

「臺獨意味戰爭」的這個認知，或許也令民眾對選擇「獨立」感到躊躇。

　　為了克服這些難處，以得到更近乎國族認同的分布，吳乃德思考了其他對策進行調查，其結果整理於表 7-5。問卷依此方式，詢問回答者兩種提問，也就是 A：「如果經濟、社會、政治等各項條件的差距消失，臺灣應與中國統一」，或 B：「如果臺灣獨立後也能與中國間維持和平的話，臺灣應該獨立」的贊成或反對意見。藉由這些附帶假設的發問，可以排除回答者在關於臺灣政治共同體選擇偏好的干擾因素（差距與戰爭），而得到更近似國族認同分布的數值。據此，我們可以大略地將當然贊成 B，即便與中國間的差距消失也反對統一的回答者（向 A 說不）歸類為「臺灣民族主義者」；將當然贊成 A，即便與中國間能夠維持和平也不願走向獨立的回答者則歸為「中國民族主義者」的兩種性格。對於雙方皆贊成者為「務實主義者」，雙方皆不贊成、拒絕選擇者則為「保守主義者」。

表 7-5　臺灣民眾的國族認同（%，人）

年月	中國民族主義者	臺灣民族主義者	務實主義者	保守主義者	全無意見	總計
1992.2	38.0（472）	9.3（116）	25.0（311）	11.0（137）	6.6（82）	100（1,243）
1993.2	27.6（371）	10.3（138）	25.4（341）	7.4（100）	19.9（267）	100（1,343）
1996.5	16.9（235）	21.3（296）	38.8（540）	2.9（40）	12.3（173）	100（1,382）
1998.7	16.8（297）	22.4（396）	36.0（637）	5.8（102）	7.5（133）	100（1,767）
2000.8	19.3（272）	24.0（338）	34.4（485）	6.6（93）	9.0（127）	100（1,409）
2003.8	18.1（364）	31.5（636）	24.2（487）	18.8（378）	4.0（81）	100（2,016）
2004.8	15.0（273）	28.8（525）	23.9（435）	12.2（222）	10.4（190）	100（1,823）

註 1：由於尚有「其他」項目，故四項目的合計不等於總計。
出處：吳乃德，2006，表 2 簡化後所得。

　　從上述數據及表 7-6、表 7-7 的數據，吳乃德認為在有關臺灣住民國族認同動向上，可作以下五點觀察。

　　第一，「臺灣人」意識持續伸張。此點可以表 7-5 中的數字作為支持，也就是「臺灣民族主義者」在 1996 年前後倍增，其後也維持著 20% 的比例。如前所述，此一「臺灣人」意識內涵雖然不易確定，但說得上是印證了社會中「臺灣性」復權與抬頭的傾向。

　　第二，「中國人」意識持續減退。這可由表 7-5 中「中國民族主義者」比例的逐漸減少來獲得印證。而這也呼應到國民黨官方中國民族主義已經失去定義國民意識能力的傾向。在 2000 年總統選舉中，自我標榜為「臺灣之子」的陳水扁，在國民黨勢力分裂下漁翁得利；在 2004 年選舉中，儘管國民黨與親民黨實現合作（連—宋配），但他強調臺灣民族主義的競選活動仍然奏效，千鈞一髮獲得過半數的選票，這應該也不能與民眾認同的動向切割開來考慮。

　　第三，儘管「中國民族主義者」持續減少，在民進黨政權下「臺灣民族主義者」比例也停留在三成左右。有關這個停滯現象，吳乃德雖認為無法指出確切要因，但一方面也認為這或許受到與中國經濟關係的加深、中國對臺灣經濟吸引力的增加所影響。作為其根據，在 2003 年的調查中，關於「為了臺灣的經濟發展，到了必要時刻應該與中國統一」看法的提問，有四成贊成，反對者僅三成左右；屬於「臺灣民族主義者」範疇的回答者，也有近於兩成的贊成者〔吳乃德，2006：14〕。可謂「麵包與愛情」的困境。

　　第四，國族認同的不安定性。為了測定這個現象，2000 年吳乃德針對 1998 年所調查的同一樣本進行同樣的調查。其結果整理於表 7-6。1998 年是「臺灣民族主義者」，在 2000 年也是「臺灣

民族主義者」者不滿四成，「中國民族主義者」亦如此，也就是說兩年間這兩種「民族主義者」改變立場的超過六成。

表 7-6　國族認同的不安定性

1998 年的國族認同	比率 %（樣本數）	2000 年的國族認同	比率 %（樣本數）
臺灣民族主義者	22.4（239）	臺灣民族主義者	38.1（91）
		務實主義者	41.4（99）
		中國民族主義者	3.8（9）
		其他	16.7（40）
務實主義者	38.4（409）	臺灣民族主義者	60.4（247）
		務實主義者	12.2（50）
		中國民族主義者	10.5（43）
		其他	16.9（69）
中國民族主義者	16.1（172）	臺灣民族主義者	37.8（65）
		務實主義者	8.7（15）
		中國民族主義者	37.2（64）
		其他	16.3（28）
其他	23.1（246）	臺灣民族主義者	31.7（78）
		務實主義者	16.7（41）
		中國民族主義者	36.2（89）
		其他	15.4（38）
總計	100.0（1066）		

出處：吳乃德，2006：15-16。

　　第五，吳乃德又指出，臺灣民眾在國族認同面向上雖然因為種種因素而呈現分裂與不安定的現象，卻強烈表現出臺灣作為政

治體的（「以臺灣為範圍」的政治共同體）公民自主性。民進黨從成立前的黨外時期開始，即揭示「臺灣前途住民自決」，所以在學界方面，自 1990 年代初起就有許多以各種形式試探民眾政治態度的問卷調查，詢問「臺灣前途的決定者是誰？」。根據吳乃德的研究，在 1991 年（該年 10 月民進黨將「公民投票式臺灣獨立」綱領化）的調查中，贊成「臺灣前途應由臺灣全體民眾自行決定」選項者，不過 55%，但到了 1998 年，有超過 83% 的比率贊成「只有臺灣的兩千一百萬住民與擁有中華民國國籍的海外人士可以參加決定臺灣前途的公民投票」。同時，這個主張理所當然有將近 95%「臺灣民族主義者」贊成，「中國民族主義者」也有超過 72% 贊成。在 2003 年調查中，提問方式有所改變，有關上述的公民投票，回答者中超過 80% 回答應排除「大陸的中國人」。其中，理所當然地有將近九成的「臺灣民族主義者」認為應該排除，「中國民族主義者」中也有超過八成認為應該排除（表 7-7-1 及表 7-7-2）。

表 7-7-1　國族認同與政治共同體的範圍　1998 年（％）

針對「若由住民投票決定統一或是獨立，有投票資格者為誰？」的回答

	臺灣民族主義者	中國民族主義者	務實主義者	保守主義者	其他	總計
「臺灣 2100 萬人民」	79.3	48.5	65.5	58.8	60.4	64.3
「臺灣 2100 萬人民」與持有「中華民國」國籍的海外人士	15.4	23.6	22.1	26.5	11.2	18.9
「臺灣 2100 萬人民」與中國大陸 10 億人民	1.0	8.1	2.8	3.9	2.2	3.2
所有的海外華人	3.5	16.2	8.6	9.8	10.1	9.1
其他	0.8	3.7	0.9	1.0	16.1	4.4
總計	100.0	100.0	100.0	100.0	100.0	100.0

出處：吳乃德，2006，表 5 簡化後所得。

表 7-7-2　國族認同與政治共同體的範圍　2003 年（％）

針對「若由住民投票決定統一或是獨立，中國大陸的住民是否應該參加？」回答

	臺灣民族主義者	中國民族主義者	務實主義者	保守主義者	其他	總計
應該參加	5.7	10.4	13.8	9.5	2.6	9.0
不應參加	89.6	80.2	77.2	81.7	44.4	80.1
不知道	4.7	9.4	9.0	8.7	53.0	11.0
總計	100.0	100.0	100.0	100.0	100.0	100.0

出處：吳乃德，2006，表 6 簡化後所得。

　　這超過八成的「中國民族主義者」，儘管他們期待將來中國統一，但同時也認為只有臺灣（「中華民國」）的公民才能參與決定。吳乃德觀察發現，在這些「中國民族主義者」的國家信念裡，「民族成員」不等同「政治公民」，並認為包含旅居海外的「中華民國」人民在內的臺灣住民，才是可以決定臺灣未來的主體，這是臺灣民眾在國族認同上分裂的最大共識，也是臺灣民主化最大的成果之一〔同前：17-18〕。

　　如第三章所述，若由臺灣的國際社會地位及 1980 年代以降的對中關係來看，所謂的中華民國臺灣化，也包含臺灣社會受到「連結著中臺既要拉離又難以抵抗的根本性矛盾衝動」牽動的現象。這裡所介紹的吳乃德有關臺灣住民國族認同的五點觀察，亦可說是呈現了受此「衝動」所牽動的臺灣社會樣貌。

　　而吳乃德所提第五點，臺灣的民主體制在民族主義政黨制下的政治競爭中，如第六章所見產生了「藍綠對抗」這個新的族群矛盾局面；同時，另一方面也依然有持續作為競合臺灣選民形成國民之舞臺的高度可能性。就下一章將談到的，與以「現狀維持」

為基調、由美中協調所形成的「七二年體制」調整間的關係而言，在第五點共識中所提示的「臺灣前途住民自決」，作為臺灣選民政治共同體的「底線」、「紅線」，也就是無可讓步的界線而浮上檯面。

【註釋】

1 以下所述迄1990年為止的過程皆根據二二八和平日促進會編〔1991：21-94〕。

2 自重新審視二二八事件運動開始以來，臺灣長老教會便扮演重要角色。參考莊天賜〔1998〕。

3 以下所述，自犧牲者遺族代表與李登輝會面後，至《二二八事件處理暨補償條例》制定完成的過程，參考鄭明德〔1997：128-129，81-113〕。另外，立法院的審議情況則參考立法院祕書處編〔1996〕。

4 內政、司法聯席委員會第五次會議（1993年6月16日）中，賴澤涵（《報告書》總主筆）的發言〔立法院祕書處編，前揭：199〕。

5 國民黨中央政策會主辦第二次公聽會（1994年3月31日）中二二八事件受難者代表們其中一位的發言〔中國國民黨中央政策會編，1994：56〕。

6 這些法案的資料來自立法院祕書處編〔前揭：1-10〕。

7 「二二八事件賠償條例案」的資料，刊載於〔同前：329-349〕。

8 當日表決通過的法案資料，刊載於同前〔540-543〕。

9 這是馬英九在當選後首次面臨的二二八事件紀念活動中的致辭發言。當時的致辭皆使用俗稱臺語的閩南語來進行〔《中國時報》，1999年3月1日〕。

10 財團法人二二八事件紀念基金會「案件統計」http://www.228.org.tw/pay228_statistics_case.php（2007年12月30日擷取）。

11 《戒嚴時期人民受損權利回復條例》以及修正後的《戒嚴時期不當叛亂暨匪諜審判案件補償條例》資料，可以在「戒嚴時期不當叛亂暨匪諜審判案件補償基金會」網站上看到（2007年11月24日擷取）。

12 「本會簡介」http://www.cf.org.tw/about/index1.php（2007年11月24日擷取）。

13 上列網站「審查結果統計表」http://www.cf.org.tw/about/index.php?id=4（2007年12月30日擷取）。

14 事件遺族曾經數度向法庭提告彭孟緝，但全數不起訴處分〔《中國時報》，
1998年6月3日〕。

15 如果通過民進黨主導下擬定的立法院內政、司法聯席委員會《二二八事件
賠償條例》，在行政院設置賠償委員會的話，對加害者的追究將可能稍強。

16 彭孟緝的兒子彭蔭剛在父親過世喪禮結束（1997年12月19日）後於報紙
上刊出的廣告啟事中，指名事件犧牲者之一的涂光明為「暴徒」，替父親
在當時的行動辯護〔《中國時報》，1998年1月9日〕。這是對此一事件的重
新審視暫告一段落以後發生的事。涂光明的遺族以毀損名譽提告彭蔭剛
〔《中國時報》，1998年6月3日〕。

17 以上敘述是根據總統選舉投票日後筆者的實際見聞與《中國時報》同一
時期的報導。

18 樂信・瓦旦（1899-1954）的父親為大豹社大頭目。他在激烈抵抗後投降
日本時的條件是讓樂信・瓦旦接受教育。（但是，蕃童教育所一般是寄宿
制，就當時情況而言，讓小孩入學等於是遭日本人質扣押一般。）總督府的
「理蕃」有關當局，首先是讓樂信進入角板山蕃童教育所，然後又讓他轉
學到平地的桃園高等小學校。其後，樂信・瓦旦進入臺灣總督府醫學專門
學校，1921年畢業，之後在泰雅族地區各地擔任「公醫」（總督府派遣的
醫師），也協助「理蕃」當局推動原住民的「生活改善」。在蕃童教育所入
學之際，他被命名為「渡井三郎」，但1929年在當局介紹下與日本人日野サ
ガノ結婚後，改名為日野三郎。1945年獲選為總督府評議員。戰後作為原
住民有力者，獲選為臺灣省政府諮議、省參議員，1951年當選第一屆臨時
省議會議員〔范燕秋，2001：131-135〕。泰雅族作家瓦歷斯・諾幹認為他在
〈陳情書〉中「若無則光復於祖國之喜何處有之？」字句觸犯當局忌諱〔瓦
歷斯・諾幹，2003：200〕。

19 與林忠義聯名。原文為日文。林瑞昌遺族所提供的原文在瓦歷斯・諾幹
〔2003〕書中收錄為「附錄」〔同前：206〕。

20 吾雍・雅達烏猶卡那（1908-1954）。於阿里山達邦蕃童教育所在學中，父
親在曾文溪因意外而死，為嘉義郡守收養，畢業後轉入嘉義尋常小學校，
後進入臺南師範學校，1930年畢業，歸鄉後被任命為巡查，也任蕃童教育

所教師，協助理蕃當局從事「生活改善」，也奔走、投入水稻技術普及、杉及竹的栽培、廢止家族死亡後埋葬於家中的習慣、青年會的組織等工作。1945年8月日本戰敗消息傳來後，他便致力於維持故鄉治安，隔年吳鳳鄉設治後任鄉長。二二八事件時作為鄒族領袖，深深關係到鄒族的因應態度。此外，他自師範學校時代就對音樂抱持強烈興趣，創作有〈長春花〉、〈打獵歌〉（鹿狩り山狩り），以及因「匪諜事件」入獄時因思念妻子春子（鄒族）而寫的〈春之佐保姬〉（春の佐保姬）等，至今仍為鄒族傳唱的歌曲〔浦忠成，2001：139-143〕。

21 與嘉義農林出身的安井猛（莫俄・亞舒庫）聯名。原文為日文。中央研究院近代史研究所編印〔1993：286〕。此外，將這些「出土」的樂信・瓦旦與吾雍・雅達烏猶卡那的言論，作為「臺灣原住民自治主義根源」來討論的研究，有吳叡人〔2005〕。

22 1950年代政治犯的最後出獄時間是1984年12月。據稱原住民族中因「白色恐怖」被逮捕的至少有45名〔瓦歷斯・諾幹，2003：175、178〕。

23 《高山青》的主要報導在夷將・拔路兒（Icyang Parod）等編著〔2008a〕中可見。該史料集雖摘錄至第五期為止的報導，但不知何故未收錄第四期。

24 《高山青》成員在該年學年末由中國青年反共救國團（蔣介石長男蔣經國模仿蘇聯共產主義青年團設置的青年學生控制組織）舉辦的「北部地區山地大專學校學生聯誼會」派對中，發送了創刊號給大約300名的原住民學生，翌日部分原住民學生被所屬學校的軍訓教官要求交出雜誌，並遭訓戒〔夷將・拔路兒，1994：23〕。

25 陳良玉〈高山族是我兄弟——訪《高山青》執行編輯伊凡・尤幹〉〔《暖流》第13期，1983年7月15日〕。

26 就原住民族運動而言，長老教會是不會被國民黨控制之運動資源（如會議場所等物理性空間、街頭運動、集會等等從部落動員的網絡、國際性連攜的協助、運動的領導）的珍貴提供者。參考〔Stainton, 2002〕。

27 根據排灣族出身的法學者高德義所言：「所謂自然主權，是強調原住民是臺灣最早期的主人，國家體制尚未構築前就擁有使用土地的權利」〔石垣，2008：206〕。根據石垣所言，這「可以視作英國舊殖民地諸國中經常

被討論的原住權，甚至也是作為這諸多權利的法理根據，相當於原住權利根據的概念」〔同前：207〕。

28　「宣言」資料參考夷將‧拔路兒（Icyang Parod）等編著〔2008a：192〕，日文翻譯參考若林、田中、谷垣編〔1995：104-107〕。

29　有關臺灣原住民族方面，討論此一概念的著作，有謝世忠〔1987〕。

30　至2000年第六次修憲為止的《增修條文》資料，參考〔陳新民，2002：311-333〕。

31　然而，姓名的「正名」未有進展，根據報導，在十年後即2005年7月初的時間點上，正名者未滿1,000名，而且據稱一度申請恢復族名，又再度申請漢名者超過50名。原因是漢族社會對原住民族姓名的認識與尊重程度過低，以及改名登錄手續不方便等〔《自由時報》，2005年7月3日〕。

32　一直以來被視作原住民族各個部落進行狩獵、燒耕農業等「傳統領域」土地，應該是日本殖民時期臺灣總督府所概算的「蕃地」（從與原住民族地區相鄰的漢族作為蕃地的地區面積中推算而得），總面積約163萬公頃（約占臺灣島面積45%），此乃現今紀錄中所保存的數字。日本先是將之全部劃為國有地，又自「理蕃」行政上的必要與「蕃地」利源開發的觀點屢次進行調查，1930年將其中約莫相當於16%的26萬公頃作為「蕃人所要地」（也稱為「高砂族保留地」），在事實上承認了「蕃人」的土地使用權〔顏愛靜、楊國柱，2004：193-209〕。戰後國民黨政府幾乎將之繼承，制定了「山地保留地」制度。

33　如第一章、第二章所見，從人口上占多數卻遭受不平等的本省人角度來看，「省籍關係」可以說早就由於戰後立即發生的流血衝突（二二八事件）及上述不平等關係的結構化等而族群化了。

34　不過，若要做一點跳躍式討論的話，在原住民族運動理念中，所謂臺灣原住民族是被作為與應是民族（nation）的「中國人」或「臺灣人」對等的「民族」來想像的。在「四大族群」一詞裡頭談論的臺灣民族主義民族想像中，臺灣原住民族在應該實現（或者是理應已經存在的）的臺灣民族中，可能潛藏著被主流漢族定義成不過是應被保護之一個族群的看法。在這種看法中，「四大族群」論終究不過是過去漢族同化主義式國民形

成政策的裝飾物——「五族共和」理念的臺灣民族主義版本而已。在此，原住民族只會被視為臺灣民族主義的人物形象（poster children）來消費〔Munsterhjelm, 2002〕。這裡存在著臺灣原住民族運動的一個嚴重障礙。

35 有關「草案」相關部分的文件，請參考〔施正鋒，2005：157〕。

36 相關部分的文件，參考〔同前：158-159〕。

37 在2004年5月20日陳水扁總統連任的就職演說中，這點是以「族群多元，國家一體」（官方版英譯：ethnically diverse, but one as a nation（http://www.president.gov.tw/en/prog/news_release/document_content.php?id=1105495941&g_categore_number=248&category_number_2=148 2007年12月30日擷取）的字句來表現。

38 在「生命共同體」論的同時，李登輝也開始強調「不問先來後到，只要為臺灣奮鬥大家都是臺灣人」的所謂「新臺灣人」論。這些修辭雖然在尋求將各族群包容進民主化臺灣，但另一方面，李登輝為了國民黨政權的延續，開始將自身的「臺灣性」投入選舉活動中，也開啟了新黨等中國民族主義立場的反對派，將李登輝作為象徵多數派福佬人族群權力符號來操作的可能性。

39 在新黨乃至於非主流派外省籍菁英方面，文化（族群）多元的主張，在牽制現今因民主化而正在賦權的多數派族群（福佬人）的面向上，也是具有政治性效果的〔王甫昌，2004：45-48〕。

40 以下，「二月政改」的始末，依據Iwan Nawi〔2005〕及黃鈴華〔2006〕。

41 如後所述，就在行政院長連戰同意設立前夕，變更名稱為「原住民委員會」。這是因為行政院考量到若是取名為「少數民族委員會」，可能會與既存的蒙藏委員會間發生關係定位上的問題。

42 有關平權會，目前唯有顧玉珍、張毓芬〔1999〕的研究。以下，除特別註記外，有關該會的敘述皆是根據此一研究。

43 此一工程，有國民黨承受來自美國方面裁撤兵員壓力，所推出的外省人退役士兵對策的濃濃色彩。

44 據說在上述26日的辯論會席上，吳天祐不斷反覆其人種主義式的觀點，與會的多數國大代表對此有所不滿，並與出面制止的楊美娥在該場合起了口

角衝突〔顧玉珍、張毓芬，1999：267〕。

45　整合了「山地鄉」（戰後設置於日本殖民統治時期特別行政區（蕃地）的地方自治行政單位，計有30處）與「平地鄉」（日本殖民統治時期為普通行政區，但為「平地山胞」居住的鄉，計25處）的現在原住民行政中的稱呼〔石垣，前揭：214〕。

46　這些抗議的列表整理，參考石垣〔前揭：208〕。

47　這是根據原住民委員會祕書Iwan Nawi女士的指教。在此謹表謝意。

48　《大紀元時報》（www.epochtimes.com.tw 2006年6月27日擷取）。

49　山美村的鄒族人，自1989年舉全村之力讓區域內已經荒廢的達娜伊谷溪谷生態復活，成功建立以觀賞在清澈溪流中復甦的苦花魚（在鄒語中為Yosku Aulu，為「真正的魚」之意）作為賣點的生態公園。首先，他們以部落中流傳的傳統自然管理與利用的概念為基礎，以村民自身的風險（村民的自律與舉村參加的意志與制度的確立）讓「封谷育苗」活動成功，1993年設置山美社區發展協會作為公園經營母體，1995年開始經常性的公園營運。1995年的公園經營收入為新臺幣83萬9,000元，2001年增加到1,855萬7,000元，以此收入為基礎，社區發展協會組織了老人、婦女、兒童的福利事業、舞蹈團、歌唱團、母語教室等等民族文化重建活動〔湯宏忠，2002：114-118；宮岡，2005：164-168〕。

50　舉例而言，魚住悦子（2005）討論了瓦歷斯·諾幹（泰雅族）、夏曼·藍波安（達悟族）、利格拉樂·阿女烏（排灣族）。

51　如鄒是會議、布農民族議會、泰雅民族議會等。名稱雖然使用「議會」，但現階段它們在法律上還只是社會團體。然而，它們在理念上是以將來作為各族最高政策決定機關，成為與國家並行的議會為目標〔趙中麒，2001：78〕。

52　根據內政部的統計，1987年1月開始到2006年2月為止，非臺灣籍的配偶（含歸化人士）累計13萬1,000人，其中有92.7%為女性。在出身地方面，中國大陸61.3%、越南20.3%、印尼7.0%、泰國2.6%。此外，2004年的新生兒21萬6,000人中，其母親的13.3%為包含中國大陸籍在內的非臺灣籍。也就是說，這一年新生兒100名中有13人是由非臺灣籍的母親所生的〔橫田，2006：35-36〕。

53 在政府的因應方面，內政部自1999年度起開始「外籍配偶生活適應輔導
實施計畫」（教育部自2002年度起也參加），2003年度開始在政府整體啟
動「外籍配偶生活適應輔導實施計畫」。並且，臺北市也以移民與市民的
文化交流為目標，致力舉辦活動。在民間方面，支援東南亞系婚姻移民的
「南洋姊妹會」（2003年設立），以高雄縣美濃鎮與臺北縣永和市為據點
開始活動，其他地方也在「社區」活動的展開中，發展了「親子讀書會」、
「媽媽教室」等活動〔橫田，前揭：36-39〕。但是，這些與臺灣人結婚的
「外籍配偶」，由於《姓名條例》第一條中「中文姓氏，應符合我國國民使
用姓名之習慣」的規定，被要求更改姓名。此外，根據橫田洋子的調查，
有關東南亞系婚姻移民與其子女的不適應及與臺灣漢族家屬的糾紛等問
題，在周遭漢族人士裡頭，可以看見在談話中使用過去用在原住民身上的
蔑稱「番仔」，亦即一種人種主義式的反應〔同前：40〕。這和平權會吳天
祐對原住民所使用者應該有異曲同工之妙。

54 2003年9月1日起，臺灣官方發行在Republic of China下併記Taiwan的護
照，同樣地2005年7月30日總統府網站名稱也改為「中華民國（臺灣）總
統府」，自2006年9月1日開始將中正國際機場改稱為臺灣桃園國際機場，
2007年2月將公營企業中國石油、中國造船、中華郵政改稱為「臺灣中油」、
「臺灣國際造船」、「臺灣郵政」，5月19日臺北市內的中正紀念堂改名為
「國立臺灣民主紀念館」，接著最明確的莫過於同年7月以「臺灣」為名申
請加盟聯合國，陳水扁表示將於2008年3月總統選舉投票時針對此案實施
公民投票（入聯公投）。與此對抗，國民黨以「臺灣或中華民國」名義、較
具彈性的姿態，來推動訴求返回聯合國的公民投票（返聯公投）運動。

55 2006年度開始改訂高中歷史教科書，一直以來的「本國史」、「世界史」分
類變更為「臺灣史」、「中國史」、「世界史」，而過去指稱中國為「我國」、
「本國」的部分皆改為「中國」，將「國父」改為「孫文」等用語上的變更，
同年六月，教育部甚至表示將檢討變更從小學所有教科書中發現的5,000
個「不適當」用語。

第八章　七二年體制的傾軋[*]

　　2007 年 7 月，曾在美國小布希總統第一任內（2001-2005）擔任國務院亞太事務的副助理國務卿薛瑞福（Randall Schriver），對當時陳水扁政權計畫以「臺灣」之名加入聯合國的公民投票案提出看法。他認為「如何支持臺灣，同時卻不反中國」——對臺灣而言則是「如何支持民主，同時卻非支持獨立」，此二者乃形塑美國政府對臺政策思考的兩道習題。美國長期支持臺灣，與臺灣人民保持親密關係，並維持良好的相互關係，依然是美國的國家利益考量。但是，美國與中國保持良好關係亦是必要的。美國從臺灣的民主成功與強化中，看到了巨大的利益。然而，布希政府和歷代政府一樣，並不支持臺灣獨立〔Schriver, 2007〕。

　　1970 年代初期以來，國際社會中關於臺灣的處理方式，已逐漸形成一種國際配置。美中共同聲明（《上海公報》）與《日中共同聲明》的發表，可說是其國際政治上的出發點，筆者取其年分，稱之為「七二年體制」。如第三章所見，在這個國際配置中，有兩個面向。其一，是依據對中華人民共和國方面有利的「一個中國」原則所進行的配置。亦即，①與中華人民共和國有外交關係的國家，不承認臺灣的「中華民國」為國家，限定與其之往來為「民間關係（非政府關係）」；②以聯合國為首，各國政府參與的國際組織拒絕臺灣加入，與中華人民共和國有邦交的國家也不支持臺灣加入這些組織。

---

[*] 本章譯者：顏杏如（臺灣大學歷史學系助理教授）。

　　從歷史來看，這意味了國際社會最終承認了中國共產黨在中國內戰的勝利。然而，中國共產黨到手的勝利果實並不完整，臺灣依然在中華人民共和國政府的實質統治之外。這除了臺灣拒絕與中國統一之外，美國希冀解決中國與臺灣間對立關係的過程是和平的，為了確保其和平，而制定了相當於國內法的《臺灣關係法》，保留防衛臺灣的權利、提供「防衛性武器」等，持續參與對臺灣的安全保障，此情形亦為重要的因素。

　　日本及西方諸國也支持美國涉入，以維護臺海和平。「七二年體制」的第二個面向，便是美國此項基於所謂「和平解決」原則的配置。美國若停止涉入，臺灣政府及人民在實質上力保獨立的士氣將大受打擊。「七二年體制」的第二個面向，可說具有「兩岸之間達成和平的解決協議之前，從外部支持臺灣實質上獨立」的意義。

　　所謂「七二年體制」，可視為上述美國的「和平解決」原則與中國的「中國內戰」原則（臺灣統一是中國「國共」內戰留下來的課題，透過包含對臺灣行使武力之任何手段，所必須達成的國家目標）妥協的產物。由於是不同原則妥協下的產物，此一配置在原理上也是暫時性的。儘管使之持續的先決條件已產生巨大的變化，它仍維持了超過一個世代。前述薛瑞福的這兩個設問，可以說精湛地摘要了美國的意志——儘管先決條件轉變，仍試圖透過維持「七二年體制」以維護臺灣海峽的安定，以及為此美國所面臨的兩難局面。在這個難局之中，還包含了不合理——儘管美國並不接受臺灣自稱「中華民國」，但是當臺灣出現要捨棄此一名稱的舉動之時，卻又無法不反對。

　　「七二年體制」是「中華民國臺灣化」的外在環境。中華民國臺灣化的動能，則在「五〇年體制」轉換至「七二年體制」的

衝擊下啟動（第三章），在對美斷交、中國展開新臺灣政策、在野勢力挑戰下政治逐漸自由化、遷占者強人在無後繼者的情況下辭世等重重的政治危機中正式展開（第四～七章）。

　　由於「七二年體制」是國際性的配置，因此牽涉其變動者，自然不會只有臺灣方面的變動。冷戰的崩壞、「中國的抬頭」等，國際社會要角所進行的結構變動，改變了「七二年體制」的先決條件，並且根本地改變了「七二年體制」自身的未來。然而，如同已部分提到的，也如同本章所要闡釋的，中華民國臺灣化，是此一國際配置當事者的同時，在國際政治上身為配角的政治體＝臺灣的政治結構變動，在「七二年體制」的條件限制下被壓抑，但同時也是使之動搖的要因之一。可以說，臺灣自身的動向，是透過要角們對此的應答，而成為這個體制變動的主因。其中所衍生的傾軋過程，正是中華民國臺灣化的外部過程。

一、中華民國臺灣化與「七二年體制」

1.「七二年體制」的先決條件及其變貌

　　如同第三章已觸及的，「七二年體制」在 1970 至 1980 年代後之所以較為安定，是由於美中、以及中臺之間，存在著一些先決條件，並對此先決條件存在著共通的認知。

　　這些先決條件為：第一，美中各自保有的力量（軍事力、經濟力、堅持自由與民主為普世價值並試圖向外投射的力量）在長期間並無消滅跡象，且存在著明顯的差距。美中力量的非對稱性，正是美國帝國體系在東亞的基礎結構。因此，就這一點來看，即便其他的條件變化，只要帝國美國的政治意志不變，就是「七二年體制」得以維持的最重要根據。

　　第二，美中持續認識到，對於蘇聯的威脅，彼此間存在著共通的戰略利益。此一狀態持續至 1980 年代後半戈巴契夫上臺，發動邁向結束冷戰的政策為止。這段期間，對美國的政權領袖而言，在與蘇聯的對抗上，因美中良好關係而能獲得戰略利益之時，臺灣是可以依情況而犧牲的棋子。

　　然而，對於這樣的傾向，1979 年美國國會先藉由制定《臺灣關係法》踩煞車，之後，共和黨雷根政府因交涉對中軍售問題被中國擺弄，在經歷這樣的苦澀經驗後，以「對臺六項保證」、「雷根備忘錄」的形式停住腳步，美國選擇繼續讓臺灣以曖昧的身分留在其帝國體系的邊陲。同時，這件事亦促使晚年的蔣經國決意推進自由化，甚至，臺灣政治的「最高領袖」蔣經國之逝世，更啟動了中華民國臺灣化的正式開展（第三章）。

　　第三，中臺雙方的統治領袖共有「一個中國」原則（中國只有一個，臺灣是中國的一部分），但同時，儘管如此，雙方對於臺灣的統治權則處於零和的對抗關係中（中國的正統政府是自己）。前者（一個中國原則）是美國將中華人民共和國迎入國際社會之時，無法將臺灣問題從「中國內戰」的歷史中割離的理由；後者（零和對抗關係）則是與美國妥協之時，中國必須顧慮美國「和平解決」原則，打出「祖國的和平統一」以顯示朝向緩解、消除與臺灣的零和對抗關係之對應方式的理由。

　　然而這些先決條件，與中華民國臺灣化正式展開的起始時期相繼，且其中一部分受其影響開始產生變化。首先是東西冷戰的結束。冷戰的結束，第一，使得中美各自的戰略必要性相互減弱，這一點使得中美關係中，對於安保以外的部分（經濟、人權等）關心大增，帶來了爭論點的擴散與複雜化。在這之中，中美關係以經濟為中心持續擴大，然而伴隨著擴大亦產生摩擦，加之中國天安門事件的發生，人權與民主化問題等亦成為爭論的焦點〔湯淺，

2005：213〕。隨之，臺灣問題也容易成為中美間的爭論點，屢屢被擲入華盛頓政治的漩渦之中。

第二，蘇聯的解體與俄羅斯暫時的弱化，對中國而言「北方的威脅」減少，且能夠以相對低廉的價格從俄羅斯購買高性能的武器〔平松，2005：iv〕。以此為發端的軍事力增強，以及 1992 年以降擺脫天安門事件後的混亂，再度搭上高度成長的列車，與活潑的經濟吸引力相輔相成，中國在亞洲太平洋地域的重要性顯著增高，此即「中國的抬頭」。[1] 中國在 1995 至 1996 年臺灣海峽危機中的行動，亦可說是企圖將這種力量的增強，翻譯為國際政治地位向上提升舉動之一環〔蔡榮祥，2007〕。過去以來「中國的抬頭」，雖然不是直接讓美國帝國體系內的基礎結構——中美力量的非對稱性消失[2]，但卻影響了美國對中國的行動，而美國受此影響所採取之行動，又牽引出中國、臺灣各自的反應，藉此影響了「七二年體制」。

其次，中美建交的同時，中國在鄧小平領導下展開的新臺灣政策，以及臺灣方面對此之回應，從經濟面使得中臺的零和對抗關係結構開始瓦解。中國的高度經濟成長，因捲入全球化的浪潮而得以維持，而臺灣經濟在 1980 年代後半以降、特別是 1992 年以後，以加入這波浪潮的形式強化了與中國經濟的連結。表 8-1 顯示了中臺間的貿易、投資動向，表 8-2 顯示了人員、書信、電話往來的動向。可以想見因網路普及而使得書信往返減少，除此之外，無論何項指標均顯示 1990 年代以後，中臺間經濟交流的增加、深化與通信的緊密化都加速了。如下所述，政治的動向與此呈現相反的向量，但在整體形式上，過去處於零和對抗關係的中臺關係構圖之一角，已明顯出現崩壞。此一現象逐漸使中國領導階層的自信增加，政策工具的領域拓展，同時也牽涉胡錦濤政權對臺灣政策的重新樹立。

表 8-1　中臺間貿易、投資動向（單位：百萬美元，%）

| 期間 | 貿易（經香港轉口） | | | | | | | 從臺灣至中國的投資（依據臺灣經濟部投資審議委員會） | | |
| | 貿易額 | | | | 臺灣對中國貿易依存率（陸委會估算） | | | | | |
	總額	從臺灣向中國	從中國到臺灣	臺灣的出超	出口依存率	進口依存率	進出口依存率	件	金額	平均每件金額
1982	278.5	194.5	84.0	110.5						
1983	247.8	157.9	89.9	68.0						
1984	553.3	425.5	127.8	297.7	1.40	0.58	1.06			
1985	1,102.8	986.9	115.9	871.0	3.21	0.58	2.17			
1986	955.5	811.3	144.2	667.1	2.04	0.60	1.49			
1987	1,515.4	1,226.5	288.9	937.6	2.28	0.83	1.71			
1988	2,720.9	2,242.2	487.7	65.7	3.70	0.96	2.47			
1989	3,483.4	2,896.5	586.9	2,309.6	5.03	1.12	3.31			
1990	4,043.7	3,278.3	765.4	2,512.9	6.54	1.40	4.23			
1991	5,793.2	4,667.2	1,126.0	3,541.2	9.79	0.46	5.57	237	174.16	0.73
1992	7,406.9	6,287.9	1,119.0	5,168.9	12.84	1.03	7.31	264	246.99	0.94
1993	8,689.0	7,584.4	1,103.6	6,481.8	16.28	1.31	9.19	9,329	3,168.41	0.34
1994	9,809.5	8,517.2	1,292.3	7,224.9	16.99	2.17	9.93	934	962.21	1.03
1995	11,457.0	9,882.8	1,574.2	8,308.6	17.15	2.97	10.36	490	1,092.71	2.23
1996	11,300.0	9,717.6	1,582.4	8,135.2	17.63	2.97	10.79	383	1,229.24	3.21
1997	11,458.9	9,715.1	1,743.8	7,971.3	18.08	3.41	11.03	8,725	4,334.31	0.50
1998	10,019.0	8,364.1	1,654.9	6,709.2	17.62	3.91	11.00	1,284	2,034.62	1.58
1999	9,803.0	8,174.9	1,628.1	6,546.8	17.22	4.07	11.00	488	1,252.78	2.57
2000	11,573.6	9,563.1	1,980.5	7,612.6	16.46	4.43	10.67	840	2,607.14	3.10
2001	10,504.8	8,811.5	1,693.3	7,118.2	20.27	5.47	13.45	1,186	2,784.15	2.35
2002	12,019.9	10,311.8	1,708.1	8,603.7	23.30	7.04	15.89	3,116	6,723.06	2.16
2003	13,950.4	11,789.4	2,161.1	9,628.3	25.43	8.61	17.70	3,875	7,698.78	1.99

（續前表）

期間	貿易（經香港轉口）				臺灣對中國貿易依存率（陸委會估算）			從臺灣至中國的投資（依據臺灣經濟部投資審議委員會）		
	貿易額				出口依存率	進口依存率	進出口依存率	件	金額	平均每件金額
	總額	從臺灣向中國	從中國到臺灣	臺灣的出超						
2004	17,247.3	14,761.9	2,485.4	12,276.4	26.83	9.95	18.72	2,004	6,840.66	3.46
2005	19,690.4	17,055.9	2,634.5	14,421.4	28.36	11.00	20.04	1,297	6,006.95	4.63
2006	21,617.0	18,707.2	2,908.8	15,797.3	28.27	12.23	20.65	1,090	7,642.34	7.01
合計								35,542	54,898.52	1.51

註：1993、1997、1998 年的投資件數、金額，含事後申請補件的數字。
出處：筆者製成。
資料來源：行政院大陸委員會官方網頁（http://www.mac.gov.tw/）「兩岸經濟統計月報」第 172 期〔2007 年 7 月 6 日讀取〕。

　　但在此希望留意的是，此種中臺經濟的交流與深化，無疑是淹沒全世界的全球化浪潮的一部分。這波浪潮，透過各區域新自由主義經濟改革之媒介，以各種形態擴大了經濟的差距，帶來社會的緊張，中臺亦不例外。這些緊張，在中國因共產黨一黨統治體制下的政治壓迫仍持續，於政治表面上尚未出現明顯的政治行動。

　　在臺灣，戰後國家統治帶來了社會裂痕（「省籍矛盾」），與之連動的政治裂痕，在民主體制下亦以兩個民族主義的對抗關係持續地變形，因此陳水扁執政期間，對應這些社會緊張的政策，亦被視為政治競爭的計畫而鮮受重視。然而，中國的胡錦濤政權轉而高舉「和諧社會」為國家建設的目標，此外，臺灣 2008 年的立法委員選舉、總統選舉之際，經濟政策較從前成為更大的爭論點，顯現中臺在對應全球化所帶來的差距上，各自在政治上都出現了比重增加的徵兆。這一點如何透過各自的內政而影響相互關係，是今後需要注意的課題。再加上臺灣海峽的「安全保障學」，今後中臺關係之「政治經濟學」的強化乃成為必要之因素。

表 8-2　中臺間人員、信件、電話往來動向

期間	人的往來 累計人次		信件往來（含掛號）（100 萬件）		電話來去（100 萬次）	
	從臺灣到中國	從中國到臺灣	從臺灣到中國	從中國到臺灣	從臺灣到中國	從中國到臺灣
1987	8,279	28				
1988	437,700	386				
1989	541,000	4,849	18.46	24.79	56.87	48.68
1990	948,000	7,524				
1991	946,632	11,116				
1992	1,317,770	13,177	6.38	10.47		
1993	1,526,969	18,445	7.10	10.63		
1994	1,390,215	23,654	6.89	12.22	34.19	26.97
1995	1,532,309	42,295	6.71	10.94	41.52	36.29
1996	1,733,897	56,545	6.53	11.51	53.54	42.96
1997	2,117,576	73,848	6.02	10.28	69.08	56.65
1998	2,174,602	90,387	5.75	8.93	79.95	69.20
1999	2,584,648	106,254	5.03	8.49	96.03	82.30
2000	3,108,643	116,311	5.41	8.58	111.60	95.05
2001	3,440,306	133,988	5.00	7.63	154.67	114.97
2002	3,660,565	154,770	9.22	7.05	213.87	169.33
2003	2,730,891	134,811	10.27	7.70	249.86	185.78
2004	3,685,250	139,344	9.28	6.91	289.04	228.60
2005	4,109,188	172,982	9.40	6.77	318.61	298.04
2006	4,413,470	243,185	5.96	6.50	350.30	358.90
合計	42,404,910	1,543,899				

註 1：寄往中國的信件，從 1988 年 4 月 18 日開始受理，寄自中國的信件，從同
　　　年 3 月 19 日開始。
註 2：信件往來自 1993 年 6 月開始受理。
註 3：電話往來自 1989 年 6 月開始開放。
出處：筆者製成。
資料來源：行政院大陸委員會官方網頁（http://www.mac.gov.tw/）「兩岸經濟統
　　　　　計月報」第 146、149、172 期〔2007 年 7 月 6 日讀取〕。

2. 中華民國臺灣化的動能與「七二年體制」

加入上述因素，促使「七二體制」先決條件發生改變的，還有臺灣本身的變化，亦即中華民國臺灣化的進展。這個動能，起因於中臺統治領袖共有的「一個中國」原則，在臺灣明顯地出現了動搖。

這是「七二年體制」出發點《上海公報》中的名句：「美國認識到，臺灣海峽兩岸的所有中國人都認為中國只有一個，臺灣是中國的一部分」。美國在 1970 年代初，採取了「『認識』在臺灣的政治領袖之間，『一個中國』的原則仍是穩固的」這樣的形式，向中華人民共和國的「一個中國」靠近。

但是，到了 90 年代後半葉，前此構成臺灣政治領袖堅持「一個中國」原則之背景的中國國民黨一黨統治、政治菁英的「遷占者優位結構」、由《動員戡亂時期臨時條款》和長期戒嚴所支撐的「中國國家」體制等，這些構成戰後臺灣國家特質的政治結構，均無法不消滅或面臨巨大的轉變。此外，在住民的意識上，不認為自己是「中國人」的人增加，將民主化、「以臺灣為範圍」的政治體轉換為新的臺灣國民國家這樣的意識形態，亦即臺灣民族主義達成了政治上的興起，這些也都成為明明白白的事實。

中華民國臺灣化外部過程的「七二年體制」之傾軋，浮現於上述臺灣方面「一個中國」的消退，顯現於政治領袖的言行和政府的行動上，此外也浮現於美國和中國各自對此回應的過程。接下來將概述此一過程，這也可以從對應本書中所劃分的兩個階段，即所謂「憲政改革」第一階段和第二階段來看。

在第一階段，《動員戡亂時期臨時條款》的廢止，隨著第一次憲政改革實施，與中國大陸的彼我關係定位為「一個中國、兩

個對等的政治實體」，調整「大陸政策」的體制，並對中國進行回應，同時，展開李登輝主導的所謂「務實外交」。對照於 1970 年代初的蔣經國，其試圖以內部正統性的擴大，補足對「中華民國」外部正統的打擊；李登輝則企圖以民主化，將被強化的「中華民國」內部正統性轉化為外部正統性。

中國雖然開啟對話之途，讓總算解除因中國內戰而產生敵對姿態的李登輝政權坐在交涉統一的圓桌上，但對於民主化勢必帶來的臺灣化敏感地反應，而加強警戒。美國則對民主化表示好感，回應臺灣的此一動向，在《臺灣關係法》的範圍內強化臺美關係。在此階段，對於民主化勢必帶來的臺灣化、及其將對「七二年體制」產生的影響，推測美國的警戒不若中國那般強烈。當美國對臺灣的好感達到頂峰並實現了李登輝訪美之時，中國則在臺灣海峽的公海領域，階段性地擴大包含飛彈發射演習等軍事演習的規模，而造成臺灣海峽的危機，美國也派遣航空母艦巡航臺灣海峽，以展現武力的方式來回應（第三次臺灣海峽危機）。

李登輝的外交雖然獲得一定的成果，但也因牽引出大國間如此強烈的往來應答而達到了極限，大大減少了對國際社會的影響。因此在第二階段中，試圖將強化臺灣政治體之國家性的衝動逐漸內化，轉而向將國家性往臺灣內部體制扎根、強化的方向前進。這是超越民主化發展的臺灣化。因此，這個階段與前階段不同，臺灣方面「一個中國」原則消退所導致的「七二年體制」之傾軋，相較於臺灣的外交行動，反而更是由臺灣內部動向（甚至是憲改所致的國家性之強化）本身所引起，而以美中摩擦的形式展開。內部的政治過程就這樣直接啟動了外交過程。

這樣的開展形式，訴說了中臺間政治面上零和遊戲的對抗關係之內容，從爭奪「中國正統政權」的王座，演變為臺灣主權之

爭，內容完全轉變。李登輝的「特殊的國與國關係」（「兩國論」）、陳水扁的「一邊一國」論等政治領袖的言論，正是其象徵。

　　在此階段，美國明確意識「七二年體制」面臨兩難，「反對單方面改變現狀」的態度逐漸穩固，並試圖對臺灣施加壓力；與此同時，為防備中國的軍事力增強，而強化對臺的軍事協助。中國在政權從江澤民轉移到胡錦濤的同時，為阻止「法理臺獨」而設下警戒線，制定《反國家分裂法》以穩固情勢。這樣的發展，一方面，是在無法阻止陳水扁再選、過去的臺灣政策陷入僵局之契機下產生的；另一方面則顯示，當對臺軍事力的強化順利進展，與臺灣的經濟關係更加深化、擴大，在此情勢背景下，穩固了權力基盤的胡錦濤，相較於「促進統一」，更將著力點放在「創造統一條件」上。美中這樣的態勢調整，雖是同床異夢，但以「維持現狀」為共同口號的臺灣海峽秩序，由美中共同管理的局面也因此逐漸明朗。一度產生動搖傾軋的「七二年體制」，亦可理解為經由此般中美政策的調整而獲得修正。

二、「一個中國」原則在臺灣的衰退

1.「一個中國、兩個對等的政治實體」──第一階段

（1）《國家統一綱領》、《動員戡亂時期臨時條款》的廢止、「增修條文」式憲改

　　如同第四章所見，在「憲政改革」第一階段，進行了兩次政治制度的重要選擇。第一次是保守的「法統」擁護路線、以中道改革為目標的「修憲」路線，以及急進的「制憲」路線之間的選擇；被選中的是李登輝所推動的「修憲」路線。第二次，是總統選舉制度的選擇，直接選舉抑或是「委任直接選舉」，而被選中的乃是前者。這些選擇各自意味著被定位為分裂中國國家的分裂

體之一──戰後臺灣國家的認同選擇，也因此挑起了與「一個中國」原則相關的政治問題。

「法統」擁護路線，乃是依據《動員戡亂時期臨時條款》賦予總統的緊急處分令，實施「萬年國會」的實質全面改選，以此達成民主化。存在於臺灣的中華民國，才是正統的中國；中國大陸的共產黨政權，是從那樣的正統中國手中篡奪大陸國土的叛亂團體，《臨時條款》乃基於上述前提而制定。因此，這個路線的立場，與蔣經國禁止「臺獨」、堅持有限度的自由化方針之姿態相輔相成，同時也意味著，一直以來所堅持的、基於敵視中華人民共和國的「一個中國」原則。另一方面，「制憲」路線則在相反的極端自不待言，試圖藉由制定新憲法一舉脫離「一個中國」原則，賦予臺灣的政體非「中國國家」的、嶄新的、以「臺灣為範圍」的主權國家之認同。

這兩條路線所揭示的憲政構想，各自賦予臺灣明確的國族認同，相對於此，實際上獲得實現的李登輝「修憲」路線所隱含的認同則是曖昧的。雖然廢除了《臨時條款》，但未進行《中華民國憲法》本文的修訂，而是制定附加於憲法本文的《增修條文》取代《臨時條款》。《臨時條款》一旦廢除，則形同放棄一直以來對中華人民共和國敵對狀態的「一個中國」原則，但現實情況卻是，《中華民國憲法》的本文依然保留，又非放棄「一個中國」原則。

李登輝在著手修正憲法之前，以總統府內特設部門之形式設置「國家統一委員會」，該委員會提出《大陸政策的指導方針》，並制定《國家統一綱領》（1991 年 2 月）。這項措施的政治意義已在第四章闡述，故不再重複，若依循此處的討論，它走在藉由廢除《臨時條款》以脫離向來的「一個中國」原則之前，定義了「修

憲」路線所意涵的臺灣認同。《國家統一綱領》是以下列四點為骨架：①中華民國是以建設「民主、自由、均富的中國」為目標；②大陸與臺灣均是中國的領土；③「中國的統一，其時機與方式，首應尊重臺灣地區人民的權益並維護其安全與福祉」；④中國的統一依階段循序漸進，在「近程」的「交流、互惠」階段，彼此不否定對方為「政治實體」，在國際間也相互尊重，互不排斥（第四章第一節）。

關於「一個中國」的解釋，同年 8 月國家統一委員會以「『一個中國』的涵義」為題進行決議。在決議中，區分主權和統治權（治權），認為臺灣方面所謂的「一個中國」是指，「1912 年成立迄今之中華民國，其主權及於整個中國，但目前之治權，則僅及於臺澎金馬」，主張「民國 38 年（西元 1949 年）起，中國處於暫時分裂之狀態，由兩個政治實體，分治海峽兩岸，乃為客觀之事實」〔國史館，2000b：34-35〕。歸納而言，臺灣是「一個中國、兩個對等的政治實體」[3] 之一，這是「修憲」路線賦予臺灣政治體的認同。

然而，這個嶄新的、李登輝版的「一個中國」原則，作為現實的政治框架而言，並未十分穩固。其第一項主因是，藉由「一國兩制」的方式提供臺灣「中華人民共和國特別行政區」認同的中國，原則上對此並不承認，對基於《國家統一綱領》所創制的李登輝之「大陸政策」，也只回應了部分，此外李登輝的積極外交（從李登輝看來，乃依循上述第④的行動），也引起中國的強烈反彈，這個關於臺灣新認同的中臺交涉於是走向挫敗（後述）。

第二乃是由於李登輝的「修憲」路線，其實際所實行的改革內容是兩義性的。首先，是附加「增修條文」此種修憲形式、和「增修條文」這樣的用語。如同第四章開頭所引用李登輝自己的談話，

「一旦國家統一的話，增修條文自然不適用」，原封不動保留下來的《中華民國憲法》本文，依然是「中國」的憲法。《增修條文》中，有「為因應國家統一前的需要」而制定以下條文，這樣的語句，其第十條（之後改為第十一條）中使用所謂「自由地區」和「大陸地區」這種以「全中國」為前提的的用語（皆在第七次憲改中亦無變更）。若重視這一點，臺灣的「憲政改革」自始至終都只不過在「法理上的中國」之框架內進行。

　　然而，若從這個「憲政改革」的主體、或賦予改革正統性的民意基礎這一點來看，與此相反的政治向量，亦即現存之臺灣此一政治體的國家性強化，則從中產生了。1947 年施行的《中華民國憲法》，是由內戰時期共產黨統治地區以外的全中國選出的國民大會代表所制定的。臺灣亦選出其國大代表，但從人口比例來看僅占全體的極少數。但是在「憲政改革」中，第一次修憲是透過「第一屆國大代表」來進行，算是採取了繼承「法統」的形式；第二次修憲以後，則由臺灣幾乎占了大部分的「中華民國自由地區」（臺灣、澎湖、金門、馬祖）之公民選出的國大代表進行，以不問「中國」的本體即中國大陸之民意的形式進行修憲。

　　這在一方面可以說，僅是順著「中華民國」只統治臺、澎、金、馬這樣的現實行事，但另一方面，則可說是革命性地變更了「憲法主體」。自此，助長了這樣的政治志向：強化作為中國「對等政治實體」的臺灣，此一政治體的國家性。其重要的第一步便是總統直選制度的採用。此項政治制度，清楚顯示了臺灣的政治權力，乃藉由民主選舉所表明的「中華民國自由地區」的民意而正統化。

　　爾後在第二階段的「憲政改革」中，國家性強化的動向便是處於這條延長線上。此一「憲法主體」革命性變更的論點，是臺

灣部分的憲法學者在修憲過程展開後開始主張的，[4] 如第五章所見，之後成為李登輝作為「特殊的國與國關係論」（「兩國論」）的論據。

然而在近現代國際體系中，一個政治體的國家性，若僅依賴自身所形成的憲法秩序是不完全的，亦有必要被其他主權國家所認知，這一點自不待言。在第一階段中，以推動「憲政改革」為背景，李登輝對國家性的追求，在外交活動方面頗為吃重。這也是基於「一個中國、兩個對等的政治實體」概念所構築的中臺關係，並未開花結果的主要原因之一。

（2）「反對臺獨」與「兩岸對話」

筆者在之前的著作〔若林，1992〕中曾提到，李登輝在內政上以廢止《臨時條款》為前提著手「修憲」之前，在外交上即展開行動，其意味了修正一直以來的「一個中國」原則。例如，1988 年秋，撤換了強硬主張基於向來「一個中國」原則、「漢賊不兩立」外交方針（和與中共建交的國家斷交）的總統府祕書長沈昌煥（前外交部長），1989 年訪問無邦交的新加坡，對於新加坡政府稱他為「臺灣來的李登輝總統」而非「中華民國總統」表示「雖不滿意但可以接受」。5 月初，派遣代表團前往在北京舉辦的亞洲開發銀行理事年會，4 日中華人民共和國國歌吹奏和國家主席進場之際，以依循會議慣例為由，讓代表團起立並致敬意〔若林，1997：190-191〕。

這樣的外交姿態被媒體稱為「彈性外交」或「務實外交」，也由於這樣的姿態，李登輝的「一個中國」信念被懷疑，圍繞著 1990 年 3 月預定的總統選舉，對李登輝的不信任感逐漸意識形態化，是促成國民黨內反李登輝之「非主流派」集結的主因（第四章第一節）。約當同時，中國方面似乎也對李登輝抱持同樣的懷疑。

根據前新華社香港分社社長許家屯的回憶，1989 年，他將「若李登輝當選的話，和平解決統一問題的可能性減低」這樣的報告送至北京〔許家屯，1993：328〕。1989 年底，當立法委員選舉造勢活動中公然出現「臺灣獨立」的主張時，中國國家主席楊尚昆以顯然知道是李登輝的態度批判道，「臺灣當局的某位」「正思考獨立」，並提到「若是臺灣出現獨立的狀況，中國政府不會坐視不理」，這是在表明「祖國的和平統一」方針後，首次暗示不惜對臺灣行使武力的發言〔《人民日報》，1989 年 12 月 21 日〕。

中國更利用 1990 年春圍繞著總統選舉所產生的國民黨內的混亂，來動搖李登輝。中國在蔣經國開放大陸探親以後，呼籲「臺灣各界人士和社會團體」到中國大陸訪問並交換意見，1988 年國民黨黨大會之後，更使之活潑化，根據中國方面媒體的報導，「各界的名人、前軍政高官、立法委員、國民大會代表、（臺灣省）議員等」，在這一時期紛紛造訪北京，與中國方面接觸〔《人民日報》，1988 年 12 月 16 日〕。甚至進入 1990 年，當國民黨內的鬥爭浮上檯面，先是在香港的宣傳機關報上指名批判李登輝〔《文匯報（香港版）》，1990 年 1 月 12 日〕，又在共產黨的機關報《人民日報》中批判，「國民黨的某位領導人」容許發展「臺灣獨立」的勢力，並表示「國民黨當局應當共同推舉出真正堅持一個中國、致力於國家統一與社會進步事業者，擔任臺灣領導人」〔1990 年 3 月 8 日〕，露骨地顯現其插手臺灣內政的姿態。

然而，中國這樣的撼動並未奏效，李登輝在 1990 年 5 月贏得了六年的任期。中國在未捨棄對「臺獨」的懷疑狀態中，轉換了與李登輝交手的方針。2000 年政權交替成定局，然而自 1990 年底開始，便已接受李登輝派遣的「密使」，串起檯面下意見溝通的管道。之後形式雖有所變化，然至 2000 年李登輝卸任之前都仍

持續。此乃「兩岸密使」的會談〔岡田，2003：113-117；李登輝（鄒景雯），2001：192-204〕。在最初的會談上，李登輝的代表（總統府祕書室主任蘇志誠），對中國國家主席楊尚昆的代表（中共中央臺灣辦公室主任楊斯德）說明了1990年春政爭的意義，並傳達了李登輝終止「動員戡亂時期」、準備解除敵視中國的態度，同時，以《國家統一綱領》為政策方針的「大陸政策」執行大綱，亦正在構築之中。對此，楊斯德回應道，中共中央的對臺工作會議已決定以李登輝為對象〔李登輝（鄒景雯），前揭：196-97〕。

結果於隔年初，訂定政策方針（《國家統一綱領》，1991年2月）：設置政策制定、執行機構（行政院大陸委員會，1991年1月）；設置與中國務實接觸的「民間機構」（海峽交流基金會，簡稱海基會，1991年2月），當李登輝的這些「大陸政策」制定及執行方針一確立，中國即給予具體回應，儘管在外交層面上激烈交鋒，但另一方面，中臺之間在短期內出現了從「務實對話」發展至「間接政治對話」的局面。

中國在1991年12月設立海峽兩岸關係協會（海協會），成為與臺灣的海基會應對的機構，任命共產黨中央委員、前上海市長汪道涵為會長。汪道涵這一號人物，據說是中共總書記江澤民在上海時代政治上的師父；海基會的理事長，則由臺灣企業界首屈一指的人物，亦是國民黨中央常務委員的辜振甫擔任，從「兩會」首領的人選來看，中臺雙方的指導者希望透過兩個「民間機構」的接觸，進行某種具政治性對話的意圖是明顯的。松田康博認為此處中國的對應，具有從急躁地要求與以蔣經國為首的國民黨領導者「直接接觸＝政治對話」，轉變為以「間接接觸＝務實對話」作為突破點，實現「直接接觸＝政治對話」的姿態（從低層次開始逐漸往高層次攀爬，最後進行正式的對談）〔松田，1997：9-10〕。

　　這裡所說的「突破點」乃指「兩會接觸」，亦即海基會和海協會的接觸與協商，它從 1991 年 11 月開始，直至 1995 年因中國對李登輝的訪美感到不滿而中斷為止，共舉行了十五次[5]〔邵宗海，2006：281〕。「接觸」方面，中國因企圖依據「一個中國」原則作為務實協議的基礎而花費許多時間，直到 1993 年 4 月「兩會」的領導人會談「辜汪會談」終於在新加坡實現了[6]。

　　根據鄒景雯訪問退休後的李登輝之紀錄，1992 年 6 月 15、16 日在香港舉行的「兩岸密使」的會談中，汪道涵也出席了。汪道涵此次的參加，是第一次也是最後一次，此時，蘇志誠向汪道涵提議，辜振甫的高層會談在新加坡舉行，汪善意地回應：「仰賴上級指示」〔李登輝（鄒景雯），前揭：199-200〕。這件事情，在表面上與展開的「兩會」事務層級之協議具有何種關係並不清楚，但在圍繞著「一個中國」原則的協議未得出任何結果的過程中[7]，之所以能夠實現高層會談，可以想見是由於中臺的指導階層具有試圖創造某種對話機制的默契[8]。

　　事實上，第一次「辜汪會談」實現之際，臺灣政治再度出現了權力結構的轉換，李登輝在國民黨內的主導權更加穩固，如同後述，這一點也反映在外交姿態上，中國被迫強化對臺灣的「外交鬥爭」。此外，如同第六、七章所述，李登輝藉著已強化的國民黨內主導權為背景，無論在自己的論述上，或在教育、文化政策上，都加強宣揚「屬於臺灣的」傾向。因此，在臺灣民族主義對中國民族主義之意識形態對抗軸上，國民黨的位置，從偏向中國民族主義的位置轉而朝向偏中間移動，對於這個定位感到不滿促使新黨的成立，以此形式產生了政黨體系的變動。

　　然而，由於「辜汪會談」的實現，意味了以「間接接觸＝務實對話」為突破點的路線有了成果，因此中國領導階層「以李登

輝為對象」的態度不變，汪道涵也倡導舉辦第二次高層會談，為此「兩會接觸」也持續下去。

在這樣微妙的情勢中，1995 年 1 月 30 日中共總書記江澤民發表了稱為「江八點」的對臺呼籲。這個呼籲，一成不變地排斥「臺灣獨立」、「分離主義」運動的同時，對於抵觸中國方面「一個中國」主張的李登輝亦加以批評，也對行政院大陸委員會的發言人下了「了無新意」之評論。

但是，李登輝的反應則大不相同。他命下屬詳細檢討「江八點」，三個月後在國家統一委員會進行演講，對此回應。這個回應被稱為「李六條」[9]。

松田康博引用臺灣政策智囊之一的中國人民大學副教授黃嘉樹的解說，指出「江八點」除卻「擴大國際生存空間」這一點之外，內容很接近李登輝《國家統一綱領》〔松田，前揭：23〕。李登輝的代表蘇志誠在「兩岸密使」會面中，提議接納臺灣方面終止「動員戡亂時期」的規定，締結兩岸「和平協定」，同時指出，中國方面所謂的「黨對黨」談判，因民主化的進展已變得不再是現實的了〔李登輝（鄒景雯），前揭：198-199〕。「江八點」中的「中國人不打中國人」、「在一個中國的原則下，正式結束兩岸敵對狀態進行談判」等文句，以及關於中臺間的談判不使用「國共兩黨」一詞，而以「兩岸的各黨派、各團體具代表性的人物」可以參加來表示，由此可以推想其意味了接近臺灣方面的主張。

「李六條」中運用了「中華民族」、「所有的中國人」、「炎黃子孫」這些鑲綴了暗示共通自我認同文字的修辭，同時並陳述：「當中共正式宣布放棄對臺澎金馬使用武力後，即在最適當的時機，就雙方如何舉行結束敵對狀態的談判，進行預備性協商」。

這裡不再如同《國家統一綱領》所陳述的，中國的民主化（「大陸地區應……逐步開放輿論，實行民主法治」）、在國際社會中尊重臺灣（「兩岸……在國際間相互尊重，互不排斥」），這些未必是與中國直接政治談判的明確前提條件。

江澤民和李登輝，可以說藉由「密使」進行意見溝通，同時像這樣相互降低政治談判的難度，儘管只有一點點。兩者的應對是中臺政治領袖間的第一次，但並不是無限度的自由暢談，而是進行擬似的「對話」〔松田，1998：267〕。

（3）李登輝的積極外交與第三次臺灣海峽危機

然而「兩會接觸」、「辜汪會談」，以及實現兩岸政治領袖擬似的「對話」所累積起來相互接近的氛圍，很快就煙消雲散了。中臺間的「外交戰」和「相互接近」的相剋到達了臨界點，1995年夏天至1996年春天，發生了第三次臺灣海峽危機。對臺灣而言，面對強大的、且已在經濟面上對臺灣顯示巨大吸引力的中國，為了在政治上接近以改善彼此關係，盡可能地提高臺灣本身對外的存在感是必需的。另一方面，對中國而言，為了將臺灣拉在自己身邊，維持或加深臺灣的外交孤立是有利的。為了前者，以中國的用語來說，為了對臺灣「統一戰線」，後者亦即對臺灣「外交鬥爭」的鬆手，在戰術上即便可能，也有限度。

李登輝的新外交提案，橫跨了三個層面：①維持、強化與邦交國之間的關係，增加邦交的數量；②強化在國際機關或國際活動中的存在感，並且爭取參加新的國際機構；③強化與無邦交國的實質的關係，盡可能地提高規格。1993年揭舉「加入聯合國」之主張後，已超越舊有「一個中國」原則意義下的「彈性外交」、「務實外交」，而將民主化所獲得的內部正統性轉化為外部正統性，企圖從外交層面強化臺灣政治體的主權性，以此志向進行一

種積極的外交。

而中國所具有的客觀情勢則是，與世界的主要國家保持邦交關係、身為聯合國安保理事常任理事國、以「改革與開放」政策的成功持續高度經濟成長、並加深和各國的經濟關係。對其而言，對應上述的①、②並不困難[10]，因而並未採取衝擊國際社會的強烈行動。問題在於③，特別是與美國的關係。

美國對臺灣的民主化深具好感。臺灣民主化的進展，在時間上恰好與 1989 年 6 月北京天安門事件中國以武力鎮壓民主化的要求成為對照，這一點亦深具影響。對臺灣民主化的好感，可以說具有更新美臺公約中樞《臺灣關係法》之政治基礎的意義。1992年 8 月，老布希總統同意出售 150 架臺灣希望採購的高性能 F-16 戰鬥機。這是對中國成功地從俄國買入高性能戰鬥機蘇愷 SU-27 所採取的平衡措施，由此也可以明白地確認，美國確實依據《臺灣關係法》藉由供給臺灣防衛性武器、持續提供臺灣安保利益的態度。也可以說，透過這項行動，再次確認了 1982 年《八一七公報》時的「雷根備忘錄」。此外，若《八一七公報》時的《臺灣關係法》具有派給臺灣的國民黨政權民主化「功課」的意義，十年後的《臺灣關係法》或許可以說，具有保護位處帝國體系邊陲之民主化體制的法律根源的意思。

只是，之後打敗布希當選的柯林頓政府，其對中國、臺灣政策之擺盪極大，這也關係著第三次臺灣海峽危機。

1994 年 5 月初，李登輝夫婦赴中南美和非洲邦交國，展開訪問之旅。前往中美的途中因燃料補給的關係過境夏威夷，此時，美國政府令其座機降落在軍用機場，且不准李登輝在檀香山市內住宿。國務院由於害怕中國的反應，即便是一瞬，也不採取讓李登輝踏上美國國土的形式。

　　李登輝身為臺灣民主化的領袖，其評價在美國國會中亦有所提升，對於柯林頓政府此般過度的無理，其批判也在國會中擴大。同年 8 月 5 日，參議院全場一致通過准許發給臺灣高官訪美簽證的決議案；同月 12 日，37 名跨黨派的眾議院議員共同發表聲明，邀請李登輝訪問華盛頓。若是 1970 年代，「作為中國內戰遺留物之警察國家，議會要將臺灣置之不理是容易的。但是，迎向 90 年代的現在，作為民主主義國家的臺灣，其繁榮已成為難以否定的事實」〔マン（Mann）著、鈴木主稅譯，1999：478〕。

　　面對國會的壓力，美國政府不得不做出回應，發表了從九年前便開始進行檢討的「新臺灣政策」。經濟、技術關係的美國政府高官之非正式臺灣訪問予以解禁，雖不許可臺灣領導人訪問美國，但若是前往第三國，則明確保證核發過境簽證。除此之外，堅持「一個中國」的立場，支持臺灣加入關稅暨貿易總協定 GATT（之後的世界貿易組織 WTO）、不支持臺灣加入聯合國等，這些政治上的大框架幾乎是維持現狀。

　　有鑑於此，比起國務院，李登輝更強化對美國國會的影響，在這一點上他獲得了成功。1995 年 5 月，參眾兩院以壓倒性的多數通過李登輝請求訪美許可的決議案。在此之前，柯林頓政府雖不斷拒絕李登輝的訪美簽證申請，但允許李登輝以個人身分接受其母校康乃爾大學的訪問邀請。這可以說，重視國會壓力的白宮，推了窒礙難行的國務院一把而做出的決定。李登輝接受了這項決議，雖是以個人的身分，但這是作為現任臺灣總統有史以來首次訪美，6 月 9 日在康乃爾大學，以「民之所欲常在我心」（Always in My Heart）為題進行演講，在全球媒體的注目下誇耀「中華民國在臺灣」（The Republic of China on Taiwan）民主化的成果〔若林，1997：238-242〕。

從李登輝的立場來看，在以「李六條」回應「江八點」實行「間接政治對話」之後不久的時刻毅然訪美，這件事並不矛盾。因為透過訪美，更加強化對美關係，可藉此鞏固自己嘗試與中國接近的立場。李登輝在 1995 年 3 月利用「密使」的管道，將進行訪美工作一事傳達給中國。此時，中國方面從美國國務院的反應判斷李登輝訪美是不可能的，因此沒有強烈的反應〔李登輝（鄒景雯），前揭：203〕。

然而，當李登輝訪美成為中國政府意想不到的現實時，其反應相當強烈。中國的國營通信社新華社，連日以激烈的口吻對李登輝展開批判；6 月 15 日，國務院臺灣事務辦公室單方面發表聲明，中止預定於 7 月 20 日舉行的第二次「辜汪會談」，隨之，海基會、海協會事務層次的協議也中斷了。對於美國，則取消原定國防部長遲浩田的訪美等等，展開各式各樣的報復之舉。

不僅如此，中國還藉由展示軍力，做出威嚇臺灣的行動，帶給國際社會強烈的衝擊和深遠的影響。此即 1995 年 7 月到 1996 年 3 月的「第三次臺灣海峽危機」。

表 8-3 顯示了這段期間中國軍隊的演習和美軍動向的概要。1995 年 7 月，中國以導彈試射為開端，9 月和 11 月在其國境內實施普通規模的演習，甚至在表上雖無記載，透過匿名軍方高官發言，指出圍繞著臺灣的美中衝突有可能發展成核子戰爭，以此進行對美牽制 [11]。更針對 1996 年 3 月臺灣史上第一次的總統直選，實施模擬攻擊臺灣的大規模演習，包括導彈的先發攻擊、海空軍的制空與制海權確保作戰、最終登陸作戰等三波攻擊演習，擴大軍事威嚇。

表 8-3　1995-1996 年中國軍隊在臺灣海峽的軍事演習

	時期	演習內容	場所	備考	美軍的對應
第一回	1995.7.20-26	彈道導彈發射訓練（空砲）	臺灣北部公海	東方 15（M9）、6 發	
第二回	1995.9.1-25	戰術導彈發射、火砲實彈射 訓練	黃海海域（公海）及其上空		
第三回	1995.11 下旬（臺灣立法委員選舉同時舉行）	臺灣海峽渡海，登陸三軍共同作戰訓練	福建省南部海域（自國領域）	南京軍區所屬陸海空軍部隊	12.19 航母尼米茲戰鬥艦隊、通過臺灣海峽、隔年 1 月美軍確認事實
第四回（「海峽九六一」）第一波	1996.3.8-15（3.8 為全國人大會議開會日）	彈道導彈發射訓練	臺灣北東海域、同南西海域（公海）	第二砲兵部隊。東方 15 發、基隆北東海域 1 發、高雄南投海域 3 發／模擬對臺政、軍中樞先發攻擊	3.8 國防部宣布，航母獨立戰鬥艦隊接近臺灣海峽，神盾級導彈驅逐艦（Aegis）Bunker Hill 號配置於能夠監視中國導彈演習之海域。
第四回（「海峽九六一」）第二波	1996.3.12-20	海空軍實彈射擊訓練	福建省東山島海面臺灣海峽海域	模擬獲得臺灣海峽制空、制海權作戰	3.11 美國政府通知臺灣政府，航母尼米茲戰鬥艦隊回航臺灣海峽。
第四回（「海峽九六一」）第三波	1996.3.18-25（臺灣總統選舉投票日為 3.23）	陸海空三軍共同上陸作戰訓練	臺灣海峽北部福建省島嶼近海海域	模擬登陸臺灣作戰	3.22 傳出中美間交涉，美國航母艦隊停止航行臺灣海峽，中國軍隊聯合作戰演習自我克制之報導，同日，二中國報導機關報導反航母活動消失。23 日實際停止。

出處：筆者製成。
資料來源：平松，2005：149-153；井尻編，1997：208-225；鄒景雯，2001：
　　　　　268-276；マン（Mann）著、鈴木主税譯，1999，493-507。

　　當中國的軍事威嚇意圖極其明顯之際，美國透過一些方式試圖牽制中國，包括：柯林頓總統、克里斯多福國務卿寫給中國國家主席江澤民、外交部長錢其琛的書信，國防部長培理訪中，以及 1995 年尼米茲號航空母艦（USS Nimitz）戰鬥群通過臺灣海峽。此時柯林頓的書信，後來以「三不」的形式公開表述：①反對臺

灣獨立（之後變更為「不支持」）；②反對「兩個中國」與「一個中國、一個臺灣」；③不支持臺灣加入聯合國〔マン（Mann）著、鈴木主稅譯，前揭：496〕。此外，航空母艦通過臺灣海峽後，美國向中國外交部次長要求停止對臺軍事恫嚇之時，亦給與非正式的約定，即「1996 年之中臺灣的政治家不會訪問美國」〔同前：503〕。

　　然而，儘管柯林頓對中國行動的直接原因——臺灣的處理採取讓步，中國卻對美國悄悄讓尼米茲號航空母艦通過臺灣海峽的柔性牽制行動置之不理，藉由演習擴大恫嚇。配合臺灣總統選舉，進行名為「海峽九六一」之模擬攻擊臺灣的大規模演習。不愧是柯林頓政府，這次派遣了尼米茲戰鬥艦隊和獨立戰鬥艦隊兩個航母艦隊接近臺灣海峽，斷然誇示其決心的力量。結果，臺灣的總統選舉順利舉行，中國軍事恫嚇的標的李登輝高票當選。

2. 從「特殊的國與國關係」（「兩國論」）到「一邊一國」——第二段階

（1）李登輝「特殊的國與國關係」（「兩國論」）與陳水扁的「一邊一國」論

　　如同以上所看到的，第三次臺灣海峽危機乃中國一邊觀看美國政府的對應，一邊提高軍力誇示層級，所刻意製造出來的。在這層意義上，「乃為了政治目的而利用軍事力的古典案例」〔添谷，2004：197〕。在中國的這項行動中，被認為至少存在著三個政治意圖。

　　第一，是對中國當局眼中李登輝所代表的「臺獨勢力」之威嚇。在臺灣由美國守護的情況下，選民所實際感受到的情況[12]，這一點不太有效。李登輝獲得 54% 的高得票率，甚至超過國

民黨競選總部的預測，可以說是對中國恫嚇的反彈及受到美國航母守護的安全感，兩者結合的結果。若加上民進黨候選人彭明敏21% 的得票率，實際上有選舉權者的四分之三都投票給中國所不樂見的候選人。臺灣的總統選舉，在中國毫不掩飾的壓力下，呈現了對此舉動表示贊成或反對的公民投票之樣貌。

　　這件事對臺灣的內政，特別是對總統選舉政治具有相對重要的意涵。當選民實際感覺到對臺灣的軍事威脅並未成為真切的現實，在這樣的條件下，加上中國的反彈、以及白宮方面視候選人為麻煩製造者的情況下，強化臺灣主權性的言語與舉動，並不會令總統候選人在臺灣內部的政治中減分。

　　這樣的情況在 2000 年總統大選之際再度上演。民進黨的總統候選人陳水扁高舉「新中間路線」，在這次的選舉中並未採取挑釁中國的行動，但是當選戰終盤陳水扁當選的可能性一提高，雖藉由採用《臺灣前途決議文》使之穩健化，中國方面對抱持「臺灣獨立」綱領的政黨上臺的警戒仍提高，最後，中國總理朱鎔基在投票日前三天，在電視鏡頭前威嚇道「不就是有人（暗指李登輝──筆者）想讓『臺獨』勢力上臺嗎？我們相信臺灣同胞會做出明智的歷史抉擇」〔中川，2003a：534-535〕。如同第六章所見，可以解讀為透過臺灣特有的「棄保現象」，而有助於陳水扁當選。

　　但就當時而言，中國釀成第三次臺灣海峽危機的意圖，在這個面向上並非那麼重要。重要的是，對國際社會發出明確的訊息。因此，儘管李登輝高票當選，中國以「勝利宣言」讓「海峽九六一」演習結束〔同前〕；另一方面，美國也採取讓航空母艦戰鬥艦隊回航臺灣海峽的方式──這對僅為了是收拾局面而言未必是不可或缺的──，對這個區域的同盟國顯示其維持秩序的堅定意志。

中國對國際社會發出的訊息，可說具有兩條脈絡。一是對以美國為首、對臺灣民主化具有好感且善意對待的各國所發出的警告。這一點，如同前述，也如同之後柯林頓政府的回應，是具有效果的。

另一條脈絡，主要是衝著作為帝國的美國而來，要求被視為具有攻擊美國本土軍事能力的大國。在這個意義上，美國以兩個航空母艦戰鬥艦隊誇示，這種以「系統次元的勢力均衡外交」之層級進行回應的方式，對中國而言是成功的。當危機平息，兩國朝向關係修復的方向而行，柯林頓迎接訪問美國的江澤民，並盛讚與中國「戰略上的夥伴關係」，此外於隔年親訪中國之時，在上海以公開發言的方式表明了前述的「三不」〔同前〕。訪中之際柯林頓不經由日本，採取「Japan passing」的行動，對江澤民而言定是深得我心。

如此以臺灣海峽危機為契機而展開的中美外交，顯露了李登輝積極外交的極限。之後，「憲政改革」所產生的臺灣政治體之國家性的強化，其向量的壓力轉而向內，進而藉由「憲政改革」的國家體制變更，以及公民投票制度的形成等，往強化國家性的方向轉換。

李登輝被選為首任民選總統之後，在第四次修憲中實施了「凍省」。此外受到美國的壓力，不得已重啟「兩會接觸」，雖然實現了第二次的「辜汪會談」，但這樣的壓力和柯林頓的「三不」發言，使他對美國過度向中國傾斜抱持危機感，這與「特殊的國與國」發言和「兩國論」修憲的構想有所關聯。但是，這也因內部的糾紛和美國的壓力而夭折了（第五章）。

2000年當選的陳水扁，如同前述採取「新中間路線」的姿態，改變中國「聽其言，觀其行」（陳水扁當選之際中國政府的評論）

的態度，讓中國以自己為交涉的對象，企圖實現「三通」，期待
改善李登輝任期最後一段時期惡化的對中關係以作為業績，但並
未成功。在這之中，2002 年 7 月 21 日，在此之前與臺灣有邦交
的南太平洋國家諾魯（Nauru）轉而與中國建交，恰巧這一天正舉
行民進黨黨員大會，陳水扁於演講中表示：「對於我們所釋出的
善意，若無法從中國獲得回應，我們會邁向我們自己的道路、臺
灣的道路」〔中川，2003a：803〕。次月 3 日，在東京舉行的世界
臺灣同鄉會年度總會中，陳水扁透過網路發表演說：「臺灣不是
其他國家的一部分，不是其他國家的地方團體，也不是其他國家
的一省。因為臺灣是主權獨立的國家。亦即，臺灣與對岸的中國
是一邊一國（各自是一個國家），必須要明確區分」。彷彿掙脫「新
中間路線」的姿態，主張「一邊一國」論〔中川，同前：797〕。

　　與李登輝成立的台聯一起，陳水扁的這番發言促使臺灣民族
主義勢力的活化，他趁此機會巧妙操作「公民投票」計畫，儘管
導致與華盛頓方面的摩擦，但將「泛藍」勢力逼迫至牆角，並在
2004 年的選舉中，以些微差距的得票再度當選。這部分一如前述。

（2）陳水扁再次當選與《反國家分裂法》——「法理臺獨」 的遏止

　　當臺灣政治中的臺灣民族主義勢力進行意識形態式的政治重
整之際，在中國，胡錦濤從江澤民手上繼承了權力，就任中共總
書記（2002 年 11 月）。在對臺政策上，胡錦濤政權首先面臨的課
題即是阻止陳水扁連任。胡錦濤政權從之前的兩次總統選舉中記
取教訓，避免在選舉過程中直接出手干涉，對於陳水扁所設下的
「公民投票」問題，也採取經由華盛頓方面向臺北施加壓力的方
針。2003 年 12 月獲得了這樣的成果：美國總統布希在訪問白宮
的中國總理溫家寶面前，直接了當地批判臺灣方面的動向為「試

圖單方面改變現狀」。

　　然而，儘管陳水扁「防禦性公投」失敗，但卻達成了再度當選的目標。該年底預定實施立法委員選舉，若在這場選舉中「泛綠」勢力掌握過半席次，陳水扁政權說不定將一舉展開「法理臺獨」，這樣的悲觀論在中國相關人士間擴散〔松田，2006c：300〕。中國的臺灣政策面臨一籌莫展的情況，胡錦濤政權在這裡以「維持現狀」為基調，在阻止「法理臺獨」上追求與美國協調的同時，將達成統一訂為將來的目標，當下則以鞏固強化其條件的整備為方針。

　　《反國家分裂法》的制定，成為其重要契機，之後亦成為中國的臺灣政策展開之里程碑。溫家寶總理在 2004 年 5 月訪英之際，發言表示考慮制定《國家統一促進法》之意。推想中國面對臺灣年底的立法委員選舉最糟的結果，考慮採「法律戰」（對抗美國的《臺灣關係法》及臺灣的修憲），而開始策動這項法律的制定。唯法律的名稱變更為較「維持現狀式」的用語，同年 12 月，確定全國人大常務委員會進入《反國家分裂法》的審議。如同前面所提及的，2004 年底立法委員選舉與預想的相反，「泛綠」勢力敗北，「泛藍」維持過半席次。但是，該法案審議仍繼續，2005 年 3 月，全國人大會議幾乎全場一致通過了《反國家分裂法》〔同前：302〕。

　　儘管中華人民共和國憲法中歌頌「祖國的統一」，但以法律的形式呈現中國的臺灣政策則是第一次。同法律的第一條即寫道：「為了反對和遏止『臺獨』分裂勢力分裂國家，促進祖國的和平統一，維護臺灣海峽地區和平穩定，維護國家主權和領土完整，維護中華民族的根本利益，根據憲法，制定本法」[13]，歌頌其制定目的。十年前，江澤民在臺灣海峽公海上以導彈演習，顯示其「阻止臺獨」的意志，胡錦濤則以制定法律來表明。更進一步說，相

對於美國於四分之一世紀前以其國內法（《臺灣關係法》）顯示形成臺灣海峽秩序的意志，若十年前的江澤民，以未成熟的三軍聯合作戰演習[14]顯示對抗意志，那麼胡錦濤同樣也以法律來誇示，中國也是臺灣海峽地域秩序形成的主體。

參考密切關注中國之臺灣政策的松田康博之討論〔同前：303-305〕，從這項法律，可以解讀胡錦濤臺灣政策的特色。亦即，對於「阻止臺獨」明確展現更為強硬的姿態，同時，其餘的事項則給予較為柔軟的政策開展之餘地。換言之，藉由法律明確顯示「一個中國」的原則與反對「臺獨」的態度，以此因應自鄧小平至今政治面上的「祖國統一」工作毫無進展，「統一」的早期達成逐漸不樂觀之情勢，以這樣的方式讓政策的展開成為可能。

所謂「更為強硬的姿態」，如同前引制定目的之文句所顯示，從第八條「『臺獨』分裂勢力以任何名義、任何方式造成臺灣從中國分裂出去的事實，或者發生將會導致臺灣從中國分裂出去的重大事變，或者和平統一的可能性完全喪失，國家得採取非和平方式及其他必要措施，捍衛國家主權和領土完整」的這一段文字，可明顯看出，其以法律的形式明白表示行使武力的可能。臺灣方面針對此一條文，批評其為「戰爭法」，歐美亦提高警戒。

但是如同松田所指出的，在強硬之中也顯示了更柔軟的姿態。第一，中國對於採取「非和平手段」的情況，不再提及以往常指出的「外國勢力的干涉」、「臺灣當局無期限拖延交涉的情況」。第二，作為統一後的制度，不再使用鄧小平以來視為金科玉令的「一國兩制」用語，而採用具有較廣泛解釋可能的「相異制度與高度自治」之文字。

第三，在與臺灣的交流與交涉上，加入能夠較為柔軟對應的

文字。除第六條中訂定全面促進交流之外，在第七條中亦提出「臺灣海峽兩岸可以就下列事項進行協商和談判」，並列舉其「事項」為：「①正式結束兩岸敵對狀態；②發展兩岸關係的規畫；③和平統一的步驟和安排；④臺灣當局的政治地位；⑤臺灣地區在國際上與其地位相適應的活動空間；⑥與實現和平統一有關的其他任何問題」。

在 1993 年 4 月「辜汪會談」前的「兩會協議」，相對於臺灣方面希望優先討論「實務協議」，中國方面則企圖將「一個中國」納入實務協議中，而導致持續空轉。從這件事可以看到，在江澤民時期，在由下屬具體執行政策的場域中，以試圖將臺灣方面拉近「政治（＝統一）交涉」的姿態為優先。如同前述部分所顯示，第一次「辜汪會談」若非透過中臺領袖間「兩岸密使」傳達政治默契，僅透過「兩會」事務層級累積協議的話，恐怕難以實現。如同松田所指出的，若採取這種「政治（＝統一）交涉」優先的僵硬方針，1999 年李登輝提出「兩國論」以來，兩岸對話的膠著狀態將無法打破。從第七條，可以窺見緩和這項限制的柔軟性。

這三點，無論何者皆具有讓中國領導階層，從此前所抱持的臺灣政策——視「統一」為具時限性的政治課題，必須朝著此方向有所成果——這樣的政治制約中解放的傾向。中國總理溫家寶在《反國家分裂法》制定不久後，表示該法「並非改變兩岸同屬於一個中國之現狀的法律」，強調該法不是美國所不樂見的「現狀變更」。「法理統一」，亦即「中國不分裂，中國大陸與臺灣同屬於一個中國，現在只是還未實現統一而已」，這是中國方面關於臺灣海峽「現狀」的定義。如同松田所指出的，這個法律的制定，可以視為胡錦濤政權欲短期性地阻止「法理臺獨」，亦即維持「一個中國」的現狀（「法理統一」），藉由強調此一目標，

在與美國協調的同時，將臺灣問題朝「共同管理」的方向調整〔松田，2007a：112〕。

就與「祖國的統一」此一最終目標之關聯而言，這樣的政策方針調整，當下的課題是「統一條件」的整備和建設，讓這樣的立足點成為可能。所謂的「整備、建設」，自然是強化經濟關係，對臺灣各階層增加中國的吸引力，盡可能減少因軍事力的增強導致美國介入的影響。

如同本章已檢討的，在與中華民國臺灣化正式展開並行的時期中，過去中臺間完全的零和對抗關係已大大轉變。在經濟層面上，因臺灣海峽迅速轉型為「通商之海」而產生相互的利益關係；政治層面上，因民主化＝臺灣化的中華民國臺灣化之進行，中國內戰所產生的中國正統政權之爭的零和關係，變質為爭奪臺灣主權的關係。在這一點上，中國的底線是阻止「法理臺獨」，亦即於維護「法理統一」的這一點上是不變的。

然而另一方面，臺灣的底線則因民主化的結果而改變。觀察輿論的動向，大抵從支持「法理統一」中脫離，其底線雖不到支持「法理獨立」，但以輿論共識的現狀來說，可以說傾向擁護「臺灣前途的自我決定權」（第七章第三節）。在軍事上，進入 1990 年代，中臺間的軍備擴張競賽再度點燃，從其財力規模來看，中國逐漸獲得天時，臺灣海峽的軍事平衡很可能向中國傾斜；而臺灣藉由民主化，更新了美國對臺安全協定之政治基礎，臺灣海峽的軍事冒險，對中國而言依然是代價極高的選擇〔松田，2005a〕。

在江澤民時代累積的失敗上，胡錦濤的新政策，終於達成對此種狀況的調整。添谷芳秀認為，整個 1990 年代，美中兩國確認了「同床異夢」的關係。「所謂的『同床』，乃指當前以美國

為優勢的國際秩序。美國的對中干預政策，指的不外乎是將中國編入美國主導的國際秩序中（山本吉宣所言的美國帝國體系——筆者）。儘管中國長期以來並未捨棄對美國優勢體系的違和感和抵抗的意志，但因當前本國經濟的重擔，以及以潛力為最大武器，而採取圖謀與美國共存的基本方針」〔添谷，前揭：198〕。

胡錦濤的新臺灣政策，在這樣的結構中，整備了讓「管理臺灣問題之中美協調」圓滑進行的條件。若這樣的中美協調能夠穩固，對試圖將中華民國臺灣化的動能朝向確立臺灣國民國家之方向牽引的臺灣民族主義基本教義派而言，將是牢獄。

（3）對「中國崛起」的防備——臺美戰略關係的強化和日美安保之再定義

1995 至 1996 年，中國軍隊在臺灣海峽的武力誇示，包含在公海上的導彈試射演習，對國際社會帶來極大的影響。民航機不得不變更一部分的路線，漁船的作業也受到影響。1996 年 3 月的導彈，其著彈海域離日本的與那國島十分接近，引起居民的不安。日本當時的橋本龍太郎內閣，甚至還曾檢討從臺灣撤離國人的辦法〔船橋，1997：385-389、422-423〕。

如同前述，柯林頓政府除了朝向壓制臺灣的方向進行臺灣政策的修正外，亦呼應釀成臺灣海峽危機的中國之意圖——希望作為秩序形成者之大國地位重新獲得認知，而給予中國「戰略上的夥伴關係」的地位，試圖修復彼此關係。然其危機在於，擔憂中國同時仍持續擴張、使用軍事武力，以及一般性的，對「中國崛起」帶來安全保障上不確定性的處置，亦即，喚起了防備中國之動向。可以說，「美中臺關係，已從僅是如何維持臺灣海峽的和平這一問題，變質為面對『崛起的中國』應如何應對，這樣的戰略問題」〔松田，2007a：104〕。

　　從柯林頓政府到小布希政府的連續動向，可以指出下列兩類。第一，臺美戰略關係的強化，特別是其柔軟面的強化。這與柯林頓總統的「對中傾斜」並行展開，1996 年 3 月危機之際，臺美國家安全保障會議層級、國防部層級的官員們定期展開戰略對話。而在布希政府下，2002 年臺灣國防部長湯耀明，首次以國防部長身分訪美，進行軍事會談，這是臺美斷交後的第一次。此外，1999 年美國國防部亦展開臺灣軍事改革支援，直至 2003 年為止，多達六次分別派遣調查團至三軍。時間雖不明確，但新裝備的導入、資料連結（data link）的研究等等，臺美兩軍的情報合作亦展開了〔同前：107；松田，2004：272；蘇起，2003：230-231〕。

　　2001 年美國政府轉換為共和黨政權時，布希總統在同年 4 月迅速決定將大量武器賣給臺灣，包含臺灣海軍強化重點的柴油動力潛水艇、P-3C 反潛巡邏機。此外，實現臺灣國防部長的訪美與國防部副長官的非正式會談，美國方面的人員也參加了臺灣的軍事演習〔松田，同前〕。

　　然而政權交替後，民進黨政府為了購買這些武器所編列的特別預算，遭「泛藍」勢力在議會倚仗多數持續抵制審議，直到 2008 年度，在野黨才終於承認部分軍購預算。防備「中國崛起」的戰略性動向之另一面，在臺美關係上，陳水扁爭取連任戰略中所運用的「公民投票」計畫，消耗了此前所累積起來美國對臺灣的好感，亦是不可忽視的一面。或許可以說，這裡存在著美國政府傾向與中國「共同管理」臺灣海峽的重要因素。

　　第二，日美同盟的再定義及與其對應的同盟機能之整備。第三次臺灣海峽危機的發生，給予日本極大的衝擊。1972 年中日建交、對臺斷交以來，臺灣問題作為日本的安保問題可以說是「沉睡」著，但此次危機的刺激喚醒了睡意。

正當此時，1996 年 4 月，橋本首相和柯林頓總統進行日美領袖會談，發表了《日美安全保障宣言》。「宣言」中指出，「兩國領袖一致認為，美國持續維持軍事的影響力，對維護亞太平洋地區的和平與安定是不可或缺的。兩國領袖有這樣的共識：日美間安全保障面的關係，是支撐美國在此一地區參與多方行程的重要支柱之一」，賦予冷戰崩壞後持續「漂流」的日美同盟一個新的定位。隔年 9 月，雙方依此宣言達成協議，重新檢討 1978 年以來《日美安保合作綱領》（guidelines）並認可其新的版本。日美於《新綱領》中達成協議，「當日本周邊地域之局勢為日本的和平與安全帶來重要影響時（周邊事態）給予協助」，日本政府配合這一點開始著手一連串的法律整備，1995 年 5 月完成了所謂的《周邊事態法》及《自衛隊法》之修訂〔Reinhard Drifte 著，坂井定雄譯，2004：126-127〕。

日美安保再定義的動向，雖然是以 1993 至 1994 年對應北韓的核危機為直接的契機，但從時間點來看，也意識到涵蓋了對臺灣問題的處理。中國執拗的進行牽制，認為「周邊事態」不是包含臺灣嗎？日本政府一貫以「周邊事態」的概念不包含地理上的概念來回應，此一連串強化日美合作之政策，可以期待將提高抑制臺灣海峽軍事紛擾發生之效果，這一點是不能否定的〔同前：131-137〕。

此外，在中國《反國家分裂法》制定前的 2005 年 2 月，於華盛頓召開了「日美安保協議委員會」（日美外相、國防長官會議，俗稱「2 ＋ 2」），通過歌頌「世界中的日美同盟」之「共通戰略目標」，表明「透過關於臺灣海峽問題的對話，促進和平解決」，以此作為其「地域的戰略目標」。雖然文字本身僅敘述了兩國政府之臺灣政策的共通項目，但 1996 年的《安保宣言》及其後的《美

日防衛合作新指針》中未直接提及的臺灣問題，在《日美安保協議》中首次明白地提及。此外，雖避免直接表述「共通戰略目標」，但特別注意避免「崛起的中國」成為亞洲太平洋地區的紛擾因素，內容提及應使中國為地域的安定與和平扮演積極的角色，而促進「臺灣問題和平解決」也可以看作是其一環〔《日本經濟新聞》，2005 年 2 月 20 日〕。

　　然而儘管日美同盟有所強化與推進，對崛起之中國的防備亦愈發受到重視，且以第三次臺灣海峽危機為契機，廣泛強化了日臺關係〔松田，2007c：225〕，但正如臺灣的議論往往抱著期待所指出的，不能視作是日美臺正邁向實質同盟關係的形成。正因為日美同盟的關係，臺灣發生不測時美軍一旦有所動作，中國敵視日本的可能性極高，因此臺灣發生不測而牽連日本的可能性極高〔松田，2007b：148〕。

　　在此情況下，日本國內的輿論激烈分裂，不能排除屆時日本政府與美國政府有不同判斷的可能性。對於強化日美同盟機能下臺灣問題之意義，日本所期待的仍是對武力紛爭的抑制機能，因此，如前所述對管理臺灣問題的中美協調，將演變為採取在一定範圍內協調之立場。

【註釋】

1 Harding認為，中國在軍事、經濟、外交、意識形態、文化等各個面向上同時抬頭，其姿態與1950年代的美國相似，與遲早會崩壞的1930年之日本、史達林的俄國對比是不中肯的〔Harding, 2007〕。

2 Steve Chan分析指出，在傳統的國力指標（總人口、都市人口規模、兵力、軍事預算規模、鋼鐵生產力、能源消費規模等）所展現的國力上，雖與美國相近，但在現代經濟上，作為維持生產性和富足之手段的資訊產業技術和人力資源上，依然有很大的落差〔Steve Chan, 2005〕。

3 後述「兩會接觸」中，臺灣方面的用語〔李登輝（鄒景雯），2001：181〕。

4 這種論調的「修憲」論，在〔黃昭元主編，2000〕收錄的諸篇論文中展開。

5 「兩會接觸」在美國的壓力下，於1998年復活，同年10月在上海舉行第二次的「辜汪會談」，這成為下次領袖會談在臺灣展開的進程，隔年7月因李登輝「兩國論」的發言而再度中斷，這一點如前所述。

6 在新加坡會談中，兩位領導人除了簽署《兩岸公證書查證協議》、《兩岸掛號函件查詢補償事宜協議》、《兩會聯繫與會談制度協議》等達成實務問題的協議之外，對於今後應協議的課題項目也達成協議〔若林、谷垣、田中編，1995：137-138〕。

7 對於海協會方面在實務協議上提案應決定「一個中國」原則的表明方式，海基會方面答以「一個中國」原則各自口頭表述，臺灣方面的「一個中國」原則是依據國家統一委員會在1991年8月所做的決議。但是，之後在沒有任何結果的情況下，就實現了新加坡會談〔李登輝（鄒景雯），186-191〕。2000年政權交替後，中國談到「一個中國」時主張此時擁有「九二共識」，而要求陳水扁政權回復此狀態坐上談判桌，但陳水扁不承認有此共識的存在。

8 李登輝執政時擔任行政院大陸委員會主委、深具經驗的國際政治學者蘇起，對於「兩岸密使」的意義評價道：「當時如果沒有這個祕密管道，僅是透過一個公開的管道，是否能肩負海峽兩岸間的敵意、相互不信任和期待，是很可疑的」〔蘇起，2003：15〕。

9 「江八點」和「李六條」的文本（日譯），依據〔若林、谷垣、田中編，前揭：

146-150、150-153〕。

10 透過對非洲、南太平洋等小國家的經濟援助等方式,而承認中華民國的國家,從1979年21國的谷底,增加到1996年的31國。但在這段期間,對臺灣最重要的沙烏地阿拉伯(1990年)、韓國(1992年)、南非(1996年)轉而承認北京與之締結邦交。在國際機構方面,1992年加入了亞洲太平洋經濟合作會議(APEC),但是,從1993年開始的該會領袖會議,總統的出席持續被拒絕。此外,臺灣不斷強烈要求參加的東南亞國協(ASEAN)區域論壇(ARF)也因中國反對而未實現。1993年開始以「中華民國」的名稱要求加入聯合國的運動,每年都吃閉門羹。

11 推測為中國解放軍副參謀長熊光楷的匿名高官,對1995年10月來訪的前國防部中國專門家傅立民(C. W. Freeman. Jr.)表示,中國為了阻止臺灣獨立,和美國發生核戰犧牲多少都市也都無所謂,並說道:「你們不想為了防守臺灣而犧牲洛杉磯吧!」〔マン(Mann)著、鈴木主稅譯,1999:502〕。

12 筆者在第三次臺灣海峽危機之際,剛好因從事研究而滯留臺灣。1995年夏天導彈演習之後,有機會與某政黨總統候選人會面,他吐露真言道,中國的導彈若非射向遠離臺灣陸地的海中,而是以越過臺灣中央山脈的形式發射的話,就無法預測選民的動向。從這一點來看,考慮中國對臺灣的軍事威嚇對選民的影響之時,有保留的必要。

13 同法的文本(日譯)參考http://j.peopledaily.com.cn/2005/03/15/jp20050315_48356.html(2007年8月16日閱覽)。

14 根據船橋洋一,關於演習的軍事水準,在美國給予的評價為:「導彈的精確度高,具相當的水準。陸海空三軍統一作戰之品質相當粗劣,水陸登陸作戰的成效二流」〔《朝日新聞》,1997年3月16日〕。

終章　中華民國臺灣化與
臺灣海峽的和平[*]

一、中華民國臺灣化之未來

何謂中華民國臺灣化？

對此設問，本書以「中國國民黨自1949年以後一貫堅持之『正統中國國家』之政治結構（包含國家體制、政治體制、國民統合的意識形態等），及其僅及於臺灣地區的統治現實狀況所產生的變化」為定義，作為論述的出發點。而此定義之中包含了：（a）政治菁英的臺灣化；（b）政治權力正統性的臺灣化；（c）國民統合意識形態的臺灣化；（d）國家體制的臺灣化，等四個意涵。

中華民國的臺灣化，主要透過1950年代戰後臺灣國家所具有的三種國家性格之相互作用而漸次形成。亦即①東西冷戰的反共前哨基地國家；②與中華人民共和國相對抗的另一個「正統中國國家」；③戰後於體制結構上具有優越地位的武裝政治移民（外省人），對上人口占多數的臺灣原本住民（本省人）之遷占者國家，在此初期條件之下，同時加諸1970年代外部環境變化——即美國帝國體系範圍的縮小，與其外交政策之轉換與變更（將自身修正成「普通的大國」的外交關係）為契機而啟動。美國帝國體系此一政策更迭所形成的新國際秩序便是「七二年體制」，此亦為中華民國逐漸臺灣化的外部環境因素（第壹部）。

---

[*] 本章譯者：陳培豐（中央研究院臺灣史研究所副研究員）、林琪禎（一橋大學大學院言語社會研究科特別研究員）。

　　之後，隨著政治的自由化及隨後遷占者集團「最高領袖」（蔣經國）的去世，正式揭開了中華民國臺灣化的序幕。本書於第貳部之中，討論了中華民國臺灣化的具體發展，同時檢討並確認了以下四個過程的相互關係：①因「憲政改革」而展開之民主化及臺灣化（第四、五章）；②民族主義政黨制的形成與發展（第六章）；③多元文化主義的國民統合理念與政策之形成（第七章）；④中華民國臺灣化過程造成「七二年體制」傾軋的過程（第八章）。經過這些社會的演變過程可以得知，於 1950 年代遷占者國家成立而初次整編形成的臺灣，又再次經歷了多重族群社會的重組與再次重組。

　　因此，中華民國臺灣化究竟為何、又給臺灣帶來了何種影響？於本書的終章，首先將從中華民國臺灣化的由來，透過國家與社會、以及對外關係等角度進行概括論述。

1. 虛構的解體

　　中華民國臺灣化的命題，與所謂「虛構的解體」密切相關。此歷程由臺灣外部開始醞釀，最終如宿命般回到臺灣的土地上。如第二章所述，1950、1960 年代臺灣的「中華民國」作為美國同盟國，被賦予帝國軸輻系統中（Hub-and-Spoke System）的正式成員地位（依據《中美共同防禦條約》與聯合國中的中國代表權）。透過大量的軍事援助與美軍顧問團的介入，完成了軍隊的重建與再整編，並透過大量的金援振興經濟，之後在美國政府希望臺灣能脫離被援助狀態，進而達到自主的壓力下，臺灣成功轉型為以出口導向的工業結構。在這些外部正統性資源的挹注之下，使得國民黨得以穩定並維持其政權。

　　然而，美國對與其對抗的國家及相對勢力之對峙，一直採取維持現狀的政策，另一方面，觀察 1950 年代兩次臺灣海峽危機時

美國所採取的應對，可清楚地知道，美國雖然支持蔣介石的「反共復國」理念，但對其「反攻大陸」的行動卻並不支持。在缺乏美國支持的狀情況下，「反攻大陸」逐漸成為一種「八股式的口號」。即便統治者透過威權政體，成功地打壓了批評者所指出之臺灣的現狀猶如「國王的新衣」等反對言論（例如1960年代《自由中國》事件、1964年彭明敏事件等），但這個堅持「中國國家體制」的遷占者國家所內含的矛盾，仍舊逐漸深化（第二章）。

　　1970年代初，美中靠攏伴隨而來的是國際社會對臺灣政治支持的遞減（聯合國放逐「蔣介石的代表權」），以及隨後階段性的裁撤美軍在臺基地與軍事顧問團等行動。由於美國投入越戰的巨大花費，以及蘇聯軍事力量的增強，使得美國帝國體系相對衰退。故美國乃調整政策，開始採取所謂的「普通的大國」策略，與中國接近以對抗蘇聯，求得與蘇聯的權力平衡。其代價之一，即為妥協中國共產黨政權的「內戰原則」，並承認中華人民共和國為中國政權代表的國際地位。據此，美國對臺灣的直接軍事援助承諾也不得不採取階段性的縮減。上述國際形勢的變化，也使得蔣介石政權之「正統中國國家」及臺灣的「中華民國」的虛構想像，由外而內地自國際社會之中逐漸露出破綻。

　　1960年代末期，蔣經國取代衰老的蔣介石，成為國民黨政權中的最高權力者。蔣經國當時已確實掌握黨國體制內各個環節，因此可以承受因為體制改變與政策調整所帶來的衝擊。而在對岸，中國大陸文化大革命依舊持續，加之對中國改採友好態度的尼克森總統亦苦於政治醜聞（水門事件）之影響，導致原先預計在第二次總統任期前期便要恢復的中美邦交，延遲到1970年代末。此種情勢不啻給國民黨政權與臺灣多幾年的喘息時間。但蔣經國的體制改革，也於臺灣內部孕育出挑戰想像虛構之「正統中國國家」

的勢力（「黨外」──民進黨）。最後，國民黨政權終究面臨了臺美斷交的局面（第三章）。

蔣經國於執政晚年開始了自由化的改革，其逝世後，在本省人總統李登輝掌握權力（1990 年「二月政爭」）後，過往所建構的對內虛構想像開始解體。至今為止所歷經的七次「憲政改革」，完成了政治體制的轉換（最小綱領民主體制的設置）、政治菁英結構的臺灣化（政治菁英的族群二重結構解體）、及政治權力正統性的基礎臺灣化（權力正統性轉換為以透過自由選舉表達「中華民國」在臺灣中有實質選舉權者之民意上）。

此外，具有官方中國民族主義之意識形態霸權逐漸衰退，受到臺灣意識形態挑戰而形成民族主義政黨制，透過選舉競爭，凸顯出若無「臺灣優先」乃至「臺灣本位」的論述，在立法院已然無法再度取得多數席位。實際上，當 2000 年國民黨喪失執政權之後，在往後取回政權的過程中，一方面除了強調陳水扁政權的缺點外，也可以觀察到身為外省人的總統候選人馬英九所發表的國家論述及其外在表現，已有朝向臺灣民族主義最小綱領靠攏的現象。

此外，依據七次「憲政改革」的成果，原本蔣介石打算帶回中國大陸再次施行的「中華民國」之「中國國家體制」，由於臺灣民選總統的施行與國民大會的廢止，加上憲法修正後表達臺灣選民意志制度的設置（「公投入憲」）等，該體制隨之徹底崩解（第四、五、六章）。

2. 多元文化性的呈現

從社會的角度而言，中華民國臺灣化，是臺灣位於歷史上三個型態互異的帝國勢力（古典傳統世界的大清帝國、近代國民國家的日本殖民地國、新型態「無殖民地的帝國」的美國）的權力交替之中，

賦予臺灣社會的多元文化性（多族群性）所造成的政治結構之改變。

　　本書中，對臺灣社會的多元文化性（多族群性），以筆者自創的「多重族群社會」此一用語加以詮釋。其歷史性變動歷經（a）清帝國下多重族群社會形成的人口基礎結構；（b）在日本殖民地統治下，在「差別即平等」之「制度化臨界狀態」之下所產生的抗日臺灣民族主義論述，並形塑出身為「臺灣人」認同的近代族群意識，以及基於此意識而形成之初步的多重族群社會；（c）依據戰後大量政治移民與遷占者國家的形成，進行多重族群社會的重組；（d）因民主化與臺灣化而出現的重組與再次重組。本書的探討基本上皆基於上述的結構（參照圖 1-1、圖 1-2、圖 7-1）。

　　中華民國臺灣化促進了臺灣社會歷史多元文化性的呈現，亦即促進了多重族群社會的重組與再次重組。1970 年代臺灣內部出現政治勢力上的另一種選項，即「黨外」勢力。最初追求的僅是在官方中國民族主義論述框架內，希冀給予對本省族群的「承認與尊重」，經過 1970 年代末到 1980 年代初的危機與一連串的政治「傷痛事件」（外在有對美斷交、中國新臺灣政策的開始、《八一七公報》；內部有美麗島事件、林義雄滅門慘案、陳文成命案等）之衝擊，以「臺灣前途住民自決」為最小綱領的臺灣民族主義迅速成為主流價值，對遷占者國家面對外部環境變動所加深的統治矛盾，及其以「中國國家體制」為中心的意識形態提出了挑戰。

　　至 1970 年代末，雖然時機已晚，蔣經國仍然提出標榜包含臺灣文化在內的「文化建設」政策。此政策可視為針對「黨外」訴求之「承認與尊重」的回應，但已來不及喚回島內因政治「傷痛事件」的刺激而朝向臺灣民族主義的民意傾向。此處亦可以看出，不具民主化內涵的文化政策，對於吸收反對意見成效上的重大局限。

　　美麗島事件後的「黨外」復甦與成長，以及往臺灣民族主義的傾斜，伴隨在公共領域中強調「臺灣本土化」（Taiwanese ethnicity）之論述同時興起。臺語（實則為福佬話）成為政治上反對陣營的「公用語」（特別是反對陣營的集會或選舉演說的場合），由反對陣營當選縣長握有地方自治行政權的縣市，也開始從地方單方面試行「母語教育」，並將其制度化成為正規教育的一部分。

　　另一方面，由於國民黨政權官方中國民族主義為基礎的「祖國化」政策，與日本殖民地統治時期利用普及的學校教育達成「國語」之普及作為統治成功之象徵相同，亦獲得了相當程度的成果。但是，基於世代、城鄉、地域、教育程度，與個別家庭的狀況，其實此成果的背後呈現非均質的樣態。此種樣態即成為 1980 年代以降，臺灣民族主義論述與「臺灣本土化」思想復權的社會文化性原生基礎。

　　臺灣民族主義的發展（即作為民主化運動主流的臺灣民族運動化），與 1970 年代開始質疑「中華民國」存在意義的國際環境互補，皆凸顯出國民黨官方中國民族主義作為國民統合力量的極限。為了維繫《臺灣關係法》的「課題」並持續獲得美國的支持，蔣經國在臨終前數年踏出了政治自由化的腳步，即便如此，這樣的舉措仍然限制反對勢力的活動於不可挑戰「中國國家體制」之最高原則的範疇之內。

　　然而，這種約束並未達到原先預想的效果。於蔣經國後任的本省人總統李登輝時期，以「全民公投式臺灣獨立」作為綱領的民進黨終於合法化，此外，過往的「法統」體制，亦即賦予臺灣成為「中國國家體制」法源基礎的《動員戡亂時期臨時條款》亦遭廢止。自此，中國國民黨開始從與敵對的中國共產黨所共有的「一個中國」原則中撤守，李登輝本身也在完成第一階段民主體

制的修正（實現「萬年國會」的全面改選）後，取得並確立他在國民黨內的主導地位。此外李也將民進黨基於臺灣民族主義所提出之「臺灣加入聯合國」之政策與論述（生為臺灣人的悲哀）納入自己的主張，藉此表達自身的「臺灣性」，並意圖藉此擴大成為支持自身政治地位的基礎。

如前所述，隨著對內的「中國國家體制」虛構想像的解體，政治菁英的族群二重結構亦隨之瓦解，以二二八事件為發端所造成的遷占者國家體制中的結構性問題，亦即以「省籍矛盾」為背景導致之政治權力分配不均的狀況，終於得以消解。但是在這樣的過程中，被剝奪相對性價值的外省人既得利益者，受到國民黨內部分外省菁英反李登輝政治活動的刺激，而將自身的反李行為政治化（從而族群化）。加之，在官方中國民族主義下，許多外省人與被同化的本省人既得利益者，開始在政治上主張「族群＝民族的（ethnic-cum-national）」脈絡展開動員，進而轉化成反對臺灣民族主義的意識形態（例如 1994-95 年的「新黨現象」）。

如此一來，以臺灣民族主義與中國民族主義兩大意識形態為對抗主軸的政黨政治，便成為臺灣的主要政治型態。自民主化開始進行，到民主體制修改與確立之後，外省菁英政治脈絡的「族群＝民族的脈絡」持續不斷地受到挑戰。與戰後臺灣國家的性格形成不可分割的「省籍矛盾」雖然暫時解決，但在民主體制建構的政治競爭過程中卻又藉屍還魂，轉化成為與民族主義政黨制難以切割的新政治分裂。不過，2008 年總統選舉中外省人馬英九的當選，似乎已將「省籍矛盾」型態的族群政治，淡化到整個大環境的背景之中（第六章）。

隨著民主化而復權的「臺灣本土化」思潮，不僅對人口比例處於少數之遷占者族群造成刺激，在民主化與臺灣化的過程中，

逐漸被「賦權」（empowerment）的本省族群內部中的少數族群，其自我主張也同樣受到相當的刺激。

　　隨蔣經國晚年的政治自由化，本省人中漢族的少數──客家族群，也發起以語言認知為中心的文化性自我主張運動。這是「臺灣本土化」的復權過程中，客家族群對占人數之利的福佬族群逐漸接近權力的不安（由政治上的復權使原本為反對陣營公用語的福佬話改稱為「臺灣話」一事可作代表），故在「臺灣本土化」的復權運動中，也發動了族群運動以提出同樣必須對客家族群做到同等的「承認與尊重」之訴求。

　　緊接著，因為客家文化運動的先行展開，也啟動了原住民族群／民族的抗議與復權運動。戰後臺灣原住民族群，由於戰後臺灣國家與作為主導民族的漢族社會，憑藉其經濟優勢將資本主義強力滲透至山地，使其陷入內部殖民主義的困境之中。由於此一困境的鮮明形象，因此在「臺灣原住民族運動」的抗議活動中，民主化時期下的輿論皆給予強力支援。特別是對持續受到臺灣民族主義意識形態滲透的反對陣營支持者們而言，這種支持與追隨原住民困境的抗議，以及身為臺灣「原住民族」的訴求，又擁有更高度的正統性。

　　「本省人」的漢人族群對「外來政權」及其支持族群強調自身的「本土性」時，以「原本的住民」的概念作為論述主張，但其實亦不過是前後相差四百年左右的程度而已，故即便主張「臺灣文化」的獨特性，說穿了亦僅止於漢族文化內部的差異，欲提出有力的論述相當困難。相對於此，原住民族則擁有更為明顯的「原住者」性質，加上鮮明的文化差異，這種先住於土地的「真實性」乃漢族難以企及。故臺灣原住民族最初揭櫫的泛族群性自稱「（臺灣）原住民族」，在社會中迅速獲得廣泛的認識。

　　從「臺灣本土」的復權及之後少數族群的自我主張，讓臺灣
社會的多元文化性，在民主化的政治空間中得以鮮明地呈現。最
先將這種臺灣社會的多元文化性（多族群性）定型化，並作為多元
文化主義的國民統合主張者，便是「臺獨」勢力。1980 年代末，
在「憲政改革」開始不久前，各式各樣「臺灣獨立」憲法草案（《臺
灣共和國憲法草案》）就已公然於各種選舉造勢活動中登場。其內
容見解基本上指向構成臺灣國家（「臺灣共和國」）的國民，應由
「福佬人」、「客家人」、「原住民族」、「外省人」（乃至「新
住民」）等四大族群所構成。在臺灣社會中存在人口規模互異、
文化互異、定居臺灣時間互異的四種族群，即便他們在人口規模、
居住時間上各有不同，但在臺灣社會中皆為相互對等且應互相尊
重的群體。這樣的見解，在社會、文化菁英間快速地成為一種「政
治正確」，並成為廣泛的共識。

　　在民族主義政黨制的政治競爭中，雖然大致有著「臺灣優
先」、「臺灣本位」的共同意見，但終究尚未達到國族認同的普
遍基準。即便如此，「四大族群」論述中所包含的多元文化主義
理念，作為社會統合、國民統合的理念，仍迅速取得正統性。
1990 年代起，政府的諸多政策，諸如成立了行政院原住民族委員
會、行政院客家委員會，修正歷史或社會教科書，開始逐步嘗試
推行「鄉土教育」與「母語教育」等諸多教育、文化政策，皆可
視為多元文化主義政策的呈現。1997 年所進行的第四次修憲，更
將多元文化主義的理念入憲，納入逐步臺灣化之「中華民國」的
「基本國策」之中（第七章）。

3.「七二年體制」的傾軋

本書中提到的「七二年體制」，係指美國在取消對臺灣「中華民國」在外交上的承認，轉移其重心至中華人民共和國時，仍然維持對臺灣提供安全保障的承諾，以將臺灣留置於美國的勢力範圍內的體制。而此一維持臺灣海峽秩序的運作系統，於 1972 年中美間簽署《上海公報》之後隨即成立。中國對此以消極的態度接受，一方面保留以武力解決臺灣問題的權力，並為了培養足夠的國家實力而努力建設；另一方面，配合「改革開放」的國家政策亦不斷提出「祖國的和平統一」、「三通四流」、「第三次國共合作」、「一國兩制」等新的臺灣政策，既嘗試削減美國對臺灣安全保障的正當性，也嘗試瓦解並攏絡當時國民黨菁英的政治對立意志。

對臺灣而言，這樣的體制意味著否定臺灣作為一個主權獨立國家的地位，而只以曖昧的政治實體身分，被美國保留在非正式帝國體系當中。若臺灣欲以一個實際上獨立的政治實體持續存續，中國方面必然會對美方提出取消對臺灣安全進行保障的承諾（其成功的例子便是《八一七公報》）；相對於此，臺灣方面必然需要採取有效的對抗模式。而臺灣面對此種情勢，所採取的對抗策略，便是更加向美國國家核心理念的自由主義價值體系靠攏，以提高身處美國帝國體系中的正當性。

由經濟方面觀之，此策略自 1960 年代以降可說已然成功，而自 1972 年起，臺灣同時必須在政治方面也提出成果，亦即民主化已成為必要的課題。扮演「反共」的角色，對臺灣而言已經無法取得更多的美方援助。臺灣不能僅只是舉著「自由中國」的看板，實際執行民主化才能符合美國對臺承諾的法源依據，即《臺灣關係法》的要求，並進而使美國不會取消對臺灣的政治支持。換言

之，美國透過《臺灣關係法》，對臺灣課以民主化的「習題」。

　　但是，美國帝國勢力的決定性干涉，在戰後臺灣國家固有歷史的脈絡下，同時產生了民主化與臺灣化的雙重意義，臺灣化的浪潮甚至超越了民主化的改革聲勢。蔣經國的後繼者李登輝，延續蔣經國晚年政治自由化所跨出的第一步，順勢推動民主改革，在遂行民主化過程中對內取得政治正統性，並將內部正統性轉化為外部正統性。身為先鋒的臺灣領導人，透過外交行動，果斷訴求臺灣民主化的成果，此即所謂的積極外交。1995 年李登輝以私人身分成功訪問美國，便是最成功的例子。此一訪問也讓西方民主主義各國對臺灣的認識以及對李登輝的評價達到頂點。但與此同時，對臺灣民主的高度評價也讓各國與中國之間的關係帶來決定性的傷害，故認真考慮承認臺灣國際地位的各國政治菁英並不多。包含美國，各國對民主臺灣的認識與評價多只停留在「未達外交承認」水準的狀態。

　　即便如此，這樣的變化對北京而言已經成為警示。中國透過對臺灣海峽發射導彈等大規模演習的軍事威嚇作為回應，對此，美國亦派遣兩艘次航母艦隊通過臺灣海峽以為因應。此即第三次臺灣海峽危機。此危機可視為美國與中國間的一種大國軍事外交角力。中國方面的強硬行徑，一方面再次凸顯臺灣海峽是東亞安全問題的焦點，更令美國重新採取了強化美日同盟機能、加強美國對臺軍事協助等防堵「中國抬頭」的相關圍堵作為。

　　但另一方面，美國也認知到中國逐漸成為此一區域秩序的形成者，因此也將對中行動採取了一定程度的調整。此一調整同時關係到臺灣於第二階段「憲政改革」時，美國對臺試圖強化自身國家性的民主化舉動，所表示出來的相異評價。這種差異即表現出美、中之間已在某種程度的協調下，對臺灣做出了一定程度的抑制。

　　李登輝在民主體制建立之後，於 1997 年的第四次修憲（「凍省」等）、1999 年夭折的「兩國論」修憲之中，持續嘗試推動臺灣化，卻在受到美國輿論讚譽為「民主先生」（Mr. Democracy）之後，被美國政府批評為「麻煩製造者」（Trouble Maker）。身為臺灣領導者的李登輝，在完成了美國指派給臺灣的民主化「習題」後，也不得不受制於戰後臺灣國家固有脈絡。這個狀況，也發生在因得利於 1997 年憲改造成國民黨內分裂而於 2000 年當選總統的陳水扁身上。

　　陳水扁當選以來也苦於所提出的「新中間路線」無法獲得中方回應，進而於 2002 年發表「一邊一國」論造成中方的不滿，2004 年更以直接讓布希政府感到不安的臺灣民族主義作為競選主軸，並且成功獲得連任。由於即使採取穩健路線，民進黨仍是個堅持「臺灣獨立」綱領的臺灣民族主義政黨，因而當其取得執政權後，因第三次臺灣海峽危機以來而凸顯的「七二年體制」傾軋，有恆常化的傾向。

　　相對於此，美國政府屢屢提出「反對單方面改變臺灣海峽現狀」、「我們支持的是臺灣的民主主義，而非臺灣獨立」[1] 等論調。這對臺灣而言，是在完成了民主化的「習題」之後，美國加諸於臺灣化之上的自制「新習題」。即便泛綠陣營對這個「習題」相當不以為然。

　　另一方面，中國於 2002 年秋天成立的胡錦濤政權，在陳水扁連任後，開始採行防止臺灣獨立重於兩岸統一的政策，具體表現即為 2005 年春《反國家分裂法》的制定。一方面將採用強硬手段防止「臺灣獨立」的行動合法化，一方面也以法律規範更柔軟的姿態來促進兩岸交流。美方給臺灣的「新習題」，也等於賦予了胡錦濤政權這一連串舉動一定的正當性。

　　美國在其東亞勢力範圍中打造出所謂的「七二年體制」，經歷了中華民國臺灣化的歷程之後，表面上又衍生出防止「臺灣獨立」的臺灣海峽共同管理機制。「七二年體制」為中華民國臺灣化注入動能，但同時美國也被迫接受由此衍生的新挑戰，且不得不對此狀況加以修正。

二、中華民國臺灣化與臺灣海峽的和平

　　正如本書之中諸項所述，臺灣島上所反映出來的政治社會現象，不斷地受到意欲領有臺灣島的周邊勢力加諸於其上的各種權力、文化、文明所影響。這些影響也形塑出臺灣歷史中深具特色的面向。中華民國臺灣化，便是這一連串映照中最新的一幕。在本書的最後，便試圖對這最新的一幕進行初步的檢討。

　　中國的《反國家分裂法》指出「臺灣問題是中國內戰遺留的問題」（第三章）。雖然如字面所述，但其實這樣的描述只說明了一半的事實。事實的另外一半是，中國內戰與東西方冷戰在臺灣海峽交會，促使歷史上首次出現這個「事實上」已具有國家型態的臺灣國家。中國內戰與東西方冷戰的結合，或許是歷史上的偶然。然而，這個偶然也令此「事實上」的臺灣國家（「臺灣的中華民國」），獲得了中華民國臺灣化的動能。

　　這最新的一幕，與之前時期所不同處在於：對臺灣而言，遷占者菁英帶來的第一個近代中國「臺灣的中華民國」，在未能順利地將其周緣的臺灣納入其「中國敘事」的範疇後（可由二二八事件、美麗島事件之中得知），反而催生出一個輪廓清晰，臺灣史上第一個以「臺灣」為實體範疇的區域性政治體。

　　在這最新的一幕之中，臺灣公民透過民主程序表達自身民意的民主制度，成為統治權力的正統來源，位於中國周緣、擁有臺

灣歷史經驗與親和性的政治菁英抬頭，取代了原本「中華國民帝國」論述之中的王朝正統。暫且不談未來的國家歸屬問題，對於臺灣的民主體制的政治主權性，以臺灣為政治自決單位的概念，已成為自統治階層到大多數選民之間的共識。

　　這一個從二十世紀中葉開始，從歷史性的偶然裡發生的、事實上的國家，逐漸蘊釀出與「中國」相異、往臺灣國民國家概念轉化的意識形態（臺灣民族主義）。此意識形態，在政治場域中的地位及重要性與日俱增。中華民國臺灣化仍然是一個動態的認同政治過程，官方中國民族主義霸權所強調的「中國人」、及其國族認同的均質性正逐步崩解。雖然「臺灣認同」並未完全成為唯一的政治論述，但確實逐漸成為主流價值。

　　中華民國臺灣化也將臺灣社會上的「中華國民帝國」（參照第一章註2）的色彩抹去。留下了擁有自身正統論述，亦即擁有自治主體性的政治體。但是，這個政治體依然未能成功得到外部的法理承認，且今後也應該會持續面臨此一重大困境。此外，所謂「中華民國」之「中國國家」等支撐遷占者國家論述的各種象徵或法統依據，其型態雖然已分崩離析，但實際上依然殘存至今，今後若要除去此些要素，恐怕還須經歷相當的摩擦與衝突。

　　由另一個角度觀之，中華民國臺灣化也為將來的可能發展寫下註腳：一方面，若臺灣內部已經做好準備，只要能被國際社會認可，臺灣立刻可以脫胎換骨，成為如臺灣民族主義者所期待之擁有獨立主權的國民國家；另一方面，若中國方面準備妥當，亦即，具有能夠包含高度民主自治區域的「中國性」理念與政策框架準備完成，也不排除臺灣以中國內部一個真正獲得自治的全新成員，加入中國國家體系的可能性。

　　但這種中國性的理念與政策，尚須要能夠包容在周邊諸帝國交錯歷史中生存下來的臺灣住民，其獨特的認同與意識形態。無論同意與否，若中國的理念與政策，缺乏能包容自十九世紀末以降臺灣獨有的歷史縱深的雅量與理解，則即便臺海間的軍事對立得以緩解（即使這種實現本身就是一個巨大的福音），將來仍然無法保證不會以任何形式再度發生類似「二二八事件」般的悲劇。

　　臺灣現今已成為一個擁有民主政治制度、與發達資本主義經濟的社會。臺灣經濟與持續成長的中國經濟，有著愈來愈強烈的連繫，這對現今臺灣民主體制中的民族主義政黨制的激化，以及對臺灣民族主義片面性的加強，具有牽制的可能。雖然中華民國臺灣化，具有持續強化「以臺灣為範圍」之實體單位的國族認同，但另一方面，無論是民意調查或是選舉結果所呈現的民意，卻對急速擴張的臺灣民族主義不抱好感。

　　由第六章援用的臺灣民族主義最大綱領（「法理臺獨」）與最小綱領（「臺灣前途住民自決」）的角度來看，臺灣民意對最小綱領表達了廣泛的支持，但對激進的最大綱領卻表示了不安的態度。再加上，「七二年體制」已封鎖了此最大綱領的激進路線的可能性＝為了防堵「法理臺獨」，亦可看到美中雙方在相互協調下的路線修正。換言之，不論內外因素都可看出，超越現今程度的臺灣民族主義難有進一步發展的空間。因此，一時之間，臺海的和平恐怕仍需要在這種情況下繼續維持。

　　如今的臺灣，即便暫時擁有「和平」的時空，但仍在「中國崛起」與不斷變化的國際政治經濟情勢下，鎮日焦頭爛額地應付。從十九世紀開始，諸帝國勢力往往強加自身的期望於臺灣之上，而如今中華民國臺灣化的發展及變化，終究迫使諸帝國勢力的後裔，必須為過去的歷史提出答覆。中華民國臺灣化，是臺灣位於

諸帝國周緣位置的歷史脈絡之中，在多重族群社會與政治結構的折衝之下，以政治體制的民主化為主軸所開啟的複雜現象。

　　雖然，過程之中在內在外都持續經歷深刻的摩擦與傾軋，但即便如此，戰後臺灣國家的矛盾仍然逐漸磨合緩解。更重要的是，臺灣社會中人權狀況的改善，以及跨越數個世紀，遭到連續不斷殖民壓迫的原住民族，也邁開了去殖民地化的腳步。這些現代世界眾多人們共同追求的普遍價值，得以在臺灣實現，使這些成就深具意義。因此，臺灣海峽的和平，除了一向不變的「繁榮與安定」之目標追求與維護之外，更應當尊重一路以來達成諸多成就的臺灣住民的意志與利益。

【註釋】

1　陳水扁發表「一邊一國」言論之後，當時行政院大陸委員會主委蔡英文即赴美，對美國政府的不滿進行滅火，對此，美國副國務卿阿米塔吉（Richard Armitage）做出如此表述。

後記[*]

　　事近尾聲之際，經常預感著另一個新生。有些事適合以這種起承方式結束，學術研究即屬此類。

　　前著《臺灣──分裂國家與民主化》出版於 1992 年 10 月。當時正逢「萬年國會」全面改選，蔣經國晚年正式展開威權政體轉型，民主化的落實似乎已乍見曙光。果然就在四年後 1996 年總統直選實施，平安完成了本書所謂最小綱領民主體制的設置。民主體制雖然平安，臺灣海峽卻已波濤洶湧。針對這場選舉，中國展開大規模的軍事演習，在臺灣近海發射彈道飛彈進行威嚇。美國隨即採取行動，調派兩個航空母艦戰鬥部隊駛向臺灣沿海。1996 年，臺灣海峽揭開了國際政治的新序幕。

　　當時，我開始構思撰寫續篇。前著焦點在政治體制的轉型，但觀察其後臺灣政治展開的意識形態狀況與爭論點，促使我構想以有關臺灣國族認同、意識形態政治作為主要觀察對象。目標是十年後出版。

　　但是人算不如天算，本書出版比預定時間整整遲了六年。首先第一個藉口是，大學的行政業務奪占了太多時間與精力。當然不僅如此，雖然決定以意識形態政治為主題，全書架構並未敲定，還有太多需要重新學習與推敲的。加之，臺灣政治和臺灣周遭局勢也在不斷變化。序章和目次再三改寫。過程中，不知給好友們

---

[*] 譯者：洪郁如（一橋大學大學院社會學研究科・社會學部教授）。

發過多少郵件宣誓「開始動筆」的決心，卻仍舊是只聞樓梯響不見人下來。想起真摯等待又為我操心的各位，實在感到過意不去。

　　然而，在這段期間裡我參加了兩三個研究計畫，也在學術研討會做了發表。累積的這些論稿，讓本書架構逐漸成形。過去曾發表的論文等與本書各章節的關聯如下所示：

　　序章　大幅改寫自「台湾をめぐるアイデンティティ・ポリティックスへの視角──民主化、エスノポリティックス、国家・国民再編」（『ODYSSEUS（東京大学大学院総合文化研究科地域文化研究科紀要）』第 5 号、2001 年 3 月）。

　　第一章　新作。

　　第二章　改寫自「分裂国家の統治──台湾の戦後〉（『講座東アジア近現代史　第 5 巻』、青木書店、2002 年）、「（研究ノート）戦後台湾遷占者国家における『外省人』──党国体制下の多重族群社会再編試論・その一」（『東洋文化研究』学習院大学東洋文化研究所、第 5 号、2003 年 3 月）。

　　第三章　新作。

　　第四章　新作。

　　第五章　第三節第一項改寫自「『保革共存』なき半大統領制──台湾の民主体制と政党政治〉（日本比較政治学会編『比較のなかの中国政治』日本比較政治学会年報第六号、2004 年、早稲田大学出版部），其他部分則為新作。

　　第六章　根據「台湾における民主主義体制の不安定な持続──エスニック・ナショナルな文脈と政治構造変動」（恒川惠市編『民主主義アイデンティティ　新興デモクラシーの形成』、2006 年、早稲田大学出版部）大幅增補改寫而成。

　　第七章　第一節改寫自「『過去の清算』——二‧二八事件
と族群和解」（船橋洋一編著『日本の戦争責任をどう考えるか　歴
史和解ワークショップからの報告』、2001 年、朝日新聞社）。第二
節修改自「現代台湾のもう一つの脱植民地化——原住民運動と
多文化主義」（日本順益台湾原住民研究会編『台湾原住民研究』第
11 号、2007 年、風響社）。第三節為新作。

　　第八章　終章　新作。

　　（本書在草稿完成至出版之間，曾就部分成果進行發表。）

　　在這段期間，除了本人服務單位的東京大學教養學部之外，
筆者也曾赴秋田大學教育學部、慶應義塾大學法學部、愛知縣立
大學、早稻田大學政經學部、國立政治大學臺灣史研究所、京都
大學文學部等講授現代臺灣政治論，這些也都成為強固本書內容
的重要過程。特別是，如果沒有這些備課壓力，恐怕第八章會顯
得內容貧瘠。感謝惠賜上述機會的各位，也感謝聆聽授課，並給
予有言無言回應的學生諸君。

　　就這樣，我決定用「中華民國臺灣化」這樣一個整合概念來
論述其初期條件、起動過程、展開歷程，正巧當時在服務單位也
終於輪到筆者取得休假，得以專注研究，終於完成了尚未執筆之
關鍵線索部分，亦有效率地進行全書梳理。這必須向我身旁的同
事們致上謝意。另外，想起去年夏天在前所未有的酷暑中，自己
能不屈不撓，發憤寫完包括第八章等艱難的部分，心中不禁感到
一絲驕傲。

　　如果出版半年後再來回顧本書，肯定會發現處處不足而感到
心虛。再想到本書將在 2008 年 1 月立法委員選舉、3 月總統選舉
之後才出版，更加倍了我的不安。暫且不去想這些問題。正如這
篇後記開頭所述，接近尾聲之際，腦海中浮現有關臺灣政治研究

下一個課題的想法，才值得記載於此。

　　本書以政治共同體次元的變動為主題，將 1970 年以來所謂「漫長的四分之一世紀」的政治結構變動，總稱為「中華民國臺灣化」，並針對其變動的結構部分加以論述。一個主題的選擇，意味著對其他的捨棄，但這並不是不了解捨棄部分之重要性。正如前言破題所示，在這漫長的四分之一個世紀，不僅是政治，包括臺灣的經濟、社會、文化，以及國際政治經濟環境，與其他東亞社會同樣經歷了巨變。其中，就本書主題相關領域而言，執筆之際特別意識到的問題領域有二。

　　幾乎與民主化同時期，解除管制與開放市場等經濟體制改革，以及遲來的福利國家化等，亦開始進行。筆者關注的第一個領域，是與此息息相關的政治經濟學主題研究。這些改革以及改革所帶來的利益政治、分配政治，影響了政治舞臺上各個行為者的行動、選民的投票行為，甚至是選舉結果。因此也給意識形態的政治動向帶來衝擊。

　　民進黨將民主化時期以來利益政治所衍生的問題，視為「金權腐敗」並作為爭論焦點，以此對抗當時以執政黨立場主導民主化、又「奪取」民進黨臺灣論述（discourse）而占得優勢的李登輝政治力量。2000 年三足鼎立的總統大選中，此招確實奏效，並使陳水扁贏得選戰。但是在取得政權之後，陳水扁自身卻也沾染「金權腐敗」的汙名而一敗塗地。對於上述過程來龍去脈的背後，與政治經濟學相關的討論，在本書中可說稍嫌不足。

　　第二個領域是社會運動。正如前著所述，在政治體制轉型期，以往國民黨一黨專制下長年壓抑禁聲的各式議題，在社會運動中一舉噴發，動搖了體制。臺灣民主化的進行型態本身類屬「由上而來的民主化」，但若無這些社會運動所代表的社會壓力，與市民社會明確的自我主張，民主化也不可能實現。社會運動在中華

民國臺灣化中扮演何種角色？隨著民主化的進行，社會運動型態如何轉變？以及對維持民主體制發揮的功能，本書僅作了部分輕描淡寫。

　　筆者雖然充分意識到這些因素的重要性，但與本書主題之間缺乏充分連結。對本書論述最直接有力的批判，或許會來自從上述問題領域考察臺灣政治論的人們。這些批評與批判，可期將有助於推動臺灣政治研究，特別是對以日語為首要言語的研究者們來說更是如此。

　　進一步地，關於掌握今後臺灣政治動向，還有課題尚待完成。站在本書觀點，1950 與 1960 年代，正是中華民國臺灣化起動與展開的初期條件形成時期。同樣的，1970 年代起「漫長的四分之一世紀」，也是在某個變動中逐漸孕育下一個時代巨變初期條件的時期。這裡的某個變動，或許已經發生。如果說本書確實抓住了時代關鍵，那本書掌握到的中華民國臺灣化，或許就是其條件之一，或正在體現其一部分。但即使如此，新時代無法從單線觀察解釋，必須確實備齊多方位角度，才得以掌握之。我認為，那就是中臺關係的政治經濟學，進一步說，是一個涵蓋中臺關係的、臺灣海峽區域和平與繁榮的國際政治學。後者務必關照到安全保障問題，與東亞共同體問題。今後的臺灣政治研究，必須藉此相輔相成以臻完備。

　　除此之外，對於研究臺灣政治的來時路，特別是民主化之前威權政體時期的臺灣政治史，更需要擁有踏實的分析眼光。隨著1980 年代後半政治的自由化，臺灣研究在質與量兩方面都有突破性的增長。這個進展從族群問題、認同問題為中心的政治社會研究、文學研究的領域開始，近年來也擴大到政治史實證研究領域。看到年輕研究者爭先恐後地填補臺灣政治史的空白，固然感到欣慰，但是在填補空白之同時，也應確實地紮穩棟梁。研究者需要

不斷思索，需要以柔軟而開放的想像力，來面對日本殖民統治崩壞、以致威權政體下，臺灣人身處的時代空間與走過的生命歷程。

　　這幾年，「去殖民地化」一詞不斷在我腦海中浮現，或許它可以作為想像力之錨，提供建構一個新政治史研究的開端。扮演形成與維持東亞秩序角色之一的日本殖民帝國，在 1945 年消滅之後，有哪些新的行為者在舊殖民地場域中出現？形成何種新秩序？雖然東西冷戰的波及導致形成一種重層型結構，在日本支配後的空間與時間中，人們如何走過生命歷程？這又以何種形式反映於政治史？臺灣政治史研究的梁柱，肯定會在思索答案的過程中成形。事實上，意識到「去殖民地化」課題的年輕研究者們已經起步，未來可期。

　　本書在多方恩情與關照下才得以完成，要感恩的對象比前著更為廣泛。恐要書寫好幾篇的書評、論文或評論，才足夠逐一適切表達我的謝意。請容許筆者將這份感念融於書中的論述和參考文獻之中。

　　從本書構想階段開始，東京大學出版會的竹中英俊氏提供許多建議和鼓勵。實際編輯工作上，受到大矢宗樹氏照顧甚多，超出預定分量的原稿，都承蒙其細心編輯，在此致上謝意。

　　最後在擱筆之際，謹抄錄前著末尾謝詞如下。

　　「觀察選舉走訪的臺北、高雄、宜蘭、桃園、屏東、板橋等城市街頭，是筆者上政治學的教室，民主主義的補習班。本書謹獻給在彼地相遇，擦身而過的所有人們。」

2008 年 2 月 10 日，於相模原市寓居
若林正丈

中文版後記

薛化元

本書（《台湾の政治　中華民国台湾化の戰後史》）從日文版出版（2008）到中文翻譯版問世，前後歷經了五年多的時間。2008年第二次政黨輪替之後，國民黨重新執政後的臺灣政經情勢發展，也有相當的變化。但本書所論述的臺灣政治發展方向，以及內外政經結構的關係，卻仍然影響著目前臺灣政情的發展。雖然，這些後續的發展，原本並非本書所計畫要處理的內容。本書是若林正丈教授繼《台湾　分裂国家と民主化》（1992，中譯本書名《臺灣——分裂國家與民主化》）之後，處理時間跨度較長的臺灣政治研究專書。本書補完前書出版後 1990 年代至臺灣第二次政黨輪替為止的歷史過程。這兩本書都是由夙有聲譽的東京大學出版會出版，為學術基礎相當扎實的戰後臺灣（政治）通史。

一、翻譯、出版的歷程

目前任職於日本早稻田大學政治經濟學術研究院的若林正丈教授，是日本研究臺灣近現代政治史和臺灣政治的重量級學者。他過去的著作也曾被翻譯成中文版發行，對於戰後臺灣政治史的研究，有舉足輕重的影響。本書的部分內容曾經是若林教授在政治大學臺灣史研究所客座期間（2006 年 4 月至 6 月），對學生上課課的教材。當時若林教授的課程所探討的內容，已經跨過二十世紀的末三十年，進入到臺灣首次政黨輪替後的二十一世紀。換言之，上課討論的內容已經和研究生大學生階段，甚至研究所階段

臺灣現實政治發展密切相關。因此，研究生原本透過新聞報導、評論認識的主題，已經轉換成他們在課堂上學術探討的課題。對於臺灣史研究所的研究生，縱使是以戰後歷史作為專攻，也很少有上到這樣「切身」的歷史課程的經驗吧！當時，若林教授已經向我提到出版本書的計畫，我也十分期待，相信這本書對於當代臺灣政治史研究，一定會有相當具體的助益。因此，本書的日文版由東京大學出版會出版後，我個人在先睹為快地拜讀之餘，認為它應該也會像若林教授的上一本大作《台湾 分裂国家と民主化》一樣，很快就會在臺灣出現中文翻譯本。當時我根本沒有想到，最後會成為本書中文譯本的催生者。

由於這樣的機緣，當若林教授與吳密察教授、新自然主義出版社洪美華小姐等人聚會時，再提起希望將本書翻譯為中文出版時，我便表示願意協助尋找出版的機會，或是申請翻譯的經費。為了便利申請計畫，在場的陳桂蘭小姐也表示願意先翻譯部分章節，就這樣這本書的翻譯工作有了開始。原本我希望向國立編譯館提出翻譯案的申請，也開始準備相關的文件，這樣除了陳小姐翻譯的章節外，也要有完整的翻譯團隊才行。因此，我開始進行翻譯團隊的籌組工作，並試著透過電話和電子郵件聯絡自己比較熟識、出身東京大學出身的臺灣史工作者和我自己指導的學生。

後來，我的學長吳密察教授比較相關單位的出版條件後，認為不必再考慮其他出版方案，可以由臺灣大學出版中心來推動本書的翻譯出版事宜即可。這是個不錯的建議，不但減少了申請的手續，而且我個人主編的翻譯論文集，也是由臺灣大學出版中心出版的，對於他們處理書籍編輯、出版的過程、品質的管控，有相當好的印象。另一方面，我碰到一橋大學的洪郁如教授，和她提及翻譯團隊的組成問題，她十分爽快地答應我，代為探詢東京

大學畢業的臺灣史研究者，並且很快就有了回音。這樣翻譯團隊
組成了，我也心想算是達成被託付的任務，準備把後續書本的編
譯工作交給臺灣大學出版中心和吳密察教授。我想，無論是和若
林教授的學術淵源，留學東京大學的背景，或是在此一領域的研
究輩分，接著由吳密察教授來擔任審訂或是監修的工作，應該是
最適合的。怎知吳密察教授執意不肯，並強烈希望我完成這本書
的翻譯工作。

　　個人作為本書的讀者，是相當幸福的，可以分享作者的見解，
也可以在閱讀中自在地與作者的論述對話。但是要協助完成翻譯
後的出版事宜，縱使有臺灣大學出版中心堅強的團隊，囿於個人
的能力，也讓我不安地憂慮起來。因此，我找了政治大學臺灣史
研究所的林果顯助理教授，請他協助翻譯時初步的統整工作。我
們先從日文版索引中專有名詞的翻譯著手，查對臺灣的習慣用語，
並且透過電子郵件和若林教授討論後定案，提供給各篇章的翻譯
者參考，以減少翻譯後不同篇章名詞不一致的情形。至翻譯稿完
成後，由臺灣大學出版中心執行編輯吳菡小姐負責全文第一次的
檢校工作。就像我之前的經驗一樣，她不但一一列出個別篇章譯
文的疑義，或是文意不容易了解之處，更十分仔細的挑出不同篇
章翻譯的歧異之處，請翻譯者和我確認。之後又在吳小姐的協助
下，與林果顯進行三次的檢校，確認未解決的問題，再進行後續
的出版作業。

　　至於對中文翻譯版的出版而言，各篇章的翻譯者是貢獻最多，
有必要再做整體性的說明。負責前言、序章、第一章、第二章的
陳桂蘭小姐，之前擔任出版的翻譯工作，對於若林教授的研究有
相當的了解。負責第三章和第七章的是周俊宇和岩口敬子，他們
出身政治大學臺灣史研究所，周俊宇目前在東京大學總合文化研

究科攻讀博士，他前後在臺灣、日本受教於若林教授，岩口敬子則在一橋大學服務。負責第四章翻譯的是政治大學臺灣史研究所的林果顯助理教授，他博士班期間曾經到若林教授東京大學的課堂旁聽。至於負責第五章到後記（除第七章外）翻譯的，除了林琪禎是一橋大學的博士外，其他都是東京大學的博士。負責第五章翻譯的是成功大學臺灣文學系的李承機副教授，負責第六章翻譯的是成功大學歷史系的陳文松助理教授，負責第八章翻譯的是臺灣大學歷史系的顏杏如助理教授，和林琪禎共同負責終章翻譯的是中央研究院臺灣史研究所的陳培豐副研究員，而負責翻譯後記的是一橋大學的洪郁如教授。其中絕大多數都是若林教授的授業學生，對於若林教授研究的了解和日文翻譯的能力，在臺灣都是十分難得的。

雖然如此，本書原本是給日本研究者閱讀的，一些用詞無法完全用臺灣的用法取代，內容經過校讀後仍不免有一些疏失。加上我個人雜務繁忙，導致出版流程比預計的更長，也造成本書出版的延宕。以上諸問題，對原作者若林教授和期待本書中文翻譯版出版的讀者，實在不好意思。

二、本書的特色

本書的內容相當豐富，在分析架構、研究取向，以及論證結構，讀者透過閱讀當有深刻的認識。若林教授在中文版的序言中，特別介紹東京大學東洋文化研究所松田康博教授的書評內容，提供讀者閱讀本書的對照參考。筆者作為中文版最早的讀者，僅以讀書札記的心情，與讀者分享。

若林教授的博士論文，即是以日治時期臺灣政治史作為專攻。由於長期以來關注臺灣近現代史的研究，特別是在戰後臺灣史研

究上著作甚多，更被臺灣研究學界視為研究臺灣現代史的重量級學者。換言之，若林教授的社會科學研究出身的背景，常常相對被忽略。或許正是因為這樣的學術背景出身，使得若林教授雖然重視史料的統整、論述，對於歷史的解釋更是用力甚多。

　　而本書的內容，也是若林教授研究取向的體現，呈現的特點之一是：大量應用最新的研究成果，統合目前為止中、日、英文學界對戰後臺灣史的研究，橫跨政治學、歷史學、語言學、社會學、區域研究、認同政治等學術領域。在〈前言〉中指出，本書運用了至少包括「多重族群社會」、「遷占者國家」、「七二年體制」、「民族主義政黨制」等論述工具。換言之，本書是一本具科際整合特色的戰後臺灣政治史，也是作者在先行者研究的基礎上，進一步提出其獨特的「分析式架構」，檢視並解釋戰後臺灣政治發展的歷程。在研究成果的掌握上，則兼具深度與廣度，臺、日年輕學者的研究亦在援引之列，在閱讀上無疑享有「鳥瞰式」的滿足感，也讓兩國學界更簡便地了解彼此的研究關懷。無論舊雨新知，應該都肯認這是若林教授關於戰後臺灣史書寫的重要風格，或可視為本書的第一個特色。

　　其次，即使出身社會科學，但若林教授對於歷史脈絡的重視，使得戰後臺灣史的格局放大為近代世界帝國體系的變動，而其中臺灣的選擇與作為充滿能動性，在不同時期展現了內部政治變化與外在國際情勢的強烈互相影響。本書明言具有兩個視角，一個是政治結構變動論，亦即政治共同體層級的政治結構變動、社會文化的變容與國際政治的衝擊。另一個即是歷史的視角，將臺灣擺放於三個性格相異的帝國邊緣（古代世界帝國的清帝國、近代殖民帝國的日本、二次大戰後「非正式的帝國」美國），凸顯臺灣歷史的「邊緣性」。具體而言，本書延續《台湾 分裂国家と民主化》的歷史脈絡，同樣正視「縱的繼承」（主要指涉日治時期，甚至溯源

至清帝國統治時期之前的臺灣歷史傳承或遺產）與「橫的移植」（主
要指涉二次戰後自中國移入臺灣的制度、文化）兩個側面。或許正是
重視這樣的歷史脈絡，若林教授才會傾力觀察「中華民國臺灣化」
諸現象，並據此解釋政治變化的趨動力。

　　再者，如同前述，作為政治研究的專著，對臺灣戰後政治發
展提出整合性的解釋也是本書的特色。書中提出所謂的「七二年
體制」，對一九七二年以後影響臺灣政治發展的國際政治結構與
臺灣國內政治發展的關係，特別是其中的矛盾關係，有深刻剖析。
亦即，外在的「七二年體制」雖然是臺灣內部政治改革的重要促
因，但特別是民主化改革後，中華民國朝向建立以臺灣為主體的
國民主權國家，此一發展卻又回頭衝擊「七二年體制」。此種臺
灣主體意識的政治發展，以及其與「七二年體制」的辯證關係，
是後續影響臺灣政治發展的重要變數。若林教授以「中華民國臺
灣化」統合此種政治改革的構圖，探討戰後臺灣在國家定位、政
府機構設計、意識形態與認同等面向的變化。此為全書核心所在，
作為介紹性文字不欲多言，還請讀者細細品味。

　　最後，由於熟稔於臺灣的學術成果與現實脈動，若林教授由
此汲取養分，豐富了自己的解釋，反過來向日本讀者介紹原生自
臺灣的關懷。這裡想舉出的是「族群」的概念。若林教授認為現
今於臺灣社會和學界普遍使用的「族群」一詞，較之其他辭彙，
更能說明臺灣的現象：既可指稱各種不同的人群分界（原住民族與
漢族，客家人與福佬人，日治時期的臺灣人與日本人），又可兼顧傳
統理論難以包攝的分類（本省人與外省人）。藉由族群概念，本書
的政治史內容不僅包含國家定位和政治結構，對於多重族群社會
的再編、民族主義政黨制的開展，以及多元主義的浮現，才會投
以如此多注目的眼光，語言、教育與文化政策在才會政治面的通

史中占有重要地位。若思及近代以來，臺灣與中國均大量自日本輸入辭彙，作為描述和認識新事物的工具，本書以臺灣的辭彙向日本介紹臺灣歷史，希望日本讀者藉此更精準掌握臺灣的現實與其歷史脈絡，不覺深有況味嗎？

三、引進與反思

在作者令人佩服的先行研究掌握，以及苦心提出的整合性概念下，本書可說為戰後臺灣史研究又設下重要的研究課題。基本上，不論打算舉證贊同或修正批評，是否接受「中華民國臺灣化」的概念，或是這個概念可以運用的限度究竟到哪，固然很可能成為研究者難以迴避的問題，更可能進一步成為研究者往前邁進的發想。另一方面，回想 1994 年《臺灣——分裂國家與民主化》中文版出版後，研究戰後臺灣史的學子幾乎人手一本，在某個意義上，本書的出版將使「教科書」的版本更新二十年，對後進養成的影響性自不待言。

臺灣研究在日本學界向屬冷門，即使是放在日本帝國時期的殖民地脈絡，臺灣亦非最被重視的對象。若林教授在此領域中勤懇開拓，對於擴大日本學術界認識臺灣研究的視野，有關鍵性的影響。而本書的中譯出版，從一個外在研究的角度，提供臺灣讀者認識自己以及參照對話的養分，對於臺灣研究者而言，是相當有意義的。

還記得《台湾 分裂国家と民主化》出版後不久，有一次朋友安排的聚會，若林教授向我提起過去日本臺灣人前輩的研究業績。其中不少是在日本積極投入政治運動，但是學術研究的成果也得到肯定，其中也有由東京大學出版會出版的。此事在我心中留下深刻的印象，雖然自己的成果有限，仍常以此自我勉勵。從另一

個角度來看，在學術解嚴後，臺灣本土臺灣史研究已有相當的發展。在臺灣的臺灣史或政治史學者，如何成一家之言，對戰後臺灣提出通史性、整體性的概念，應該是臺灣學者的責任，也是對本書最好的回應。

本書作為戰後臺灣政治史的研究專著，和當年《臺灣——分裂國家與民主化》中譯本出版後一樣，實際上在歷史研究的斷限有重要的意義。由於本書內容的時間已到 2008 年，直逼「當下」，這與臺灣歷史學界研究與「當下」保持相當時間距離的主流，似乎有相當的違和感。對若林教授而言，這或許不是問題，因為作為政治學者出身的當代臺灣史研究者，對研究「當下」有濃厚興趣，應該是相當合理的研究取向。不過，對臺灣歷史學界而言，這仍是一個尚待突破的障礙。或許從另一個角度來看，在中西史學史的歷史脈絡中，無論是東方的漢帝國或是西方的古希臘，歷史家對「當下」的研究與歷史的論述，也算是一種典範在夙昔吧！如此，當本書被戰後臺灣史研究者普遍閱讀，並與本書進行研究的對話，是否會影響臺灣歷史學界的研究斷限往「當下」發展呢？實在是一個值得注目的歷史學問題。

參考文獻

中文文獻

二二八和平日促進會編，1987，《走出二二八的陰影——二二八事件四十週年紀念專輯》，臺北：自由時代雜誌社。

二二八和平日促進會編，1991，《走出二二八的陰影——二二八和平日促進運動實錄（一九八七——一九九〇）》，臺北：自立晚報。

小笠原欣幸，2000，〈二〇〇〇年臺灣總統大選中的「宋楚瑜現象」之研究〉，《中山人文社會科學期刊》第 8 卷第 1 期，51-69 頁，臺北：政治大學。

王甫昌，1996，〈臺灣反對運動的共識動員—— 1979 至 1989 年兩波挑戰高峰的比較〉，《臺灣政治學刊》創刊號，129-210 頁，臺北：臺灣政治學會。

王甫昌，2001，〈民族想像、族群意識與歷史——《認識臺灣》教科書爭議風波的內容與脈絡分析〉，《臺灣史研究》第 8 卷第 2 期，145-208 頁，臺北：中央研究院臺灣史研究所。

王甫昌，2003，《當代臺灣社會的族群想像》，臺北：群學。

王甫昌，2004，〈由民主化到族群政治——臺灣民主運動的發展（1970s-1990s）〉，胡健國主編《二十世紀臺灣民主發展——第七屆中華民國史專題論文集》，535-590 頁，臺北：國史館。

王甫昌，2005，〈由「中國省籍」到「臺灣族群」——戶口普查籍別類屬轉變之分析〉，《臺灣社會學》第 9 期，59-115 頁，臺北：中央研究院社會學研究所。

王甫昌，2006，〈由若隱若現到大鳴大放——臺灣社會學中族群研究的崛起〉，「群學爭鳴——臺灣社會學發展史」研討會，2006.4.7-9

臺北。

王雅萍，1994，《姓名與認同──以臺灣原住民族姓名議題為中心》，
　　臺北：政治大學民族研究所碩士論文。

中央研究院近代史研究所編印，1993，《二二八事件資料選輯（三）》，
　　臺北：中央研究院近代史研究所。

中國國民黨中央政策會編，1994，《「二二八事件」處理（善後）問題
　　公聽會紀實》，臺北：中國國民黨中央政策會。

民主進步黨政策白皮書編纂工作小組，1993，《多元融合的族群關係與
　　文化──民主進步黨的族群與文化政策》，臺北：民進黨中央黨部。

瓦歷斯‧尤幹，1994，〈語言、族群與未來──臺灣原住民族母語教育
　　的幾點思考〉，《山海文化》第 4 號，6-21 頁，臺北：山海文化雜
　　誌社。

史明，2001，《臺灣民族主義與臺灣獨立革命》，臺北：前衛。

立法院祕書處編，1996，《二二八事件處理及補償條例案（立法院公報
　　法律案專輯　第一百八十五輯）》，臺北：立法院祕書處。

夷將‧拔路兒（Icyang Parod），1994，〈臺灣原住民族運動發展路線之
　　初步探討〉，《山海文化》第 4 號，22-38 頁，臺北：山海文化雜誌社。

夷將‧拔路兒，1999，〈一九九八聯合國第十六屆原住民工作組會議
　　臺灣原住民族喪失參會權和發言始末〉，《山海文化》第 20 號，
　　67-71 頁，臺北：山海文化雜誌社。

夷將‧拔路兒等編著，2008a，《臺灣原住民族運動史料彙編（上）》，
　　臺北：行政院原住民族委員會、國史館。

夷將‧拔路兒等編著，2008b，《臺灣原住民族運動史料彙編（下）》，
　　臺北：行政院原住民族委員會、國史館。

行政院主計處，1989，《中華民國臺灣地區國民所得統計摘要》，臺北：
　　行政院主計處。

行政院主計處，2007，《社會指標統計年報 2006》http://eng.stat.gov.tw/
　　public/data/dgbas03/bs2/socialindicator/family-table.xls（2008.1.12 閱
　　覽）。

行政院研究二二八事件小組，1992，《二二八事件研究報告》，臺北：時報。

行政院原住民族委員會編印，2005，《原住民族法規彙編》，臺北：行政院原住民族委員會。

李潔明（James Lilly），2003，《李潔明回憶錄——美、中、臺三角關係大揭密》，臺北：時報。

李筱峯，1986，《臺灣戰後初期的民意代表》，臺北：自立晚報。

李筱峯，1987，《臺灣民主運動四十年》，臺北：自立晚報。

李筱峯，1999，《臺灣史一〇〇件大事 下 戰後篇》，臺北：玉山社。

李登輝（鄒景文），2001，《李登輝執政告白實錄》，臺北：印刻。

李登輝，2004，《見證臺灣——蔣經國總統與我》，臺北：國史館。

李棟明，1969，〈光復後臺灣人口社會增加之探討〉，《臺北文獻》直字第 9-10 合刊，215-249 頁，臺北：臺北市文獻委員會。

李棟明，1970，〈居臺外省籍人口之組成與分布〉，《臺北文獻》直字第 11-12 合刊，62-86 頁，臺北：臺北市文獻委員會。

李炳南，1994，《憲政改革與國民大會》，臺北：月旦。

李炳南編著，1997，《第一階段憲政改革之研究》，臺北：著者出版。

李炳南編著，1998，《不確定的憲政——第三階段憲政改革之研究》，臺北：著者出版。

吳叡人，2005，〈臺灣原住民自治主義的意識型態根源——樂信·瓦旦與吾雍·雅達烏猶卡那政治思想初探〉，中央研究院臺灣史研究所「國家與原住民——亞太地區族群歷史研究」國際學術討會，2005.11.24-25 臺北中央研究院。

吳乃德、陳明通，1993，〈政權轉移與菁英流動——臺灣地方政治菁英的歷史形成〉，賴澤涵主編《臺灣光復初期歷史》，臺北：中央研究院中山人文社會科學研究所。

吳乃德，2005，〈愛情與麵包——初探臺灣民眾民族認同的變動〉，《臺灣政治學刊》第 9 卷第 2 期，5-39 頁，臺北：臺灣政治學會。

吳乃德，2006，〈臺灣民眾認同的趨勢——飛彈危機十年之後〉，《臺海飛彈危機十週年研討會會議論文集》，7-18頁，2006.3.11臺北。

吳乃德、林佳龍，1989，〈中產階級與民主改革：現實或神話？——重構中產階級和民主化的關係〉，蕭新煌編《變遷中臺灣社會的中產階級》，217-232頁，臺北：巨流。

吳濁流，1989，《臺灣連翹》，臺北：前衛。

邵宗海，2006，《兩岸關係》，臺北：五南。

汪士淳，1996，《千山獨行 蔣緯國的人生之旅》，臺北：天下文化。

汪明輝，2001，《鄒族的民族發展—— 一個臺灣原住民族主體性建構的社會、空間與歷史》，臺北：臺灣師範大學地理學系博士論文。

沈駿主編，1990，《當代臺灣》，安徽：安徽人民出版社。

林果顯，2005，《「中華文化復興運動推行委員會」之研究（1966-1975）：統治正當性的建立與轉變》，臺北：稻鄉。

林佳龍，1989，〈威權侍從政體下的臺灣反對運動——民進黨社會基礎的政治解釋〉，《臺灣社會研究季刊》第2卷第1期，117-143，臺北：臺灣社會研究雜誌社。

林宗義，1998，〈抗爭抑或復和？——武力壓制者 VS. 苦難的倖存者〉，張炎憲、陳美容、楊雅慧編《二二八事件研究論文集》，371-396頁，臺北：吳三連臺灣史料基金會。

林美容，1996，《中華民國現行紀念日及節日緣由與意義之研究》，臺北：內政部民政司委託研究。

官有垣，2004，《半世紀耕耘——美國亞洲基金會與臺灣社會發展》，臺北：財團法人臺灣亞洲基金會。

官麗嘉，1995，《誠信——林洋港回憶錄》，臺北：天下文化。

周玉蔻，1993，《李登輝的一千天》，臺北：麥田。

南方朔，1979，《中國自由主義的最後堡壘》，臺北：四季。

胡台麗，1990，〈芋仔與番薯——臺灣「榮民」的族群關係與認同〉，《中央研究院民族學研究所集刊》第69期，10-132頁，臺北：中央研

究院民族學研究所。

柯志明，2001，《番頭家：清代臺灣族群政治與熟番地權》，臺北：中央研究院社會學研究所。

柳金財，2001，〈國府遷臺以來反對勢力臺獨論述的形成、理論建構與轉型〉，《臺灣史料研究》第 17 號，71-98 頁，臺北：財團法人吳三連臺灣史料基金會。

郝柏村，1995，《郝總長日記中的經國先生晚年》，臺北：天下文化。

范燕秋，2001，〈樂信‧瓦旦〉，莊永明總策畫《臺灣原住民》，131-135 頁，臺北：遠流。

施正鋒，2005，《臺灣原住民族政治與政策》，臺北：新新台灣文化教育基金會。

施敏輝編，1985，《臺灣意識論戰選集》，臺北：前衛。

美麗島事件口述歷史編修小組，1999a，《珍藏美麗島 口述史：走向美麗島——戰後反對意識的萌芽》，臺北：時報。

美麗島事件口述歷史編修小組，1999b，《珍藏美麗島 口述史：沒有黨名的黨——美麗島政團的發展》，臺北：時報。

姚嘉文、陳菊編著，1979，《黨外文選》，臺北：姚嘉文發行。

馬以工，1995，《老虎喫蝴蝶——從省籍情結到怨親平等》，臺北：商周。

陶涵（Jay Taylor），2000，《蔣經國傳》，臺北：時報。

陳怡真，2004，《澄懷觀道——陳奇祿先生訪談錄》，臺北：國史館。

陳奇祿，2004（1971），〈中華民族在臺灣的拓展〉，陳怡真《澄懷觀道——陳奇祿先生訪談錄》附錄一，327-343 頁，臺北：國史館。

陳師孟等，1991，《解構黨國資本主義——論臺灣官營事業之民營化》，臺北：澄社。

陳佳宏，2006，《臺灣獨立運動史》，臺北：玉山社。

陳新民，2002，《1990 年～ 2000 年臺灣修憲紀實》，臺北：學林文化。

陳滄海，1999，《憲政改革與政治權力——九七憲改的例證》，1-29 頁，

臺北：五南。

陳培豐，2005，〈在臺灣的兩個國語「同化」政策──近代化、民族化、臺灣化〉，《ことばと社会 別冊2 脱帝国と多言語社会のゆくえ》，234-252頁，東京：三元社。

陳明通，1990，《威權政體下臺灣地方菁英的流動──省參議員及省議員流動的分析》，臺北：臺灣大學政治學研究所博士論文。

高朗，1993，《中華民國外交關係之演變（一九五〇──一九七二）》，臺北：五南。

高朗，1994，《中華民國外交關係之演變（一九七二──一九九二）》，臺北：五南。

浦忠成，2001，〈高一生〉，莊永明總策畫《臺灣原住民》，139-143頁，臺北：遠流。

徐永明，2000，〈宋楚瑜現象──菁英分裂、選票動員與政黨重組〉，《理論與政策》第14卷第2期，93-118頁，臺北：理論與政策雜誌社。

張鐵志，2007，〈臺灣新民主的詛咒？──金權政治與社會不平等〉，《思想》第七期，141-162頁，臺北：聯經。

張茂桂，1993，〈羅那・維惹著《遷占者國家的轉型》評介〉，《國家政策雙週刊》第63期，14-15頁，臺北：國家政策研究中心。

張茂桂，1997，〈臺灣的政治轉型與政治的「族群化」過程〉，施正鋒編《族群政治與政策》，37-71頁，臺北：前衛。

張茂桂，2002，〈多元主義、多元文化論述在臺灣的形成與難題〉，薛天動主編《臺灣的未來》（國立成功大學社會科學院叢書），223-273頁，臺北：華泰。

盛杏湲，1986，《國民黨與黨外中央後援會選舉競爭之研究》，臺北：桂冠。

莊天賜，1998，〈長老教會與二二八平反運動（1987-1990）〉，《臺灣史料研究》第12號，25-44頁，臺北：財團法人吳三連臺灣史料基金會。

國史館，2000a，《戰後臺灣民主運動史料彙編（一）從戒嚴到解嚴》，

臺北：國史館。

國史館，2000b，《一個中國論述史料彙編史料文件（二）》，臺北：國史館。

國史館，2001，《戰後臺灣民主運動史料彙編（四）國會改造》，臺北：國史館。

國史館，2002，《臺灣主權與一個中國論述大事記》，臺北：國史館。

許家屯，1993，《許家屯香港回憶錄（下）》，香港：香港聯合報。

許雪姬總策畫，2004，《臺灣歷史辭典》，臺北：遠流。

黃鈴華（Iwan Nawi），2006，《臺灣原住民族運動的國會路線》，臺北：國家展望文教基金會。

黃昭元主編，2000，《兩國論與臺灣國家定位》，臺北：學林。

黃德福，1995，〈政黨競爭與政治民主化——臺灣地區政黨體系的新挑戰〉，《選舉研究》第 1 卷第 2 期，199-220 頁，臺北：政治大學選舉研究中心。

黃麗玲，1996，《新國家建構過程中社區角色的轉變——「生命共同體」之論述分析》，臺北：臺灣大學城鄉研究所碩士論文。

曾建元，2002，《一九九零年代台灣憲政改革之研究 民族主義與民主轉型的觀點》，臺北：台灣大學國家發展研究所博士論文。

曾建元、彭艾喬，2005，〈第七次修憲公投入憲對第二階段憲政改造途徑的影響——修憲與制憲的辯證〉，臺灣智庫「憲政論壇」第十場，2005.9.30。

湯雲騰，2001，《李登輝主政時期憲政改革之研究——分析第三次、第四次、第六次修憲》，臺北：臺灣師範大學三民主義研究所碩士論文。

湯宏忠，2002，《鄒族原住民社區永續發展之探討——以阿里山鄉山美社區經驗為例》，嘉義：中正大學社會福利研究所碩士論文。

游盈隆，1996，《民意與臺灣政治變遷——1990年代臺灣民意與選舉政治的解析》，臺北：月旦。

葉俊榮，2002，〈憲政的上升與沉淪——六度修憲後的定位與走向〉，《政大法學評論》第 69 期，29-79 頁，臺北：政治大學法學院。

董翔飛，1983，《中國憲法》，臺北：著者發行。

新黨政策研究委員會編，1998，《新黨的理念與政策》，臺北：新黨全國競選及發展委員會。

趙中麒，2001，《部落主權與文化實踐——臺灣原住民族自治運動之理論建構》，臺北：臺灣大學政治學研究所碩士論文。

鄭牧心，1987，《臺灣議會政治四十年》，臺北：自立晚報。

鄭明德，1997，《我國政府與民間社會對「二二八事件」的善後處理（1987-1997）——公共政策分析途徑》，高雄：中山大學中山學術研究所碩士論文。

蔡榮祥，2007，〈一觸即發或虛張聲勢——論一九九五、一九九六臺海危機〉，《臺灣政治學刊》第 11 卷第 1 期，201-238 頁，臺北：臺灣政治學會。

劉熙明，1999，〈蔣中正與蔣經國在戒嚴時期「不當審判」中的角色〉，《臺灣史研究》第 6 卷第 2 期，139-187 頁，臺北：中央研究院台灣史研究所籌備處。

蕭阿勤，2000，〈民族主義與臺灣一九七〇年代的「鄉土文學」——一個文化（集體）記憶變遷的探討〉，《臺灣史研究》第 6 卷第 2 期，77-138 頁，臺北：中央研究院臺灣史研究所。

蕭阿勤，2002，〈抗日集體記憶的民族化——臺灣一九七〇年代的戰後世代與日據時期臺灣新文學〉，《臺灣史研究》第 9 卷第 1 期，181-239 頁，臺北：中央研究院臺灣史研究所。

蕭阿勤，2003，〈認同、敘事、與行動——臺灣 1970 年代黨外的歷史建構〉，《臺灣社會學》第 5 期，195-250 頁，臺北：中央研究院社會學研究所。

蕭阿勤，2005，〈世代認同與歷史敘事——臺灣一九七〇年代「回歸現實」世代的形成〉，《臺灣社會學》第 9 期，1-56 頁，臺北：中央研究院社會學研究所。

薛化元，1996，《《自由中國》與民主憲政——1950年代臺灣思想史的一個考察》，臺北：稻鄉。

薛化元，2001，〈中國民意代表延任與臺灣本土政治菁英的態度——以（臨時）省議會在野派為中心（1950-1969）〉，張炎憲等編著《邁向21世紀臺灣民族與國家論文集》，147-166頁，臺北：吳三連臺灣史料基金會。

薛化元主編，1998，《臺灣歷史年表 V（1989-1994）》，臺北：業強。

薛佩玉，2004，《臺灣1950-2004年國定假日的社會學分析》，高雄：中山大學中山學術研究所碩士論文。

謝世忠，1987，〈原住民運動生成與發展理論的建立——以北美與臺灣為例的初步探討〉，《中央研究院民族學研究所集刊》第64期，139-177頁，臺北：中央研究院民族學研究所。

謝世忠，1994，〈「內部殖民主義」與「對內自決」的對立——泰國國族／國家建構過程中的北部山地族群〉，《山海文化》第2號，17-27頁，臺北：山海文化雜誌社。

顏愛靜、楊國柱，2004，《原住民族土地制度與經濟發展》，臺北：稻鄉。

顏厥安，2004，〈九七修憲批判〉，顧忠華、金恒煒主編《憲改大對決——九七修憲的教訓》，27-45頁，臺北：桂冠。

蘇起，2003，《危險邊緣——從兩國論到一邊一國》，臺北：天下遠見。

顧玉珍、張毓芬，1999，〈臺灣原住民族的土地危機——山地鄉「平權會」政治經濟結構之初探〉，《臺灣社會研究季刊》第34期，221-292頁，臺北：臺灣社會研究雜誌社。

顧忠華、金恒煒主編，2004，《憲改大對決——九七修憲的教訓》，臺北：桂冠。

龔宜君，1998，《「外來政權」與本土社會》，臺北：稻鄉。

英文文獻

Bush, Richard C. 2004 *At Cross Purposes: U.S.-Taiwan Relations Since 1942*, M.E. Sharpe, New York.

Cabestan, Jean-Pierre 2003 "To 'Cohabit' or not to 'Cohabit,' That is the Question!: A Comparison of the Taiwanese and the French Semi-presidential System," *Social Analysis*, Vol. 46, Iss.2.

Chan, Steve 2005 "Is there a Power Transition between the U.S. and China?" *Asian Survey*, Vol. XLV, No.5. Sep./Oct. 687-701.

Chang, Mau-Kuei 1994 "Toward an Understanding of the Sheng-chi Wen-ti in Taiwan: Focusing on Changes after Political Liberalization," in Chen Chung-min, Chang Ying-chang, and Huang Shu-min eds., *Ethnicity in Taiwan: Social, Historical, and Cultural Perspective*, Institute of Ethnology, Academia Sinica, Taipei, pp.93-150.

Cheng, Tun-jen 2005 "China-Taiwan Economic Linkage: Between Insulation and Superconductivity," in Nancy B. Tucker ed., *Dangerous Strait: The U.S.-Taiwan-China Crisis*, Columbia University Press, New York, pp.93-130.

Cheng, Tun-jen and Hsu, Yung-min 2002 "The March 2000 Election in Historical Comparative Perspectives: Strategic Voting the Third Party, and the Non-Duvergerian Outcome," in Bruce J. Dickson and Chien-min Chao eds., *Assessing the Lee Teng-hui Legacy in Taiwan's Politics: Democratic Consolidation and External Relations*, M.E. Sharpe, New York.

Chu, Yun-han 2001 "Democratic Consolidation in the Post-KMT Era: The Challenge of Governance," in Muthiah Alagappa ed., *Taiwan's Presidential Politics: Democratization and Cross-Strait Relations in the Twenty-first Century*, M.E. Sharpe, New York.

Chun, Allen 2002 "The Coming Crisis of Multiculturalism in 'Transnational' Taiwan," *Social Analysis*, Vol. 46, Iss.2, pp.102-122.

Corcuff, Stephane 2002a "The Symbolic Dimension of Democratization and the Transition of National Identity under Lee Teng-hui," in Corcuff, Stephane ed., *Memories and the Future: National Identity and the Search for a New Taiwan,* M.E. Sharpe, New York, pp.73-101.

Corcuff, Stephane 2002b "Taiwan's 'Mainlanders,' New Taiwanese?," in Corcuff, Stephane ed., *Memories and the Future: National Identity and the Search for a New Taiwan,* M.E. Sharpe, New York, pp.163-195.

Dreyer, June Teufel 2006 "The Fictional 'Status Quo'," *Taipei Times,* Dec.20.

Gold, Thomas 1984 *State and Society in Taiwan Miracle,* M.E. Sharpe, New York.

Harding, Harry 2007 "China: Think Again!" *PacNet* No. 17, Apr.5, 2007, downloaded on May 5, 2007 from http://taiwansecurity.org/News/2007/PacNet-050407.htm.

Heylen, Ann 2001 *Language Reform Movements in Taiwan under Japanese Colonial Rule (1914-1936),* Ph.D. thesis, Dept. of Oriental and Slavic Studies, Cathoric University of Leuven.

Hsiau, A-chin [蕭阿勤] 2000 *Contemporary Taiwanese Cultural Nationalism,* Routledge, London.

Hsiau, A-chin [蕭阿勤] 2005 "Epilogue: Bentuhua-An Endeavor for Normalizing a Would-Be Nation-State?" in John Makeham and A-chin Hsiau eds., *Cultural, Ethnic, and Political Nationalism in Contemporary Taiwan: Bentuhua,* Palgrave Macmillan, New York, pp.261-276.

Jacobs, J. Bruce 2005 "'Taiwanization' in Taiwan's Politics," in John Makeham and A-chin Hsiau eds., *Cultural, Ethnic, and Political Nationalism in Contemporary Taiwan: Bentuhua,* Palgrave Macmillan, New York, pp.17-54.

Ku, Yeun-wen 1997 *Welfare Capitalism in Taiwan: State, Economy, and Social Policy,* St. Martin's Press, New York.

Lai Tse-han, Ramon H. Myers, and Wei Wou 1991 *A Tragic Beginning: The Taiwan Uprising of February 28, 1947,* Stanford University Press,

Stanford, California.

Lamley, Harry J. 1981 "Subethnic Rivalry in the Ch'ing Period," in Emily Martin Ahern and Hill Gates eds., *The Anthropology of Taiwanese Society*, Stanford University Press, Stanford, California, pp.241-318.

Lee Teng-hui 1999 "Understanding Taiwan: Bridging the Perception Gap," *Foreign Affairs*, November/December 1999.

Makeham, John and Hsiau, A-chin eds. 2005 *Cultural, Ethnic, and Political Nationalism in Contemporary Taiwan: Bentuhua*, Palgrave Macmillan, New York.

Makeham, John 2005 "Introduction," in John Makeham and A-chin Hsiau eds., *Cultural, Ethnic, and Political Nationalism in Contemporary Taiwan: Bentuhua*, Palgrave Macmillan, New York, pp.1-14.

Munsterhjelm, Mark 2002 "The First Nations of Taiwan: A Special Report on Taiwan's indigenous peoples," *Cultural Survival Quarterly*, Vol. 26-2.

Peng, Ming-min 1972 *A Taste of Freedom: Memoirs of a Formosan Independence Leader*, Holt, Rinehart and Winston Inc., New York.

Rigger, Shelley 2005 "The Unfinished Business of Taiwan's Democratization," in Nancy B. Tucker ed., *Dangerous Strait: The U.S.-Taiwan-China Crisis*, Columbia University Press, New York, pp.16-43.

Schriver, Randall 2007 "Pro-Taiwan (But Not Anti-China)," *PacNet* No.28, July 3, 2007 downloaded in Aug. 8, 2007 from http://www.csis.org/media/csis/pubs/pac0728.pdf.

Shu, Wei-der 2005 *Transforming Identity in the Diaspora: An Identity Formation Approach to Biographies of Activists Affiliated with the Taiwan Independence Movement in the United States*, Doctoral thesis, Dept. of Sociology, Maxwell School of Citizenship and Public Affairs, the Graduate School of Syracuse University.

Stainton, Michael 2002 "Presbyterians and the Aboriginal Revitalization Movement in Taiwan," *Cultural Survival Quarterly*, Vol. 26-2.

Tsai, Henry Shih-shan 2005 *Lee Teng-hui and Taiwan's Quest for Identity*, Palgrave MacMillan, New York.

Tucker, Nancy B. 1994 *Taiwan, Hong Kong and the United States, 1945-1992*, Twayne Publishers, New York.

Tucker, Nancy B. 2001 *China Confidential: American Diplomats and Sino-American Relations, 1945-1996*, Columbia University Press, New York.

Tucker, Nancy B. 2002 "If Taiwan Choose Unification, Should the United States Care?" *Washington Quarterly*, Vol.25, No.3, pp.15-28.

Wang, Fu-chang 1989 *Unexpected Resurgence: Ethnic Assimilation and Competition in Taiwan, 1945-1988*, Doctoral thesis, Dept. of Sociology, University of Arizona.

Wang, Fu-chang 2004 "Why did the DPP Win Taiwan's 2004 Presidential Election?: An Ethnic Politics Interpretation," *Pacific Affairs*, Vol.77, No.4 Winter 2004-2005, pp.691-696, 713.

Wang, Yeh-li 2006 "Strategic Voting and Mayoral Races," *Taipei Times*, Dec.7.

Weitzer, R. 1990 *Transforming Settler States: Communal Conflict and Internal Security in Northern Ireland and Zimbabwe*, University of California Press.

Wu, Rwei-Ren 2003 *The Formosan Ideology: Oriental Colonialism and the Rise of Taiwanese Nationalism, 1895-1945*, Doctoral thesis, Dept. of Political Science, University of Chicago.

Wu, Rwei-Ren 2004 "Fragment of/f Empires: The Peripheral Formation of Taiwanese Nationalism," *Social Science Japan*, No.30, pp.16-18.

日文文獻（按五十音順序）

アンダーソン，B（白石隆訳）　1997　『増補　想像の共同体　ナショナリズムの起源と流行』NTT 出版

石井明　2003　「日華平和条約締結から日中国交回復へ──『二つの中国』政策から『一つの中国』政策への跳躍」石井明他編『記録と考証　日中国交正常化・日中平和友好条約交渉』岩波書店 353-377 頁

石井明他編　2003　『記録と考証　日中国交正常化・日中平和友好条約交渉』　岩波書店

石垣直　2007　「現代台湾の多文化主義と「先住権」の行方──土地をめぐる権利復運動の事例から──」『日本台湾学会報』第 9 号 197-216 頁

石川誠人　2007　「国府の『大陸反攻』とケネディ政権の対応」『国際政治』第 148 号 118-132 頁

井尻秀憲編著　1997　『中台危機の構造』勁草書房

伊原吉之助　1991　「台湾の政治改革年表・覚書（郝柏村時代）」『帝塚山大学教養学部紀要』12 月 107-338 頁

伊原吉之助　1992　「台湾の政治改革年表・覚書（1943-1987）」『帝塚山大学教養学部紀要』7 月 1-365 頁

伊原吉之助　1993　「台湾の政治改革年表・覚書（1992）」『帝塚山大学教養学部紀要』3 月 1-283 頁

伊原吉之助　1994　「台湾の政治改革年表・覚書（1993）」『帝塚山論集』第 80 号 1-381 頁

上村英明　1996　「国際社会と先住民族──先住民族とエスニシティと国際政治」初瀬龍平編著『エスニシティと多文化主義』同文館出版 289-312 頁

魚住悦子　2005　「台湾原住民族作家たちの『回帰部落』のその後」『日本台湾学会報』第 7 号 149-165 頁

ウォルドロン，アーサー　2005　「アメリカ外交と台湾海峡危機の原

因」タシク，Jr. ジョン・J編（小谷まさ代・近藤明理訳）『本当に「中国は一つ」なのか　アメリカの中国・台湾政策の転換』草思社 40-57 頁

王甫昌（田上智宜訳）　2007　「現代台湾における族群概念の含意と起源」『日本台湾学会第九回学術大会報告者論文集』182-196 頁

小笠原欣幸　1996　「台湾の民主化と憲法改正問題」東京外国語大学海外事情研究所『文部省特定研究報告　平成 9 年度　ポストコロニアル状況における地域研究（2）』55-71 頁

小笠原欣幸　2003　「陳水扁政権─権力移行期の台湾政治」『問題と研究』第 33 巻 1 号 63-85 頁

岡田充　2003　『中国と台湾　対立と共存の両岸関係』講談社（現代新書）

柯旗化　1992　『台湾監獄島』イースト・プレス

何義麟　1999　「『国語』の転換をめぐる台湾人エスニシティの政治化」『日本台湾学会報』第 1 号 92-107 頁

何義麟　2003　『二・二八事件「台湾人」形成のエスノポリティックス』東京大学出版会

川島真　2007　「台湾の光復と中華民国」佐藤卓己・孫安石編『東アジアの終戦記念日─敗北と勝利のあいだ』筑摩書房（ちくま新書）172-195 頁

ギャディス，ジョン・L　2002『ロング・ピース　冷戦史の証言「格・緊張・平和」』芦書房

許佩賢（大坪力基訳）　1998　「教育改革」若林正丈編『もっと知りたい台湾　第 2 版』弘文堂 101-114 頁

群策会（山田佳奈美訳）　2003　『二十一世紀台湾の国家総目標』財団法人群策会　台北県

黄英哲　1999　「戦後初期台湾における文化再構築（一九四五─一九四七）」小島朋之・家近亮子編『歴史の中の中国政治　近代と現代』　勁草書房 271-298 頁

黄智慧　2003　「ポストコロニアル年の悲情―台北の日本語文芸活動について」大阪市立大学大学院文学研究科アジア都市文化学教室編『アジア都市文化学の可能性』清文堂出版 115-146 頁

黄鈴華 [Iwan Nawi]（久保田祐紀子訳）　2006　「二月政治改革と原民会の設立」台湾原住民研究シンポジウム実行委員会編『台湾原住民研究　日本と台湾における回顧と展望』風響社 73-97 頁

呉濁流　1972　「無花果」同『夜明け前の台湾』社会思想社

呉密察　1993　「台湾人の夢と二・二八事件」三谷太一朗編『岩波講座　近代日本と植民地 8　アジアの冷戦と脱植民地化』岩波書店 39-70 頁

小谷豪治郎　1990　『蒋経国伝』プレジデント社

駒込武　1996　『植民地帝国日本の文化統合』岩波書店

司馬遼太郎　1994　『台湾紀行』朝日新聞社

清水純　2005　「平埔　漢化の進んだ平地の人びと」末成道男・曽士才編『講座　世界の先住民族 01　東アジア』明石書店 106-123 頁

下斗米伸夫　2005　『アジア冷戦史』中央公論社

徐邦男　1987　「誰が決めるのか―国民党政権の政策決定機構と人事配置」若林正丈編著『台湾―転換期の政治と経済』田畑書店 101-142 頁

白石隆　2000　『海の帝国』中央公論社

菅野敦志　2003　「中華文化復興運動と『方言』問題（1996-76 年）」『日本台湾学会』第 5 号 1-20 頁

菅野敦志　2006　『台湾における文化政策と国民統合（1945-1987）―「脱日本化」・「中国化」・「本土化」をめぐる史的考察』早稲田大学大学院アジア太平洋研究科博士論文

添谷芳秀　2004　「東アジア安全保障システムの中の日本」添谷芳秀・田所昌幸編『日本の東アジア構想』慶応義塾大学出版会 193-219 頁

台湾総督府警務局編著　1939　『台湾総督府警察沿革誌第二編　領台

以後の治安状況（中巻）台湾社会運動史』台湾総督府　台北

高木誠一郎　2001　「米中関係の基本構造」岡部達味編『中国をめぐる国際環境』岩波書店 113-157 頁

タシク，Jr. ジョン・Jタシク　2005　「『一つの中国』を再考する」タシク，Jr. ジョン・J. 編（小谷まさ代・近藤明理訳）『本当に「中国は一つ」なのか　アメリカの中国・台湾政策の転換』草思社 15-28 頁

田上智宜　2007　「『客人』から客家へ—エスニック・アイデンティティーの形成と変容」『日本台湾学会報』第 9 号 155-176 頁

陳培豊　2001　『「同化」の同床異夢　日本統治下台湾の国語教育史再考』三元社

陳明通（若林正丈監訳）　1998　『台湾政治と派閥主義』　東洋経済新報社

塚本元　1997　「二二八事件五〇周年と台湾社会」『世界』8 月号（第 638 号）320-329 頁

恒川恵市　2006　「民主主義体制の長期的持続の条件—民主化の紛争理論に向けて」恒川恵市編『民主主義アイデンティティー—新興デモクラシーの形成』早稲田大学出版部 1-23 頁

デヴェルジェ，モーリス（時本義昭訳）　1995　『フランス憲法史』みすず書房

富田哲　2003　「1905 年臨時台湾戸口調査が語る台湾社会—種族・言語・教育を中心に」『日本台湾学会報』第 5 号 87-106 頁

ドリフテ，ラインハルト（坂井定雄訳）　2004　『冷戦後の日中安全保障　関与政策のダイナミックス』ミネルヴァ書房

中川昌郎　1992　『台湾をみつめる眼　定点観測・激動の二〇年』田畑書店

中川昌郎　1995　『台湾をみつめる眼　定点観測 II　民主体制への離陸』田畑書店

中川昌郎　2003a　『李登輝から陳水扁　台湾の動向　1995-2002』交

流協会

中川昌郎　2003b,c,d,e,f,g,h,i　「台湾の動向　二〇〇三年三月──一二月」『東亜』第 431 号 81-88 頁, 第 432 号 47-53 頁, 第 433 号 46-53 頁, 第 434 号 55-62 頁, 第 435 号 48-54 頁, 第 436 号 50-56 頁, 第 437 号 48-54 頁, 第 438 号 54-60 頁

中川昌郎　2004a,b,c　「台湾の動向　二〇〇三年十一月──二〇〇四年一月」『東亜』第 439 号 49-56 頁, 第 440 号 66-72 頁, 第 441 号 45-52 頁

中川昌郎　2004d,e,f　「ASIA　STREAM──台湾　2004 年 2 月──4 月」『東亜』第 442 号 54-63 頁, 第 443 号 56-67 頁, 第 444 号 50-59 頁

中川昌郎　2006a　「ASIA　STREAM──台湾　2006 年 2 月」『東亜』第 466 号 54-62 頁

中川昌郎　2006b　「ASIA　STREAM──台湾　2006 年 10 月」『東亜』第 474 号 60-69 頁

樋口陽一・古田善明編　2002　『解説世界憲法集　第 4 版』三省堂

平野聡　2003　「『公正な帝国』から『近代中華帝国』へ──清帝国の統治構造変動と民族問題」『歴史学研究』第 766 号 43-53 頁

平松茂雄　2005　『台湾問題──中国と米国の軍事的確執』勁草書房

藤原帰一　1992　「アジア冷戦の国際構造──中心・前哨・周辺」東京大学社会科学研究所「現代日本社会」研究会編『現代日本社会 7　国際化』東京大学社会科学研究所 327-361 頁

藤原帰一　2001　「国民の崩壊・民族の覚醒──民族紛争の政治的起源」日本比較政治学会編『民族共存の条件』早稲田大学出版部 3-24 頁

船橋洋一　1997　『同盟漂流』岩波書店

古矢旬　2004　『アメリカ　過去と現在の間』岩波書店（岩波新書）

ベルデン, J　1965　『中国は世界をゆるがす　下』青木書店

松田康博　1996a　「中国の対台湾政策「解放」時期を中心に」『新防衛論集』第 23 巻第 3 号 32-47 頁

松田康博　1996b　「中国の対台湾政策　一九七九—一九八七」『国際政治』第 112 号 123-138 頁

松田康博　1997　「中国の対台湾対策　江沢民 8 項目提案の形成過程」『防衛研究』第 17 号 1-34 頁

松田康博　1998　「中国との関係」若林正丈編『もっと知りたい台湾　第 2 版』弘文堂 250-274 頁

松田康博　1999　「中国国民党の地方統制試論—1950 年代初頭の台湾を中心に」小島朋之・家近亮子編『歴史の中の中国政治　近代と現代』勁草書房 299-333 頁

松田康博　2000　「蔣経国による特務組織の再編—特務工作統括機構の役割を中心に」『日本台湾学会報』第 2 号 114-129 頁

松田康博　2004　「台湾をめぐる国際関係」国分良成編『中国政治と東アジア』慶応義塾大学出版会 265-290 頁

松田康博　2005a　「中台の軍事バランス—中台の安全保障戦略に与える影響」『日本台湾学会報』第 7 号 69-89 頁

松田康博　2005b　「蛇行する台湾の政治潮流と中台関係」『東亜』第 459 号 10-22 頁

松田康博　2006a　「米中接近に対する台湾の反応」増田弘編『ニクソン訪中と冷戦構造の変容』慶応義塾大学出版会 59-87 頁

松田康博　2006b　『台湾における一党独裁体制の成立—国民党・国府の台湾への撤退とその再生』慶應義塾大学出版会

松田康博　2006c　「台湾問題」国分良成編『中国の統治能力　政治・経済・外交の相互関連分析』慶應義塾大学出版会 297-313 頁

松田康博　2007a　「米中関係における台湾問題」高木誠一郎編『米中関係—冷戦後の構造と展開』日本国際問題研究所 93-120 頁

松田康博　2007b　「安全保障関係の展開」家近亮子・松田康博・段瑞聡編著『岐路に立つ日中関係』晃洋書房 132-156 頁

松田康博　2007b　「安全保障関係の展開」家近亮子・松田康博・段瑞聡編著『岐路に立つ日中関係』晃洋書房 132-156 頁

松田康博　2007c　「台湾問題の新展開」家近亮子・松田康博・段端聡編著『岐路に立つ日中関係』晃洋書房 217-243 頁

松永正義　2002　「台湾文学のおもしろさ」『一橋論叢』第 127 巻第 4 号

松本充豊　2004　「台湾―『二重の移行』と『黒金政治』」岸川毅・岩崎正洋編『アクセス地域研究Ⅰ　民主化の多様な姿』日本経済評論社 142-148 頁

松本充豊　2006　「民主化と政治制度の選択―逸脱事例としての台湾」『現在台湾研究』第 30 — 31 合併号 138-154 頁

マン，ジェームズ（鈴木主税訳）　1999　『米中奔流』共同通信社

宮岡真央子　2005　「ツォウ　台湾原住民族ツォウの過去と未来」末成道男・曾士才編『講座　世界の先住民族　01　東アジア』明石書店 135-170 頁

毛里和子　1989　『中国とソ連』岩波書店

毛里和子・毛里興三郎訳　2001　『ニクソン訪中機密会談録』名古屋大学出版会

山室信一　2003　「『国民帝国』論の射程」山本有造編『帝国の研究―原理・類型・関係』名古屋大学出版会 87-128 頁

山本吉宣　2006　『「帝国」の国際政治学―冷戦後の国際システムとアメリカ』東信堂

湯浅成大　1998　「冷戦初期アメリカの中国政策における台湾」『国際政治』第 118 号日本国際政治学会 46-59 頁

湯浅成大　2005　「米中関係の変容と台湾問題の新展開―ニクソン以後の 30 年」五十嵐武士編『太平洋世界の国際関係』彩流社 207-241 頁

横田祥子　2006　「＜文化中国＞意識と多文化主義のせめぎあい―台湾・東南アジア系移民受容の対応から」『日本台湾学会第八回学術大会報告者論文集』34-43 頁

吉野耕作　2002　「エスニシズムとマルチエスニシティ―マレーシア

におけるナショナリズムの 2 つの方向性」小倉充夫・加納弘勝編『講座社会学 16　国際社会』東京大学出版会 85-119 頁

李登輝・中嶋嶺雄　2000　『アジアの智略』光文社

劉進慶　1974　『戦後台湾経済分析』東京大学出版会

劉進慶　1987　「ニックス的発展と新たな経済階層―民主化の政治経済的底流」若林正丈編『台湾　転換期の政治と経済』田畑書店 143-266 頁

劉進慶　2006　「『戦後』なき東アジア・台湾に生きて」『季刊　前夜』第 I 期 9 号 229-246 頁

林成蔚　1999　「もう一つの『世界』？―東アジアと台湾の福祉国家」『日本台湾学会報』第 1 号 108-126 頁

林泉忠　2005　『「辺境東アジア」のアイデンティティ・ポリティックス―沖縄・台湾・香港』明石書店

若林正丈　1985　「台湾における選挙と民主化」若林正丈『海峡　台湾政治への視座』研文出版 83-109 頁

若林正丈　1987　「溶解する内戦―分裂体関係としての中台関係」若林正丈編『台湾―転換期の政治と経済』田畑書店 365-412 頁

若林正丈　1992　『台湾　分裂国家と民主化』東京大学出版会

若林正丈　1997　『蒋経国と李登輝』岩波書店

若林正丈　1998　「台湾における政治体制の変動とエスノナショナリズム『新党現象』試論」可児弘明編『中国の少数民族と華僑』朝日新聞社 367-390 頁

若林正丈　2001a　『台湾　変容し躊躇するアイデンティティ』筑摩書房（ちくま新書）

若林正丈　2001b　『増訂版　台湾抗日運動史研究』研文出版

若林正丈　2001c　「『台湾問題』新しい内実―『内戦』はどこまで溶解したか？」高木誠一郎編『脱冷戦期の中国外交とアジア・太平洋』日本国際問題研究所 297-317 頁

若林正丈　2003　「（研究ノート）現代台湾における台湾ナショナリズムの展開とその現在的帰結―台湾政治観察の新たな課題」『日本台湾学会』第 5 号 142-160 頁

若林正丈　2004　「台湾ナショナリズムと『忘れ得ぬ他者』」『思想』第 957 号 108-125 頁

若林正丈　2006　「台湾における民主主義体制の不安定な持続―エスニック・ナショナルな文脈と政治構造変動」恒川恵市編『民主主義アイデンティティ　新興デモクラシーの成形』早稲田大学出版部 121-144 頁

若林正丈　2007　「現代台湾のもう一つの脱植民地化―原住民族運動と多文化主義」日本順益台湾原住民研究会編『台湾原住民研究』第 11 号　風響社 13-54 頁

若林正丈・谷垣真理子・田中恭子編　1995　『原典中国現代史　第 7 巻　台湾・香港・華人』岩波書店

ワリス・ノカン（中村ふじゑ他訳）　2003　『永遠の山地台湾原住民文学選 3』草風館

索引

事項索引

七劃

十一劃

國家圖書館出版品預行編目資料

戰後臺灣政治史：中華民國臺灣化的歷程 / 若林
　正丈作；洪郁如、陳培豐等譯. -- 初版. -- 臺北市：
　臺大出版中心出版：臺大發行, 2014.03
　　面；公分. --（臺灣研究叢書；2）
　ISBN 978-986-350-003-2(平裝)

　1.臺灣政治 2.臺灣史 3.臺灣光復

573.09　　　　　　　　　　　103001629

臺灣研究叢書 2
戰後臺灣政治史——中華民國臺灣化的歷程

作　　者　若林正丈
譯　　者　李承機、林果顯、林琪禎、岩口敬子、洪郁如、周俊宇、
　　　　　陳文松、陳培豐、陳桂蘭、顏杏如（依筆畫順序）
審　　訂　薛化元
叢書主編　吳密察

總　　監　項　潔
執行編輯　吳　茵　　　　　文字編輯　邱大祐
美術編輯　王立群　　　　　封面設計　楊啟巽

發 行 人　楊泮池
發 行 所　國立臺灣大學
出 版 者　國立臺灣大學出版中心
法律顧問　賴文智律師
印　　製　茂法印刷有限公司
出版年月　2014年3月初版
定　　價　新臺幣500元整

展 售 處　國立臺灣大學出版中心
　　　　　10617 臺北市羅斯福路四段 1 號
　　　　　TEL：(02) 2365-9286　　　　　FAX：(02) 2363-6905
　　　　　http://www.press.ntu.edu.tw　　E-mail: ntuprs@ntu.edu.tw
　　　　　10087 臺北市思源街 18 號澄思樓一樓
　　　　　TEL：(02) 3366-3991~3 EXT. 18　FAX：(02) 3366-9986
　　　　　國家網路書店 http://www.govbooks.com.tw
　　　　　國家書店松江門市 TEL：(02) 2518-0207

ISBN：978-986-350-003-2　　　　　GPN：1010300159
◎ 著作權所有‧翻印必究

Taiwan no Seiji : Chukaminkoku Taiwanka no Sengoshi
Copyright © 2008 Masahiro Wakabayashi
Chinese translation rights in complex characters arranged with University of Tokyo Press
through Japan UNI Agency, Inc., Tokyo and BARDON-Chinese Media Agency, Taipei